EN FORME ET EN SANTÉ

THOMAS D. FAHEY
PAUL M. INSEL
WALTON T. ROTH

Adaptation
Annick Lainez
Luc Chiasson

Traduction
Serge Paquin
Marie-Claude Désorcy

MODULO

Traduction de *Fit and Well : Core Concepts and Labs in Physical Fitness and Wellness*

Copyright © 1999, 1997, 1994 by Mayfield Publishing Company, a été traduit en français avec l'autorisation de Mayfield Publishing Company, © 1999, Modulo Éditeur.

J CB₹

Données de catalogage avant publication (Canada)

Fahey, Thomas D. (Thomas Davin), 1947-

En forme et en santé

Traduction de: Fit and well.
Comprend des réf. bibliogr. et un index.
Pour les étudiants du niveau collégial.

ISBN 2-89113-820-1

1. Condition physique. 2. Santé. 3. Éducation physique. 4.
Indicateurs de santé. 5. Habitudes sanitaires. I. Insel, Paul M. II.
Roth, Walton T. III. Titre.

GV481.F2614 1999   613.7'043   C99-941853-X

Nous reconnaissons l'aide financière du gouvernement du Canada par l'entremise du Progamme d'Aide au Développement de l'Industrie de l'Édition (PADIÉ) pour nos activités d'édition.

ÉQUIPE DE PRODUCTION

Révision : Marie Théorêt et Michèle Morin

Correction d'épreuves : Marie Théorêt et Renée Théorêt

Typographie : Carole Deslandes

Montage : Dominique Chabot et Marguerite Gouin

Maquette intérieure et couverture : Marguerite Gouin

Recherche photos : Kathleen Beaumont

Illustrations : Nathalie Dion, p. 27, 170, 173.

Photos : L'Association régionale de loisirs pour les personnes handicapées : p. 35; Pierre Beaumont : p. 53; CEPSUM : p. 237; Luc Chiasson : p. 67, 73, 84 (exercice 5b), 85 (exercice 6a), 104, 120, 132, 144, 145, 229; Hélène Décoste : 188, 212; Journal *Le Soleil* : p. 5 (Phil Latulippe); Louis Moffatt : p. 99; Jean Morin : p. 20; Photodisc : p. 138, 191, 225; Société du parc des Îles : p. 183 (le cobra).

En forme et en santé

© Modulo Éditeur, 1999
233, av. Dunbar, bureau 300
Mont-Royal (Québec)
Canada   H3P 2H4
Téléphone : (514) 738-9818 / 1-888-738-9818
Télécopieur : (514) 738-5838 / 1-888-273-5247

Dépôt légal — Bibliothèque nationale du Québec, 1999
Bibliothèque nationale du Canada, 1999
ISBN 2-89113-**820**-1

Imprimé au Canada
1 2 3 4 5 03 02 01 00 99

AVANT-PROPOS

Adaptation québécoise de la troisième édition de *Fit and Well* de Fahey, Insel et Roth, *En forme et en santé* répond entièrement aux objectifs du cours d'éducation physique collégial de l'Ensemble I et permettra aux élèves de répondre à tous les critères de performance. Résolument optimiste et tourné vers le mieux-être, cet ouvrage veut avant tout aider les jeunes à faire des choix éclairés en matière d'activité physique et d'habitudes de vie.

Nous avons voulu qu'*En forme et en santé* soit pour eux un guide complet et actuel qui leur permette d'optimiser leur mieux-être, aujourd'hui et leur vie durant. Bref, nous l'avons voulu conforme au programme. Certains chapitres ont donc été carrément éliminés (chapitres sur les maladies cardiovasculaires, le cancer et les MTS). D'autres ont été réorganisés en tout ou en partie pour que ressorte bien le lien direct entre l'activité physique et la santé. Ont ainsi été jumelés : santé cardiovasculaire et développement de l'endurance cardiovasculaire; santé du dos et flexibilité; contrôle du poids et composition corporelle. Nous croyons que cette façon de faire aidera l'élève à « situer sa pratique de l'activité physique parmi les habitudes de vie favorisant la santé ».

DES CONTENUS ACTUELS

Chaque semaine, les recherches dans le domaine de la santé et du mieux-être font état de découvertes, suscitent des tendances et avancent de nouvelles théories. Aucun livre sur le mieux-être ne peut donc se proclamer au faîte d'absolument tous les sujets. Cela dit, *En forme et en santé* a été soigneusement révisé et mis à jour pour tenir compte des plus récentes recherches scientifiques en matière de mieux-être et traiter de ce qui importe maintenant dans le domaine de l'activité physique. Vous y trouverez ainsi de l'information pratique fondée sur la documentation la plus récente (le dernier avis du comité scientifique de Kino-Québec, le plus récent rapport du Surgeon General, le *Guide canadien d'activité physique*, le *Guide alimentaire canadien*, etc.).

UNE APPROCHE PÉDAGOGIQUE ACTIVE ET DYNAMIQUE

Chaque chapitre commence par une présentation claire des habiletés à développer suivant l'approche par compétences. Les éléments de contenu, essentiellement informatifs, y sont expliqués simplement et clairement à l'aide de statistiques, de tableaux et de nombreuses illustrations couleur. De plus, les quatre rubriques suivantes apportent des informations supplémentaires et un enrichissement de la matière.

CONSEILS PRATIQUES

En suivant ces conseils pratiques, les élèves pourront parvenir au mieux-être. Ils s'y renseigneront sur des sujets très variés : les façons de devenir plus actif, le traitement des blessures sportives, les mesures à prendre quand on fait de l'activité physique par temps chaud ou par temps froid, les techniques d'entraînement avec des poids, l'alimentation hypocalorique, les techniques de respiration réductrices de stress, la consommation sensée d'alcool, etc.

POUR EN SAVOIR PLUS

Ces encadrés d'information santé et mieux-être traitent de sujets d'intérêt pour les élèves : bienfaits de l'activité physique, avantages et inconvénients respectifs des appareils spécifiques et des poids et haltères, mesures à prendre pour se protéger des lombalgies, conséquences de l'alimentation sur la santé, etc.

LES UNS ET LES AUTRES

Ces encadrés appellent à la réflexion, à la conscience de soi et des autres. Ils aideront les élèves à reconnaître chez eux diverses préoccupations en matière de mieux-être qui les touchent en raison de ce qu'ils sont, en tant qu'individus ou membres d'un groupe.

BIEN-ÊTRE GLOBAL

Ces encadrés sont une invitation à la prise en charge de soi et de sa santé. En mettant en lumière l'interrelation des différentes dimensions du mieux-être — physique, émotionnelle, interpersonnelle, intellectuelle, spirituelle et environnementale —, ces encadrés montrent combien le développement de chacune est nécessaire à la santé et au mieux-être. Les élèves verront par exemple que l'activité physique est source de bonne humeur et de vivacité d'esprit et que la sérénité est un gage de santé et de mieux-être global.

DES LABOS À LA MESURE DES ÉLÈVES

Pour mettre en pratique les principes de la bonne condition physique et du mieux-être, *En forme et en santé* propose des laboratoires grâce auxquels les élèves pourront évaluer leur degré actuel de bien-être et élaborer un plan progressif pour modifier leur style de vie de façon à parvenir au mieux-être. Il leur sera donné, par exemple, d'évaluer leur endurance cardiovasculaire ou leur apport calorique quotidien, d'examiner leurs comportements en matière d'alimentation ou de découvrir les agents stressants dans leur vie.

Présentés en fin de chapitre, sur des feuilles détachables, les labos proposent un éventail d'activités adaptées aux cours d'éducation physique couramment offerts et réalisables dans les locaux et avec les équipements généralement disponibles.

En annexe : 1) des réponses aux questions les plus courantes en matière d'activité physique et de santé. Par exemple : Peut-on faire de l'exercice cardiovasculaire lorsqu'on est menstruée ? Pendant combien de temps doit-on s'entraîner avant de constater des changements physiques ? Faut-il boire en quantité avant et pendant l'activité physique ? Les muscles se transforment-ils en graisse lorsqu'on cesse l'entraînement ? etc.; **2) des adresses Internet** (en tout 40 adresses utiles) et **3) une bibliographie**.

En aidant les individus à prendre conscience qu'ils sont responsables de leur santé et de leur condition physique, que cela fait partie intégrante de leur développement personnel, *En forme et en santé* vient réaffirmer la nécessité des cours d'éducation physique en tant que moyen de formation générale au collégial.

REMERCIEMENTS

Nous désirons remercier toutes les personnes qui ont collaboré à la réalisation de ce manuel. Notamment l'équipe de la maison Modulo qui nous a soutenu durant la production, et en particulier M. Louis Moffatt qui nous a convaincu de la pertinence de cette adaptation. Nous croyons qu'*En forme et en santé* aidera à faire la preuve du bien-fondé des cours obligatoires d'éducation physique au collégial.

Répartition des critères de performance par chapitre (Ensemble I)

Critères de performance	Chapitres									
	1	**2**	**3**	**4**	**5**	**6**	**7**	**8**	**9**	**10**
Utilisation appropriée de la documentation.	•	•	•	•	•	•	•	•	•	•
Liens pertinents entre ses principales habitudes de vie et leurs incidences sur la santé.	•	•	•	•	•	•	•	•	•	
Respect des règles inhérentes aux activités physiques pratiquées, dont les règles de sécurité.			•	•	•	•	•	•		•
Respect de ses capacités dans la pratique des activités physiques.			•	•	•					•
Utilisation correcte des données d'évaluation quantitative et qualitative sur le plan physique.			•	•	•	•				•
Relevé de ses principaux besoins et de ses principales capacités sur le plan physique.			•	•	•					•
Relevé de ses principaux facteurs de motivation liés à une pratique régulière de l'activité physique.						•		•	•	•
Choix pertinent et justifié d'activités physiques selon ses besoins, capacités et facteurs de motivation.										•

TABLE DES MATIÈRES

INTRODUCTION AU MIEUX-ÊTRE, À UNE BONNE CONDITION PHYSIQUE ET À UN MODE DE VIE SAIN

1

OBJECTIFS

Après avoir lu le présent chapitre, vous devriez pouvoir :

- définir le bien-être et le mieux-être;
- décrire les différentes dimensions du mieux-être;
- reconnaître l'importance d'un mode de vie sain;
- identifier les comportements sains favorisant la santé;
- évaluer vos propres habitudes de vie.

Un élève en première année de cégep s'efforce d'élargir son cercle d'amis. Une élève de secondaire V, jusque-là plutôt sédentaire, décide désormais de ne plus se rendre à l'école autrement qu'à bicyclette. Un diplômé affairé s'engage bénévolement à planter des arbres dans un quartier défavorisé du centre-ville. Qu'ont en commun ces trois personnes ? Toutes se préoccupent de leur santé et de leur mieux-être. Elles s'organisent pour mener la vie active, dynamique et bien remplie qui leur procurera un mieux-être personnel, interpersonnel et environnemental optimal. Non contentes de simplement prévenir l'apparition de maladies graves, elles ont pris en charge leur santé et font le nécessaire pour assurer leur mieux-être.

UN NOUVEL OBJECTIF EN MATIÈRE DE SANTÉ : LE MIEUX-ÊTRE

Le **mieux-être**, c'est une vision évoluée de la santé et du **bien-être** physique. Cela va bien au-delà de l'absence de maladie physique, qui, pour beaucoup de gens, est synonyme de bonne santé. En effet, le mieux-être est aussi à la portée des personnes atteintes d'une maladie ou d'un handicap graves. Qui ne connaît de ces gens qui, ne s'étant pas laissé arrêter par leurs limites physiques ou psychiques, ont réussi à se créer une vie stimulante, enrichissante et bien remplie ? Certaines caractéristiques d'une bonne santé sont liées à l'hérédité, à l'âge et à d'autres facteurs sur lesquels l'individu a peu de prise. Mais le véritable mieux-être découle surtout de décisions relatives à l'organisation de sa propre vie. Dans le présent ouvrage, les expressions « bonne santé » et « mieux-être » sont synonymes et renvoient à la capacité de mener une vie bien remplie, marquée par la vitalité et l'épanouissement personnel. (*Voir* figure 1.1.)

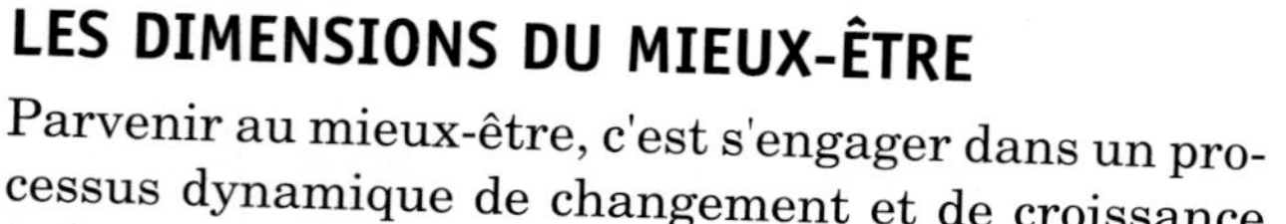

Figure 1.1 Continuum de la santé.

LES DIMENSIONS DU MIEUX-ÊTRE

Parvenir au mieux-être, c'est s'engager dans un processus dynamique de changement et de croissance (*voir* figure 1.2). Cela ne constitue pas un objectif statique. Quels que soient votre âge et votre état de santé, vous pouvez maximiser votre mieux-être selon chacune des six dimensions interreliées présentées ci-dessous.

Le mieux-être physique Une excellente santé physique résulte de la conjugaison des démarches suivantes : adoption d'un régime alimentaire sain, pratique d'une activité physique régulière, abandon des habitudes nuisibles, prise de décisions sensées concernant l'activité sexuelle, capacité de reconnaître les symptômes de maladie, volonté de se prêter régulièrement à des examens médicaux et dentaires et adoption de mesures de prévention des accidents à la maison, au travail et lors des déplacements.

Rappelez-vous que les habitudes et les décisions que vous prenez maintenant auront une incidence déterminante sur votre longévité et sur votre qualité de vie future.

Le mieux-être émotif L'optimisme, la confiance, l'amour-propre, le respect de soi, la maîtrise de soi, la confiance en soi, la capacité d'établir et de maintenir des relations satisfaisantes et la facilité à exprimer ses émotions ne sont que quelques-uns des éléments du mieux-être émotif. Pour assurer la stabilité de cette dimension du mieux-être, il faut aussi être à notre écoute, savoir identifier ce qui nous trouble et être capable de trouver des solutions à nos problèmes émotifs, quitte à demander l'aide de professionnels au besoin.

Le mieux-être intellectuel Pour parvenir au mieux-être intellectuel, il faut s'ouvrir aux idées nouvelles, savoir s'interroger et faire preuve d'esprit critique, avoir le goût d'acquérir de nouvelles compétences et faire preuve d'humour, de créativité et de curiosité. En maintenant un esprit alerte, on s'assure un mieux-être général, car on sait alors identifier les

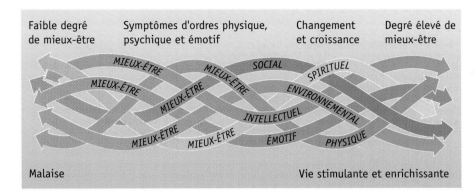

Figure 1.2   **La trame du mieux-être.** Le mieux-être comporte six dimensions interreliées qui doivent toutes être mises en valeur pour que soit assuré le mieux-être global.

problèmes, trouver des solutions et orienter son comportement en conséquence. Les personnes qui recherchent le mieux-être intellectuel ont toujours soif d'apprendre. Elles prennent plaisir aux nouvelles expériences et sont constamment en quête de défis à relever.

Le mieux-être spirituel   Les gens qui connaissent le mieux-être spirituel possèdent un ensemble de principes directeurs et de valeurs fondamentales qui donnent sens et raison d'être à leur vie, particulièrement dans les moments difficiles. Quand on parvient au mieux-être spirituel, on est capable d'aimer, de faire preuve de compassion, de pardonner, d'être altruiste, de manifester sa joie, bref, on est épanoui. Le mieux-être spirituel est un antidote au désabusement, à la colère, à la peur, à l'anxiété, à l'égocentrisme et au pessimisme. La spiritualité transcende l'individu et permet d'établir des liens collectifs. Elle favorise le mieux-être lorsqu'elle permet à une personne de s'actualiser et de donner un sens et une raison d'être à sa vie dans le cadre de pratiques liées à la nature, à l'art, à la méditation, à l'action politique ou à différentes formes d'engagements sociaux.

Le mieux-être interpersonnel et social   Sans relations interpersonnelles satisfaisantes, il est impossible d'accéder à un mieux-être physique et émotif. Il est donc nécessaire d'avoir dans notre entourage des personnes qui nous apportent affection et soutien. On parvient à un sentiment de mieux-être interpersonnel quand on sait communiquer avec autrui, qu'on sait établir des relations d'intimité et qu'on fait partie d'un réseau social composé d'amis proches et de membres de la famille. Le mieux-être à caractère social repose sur l'apport de chacun au mieux-être de son milieu immédiat, de son pays et du monde dans son ensemble.

Le mieux-être environnemental ou planétaire
Le mieux-être personnel est de plus en plus étroitement lié au mieux-être de la planète. Par exemple, la fiabilité des sources d'approvisionnement alimentaire ou la violence au sein de la société ont des répercussions sur notre vie. De même, des facteurs environnementaux comme l'intensité du rayonnement ultraviolet d'origine solaire, la pollution de l'air et de l'eau, la présence de plomb dans les vieilles peintures et les lieux enfumés constituent d'autres menaces à la santé. Pour parvenir au mieux-être environnemental, il faut donc avoir conscience de ces dangers et adopter, individuellement ou collectivement, des mesures susceptibles de nous en protéger, soit en les réduisant ou en les éliminant.

Les six dimensions du mieux-être sont en continuelle interaction et influent naturellement l'une sur l'autre. Qu'on en améliore une ou qu'on la néglige, ce changement se répercutera souvent sur une autre dimension ou même sur toutes les autres. Ainsi, il y a fort à parier que la pratique régulière d'activités physiques (dimension physique du mieux-être), qui devrait améliorer le sentiment de bien-être et l'estime de soi (mieux-être émotif), vous portera à plus de confiance dans vos relations interpersonnelles, ce qui pourrait également vous aider à mieux réussir au travail ou à l'école (mieux-être interpersonnel et social). Se garder en bonne santé, est un processus dynamique, et améliorer l'une des dimensions de son mieux-être, c'est souvent améliorer les autres.

Certains des liens fondamentaux entre les différentes dimensions du mieux-être sont présentés dans les encadrés intitulés « Bien-être global ».

TERMINOLOGIE

Mieux-être   Amélioration de l'état de bien-être vers une santé et une vitalité optimales sur les plans physique, émotif, intellectuel, spirituel, interpersonnel et social, et environnemental.

Bien-être   Sensation agréable procurée par la possibilité de satisfaire, sans stresser ou surmener l'organisme, ses besoins sur les plans physique, émotif, intellectuel, spirituel, interpersonnel et social, et environnemental.

NOUVELLES POSSIBILITÉS, NOUVELLES RESPONSABILITÉS

Le concept de la santé s'est élargi au cours du siècle dernier; autrefois synonyme d'absence de maladie, il englobe désormais non seulement les capacités physiques, mais aussi les ressources sociales et personnelles de l'être humain (*voir* tableau 1.1).

La notion de mieux-être est relativement récente. Il y a 100 ans, les personnes qui atteignaient l'âge adulte pouvaient s'estimer chanceuses. Ainsi, un bébé né en 1890 avait une espérance de vie d'environ 40 ans. Nombreux étaient ceux qui mouraient des suites d'une des **maladies infectieuses** courantes à l'époque ou en raison des mauvaises conditions sanitaires qui régnaient dans leur milieu (non-réfrigération des aliments, insalubrité, pollution de l'air et de l'eau). L'espérance de vie a toute-

Tableau 1.1	Évolution de la définition de la santé.
Autrefois	**Aujourd'hui**
• Absence de maladies ou de troubles de la santé.	• Bien-être physique, mental et social. • Réalisation de soi. • Capacité d'adaptation à son environnement.

Source : Comité consultatif fédéral-provincial-territorial sur la santé de la population, *Rapport sur la santé des Canadiens et Canadiennes*, Conférence des ministres de la Santé, Toronto, Ontario, 1996.

fois presque doublé au cours des 100 dernières années, surtout grâce à la mise au point de vaccins et d'antibiotiques capables de prévenir et d'enrayer les maladies infectieuses et aux campagnes de promotion

STATISTIQUES VITALES

Tableau 1.2 Principales causes de décès sélectionnées au Canada, selon le sexe, 1995.

	Nombre	%	Total*	Hommes*	Femmes*	Facteurs de risques
Toutes les causes	**210 733**	**100,0**	**666,9**	**857,8**	**522,5**	
Cancers	57 810	27,4	184,9	234,7	150,3	A D S T
Maladies du cœur	57 461	27,3	179,9	238,7	134,8	A D S T
Maladies vasculaires cérébrales	15 537	7,4	48,1	53,5	44,0	D S T
Maladies pulmonaires obstructives chroniques et affections connexes	9 185	4,4	28,8	44,7	19,3	T
Accidents et effets adverses	8 823	4,2	29,0	39,9	18,5	A T
Pneumonie et grippe	7 382	3,5	22,7	29,6	18,5	T
Diabète sucré	5 496	2,6	17,4	20,9	14,6	D S
Maladies des artères, artérioles et capillaires	4 858	2,3	15,1	20,6	11,2	D S T
Affections héréditaires et dégénératives du système nerveux central	4 762	2,3	14,8	16,4	13,6	
Suicide	3 963	1,9	13,3	21,5	5,3	
Psychoses	3 780	1,8	11,5	11,0	11,4	A
Néphrite, syndrome néphrotique et néphrose	2 598	1,2	8,1	10,9	6,3	
Maladies chroniques et cirrhose	2 235	1,1	7,2	10,6	4,4	A
Infection du virus d'immunodéficience humaine (VIH)	1 764	0,8	5,8	10,7	0,9	
Troubles névrotiques, troubles de la personnalité et autres troubles non psychotiques	1 265	0,6	4,0	5,3	2,8	

* Taux comparatifs de mortalité pour 100 000 habitants.

Légende : **A** Cause de décès où l'excès d'alcool joue un rôle.   **S** Cause de décès où la sédentarité joue un rôle.
        D Cause de décès où la diète joue un rôle.   **T** Cause de décès où le tabagisme joue un rôle.

Source : Statistique Canada, n° 84-210-XPB au catalogue.

de la santé publique axées sur l'amélioration des conditions sanitaires en général.

Mais les choses ont changé. Aujourd'hui, ce sont des **maladies chroniques** telles que les maladies cardiovasculaires, le cancer, l'hypertension, le diabète, l'ostéoporose et la cirrhose qui nous menacent. Les trois causes de décès les plus fréquentes au Canada (*voir* tableau 1.2) sont d'ailleurs attribuables aux cancers, aux maladies du cœur et aux maladies vasculaires cérébrales. Or, le traitement de ces maladies et des autres maladies chroniques dégénératives est extrêmement problématique et coûteux. Et comme le meilleur traitement demeure encore la prévention, il faut se soucier davantage de sa santé et des soins à donner à son corps.

Il est tout de même encourageant de savoir qu'il est possible d'agir pour diminuer les risques d'apparition des maladies cardiovasculaires, du cancer et d'autres maladies chroniques. Chaque jour, nous faisons des choix en matière d'activité physique, d'alimentation et de consommation de tabac et d'alcool, qui se traduisent par une augmentation ou une diminution de ces risques. Après avoir examiné les causes réelles de décès liées aux comportements et au milieu de vie au Canada, des chercheurs ont démontré clairement que les individus peuvent avoir une très grande emprise sur l'ampleur des risques affectant leur santé (*voir* tableau 1.3). Le mieux-être ne peut pas simplement être prescrit : les médecins et les autres spécialistes des soins de santé peuvent naturellement donner de l'information et prodiguer conseils et encouragements. Mais chacun doit avant tout prendre sa santé en charge. C'est à l'individu que revient la responsabilité d'assurer son mieux-être personnel.

Vous trouverez dans le présent chapitre un aperçu d'un mode de vie favorisant le mieux-être et une description des changements susceptibles d'améliorer votre propre santé. Les chapitres subséquents offrent une information plus détaillée sur la bonne condition physique, l'alimentation saine et certains autres éléments favorables à un mode de vie fondé

Les choix sains que Phil Latulippe s'est toujours appliqué à faire lui permettent aujourd'hui de mener une vie active, dynamique et bien remplie. Pour demeurer vigoureux et en bonne santé toute sa vie, chacun doit commencer à se soucier de son mieux-être dès le plus jeune âge.

sur le mieux-être. *En forme et en santé* est un manuel pratique qui a été conçu pour vous permettre d'évaluer et de modifier vos habitudes de vie en vue de favoriser la bonne condition physique et la santé.

LES CHOIX PROPICES AU MIEUX-ÊTRE

Un mode de vie fondé sur des choix éclairés et des comportements sains ne peut qu'accentuer la qualité de vie, car il aide chacun à prévenir les maladies, à

STATISTIQUES VITALES

Tableau 1.3	Causes de décès au Canada.
Cause	**Nombre de décès**
Tabagisme	41 408
Alcool	18 624
Accidents routiers	3 685

Source : Comité consultatif fédéral-provincial-territorial sur la santé de la population, *Rapport sur la santé des Canadiens et Canadiennes,* Conférence des ministres de la Santé, Toronto, Ontario, 1996.

TERMINOLOGIE

Maladie infectieuse   Maladie susceptible d'être transmise d'une personne à une autre.

Maladie chronique   Maladie subie sur une longue période et attribuable à de multiples facteurs, dont le mode de vie.

STATISTIQUES VITALES

Tableau 1.4 Espérance de vie en santé à la naissance et à 65 ans, selon le sexe, Québec, 1992-1993.			
État d'autonomie fonctionnelle	Hommes	Femmes	Moyenne Hommes/Femmes
Espérance de vie totale à la naissance	**74,2**	**81,1**	**77,7**
Sans perte d'autonomie fonctionnelle	65,9	68,8	67,4
Avec perte d'autonomie fonctionnelle	8,2	12,3	10,3
Espérance de vie totale à 65 ans	**15,5**	**20,1**	**18,0**
Sans perte d'autonomie fonctionnelle	11,5	13,2	12,4
Avec perte d'autonomie fonctionnelle	4,0	6,9	5,6

Source : Ministère de la Santé et des Services sociaux, *Et la santé, ça va en 1992-1993 ? Rapport de l'Enquête sociale et de santé*, 1992-1993, vol. 1, Montréal, Gouvernement du Québec, 1995, p. 298.

demeurer vigoureux et en bonne condition physique et à maintenir sa santé physique et mentale toute la vie (*voir* tableau 1.4 et figure 1.3). Voici, regroupés sous six rubriques, les habitudes et les comportements clés à adopter pour y parvenir.

Avoir des activités physiques régulières La décision la plus importante à prendre pour favoriser le mieux-être personnel concerne sans doute la pratique d'activités physiques sur une base régulière. Malheureusement, c'est le mode de vie sédentaire

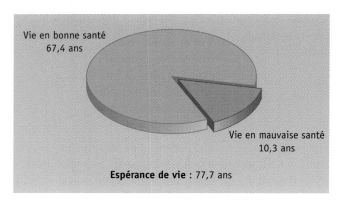

Vie en bonne santé
67,4 ans

Vie en mauvaise santé
10,3 ans

Espérance de vie : 77,7 ans

Figure 1.3 Durée de vie et qualité de vie. Grâce aux progrès de la médecine et à une meilleure protection de l'environnement, l'espérance de vie moyenne des Canadiens a sensiblement augmenté au cours du XXᵉ siècle. Mais il n'y a pas que la longévité qui importe; la qualité de vie est également importante. Or, le Canadien moyen ne demeure en bonne santé que pendant 85 % de sa durée de vie. L'adoption et le maintien d'un mode vie sain peuvent favoriser à la fois une longévité accrue et une diminution du nombre d'années vécues en mauvaise santé.

TERMINOLOGIE

Bonne condition physique Capacité du corps à réagir et à s'adapter aux exigences et au stress résultant d'un effort physique.

qui est le plus répandu de nos jours. Au Québec, seulement 37 % des personnes âgées de 15 ans et plus sont considérées comme suffisamment actives pour récolter des bénéfices importants pour la santé. C'est dire que 63 % de la population ne pratique pas suffisamment ou pas assez régulièrement d'activités physiques pour en espérer les bienfaits qui y sont généralement associés. Le corps humain réalise pleinement son potentiel lorsqu'il est actif. Il s'adapte facilement à presque tous les types d'activités et d'efforts. C'est pourquoi la notion de **bonne condition physique** se définit comme la capacité du corps à bien réagir aux exigences et au stress résultant d'un effort physique. Plus le corps (muscles, os, cœur, poumons) doit fournir d'effort, plus il devient vigoureux et résistant. Toutefois, l'inverse est également vrai : moins le corps est actif, moins il devient apte à l'être. Une certaine détérioration apparaît lorsque le corps cesse d'être actif : les os perdent une partie de leur densité, les articulations deviennent moins souples, les muscles s'affaiblissent et les systèmes énergétiques des cellules commencent à se dégrader. On n'en sort pas : pour se sentir vraiment bien, les êtres humains doivent demeurer actifs.

Les bienfaits de l'activité physique sont d'ordres physique et mental, tant à court qu'à long terme (voir à ce sujet l'encadré intitulé « Les effets bénéfiques d'une activité physique régulière »). À court terme, la bonne forme physique facilite grandement l'exécution des tâches quotidiennes, par exemple, le déplacement d'objets. Elle permet aussi d'effectuer des efforts supplémentaires en situation d'urgence et aide à se sentir bien dans sa peau. À long terme, une bonne condition physique offre une certaine protection contre les maladies chroniques et réduit les risques de décès prématuré (*voir* figure 1.4). Les personnes pratiquant une activité physique soutenue sont moins susceptibles de souffrir d'une maladie cardiaque ou respiratoire, d'hypertension, du cancer, de diabète ou d'ostéoporose. Leur système cardiovasculaire est dans un aussi bon état que celui de personnes sédentaires plus jeunes de 10 ans. En vieillissant, les gens actifs parviendront plus aisément à maintenir leur poids, à éviter les pertes de densité musculaire et osseuse et à prévenir la fatigue et d'autres problèmes liés au vieillissement. Dotées d'un cœur en bon état, de muscles fermes, d'un corps vigoureux et d'un ensemble de capacités physiques ouvrant la voie à de multiples activités récréatives, les personnes en bonne forme peuvent préserver leur mieux-être physique et mental toute leur vie.

Adopter un régime alimentaire sain En plus d'avoir un mode de vie sédentaire, de nombreux Canadiens ont un régime alimentaire qui comporte trop de calories, de matières grasses et de sucres ajoutés, et pas assez de fibres et de glucides complexes. Un tel régime favorise l'apparition de maladies chroniques, comme les maladies cardiaques, les accidents cérébrovasculaires et certains types de cancer. Inversement, un régime alimentaire sain est source de mieux-être tant à court qu'à long terme, car il fournit au corps les éléments nutritifs et énergétiques qui lui sont nécessaires, tout en diminuant l'apport de produits alimentaires associés au développement de certaines maladies.

Maintenir un poids santé L'excédent de poids et l'obésité font partie des causes de certaines maladies graves et même mortelles, comme les maladies cardiaques, le cancer et le diabète. Le maintien d'un poids santé est une composante importante du mieux-être. La diète sévère à court terme n'en est pas une. Elle

STATISTIQUES VITALES

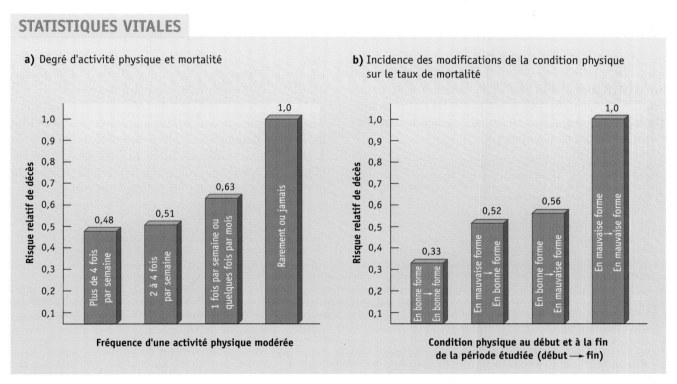

a) Degré d'activité physique et mortalité

b) Incidence des modifications de la condition physique sur le taux de mortalité

Figure 1.4 Activité physique, forme physique et mortalité. De nombreuses études effectuées sur de longues périodes ont clairement démontré les effets bénéfiques de la pratique régulière d'une activité physique : **a)** une étude réalisée sur une période de 7 ans auprès de plus de 40 000 femmes postménopausées a révélé une forte corrélation entre l'activité physique et le risque relatif de décès. On a constaté que plus la fréquence de l'activité physique est élevée, moins le risque relatif de décès est important; **b)** une étude menée auprès de plus de 9500 hommes ayant noté attentivement les changements apparus dans leur condition physique sur des périodes de 1 à 18 ans a montré que le degré de condition physique était étroitement lié au risque de décès. Le plus faible risque de décès a été observé chez les hommes qui étaient en bonne condition physique au début et à la fin de la période étudiée, alors que le risque le plus élevé l'a été chez les hommes qui ont été en mauvaise condition physique durant toute l'étude. Les hommes qui s'étaient mis en forme pendant la période étudiée ont vu leur risque de décès diminuer de 44 % par rapport à celui des hommes demeurés en mauvaise condition physique.

Sources : Kushi, L. H. *et al.*, « Physical Activity and Mortality in Postmenopausal Women », *Journal of the American Medical Association*, 1997, 277(16), p. 1287-1292. Blair, S. N. *et al.*, « Changes in Physical Fitness and All-Cause Mortality : A Prospective Study of Healthy and Unhealthy Men », *Journal of the American Medical Association*, 1995, 273(14), p. 1093-1098.

POUR EN SAVOIR PLUS

Les effets bénéfiques d'une activité physique régulière

La pratique régulière d'une activité physique améliore la santé physique et mentale en :

- réduisant les risques de décès prématuré ;
- réduisant les risques de mourir d'une maladie cardiaque ;
- réduisant les risques d'apparition du diabète ;
- réduisant les risques d'hypertension ;
- contribuant à abaisser la tension artérielle des personnes souffrant déjà d'hypertension ;
- réduisant les risques de cancer du côlon ;
- réduisant les sentiments de dépression et d'anxiété ;
- aidant à contrôler le poids, à développer des tissus musculaires et à réduire les tissus adipeux ;
- aidant à développer les tissus osseux, musculaires et articulatoires et à en assurer le bon état ;
- renforçant les muscles des personnes âgées, ce qui leur assure une mobilité susceptible de leur éviter les chutes ;
- favorisant le bien-être psychique.

(Les changements et les effets bénéfiques qu'on retire de la pratique régulière d'une activité physique sont traités dans les prochains chapitres.)

Source : U.S. Department of Health and Human Services, *Physical Activity and Health : A Report of the Surgeon General,* 1996. U.S. Department of Health and Human Services, Centers for Disease Control and Prevention, National Center for Chronic Disease Prevention and Health Promotion.

n'a pas sa place dans un mode de vie sain et équilibré. Que faut-il faire pour maintenir toute sa vie un poids santé ? Il faut bien sûr faire de l'activité physique régulièrement, avoir une alimentation saine et apprendre à bien gérer son stress.

Gérer le stress de manière efficace En situation de stress, de nombreuses personnes se mettent à manger, à boire ou à fumer exagérément. D'autres refusent tout simplement d'y faire face, ce qui n'arrange rien. À court terme, une mauvaise gestion du stress engendre fatigue, problèmes de sommeil et autres symptômes désagréables. À plus long terme, c'est le système immunitaire qui s'affaiblit, et l'individu devient plus vulnérable aux maladies. Il existe des moyens efficaces de contrôler le stress. Il faut donc apprendre ces techniques et les intégrer à son quotidien. C'est un élément essentiel d'un mode de vie sain et équilibré.

Éviter la consommation de tabac et d'autres drogues, et réduire le plus possible la consommation d'alcool Le tabagisme est la première cause de décès évitable dans l'ensemble du Canada. En 1991, il a causé la mort de plus de 41 000 Canadiens et Canadiennes (*voir* tableau 1.3). Il y a 100 ans, lorsque les fumeurs de cigarettes étaient peu nombreux, le cancer des poumons était une maladie rare. Aujourd'hui, alors que près de 29 % de la population canadienne fume la cigarette (*voir* tableau 1.5), le cancer des poumons est à l'origine d'un plus grand nombre de décès que tout autre cancer, tant chez les hommes que chez les femmes. Cette

Tableau 1.5 **Bilan des habitudes de vie des Canadiens établi par province.**

PROVINCE	Exercices réguliers	Tabagisme	Excès d'alcool	Excès de poids
	(%)			
Canada	**20**	**29**	**14**	**32**
Terre-Neuve	16	31	23	41
Île-du-Prince-Édouard	14	31	18	37
Nouvelle-Écosse	16	33	16	36
Nouveau-Brunswick	20	31	19	36
Québec	15	34	11	28
Ontario	20	27	14	33
Manitoba	20	29	19	36
Saskatchewan	17	29	22	35
Alberta	23	28	16	33
Colombie-Britannique	29	26	14	28

Source : Comité consultatif fédéral-provincial-territorial sur la santé de la population, *Rapport sur la santé des Canadiens et Canadiennes,* Conférence des ministres de la Santé, Toronto, Ontario, 1996.

LES UNS ET LES AUTRES

Questions de mieux-être concernant diverses populations

Dans la quête de mieux-être, les différences entre les humains s'estompent. En effet, nous devons tous faire de l'exercice, bien manger et bien gérer notre stress. Nous devons connaître les moyens de prévenir les maladies cardiaques, le cancer, les maladies transmises sexuellement et les blessures.

Cependant, certaines différences qui nous distinguent en tant qu'individus et en tant que membres d'un groupe ont une incidence réelle sur le mieux-être. Ainsi, certains d'entre nous consomment depuis l'enfance des aliments qui favorisent l'obésité ou les maladies cardiaques. D'autres ont hérité d'une prédisposition à l'ostéoporose ou à l'hypercholestérolémie, par exemple. De telles différences entre individus ou entre groupes peuvent être biologiques — dépendant de facteurs génétiques — ou environnementales — dérivant de modèles comportementaux tissés quotidiennement au contact de la famille, du voisinage et de la société en général. En fait, de nombreux problèmes de santé sont à la fois d'origine génétique et environnementale.

Lorsqu'on examine le rapport entre le mieux-être et les diverses communautés, la prudence est de mise. Il faut éviter le piège du stéréotype, qui peut facilement nous induire à considérer les personnes en tant que groupes plutôt qu'en tant qu'individus. Il faut aussi se garder des généralisations abusives qui pourraient mener à négliger l'incroyable diversité génétique et environnementale d'individus qui demeure même lorsque ceux-ci sont regroupés sur la base de leur sexe, de leur situation socio-économique ou de leur appartenance ethnique. Chaque personne est unique, a son identité génétique propre et a vécu des expériences qui n'appartiennent qu'à elle. Cela n'exclut pas pour autant que d'autres personnes d'origine culturelle et génétique analogue aient pu subir des influences comparables. Ainsi, il peut être utile de disposer de données relatives aux similitudes de groupe en matière de mieux-être, car ces données peuvent éclairer des questions particulièrement importantes pour certaines personnes et pour les membres de leur famille.

On peut examiner et décrire les différences sur le plan du mieux-être selon bien des dimensions. Voyons les suivantes.

- *Le sexe* L'espérance de vie et l'incidence de maladies, comme les maladies cardiaques, le cancer et l'ostéoporose, diffèrent chez les hommes et les femmes. Les caractéristiques corporelles et certains aspects des aptitudes physiques varient également selon le sexe.
- *La situation socio-économique* Les taux de prévalence de nombreux problèmes de santé et de nombreuses maladies, tels l'excédent de poids, la surconsommation d'alcool et de drogues, les maladies cardiaques et les maladies liées à la présence du VIH, sont plus élevés chez les personnes à faibles revenus.
- *L'appartenance ethnique* Une prédisposition génétique à un problème de santé spécifique peut être associée à l'appartenance ethnique en raison de l'histoire relativement distincte de chaque groupe. Le régime alimentaire, les types de relations interpersonnelles et familiales, la consommation de tabac, d'alcool et d'autres drogues sont d'autres caractéristiques associées au mieux-être qui peuvent varier selon l'appartenance ethnique.

Ce ne sont là que quelques-uns des aspects sur lesquels la diversité, c'est-à-dire les différences entre les personnes et entre les groupes, peut jouer sur le plan du mieux-être. Ainsi, d'autres facteurs, comme l'âge, l'éducation et la maladie, peuvent parfois nuire aux efforts que déploient les individus pour atteindre au mieux-être.

Dans ce manuel, la rubrique *Les uns et les autres* est consacrée à l'approfondissement des notions de mieux-être et de vitalité dans un contexte de diversité toujours croissante.

---

terrible maladie est également l'une des causes les plus importantes de décès.

Quant à la consommation excessive d'alcool, elle est liée à 5 des 15 plus importantes causes de décès. Elle constitue un facteur d'invalidité et de décès particulièrement important chez les jeunes, car elle est souvent la cause de **blessures involontaires** (accidents de voiture et noyades) et d'actes violents. La consommation de drogues illégales, quant à elle, est liée au décès de 732 personnes par année, en moyenne, au Canada (308 d'entre elles par suicide).

Prévenir les maladies et les blessures La stratégie la plus efficace pour contrer les maladies et les blessures, c'est encore de les prévenir. Or, plusieurs des habitudes qui font partie d'un mode de vie sain que nous avons exposées dans le présent

TERMINOLOGIE

Blessure involontaire Toute blessure qui survient en l'absence d'intention de la causer.

chapitre — activité physique régulière, maintien d'un poids santé, etc. — vous aideront à vous protéger des maladies chroniques. Par ailleurs, vous pouvez vous prémunir contre certaines maladies infectieuses, les maladies sexuellement transmissibles, par exemple, en prenant certaines mesures préventives. En effet, il n'en tient qu'à vous d'adopter des pratiques sexuelles sécuritaires. C'est là un autre élément d'un mode de vie sain et équilibré.

On l'a vu, les blessures involontaires sont une cause de décès importante chez les personnes de 45 ans et moins. Or, les blessures peuvent être prévenues. Avoir des comportements prudents contribue aussi à un mode de vie sain et équilibré.

Il existe d'autres types de comportements qu'il importe d'adopter pour être en forme et en santé. Ainsi, il faut établir des relations enrichissantes avec les autres, planifier pour s'assurer une vieillesse agréable, acquérir une bonne connaissance du système des soins de santé et développer sa conscience environnementale. Le labo 1.1 vous aidera à évaluer vos comportements en matière de mieux-être.

LE RÔLE D'AUTRES FACTEURS DE MIEUX-ÊTRE

Bien sûr, le comportement n'est pas le seul facteur qui influe sur la santé. L'hérédité, l'environnement et l'accès à des soins de santé adéquats peuvent aussi contribuer à améliorer ou à détériorer la qualité de vie, ainsi qu'à augmenter ou à réduire les risques de maladies. Par exemple, une personne génétiquement prédisposée au diabète risque davantage de développer cette maladie si elle adopte un mode de vie sédentaire qu'autrement. Et si, de surcroît, elle n'a pas accès à des soins de santé adéquats, les risques de complications dangereuses augmentent, ce qui affectera nécessairement sa qualité de vie.

Dans de nombreux cas, cependant, l'individu, par son comportement positif, peut renverser la vapeur et faire échec aux facteurs héréditaires ou environnementaux négatifs qui le prédisposeraient à la maladie. Le cancer du sein, par exemple, peut être prévalent dans certaines familles, mais il peut aussi être associé à un excédent de poids et à un mode de vie sédentaire. Une femme ayant des antécédents familiaux de cancer du sein court moins le risque d'être victime de cette maladie si elle surveille son poids, fait de l'exercice, procède régulièrement à un auto-examen des seins et subit annuellement une mammographie. En prenant des mesures appropriées, cette femme peut réduire l'incidence des facteurs héréditaires sur sa santé. (Pour mieux connaître les facteurs affectant les personnes en tant que membres d'un groupe, reportez-vous à l'encadré intitulé « Questions de mieux-être concernant diverses populations ».)

RÉSUMÉ

- Parvenir au mieux-être, c'est avoir la capacité de vivre pleinement une vie signifiante et débordante d'énergie. Le mieux-être a un caractère dynamique et multidimensionnel : il est d'ordre physique, émotif, intellectuel, spirituel, interpersonnel et social, et environnemental.

- Maintenant que les maladies chroniques constituent les principales causes de décès au Canada, les gens sont de plus en plus persuadés qu'ils sont les premiers artisans de leur santé et qu'ils peuvent en contrôler de nombreux aspects.

- Avoir des activités physiques régulières, adopter un régime alimentaire sain, maintenir un poids santé, gérer efficacement son stress, ne consommer ni tabac ni drogues, réduire au minimum sa consommation d'alcool et prévenir les maladies et les blessures sont autant de comportements qui favorisent le mieux-être.

- Bien que l'hérédité, l'environnement et l'accessibilité aux soins de santé aient une influence réelle sur le mieux-être ou l'apparition de maladies, le comportement a aussi un grand rôle à jouer.

Nom : Annie Bouchard Guérette   **Groupe :** 00372   **Date :** 28 août 2000

LABO 1.1 ÉVALUATION DU MODE DE VIE

Comparez votre mode de vie avec le mode de vie susceptible de favoriser le mieux-être. Répondez en choisissant l'énoncé qui décrit le mieux votre comportement, puis additionnez vos points *séparément, par section*.

	Presque toujours	Parfois	Jamais
EXERCICE/BONNE FORME			
1. De trois à cinq fois par semaine, à raison de 20 à 60 minutes, je pratique une activité physique modérée, comme la marche rapide ou la nage.	4	(1)	0
2. Je fais des exercices au moins deux fois par semaine pour développer ma force et mon endurance musculaires.	2	1	(0)
3. Je consacre une partie de mon temps libre à des activités individuelles, familiales ou collectives, comme le jardinage, les quilles ou la balle molle.	(2)	1	0
4. Je maintiens un poids santé et j'évite tout excès ou insuffisance de poids.	(2)	1	0
Résultat pour la section *Exercice/bonne forme* : 5			
ALIMENTATION			
1. Je consomme des aliments variés chaque jour, dont cinq portions ou plus de fruits et de légumes.	(3)	1	0
2. Je restreins ma consommation de matières grasses et de graisses saturées.	3	(1)	0
3. J'évite de sauter des repas.	2	(1)	0
4. Je restreins ma consommation de sel et de sucre.	2	(1)	0
Résultat pour la section *Alimentation* : 6			
TABAC			
Si vous n'avez jamais consommé de tabac, inscrivez 10 comme résultat pour la présente section et passez à la section suivante. Sinon, évaluez les deux énoncés suivants.			
1. J'évite de consommer du tabac.	2	1	0
2. Je ne fume que des cigarettes à faible teneur en goudron et en nicotine, ou bien je fume la pipe ou des cigares.	2	1	0
Résultat pour la section *Tabac* : 10			
ALCOOL, DROGUES ET MÉDICAMENTS			
1. Je ne bois pas d'alcool, ou bien je n'en consomme qu'un verre (pour les femmes) ou deux (pour les hommes) par jour.	4	(1)	0
2. J'évite de consommer de l'alcool ou d'autres drogues lorsque je dois affronter des problèmes ou des situations stressantes.	(2)	1	0
3. Je ne consomme jamais d'alcool lorsque je prends des médicaments (contre le rhume ou une allergie, par exemple) ou que je suis enceinte.	(2)	1	0
4. Je lis et respecte le mode d'emploi lorsque je prends des médicaments sur ordonnance ou en vente libre.	(2)	1	0
Résultat pour la section *Alcool, drogues et médicaments* : 7			

	Presque toujours	Parfois	Jamais
SANTÉ PSYCHIQUE			
1. Je prends plaisir à mes études, ou bien j'ai un emploi ou une activité que j'aime bien.	2	(1)	0
2. Il m'est facile de me détendre et d'exprimer librement mes sentiments.	(2)	1	0
3. Je contrôle bien mon stress.	2	(1)	0
4. Je peux compter sur des amis proches, des membres de ma famille ou d'autres personnes lorsque je veux parler de questions personnelles ou que j'ai besoin d'aide.	(2)	1	0
5. Je participe à des activités de groupe (au sein d'organismes communautaires ou religieux) ou de loisir que j'aime bien.	(2)	1	0
Résultat pour la section *Santé psychique* :	8		
SÉCURITÉ			
1. J'attache toujours ma ceinture de sécurité en voiture.	(2)	1	0
2. Je ne conduis jamais après avoir consommé de l'alcool ou d'autres drogues.	(2)	1	0
3. Je respecte le Code de la route et les limites de vitesse indiquées.	(2)	1	0
4. Je lis et respecte les indications figurant sur les produits potentiellement dangereux tels que les produits nettoyants domestiques, les produits toxiques et les appareils électriques.	(2)	1	0
5. J'évite de fumer au lit.	(2)	1	0
Résultat pour la section *Sécurité* :	10		
PRÉVENTION DES MALADIES			
1. Je connais les signes avant-coureurs du cancer, de la crise cardiaque et de l'accident cérébrovasculaire.	(2)	1	0
2. J'évite de m'exposer trop longtemps au soleil et j'utilise une crème solaire.	(2)	1	0
3. Je subis régulièrement les tests de dépistage médical recommandés (mesure de la pression sanguine et tests Pap, par exemple) et je m'assure de recevoir les vaccins et injections de rappel nécessaires.	(2)	1	0
4. J'effectue un auto-examen mensuel des seins ou des testicules.	2	1	(0)
5. Je n'ai aucune activité sexuelle *ou bien* j'ai des relations sexuelles exclusives avec un seul partenaire non infecté *ou bien* j'ai toujours des relations sexuelles « sûres » (utilisation du condom) *et* j'utilise toujours une seringue neuve pour toute injection intraveineuse.	(2)	1	0
Résultat pour la section *Prévention des maladies* :	8		

INTERPRÉTATION DES RÉSULTATS (par section)

Résultats de 9 ou 10   Excellent ! Vous avez conscience de l'importance de ces facteurs pour la santé. Mieux encore, vous mettez en pratique vos connaissances : vous avez de saines habitudes. Continuez ainsi. Vous êtes un bon exemple pour votre famille et vos amis. Vu ce très bon résultat de section, préoccupez-vous maintenant des sections où votre résultat indique qu'une amélioration est souhaitable.

Résultats de 6 à 8   Vos habitudes sont bonnes, mais il y a place à amélioration. Réexaminez les questions auxquelles vous avez répondu « parfois » ou « jamais » et réfléchissez aux changements nécessaires pour améliorer votre résultat. Il suffit parfois d'un changement minime pour améliorer sa santé.

Résultats de 3 à 5   Les risques pour votre santé sont évidents. Aimeriez-vous plus d'information sur les risques que vous courez et sur les raisons pour lesquelles vous devriez changer certaines de vos habitudes ? Peut-être avez-vous besoin de conseils pour déterminer la meilleure façon d'apporter les changements que vous souhaitez. Quoi qu'il en soit, des sources d'aide sont disponibles.

Résultats de 0 à 2   Manifestement vous vous inquiétez des risques que vous prenez en matière de santé puisque vous avez passé ce test. Avez-vous pleinement conscience de l'importance de ces risques ? Savez-vous comment les réduire ? Vous pouvez facilement obtenir l'information et l'aide nécessaires pour améliorer votre santé. Il n'en tient qu'à vous !

Les comportements mentionnés dans ce test sont recommandés pour la plupart des Canadiens. Cependant, les personnes souffrant d'incapacités ou de maladies chroniques et les femmes enceintes auraient avantage à consulter leur médecin avant de s'y adonner.

Source : Adaptation de *Healthstyle : A Self-Test,* mis au point par le U.S. Public Health Service.

LES PRINCIPES FONDAMENTAUX D'UNE BONNE CONDITION PHYSIQUE

2

OBJECTIFS

Après avoir lu le présent chapitre, vous devriez pouvoir :

• connaître la fréquence à laquelle il est recommandé de faire des activités pour se maintenir en bonne santé et en bonne condition physique;

• décrire les déterminants de la condition physique et expliquer en quoi chacun d'eux influe sur le mieux-être;

• expliquer à quoi sert l'entraînement physique et identifier quels en sont les principes fondamentaux;

• reconnaître les règles inhérentes aux activités physiques, dont les règles de sécurité.

Dressez la liste des bienfaits de l'activité physique : vous serez frappé. Adopter un mode de vie faisant place à l'activité physique vous aidera à refaire le plein d'énergie, à contrôler votre poids et votre stress ainsi qu'à stimuler votre système immunitaire. Un tel mode de vie procure aussi des bienfaits d'ordres psychologique et émotif en améliorant la confiance en soi, l'estime de soi et le bien-être personnel. Il apporte une certaine protection contre les maladies cardiaques, le diabète, l'hypertension, l'ostéoporose, le cancer et les risques de décès prématuré. Faire de l'exercice augmentera vos capacités physiques et vous rendra plus apte à faire face avec vigueur aux obligations de la vie quotidienne. S'il est vrai que le niveau optimal d'activité et de condition physiques varie beaucoup d'une personne à l'autre, les bienfaits d'une activité physique régulière n'en sont pas moins réels pour tous.

Le présent chapitre offre un aperçu de ce qu'est une bonne condition physique. Il précise en quoi l'activité physique et un programme d'exercices bien structuré contribuent au mieux-être. Il décrit les déterminants de la condition physique, les principes fondamentaux de l'entraînement physique et les composantes essentielles d'un programme d'exercices équilibré.

L'EXERCICE ET L'ACTIVITÉ PHYSIQUE : FACTEURS DE BONNE SANTÉ ET DE BONNE CONDITION PHYSIQUE

Malgré les nombreux avantages que procure une vie active, le pourcentage des personnes actives est à la baisse depuis quelques années et demeure peu élevé dans toutes les catégories de population au Canada (*voir* tableau 2.1). Dans l'ensemble, un cinquième des Canadiens et des Canadiennes ont été classés comme actifs au cours des trois mois précédant l'*Enquête nationale sur la santé de la population* de 1994-1995. Un autre cinquième des répondants étaient modérément actifs, tandis que le reste de la population (plus de la moitié) était inactive. Au Québec, seulement 15 % de la population est classée active. C'est donc, après l'Île-du-Prince-Édouard, la province canadienne où la population est la moins active.

Conscient du problème, le gouvernement du Québec demandait au Comité scientifique de Kino-Québec d'établir quelle quantité d'activités physiques était porteuse de bénéfices pour la santé. Les résultats de cette étude publiée au printemps de 1999 jetaient un éclairage nouveau sur la question. Ainsi concluait ce rapport :

« 1. Plus la personne est active, meilleure sera sa santé.

2. Il ne semble pas y avoir de seuil au-dessous duquel l'activité physique n'aurait pas d'effet positif sur la santé; toute augmentation, si minime qu'elle soit, est bénéfique.

3. Avec une augmentation (même faible) de son activité physique, la personne auparavant sédentaire pourra récolter des bénéfices importants sur le plan de la santé.

4. En valeur absolue, une augmentation donnée de l'activité a un effet plus marqué pour la personne sédentaire ou peu active que pour la personne active[1]. »

Constatant que les conclusions de son rapport remettaient en question certaines idées reçues, le Comité poursuivait, insistant qu'il « ne faut donc plus prétendre, comme on a eu tendance à le faire jusqu'à récemment, qu'il n'y a pratiquement pas d'avantages à s'entraîner si l'on ne franchit pas un certain seuil, passablement élevé, d'activité physique.

En règle générale, l'activité physique minimale susceptible d'avoir un effet préventif ou curatif appréciable n'est pas aussi élevée que celle qui est nécessaire pour améliorer la performance physique et ses déterminants, par exemple la consommation maximale d'oxygène[2]. »

---

1. KINO-QUÉBEC, *Quantité d'activité physique requise pour en retirer des bénéfices pour la santé*, Synthèse de l'avis du Comité scientifique de Kino-Québec et applications, Gouvernement du Québec, ministère de l'Éducation, 1999, p. 2.

2. *Ibid.*

STATISTIQUES VITALES

| Tableau 2.1 | Indice des activités physiques de loisir, selon l'âge, le sexe, le niveau d'instruction (normalisé en fonction de l'âge) et la province, 12 ans ou plus, Canada, 1994-1995. |

		Population estimative (en milliers)	Actif (%)	Modéré (%)	Inactif (%)
Total au Canada	12 ans ou +, total	23 935	20	22	58
	Hommes	11 774	24	23	54
	Femmes	12 161	16	22	62
Selon l'âge et le sexe	12 à 14 ans, total	1 331	45	27	29
	Hommes	709	53	24	23
	Femmes	622	37	29	34
	15 à 19 ans, total	2 040	38	23	39
	Hommes	1 050	49	23	29
	Femmes	990	26	24	51
	20 à 24 ans, total	1 743	22	25	52
	Hommes	843	27	26	48
	Femmes	900	18	26	56
	25 à 44 ans, total	9 624	16	22	62
	Hommes	4 814	18	24	58
	Femmes	4 810	15	20	65
	45 à 64 ans, total	5 953	16	22	62
	Hommes	2 963	17	21	62
	Femmes	2 990	14	23	63
	65 à 74 ans, total	2 056	17	22	62
	Hommes	915	23	22	55
	Femmes	1 141	11	22	67
	75 ans ou +, total	1 187	12	16	72
	Hommes	480	17	17	67
	Femmes	707	8	16	76
Selon la scolarité	Inférieur au secondaire	7 971	18	19	63
	Secondaire	11 110	18	21	56
	Collégial	1 717	16	23	55
	Universitaire	3 139	24	24	47
Selon la province	Terre-Neuve	483	16	21	63
	Île-du-Prince-Édouard	110	14	19	67
	Nouvelle-Écosse	764	16	19	65
	Nouveau-Brunswick	626	20	21	60
	Québec	6 015	15	22	63
	Ontario	9 050	20	22	59
	Manitoba	891	20	26	54
	Saskatchewan	792	17	25	58
	Alberta	2 166	23	24	53
	Colombie-Britannique	3 037	29	23	48

Source : Statistique Canada, *Enquête nationale sur la santé de la population, 1994-1995.* Analyse originale.

TOUT SUR L'ACTIVITÉ PHYSIQUE

L'**activité physique** se définit comme tout mouvement corporel exigeant une dépense d'énergie significative par rapport au repos. Les activités physiques peuvent être classées par type selon la quantité d'énergie qu'elles nécessitent. Les mouvements faciles et rapides propres à la station debout ou la marche sur une surface plane exigent peu d'énergie et d'effort. Par contre, des activités plus intensives et plus soutenues, telles la course à pied ou une randonnée à bicyclette d'une dizaine de kilomètres, impliquent une dépense d'énergie beaucoup plus grande.

Le terme **exercice** renvoie généralement à un sous-ensemble d'activité physique, c'est-à-dire à des mouvements corporels planifiés, structurés et répétitifs qui sont conçus spécifiquement pour améliorer la bonne condition physique ou pour la maintenir. Comme on l'a vu au chapitre 1, la bonne condition physique désigne la capacité du corps à s'adapter aux exigences de l'effort physique et à soutenir une activité physique modérée ou intensive sans s'épuiser immédiatement. La condition physique dépend de facteurs physiologiques tels que la taille des fibres musculaires et la capacité du cœur à pomper le sang. Pour améliorer sa condition physique, on doit pratiquer une activité physique à un rythme suffisant pour fatiguer le corps et susciter des changements physiologiques à long terme. La fréquence et le type précis d'activités qui permettent une amélioration de la condition physique seront décrits en détail plus loin dans le présent chapitre. Pour le moment, il importe plutôt de savoir que seuls certains types d'activités physiques — c'est-à-dire ceux qui correspondent à des exercices — favorisent une amélioration notable de la condition physique. Une telle distinction doit être établie avant de fixer des objectifs et d'élaborer un programme.

Une activité physique propice à une bonne santé

« Pour prévenir des maladies comme celles qui affectent le système cardiovasculaire, le diabète, l'obésité et le cancer du côlon, ce qui importe avant tout, c'est d'avoir une dépense énergétique hebdomadaire élevée, tout au long de l'année.

Il faut donc pratiquer des activités physiques de façon régulière, c'est-à-dire tous les jours ou presque et tout au long de l'année — en toute saison, même en hiver —, pour que sa santé en bénéficie. On a de bonnes raisons de croire que des périodes occasionnelles d'activité physique n'ont guère d'effets cumulatifs. De plus, plusieurs effets bénéfiques de l'exercice physique s'atténuent rapidement lorsqu'on réduit son activité, et peuvent même disparaître complètement après quelques semaines de vie sédentaire.

Toutes les activités physiques conviennent

Les activités physiques dont la pratique est susceptible d'avoir un effet bénéfique sur la santé comprennent autant les activités de la vie quotidienne (ex. : les tâches d'entretien, les déplacements) et celles reliées au travail, que les activités sportives, les activités physiques de loisir et les exercices structurés.

Les activités de locomotion comme la marche, la natation, la bicyclette et le ski de fond ont l'avantage de susciter une dépense énergétique élevée, tout en étant relativement accessibles. De plus, on peut en régler l'intensité à son gré. (Les durées suggérées dans le tableau 2.2 varient selon l'intensité de l'effort souhaité.)

Il n'est pas nécessaire de faire toute l'activité de la journée d'un seul coup

Si chaque période d'exercice est d'une durée minimale d'environ 10 minutes, ses effets sont bénéfiques et s'additionnent à ceux des autres périodes. Ainsi, une personne qui est active à trois reprises au cours de la journée, à raison d'une dizaine de minutes chaque fois, en retirera les

POUR EN SAVOIR PLUS

Bienfaits de l'activité et risques liés à l'inactivité

Bienfaits de l'activité physique régulière :
- meilleure santé
- meilleure condition physique
- amélioration de la posture et de l'équilibre
- meilleure estime de soi
- contrôle du poids
- renforcement des muscles et des os
- regain d'énergie
- détente et contrôle du stress
- plus grande autonomie au troisième âge

Risques liés à l'inactivité :
- décès prématuré
- maladies du cœur
- obésité
- hypertension
- diabète de maturité
- ostéoporose
- accidents cérébrovasculaires
- dépression
- cancer du côlon

Source : *Cahier d'accompagnement du Guide d'activité physique*, Santé Canada. Reproduit avec la permission du ministre des Travaux publics et Services gouvernementaux Canada, 1999.

Tableau 2.2   Les niveaux d'activité pour rester en santé.

La durée recommandée varie selon l'effort.				
Intensité très légère	**Intensité légère** *60 minutes*	**Intensité moyenne** *30-60 minutes*	**Intensité élevée** *20-30 minutes*	**Intensité très élevée**
• Marcher lentement • Épousseter	• Marcher d'un pas modéré • Jouer au volley-ball • Effectuer de légers travaux de jardinage • Faire des exercices d'étirement	• Marcher d'un bon pas • Faire de la bicyclette • Ramasser des feuilles • Nager • Danser • Suivre une classe d'aérobie aquatique	• Suivre une classe de danse aérobique • Faire du jogging • Jouer au hockey • Jouer au basket-ball • Nager ou danser à un rythme continu	• Faire des sprints • Participer à une compétition de course à pied
Sensation de chaleur ? Respiration ?				
• Comme au repos • Respiration normale	• Sensation de chaleur • Respiration un peu plus rapide	• Sensation de chaleur • Respiration plus rapide	• Sensation prononcée de chaleur • Respiration beaucoup plus rapide	• Transpiration abondante • Respiration extrêmement rapide

Source : Cahier d'accompagnement du Guide d'activité physique, Santé Canada. Reproduit avec la permission du ministre des Travaux publics et Services gouvernementaux Canada, 1999.

mêmes bénéfices qu'une autre qui est active pendant 30 minutes d'affilée.

Il faut tout de même recommander d'exploiter toutes les occasions d'être actif (ex. : emprunter l'escalier plutôt que l'ascenseur), ne serait-ce que parce que cela consolide les autres habitudes composant un mode de vie physiquement actif.

C'est la dépense calorique qui compte   On peut retirer les mêmes bénéfices sur le plan de la santé (mais peut-être pas sur celui de la performance) en effectuant longtemps une activité à faible intensité (ex. : marche d'un pas normal) qu'en pratiquant plus brièvement une activité à intensité moyenne ou élevée (ex. : marche d'un pas rapide ou jogging)[3]. »

Rappelons toutefois qu'un tel programme ne vise pas pas à améliorer significativement la condition physique, mais plutôt à la maintenir et à se garder en bonne santé.

Des programmes d'exercice destinés à améliorer la condition physique   Le *Guide canadien d'activité physique pour une vie active saine* donne également un aperçu des bienfaits que procure un programme de mise en forme plus rigoureux. On y signale que les bienfaits pour la santé augmentent proportionnellement avec la durée et l'intensité de l'activité pratiquée. La personne qui suit un programme d'exercices structuré et rigoureux en vue

d'améliorer sensiblement sa condition physique observera des bienfaits encore plus marqués dans sa qualité de vie et son état de santé, et ses risques de mortalité diminueront (*voir* l'encadré « Bienfaits de l'activité et risques liés à l'inactivité »).

QUELLE EST LA QUANTITÉ ADÉQUATE D'ACTIVITÉ PHYSIQUE ?

Les spécialistes affirment qu'il faut 60 minutes d'activité physique par jour pour demeurer en forme ou améliorer sa santé. En fait, la durée recommandée varie selon l'effort. À mesure que vous passerez à des activités d'intensité moyenne ou soutenue, vous pourrez réduire cet objectif à 30 minutes, 4 jours par semaine. L'activité physique n'a pas besoin d'être très difficile pour être bénéfique.

La pratique d'une activité physique régulière, quelle qu'en soit l'intensité, améliore l'état de santé et rend l'organisme moins vulnérable à de nombreuses maladies chroniques. Toutefois, faire des exercices de

TERMINOLOGIE

Activité physique   Tout mouvement corporel produit par les muscles squelettiques et qui exige une dépense d'énergie significative par rapport au repos.

Exercice   Forme d'activité physique planifiée, structurée et répétitive conçue pour maintenir ou améliorer la condition physique.

3. *Ibid.*, p. 11-12.

Selon Kino-Québec, pour retirer de l'activité physique des bienfaits pour sa santé, il faut s'y employer au moins 30 minutes par jour, de façon régulière, c'est-à-dire tous les jours ou presque et à l'année. Le travail de jardinage est l'une des activités domestiques qui peuvent contribuer à améliorer votre bien-être physique.

type modéré contribue peu à l'amélioration de la condition physique. Si bon nombre des bienfaits apportés par l'exercice découlent simplement d'une activité physique accrue, une bonne condition physique générale procure certainement davantage de bienfaits à long terme pour la santé. En plus, une bonne condition physique contribue également beaucoup à l'amélioration de votre qualité de vie et vous donne plus de liberté de mouvement. Les personnes en bonne condition physique ont plus d'énergie et plus de contrôle sur leur corps. Elles peuvent adopter un mode de vie plus actif — en faisant de la bicyclette, de la marche en montagne, du ski, etc. — que celui des personnes dont la condition physique laisse à désirer. Même les personnes qui n'aiment pas pratiquer un sport ont besoin d'énergie physique et d'endurance pour accomplir leurs tâches quotidiennes et leurs activités de loisir.

Quelles conclusions peut-on tirer de tout cela ? La plupart des spécialistes confirment qu'une légère activité physique est préférable à l'inactivité, mais qu'une activité physique soutenue — à condition qu'elle ne provoque pas de blessures — est encore plus souhaitable. Il faut tout au moins s'efforcer

d'adopter un mode de vie plus actif et d'augmenter sa dépense énergétique par l'activité physique. Soyez actif ou active dès que l'occasion se présente : marchez jusqu'à l'école, tondez la pelouse, lavez la voiture, montez des escaliers, travaillez dans le jardin, évitez d'utiliser les télécommandes. Si vous voulez améliorer encore plus votre santé et votre bien-être, participez à un programme d'exercices structuré. Toute augmentation de l'activité physique est propice à une meilleure santé et à un bien-être accru, tant à court qu'à long terme. Si vous êtes à cet égard de ceux qui éprouvent le désir, bien légitime, d'avoir des points de repère et un niveau cible d'activité physique à atteindre, consultez le tableau 2.3. Vous y trouverez des exemples d'activités physiques d'intensité faible, moyenne, élevée ou très élevée et la durée hebdomadaire de pratique nécessaire pour atteindre une dépense énergétique totale d'environ 500, 1000 ou 1500 kcal.

Examinons maintenant plus en détail les déterminants de la condition physique et les principes fondamentaux de l'entraînement physique.

LES DÉTERMINANTS DE LA CONDITION PHYSIQUE QUI SONT LIÉS À LA SANTÉ

La condition physique comporte de nombreux déterminants, dont certains sont liés à l'état de santé général et d'autres à la pratique de sports ou d'activités plus spécifiques. Les déterminants de la condition physique les plus importants pour une bonne santé sont l'endurance cardiovasculaire, la force et l'endurance musculaires, la flexibilité et la santé du dos et le pourcentage de tissu adipeux (rapport entre la quantité de masse grasse et le poids du corps). Une bonne condition physique permet de mieux jouir de la vie, aide le corps à résister aux épreuves physiques et psychologiques et protège contre les maladies chroniques.

L'ENDURANCE CARDIOVASCULAIRE

L'**endurance cardiovasculaire** est la capacité d'effectuer, avec une intensité modérée ou prononcée, un exercice prolongé et dynamique faisant appel à une masse musculaire importante. Elle varie selon la capacité des poumons à capter l'oxygène pour l'apporter au système sanguin, la capacité du cœur à pomper le sang, la capacité du système nerveux et des vaisseaux sanguins à régulariser la circulation sanguine et la capacité des systèmes chimiques du corps à utiliser l'oxygène et les sources d'énergie nécessaires à la pratique d'un exercice.

Tableau 2.3   Comment dépenser 500, 1000 ou 1500 kcal/semaine.

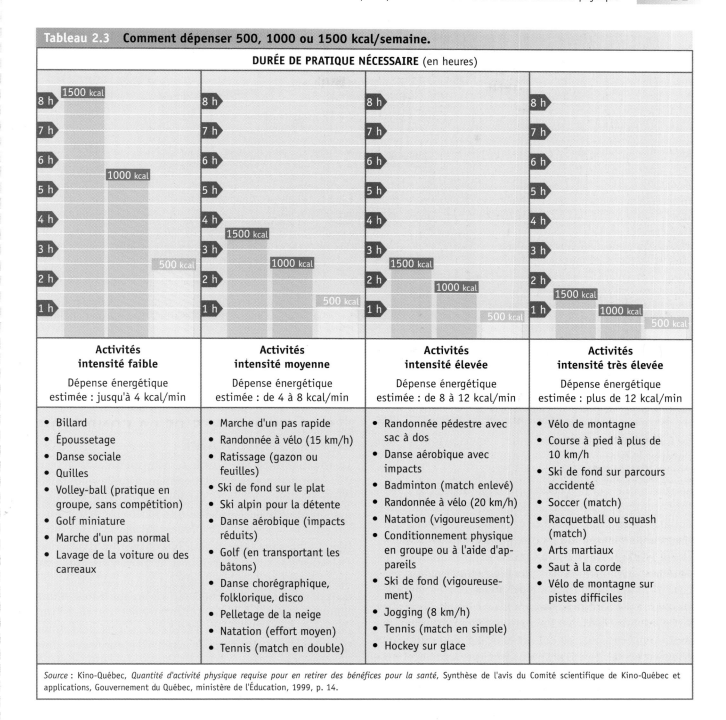

DURÉE DE PRATIQUE NÉCESSAIRE (en heures)			
Activités intensité faible Dépense énergétique estimée : jusqu'à 4 kcal/min	**Activités intensité moyenne** Dépense énergétique estimée : de 4 à 8 kcal/min	**Activités intensité élevée** Dépense énergétique estimée : de 8 à 12 kcal/min	**Activités intensité très élevée** Dépense énergétique estimée : plus de 12 kcal/min
• Billard • Époussetage • Danse sociale • Quilles • Volley-ball (pratique en groupe, sans compétition) • Golf miniature • Marche d'un pas normal • Lavage de la voiture ou des carreaux	• Marche d'un pas rapide • Randonnée à vélo (15 km/h) • Ratissage (gazon ou feuilles) • Ski de fond sur le plat • Ski alpin pour la détente • Danse aérobique (impacts réduits) • Golf (en transportant les bâtons) • Danse chorégraphique, folklorique, disco • Pelletage de la neige • Natation (effort moyen) • Tennis (match en double)	• Randonnée pédestre avec sac à dos • Danse aérobique avec impacts • Badminton (match enlevé) • Randonnée à vélo (20 km/h) • Natation (vigoureusement) • Conditionnement physique en groupe ou à l'aide d'appareils • Ski de fond (vigoureusement) • Jogging (8 km/h) • Tennis (match en simple) • Hockey sur glace	• Vélo de montagne • Course à pied à plus de 10 km/h • Ski de fond sur parcours accidenté • Soccer (match) • Racquetball ou squash (match) • Arts martiaux • Saut à la corde • Vélo de montagne sur pistes difficiles

Source : Kino-Québec, *Quantité d'activité physique requise pour en retirer des bénéfices pour la santé*, Synthèse de l'avis du Comité scientifique de Kino-Québec et applications, Gouvernement du Québec, ministère de l'Éducation, 1999, p. 14.

Lorsque l'endurance cardiovasculaire est faible, le cœur doit travailler très fort pendant les activités quotidiennes normales et peut ne pas être apte à fournir un effort supplémentaire en cas d'activité physique intensive résultant d'une situation d'urgence. Une bonne endurance cardiovasculaire permet au cœur de fonctionner de manière plus efficace, car l'effort exigé au repos ou lors d'un exercice modéré est moindre. Le cœur pompe davantage de sang par battement, le pouls au repos ralentit, le volume sanguin pompé augmente, l'apport sanguin aux tissus s'accroît, le corps parvient plus facilement à régulariser sa température et la pression artérielle au repos diminue. Un cœur sain résiste mieux aux tensions de la vie quotidienne, au stress causé par une

TERMINOLOGIE

Endurance cardiovasculaire   Capacité d'effectuer, avec une intensité modérée ou prononcée, un exercice prolongé et dynamique faisant appel à une masse musculaire importante.

L'endurance cardiovasculaire est un élément essentiel d'une bonne condition physique. En faisant de l'exercice, ces personnes améliorent l'endurance de leur cœur et de leurs poumons et bonifient leur état de santé général.

situation d'urgence et au vieillissement normal. Une endurance accrue améliore également le fonctionnement des systèmes chimiques du corps, notamment dans les muscles et le foie, et permet ainsi au corps de mieux utiliser et transformer l'énergie fournie par l'alimentation.

L'endurance cardiovasculaire est un élément essentiel d'une bonne condition physique, parce que le fonctionnement du cœur et des poumons est indispensable à un bon état de santé général. On ne peut vivre longtemps ou en bonne santé sans un cœur sain. Selon la synthèse de l'avis du Comité scientifique de Kino-Québec, « On observe un plus haut taux de mortalité causée par les maladies cardiovasculaires chez les personnes sédentaires, hommes ou femmes, que chez les personnes actives. Le risque d'être atteint d'une maladie coronarienne est en effet 1,8 fois plus élevé chez les premières. L'activité physique a un effet protecteur à l'égard de la mortalité prématurée chez les personnes sédentaires qui deviennent physiquement actives : le taux de mortalité diminue alors d'environ 20 % à 40 %, un effet pratiquement aussi grand que celui qu'on associe au fait d'arrêter de fumer. Le résultat est proportionnel, c'est-à-dire que le risque de décès prématuré est d'autant plus réduit que l'activité physique est élevée, tous les autres facteurs de risque reconnus étant égaux, tels que l'indice de masse corporelle, la pression artérielle, le tabagisme, le niveau de cholestérol et les antécédents familiaux. Les personnes dont la condition physique est la plus mauvaise ont une mortalité par maladie cardiovasculaire ou par toute cause plus élevée que celles jouissant d'une bonne condition physique. L'effet de la séden-

tarité sur les maladies du cœur, tel l'infarctus du myocarde, est comparable à celui de l'hypercholestérolémie, de l'hypertension et du tabagisme. »

LA FORCE MUSCULAIRE

La **force musculaire** est la tension qu'un muscle peut développer dans une contraction maximale volontaire. Avoir des muscles forts est important pour exécuter aisément et avec souplesse une foule d'activités quotidiennes — soulever des boîtes ou monter des escaliers — et pour faire face à une situation d'urgence. Des muscles forts contribuent à garder le squelette droit, à prévenir les douleurs au dos et aux jambes et à apporter le soutien nécessaire au maintien d'une bonne posture. La force musculaire est tout aussi importante lors d'activités récréatives. Les personnes plus fortes peuvent frapper la balle de tennis avec plus de vigueur, botter un ballon de soccer plus loin et monter des côtes à bicyclette plus facilement. Le tissu musculaire est un élément important de la composition du corps. Une masse musculaire plus élevée correspond à un **métabolisme** de base plus élevé et à une utilisation plus rapide de l'énergie. Le maintien de la force et de la masse musculaires est une condition essentielle pour conserver une bonne santé tout au long du processus de vieillissement. Les personnes âgées subissent souvent une atrophie de cellules musculaires, et les cellules qui restent ne sont plus fonctionnelles en raison de leur incapacité à envoyer des messages au système nerveux. Un entraînement en musculation favorise le maintien de la masse et des fonctions musculaires et peut atténuer le risque d'ostéoporose chez les personnes âgées, ce qui contribue sensiblement à l'amélioration de leur qualité de vie et à la prévention de blessures graves.

L'ENDURANCE MUSCULAIRE

L'**endurance musculaire** fait appel à la capacité de l'organisme à maintenir une tension musculaire localisée, le plus longtemps possible ou de façon répétée. L'endurance musculaire a une incidence importante sur le maintien d'une bonne posture et sur la prévention des blessures. Ainsi, lorsque les muscles abdominaux et dorsaux ne peuvent maintenir la colonne vertébrale dans une position adéquate, les risques de douleurs lombaires et de blessures au dos s'en trouvent accrus. L'endurance musculaire permet d'affronter les exigences physiques propres aux activités quotidiennes et d'améliorer la performance au travail et dans les sports. Elle joue aussi un rôle important dans l'accomplissement de la plupart des activités de loisir et de mise en forme physique.

LA FLEXIBILITÉ ET LA SANTÉ DU DOS

La **flexibilité** est la capacité d'utiliser une articulation dans toute son amplitude. S'il est vrai que l'amplitude des articulations n'est pas toujours mise à contribution dans l'exécution des activités quotidiennes de la plupart des individus, il n'en demeure pas moins que l'inactivité entraîne une raideur des articulations au fil des ans. Cette raideur amène souvent les personnes plus âgées à adopter des postures qui provoquent des tensions articulaires et musculaires. La pratique d'exercices d'étirement favorise la mobilité des principales articulations.

Un dos en bonne santé nous permet d'être plus fonctionnels dans toutes les tâches quotidiennes et donc de jouir d'une meilleure qualité de vie. C'est un déterminant important de la bonne condition physique. En effet, les maux de dos sont l'une des principales causes de restriction des activités courantes. Il est donc essentiel de protéger son dos en ayant des postures adéquates. Il faut aussi faire des exercices de renforcement musculaire et d'étirement afin de prévenir les blessures et les douleurs lombaires.

LE POURCENTAGE DE TISSU ADIPEUX

Le **pourcentage de tissu adipeux** correspond au rapport entre les quantités relatives de **masse maigre** (muscles, os et eau) et de masse grasse. Le pourcentage de tissu adipeux est adéquat si le poids corporel maigre est élevé et que la quantité de graisses est suffisamment faible, compte tenu des différences liées à l'âge et au sexe. Une personne ayant une quantité de graisses corporelles excessive est plus susceptible de subir toutes sortes de problèmes de santé : maladie cardiaque, hypertension, accident cérébrovasculaire, douleurs articulaires, diabète, maladies de la rate, cancer et douleurs au dos. La façon la plus efficace de réduire sa masse grasse consiste à adopter un mode de vie fondé sur un régime alimentaire équilibré et sur la pratique régulière d'activités physiques. Quant à l'augmentation de la masse musculaire, on l'obtient grâce à l'entraînement en musculation.

La capacité de se relaxer permet de gérer efficacement les différentes tensions provenant de l'environnement. Elle assure un meilleur équilibre de la santé globale. L'excès de tension peut compromettre à la fois notre santé et notre condition physique. C'est pourquoi la pratique régulière de techniques de relaxation et d'activités physiques de détente favorise l'atteinte d'une condition physique optimale.

En plus des déterminants liés à la santé, la pratique d'une activité physique ou d'un sport en particulier fait aussi appel à un ou plusieurs des facteurs suivants : la coordination, la vitesse, le temps de réaction, l'agilité, l'équilibre et l'habileté technique. Les habiletés techniques et la coordination nécessaires pour jouer au basket-ball, par exemple, seront mieux assimilées par ceux qui pratiquent régulièrement cette activité sportive.

LES PRINCIPES DE L'ENTRAÎNEMENT PHYSIQUE

Le corps humain a une très grande capacité d'adaptation. Plus on exige de lui, plus il s'adapte pour satisfaire à ces exigences. Les adaptations immédiates

---

TERMINOLOGIE

Force musculaire Quantité de force qu'un muscle peut fournir en un seul effort maximal.

Métabolisme Ensemble des processus vitaux au moyen desquels le corps utilise l'énergie alimentaire et les nutriments qui lui sont fournis.

Endurance musculaire Capacité d'un muscle ou d'un groupe de muscles à demeurer contractés ou à se contracter longtemps ou de façon répétée.

Flexibilité Aptitude au mouvement propre à une articulation ou à un groupe d'articulations; la flexibilité est liée à la longueur des muscles.

Pourcentage de tissu adipeux Rapport entre les quantités relatives de masse maigre et de masse grasse.

Masse maigre Poids des éléments constitutifs du corps humain qui sont exempts de graisse, soit les muscles du squelette, les os et l'eau.

et à court terme finissent par se transformer en modifications et en améliorations à long terme. Ainsi, lorsque le rythme respiratoire et les battements cardiaques augmentent pendant des exercices, le cœur acquiert graduellement la capacité de pomper davantage de sang à chaque battement. Par la suite, il parviendra à satisfaire les besoins en oxygène des cellules sans devoir battre plus rapidement lors d'exercices. L'**entraînement physique** vise à provoquer de telles modifications et améliorations à long terme dans le fonctionnement du corps. Bien sûr le niveau maximal de bonne condition et de performance physiques pouvant être atteint grâce à l'entraînement varie d'un individu à l'autre. Cependant, chacun retirera des bienfaits de la pratique d'activités physiques.

Certains types et quantités spécifiques d'exercices sont plus susceptibles que d'autres de favoriser les divers déterminants de la condition physique. Avant d'établir un programme d'exercices efficace, on doit d'abord comprendre les principes fondamentaux de l'entraînement physique. Ces principes sont la spécificité, la surcharge progressive, la réversibilité et les différences individuelles.

LA SPÉCIFICITÉ

Pour favoriser un déterminant particulier de la condition physique, il faut effectuer des exercices ayant été spécifiquement conçus à cette fin. C'est ainsi que l'on définit le principe de **spécificité**. Par exemple, l'entraînement avec des poids développe la force musculaire, mais non l'endurance cardiovasculaire ni la flexibilité. La spécificité s'applique également aux déterminants de la condition physique qui sont liés aux habiletés techniques — pour s'améliorer au tennis, il faut jouer au tennis — ainsi qu'aux différentes parties du corps — pour accroître la force des bras, il faut faire des exercices avec les bras. Un programme bien équilibré doit comporter des exercices mettant l'accent sur chacun des déterminants de la condition physique, sur différentes parties du corps et sur des activités et des sports spécifiques.

LA SURCHARGE PROGRESSIVE

C'est en améliorant son fonctionnement que le corps s'adapte aux exigences imposées par l'exercice. Si l'on accroît progressivement la quantité d'exercices (aussi appelée surcharge), la condition physique s'améliore. C'est ainsi qu'on définit le principe de **surcharge progressive**.

Le volume de la surcharge est très important. Faire trop peu d'exercice n'aura aucun effet sur la condition physique, mais pourra améliorer la santé. Faire trop d'exercice peut être une cause de blessures. À chaque type d'exercice sont associés un seuil d'entraînement à partir duquel se font sentir les bienfaits pour la condition physique, une zone au sein de laquelle ces bienfaits sont maximisés et la limite supérieure d'un entraînement sans risque (*voir* figure 2.1). La quantité d'exercice nécessaire dépend de la condition physique de départ de l'individu concerné, des objectifs qu'il s'est fixés en terme de condition physique et du déterminant qu'il veut développer. Ainsi, un débutant pourrait voir sa condition physique s'améliorer s'il court 2 kilomètres en 13 minutes, alors qu'un coureur de fond bien entraîné n'en tirerait aucun bienfait physique.

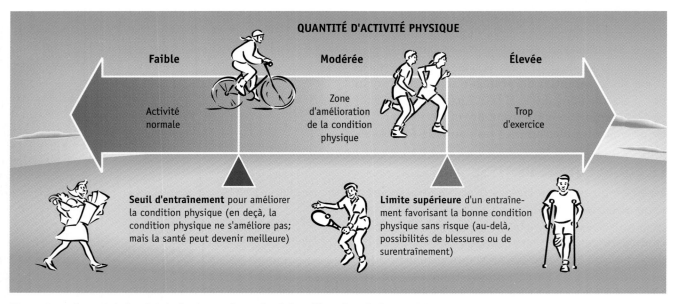

Figure 2.1 **Quantité d'activité physique nécessaire à l'amélioration de la condition physique.**

Les débutants devraient s'inspirer de la limite inférieure de la zone de bienfaits pour la condition physique. Les personnes en meilleure condition bénéficieront davantage d'un programme d'entraînement situé près de la limite supérieure de cette zone.

On détermine la quantité de surcharge nécessaire au maintien ou à l'amélioration de la condition physique selon les trois dimensions de l'exercice : la fréquence, l'intensité et la durée.

La fréquence   La mise en condition physique exige une pratique régulière d'exercices. La fréquence optimale d'exercice, exprimée en jours par semaine, varie selon le déterminant visé et les objectifs poursuivis par chacun. Dans le cadre d'un programme général d'amélioration de la condition physique, la pratique d'activités stimulant l'endurance cardiovasculaire à une fréquence de trois à cinq jours par semaine et un entraînement en musculation et en flexibilité réparti sur deux ou trois jours sont appropriés pour la plupart des individus.

L'intensité   Les bienfaits d'une bonne condition physique se font sentir lorsqu'une personne pratique des exercices avec plus d'intensité qu'à l'habitude. L'intensité appropriée des exercices varie selon les déterminants de la condition physique. Ainsi, une personne devra produire une accélération de son pouls normal pour augmenter son endurance cardiovasculaire, lever des poids plus lourds que d'habitude pour augmenter sa force musculaire, étirer ses muscles au-delà de leur longueur normale pour accroître sa flexibilité. L'intensité adéquate pour favoriser chacun des déterminants de la condition physique est décrite en détail dans les chapitres 3 à 5. En général, l'intensité nécessaire à l'amélioration de la condition physique est plus élevée que celle d'une activité physique modérée permettant de tirer des bienfaits pour la santé.

La durée   Les périodes d'activité physique doivent être relativement longues pour qu'apparaissent les bienfaits découlant d'une bonne condition physique. Il est recommandé que les activités favorisant l'endurance cardiovasculaire durent de 20 à 60 minutes et qu'elles soient réalisées sans interruption ou en plusieurs périodes d'au moins 10 minutes chacune. L'intensité des activités déterminera leur durée totale nécessaire pour que les bienfaits d'une bonne condition physique se concrétisent. Ainsi, dans le cas d'une activité d'intensité élevée comme la course à pied, on recommande une durée totale de 20 à 30 minutes. Dans le cas d'une activité d'intensité plus modérée telle que la marche, une durée totale de 45 à 60 minutes est nécessaire. Puisqu'une activité d'intensité élevée comporte un risque de blessures plus important qu'une activité d'intensité modérée, une personne non entraînée devrait commencer par des activités d'intensité modérée et de plus longue durée.

Quant à l'amélioration de la flexibilité, de la force et de l'endurance musculaires, on conseille une durée d'exercice égale, ou plus justement, un même nombre de répétitions d'exercices spécifiques. Par exemple, un programme recommandé d'entraînement en musculation prévoit une ou plusieurs séries de 9 à 12 répétitions de 8 à 10 exercices différents qui sollicitent les principaux groupes musculaires.

LA RÉVERSIBILITÉ

Le corps s'adapte à une activité physique de faible intensité de la même façon qu'il peut s'adapter à une activité physique de forte intensité. Cependant, cette adaptation n'est pas permanente. Après qu'une personne cesse de faire de l'activité physique ou des exercices, près de 50 % de l'amélioration apportée à la condition physique disparaît au bout de deux mois. C'est là le principe de **réversibilité**. S'il devient nécessaire de restreindre temporairement le calendrier d'entraînement adopté, l'amélioration apportée à la forme physique sera maintenue si l'intensité de l'activité physique ou de l'exercice demeure constante, même si la fréquence ou la durée sont réduites.

LES DIFFÉRENCES INDIVIDUELLES

Quiconque regarde le déroulement des Jeux olympiques, d'une partie de hockey professionnel ou d'une finale de championnat de tennis s'apercevra rapidement que, sur le plan physique, nous ne sommes pas tous égaux à la naissance. Il existe de grandes différences entre les capacités de chacun à améliorer sa condition physique et à développer des habiletés sportives. Elles sont héréditaires. Ainsi, des personnes qui suivent le même entraînement ne s'améliorent pas de la même façon. Certaines pourront courir plus longtemps, lever des poids plus lourds ou botter un ballon de soccer

---

TERMINOLOGIE

Entraînement physique   Exécution de divers types d'activités qui obligent le corps à s'adapter et à améliorer sa condition physique.

Spécificité   Principe selon lequel le corps s'adapte au type et à l'ampleur spécifiques de l'effort qui lui est imposé.

Surcharge progressive   Principe d'entraînement selon lequel un effort d'intensité croissante est imposé au corps et l'oblige à procéder à des adaptations qui améliorent la condition physique.

Réversibilité   Principe selon lequel les améliorations apportées à la condition physique disparaissent lorsque les exigences imposées au corps diminuent.

mieux que d'autres. De plus, la capacité d'adaptation (ou potentiel d'amélioration) de tout corps humain a ses limites. Par exemple, l'entraînement ne peut accroître que de 15 % à 30 % l'aptitude du corps à transporter et à utiliser l'oxygène. L'athlète pratiquant un sport d'endurance doit donc bénéficier de prime abord d'une capacité métabolique élevée pour se hisser au niveau des meilleurs dans son domaine.

Une personne n'est cependant pas tenue d'être un athlète olympique pour que la course à pied qu'elle pratique soit bénéfique à sa santé. L'entraînement apporte des améliorations à la condition physique, indépendamment de tout facteur héréditaire. La capacité d'adaptation d'une personne moyenne suffit pour atteindre tous les objectifs d'une bonne condition physique. Une augmentation de 15 % à 30 % de la consommation d'oxygène peut très bien suffire à écarter les maladies chroniques et à assurer une bonne santé.

LES RECOMMANDATIONS DU *GUIDE CANADIEN D'ACTIVITÉ PHYSIQUE*

Un programme optimal de mise en forme associe un mode de vie actif à un programme d'exercices structuré afin d'améliorer et de maintenir la condition physique. Le *Guide canadien d'activité physique* décrit ce programme général constitué d'activités physiques de trois genres : endurance, assouplissement et force (*voir* figure 2.2). Nous en reproduisons la description ci-dessous.

1. **Les activités d'endurance :** 4 à 7 jours par semaine

   Les activités d'endurance sont bonnes pour votre cœur, vos poumons et votre système cardiovasculaire, et elles vous donnent plus d'énergie. Elles vont de la promenade à pied et des travaux ménagers aux programmes de conditionnement physique et aux sports de loisir.

   Voici quelques exemples d'activités d'endurance :
   - la marche
   - le golf (sans voiturette)
   - les travaux de jardinage
   - la bicyclette
   - le patinage
   - la natation
   - le tennis
   - la danse
   - la propulsion d'un fauteuil roulant

2. **Les activités d'assouplissement :** 4 à 7 jours par semaine

   Les activités d'assouplissement augmentent l'amplitude des mouvements autour des articulations et aident à détendre les muscles. En faire régulièrement pourrait vous aider à vivre et à demeurer en forme plus longtemps; vous garderez ainsi une meilleure qualité de vie et une plus grande autonomie au fil des années. Les exercices d'assouplissement consistent en des étirements, des flexions et des extensions en douceur qui allongent et détendent chacun de vos groupes musculaires.

   Voici quelques exemples d'activités physiques qui favorisent le développement et le maintien de la souplesse :
   - le jardinage
   - laver le plancher
   - passer l'aspirateur
   - les étirements
   - les travaux extérieurs
   - le taï-chi
   - le golf
   - les quilles
   - le yoga
   - le curling
   - la danse

3. **Les activités de développement de la force :** 2 à 4 jours par semaine

   Les activités qui font travailler les muscles améliorent votre force et votre posture, renforcent les os et aident à prévenir certaines maladies, telle l'ostéoporose. Ces exercices consistent à appliquer une force, à l'aide de vos muscles, contre une résistance, comme lorsqu'il faut tirer ou pousser fort pour ouvrir une porte lourde.

   Pour renforcer l'ensemble de vos muscles, choisissez des exercices qui feront travailler tour à tour les bras, le tronc et les jambes. Répartissez également vos mouvements entre les parties inférieures et supérieures du corps, entre les côtés gauche et droit, de même qu'entre les groupes musculaires opposés (comme les muscles des parties avant et arrière du bras).

   Voici quelques exemples d'activités :
   - les lourds travaux extérieurs, comme scier et empiler du bois
   - le ramassage et le transport de feuilles mortes
   - le transport de sacs d'épicerie (et les déplacements avec de jeunes enfants dans les bras)
   - monter des escaliers
   - les redressements assis et les pompes
   - le transport d'un sac à dos rempli de manuels scolaires
   - la musculation à l'aide d'appareils ou de poids[4]

---

4. *Source : Cahier d'accompagnement du Guide d'activité physique*, Santé Canada. Reproduit avec la permission du ministre des Travaux publics et Services gouvernementaux Canada, 1999.

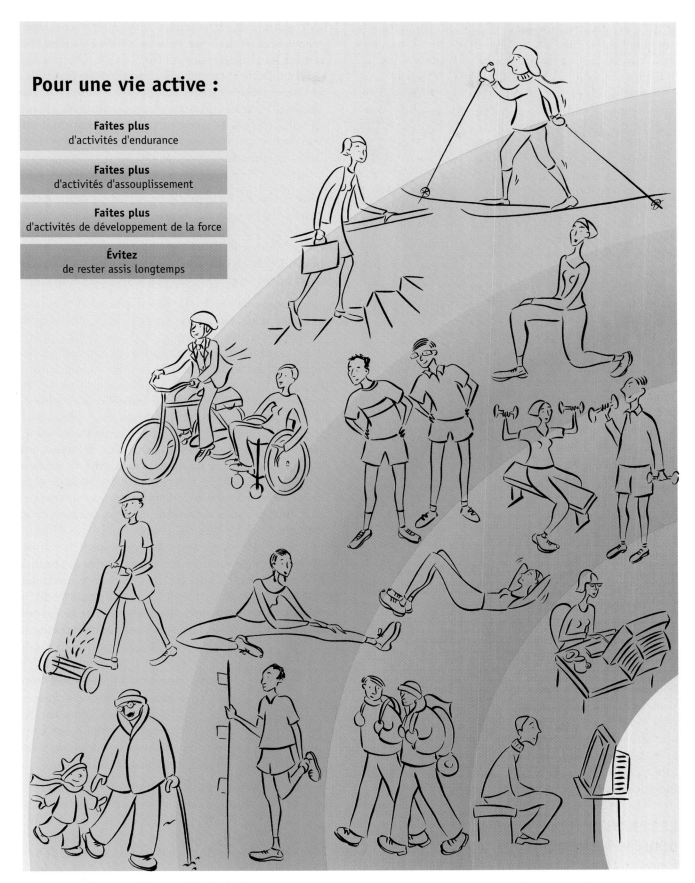

Pour une vie active :

Faites plus
d'activités d'endurance

Faites plus
d'activités d'assouplissement

Faites plus
d'activités de développement de la force

Évitez
de rester assis longtemps

Figure 2.2 **L'arc-en-ciel des activités physiques.** (*Source : Cahier d'accompagnement du Guide d'activité physique*, Santé Canada. Reproduit avec la permission du ministre des Travaux publics et Services gouvernementaux Canada, 1999.)

S'entraîner de façon à favoriser les changements spécifiques qu'on souhaite apporter à son corps est un important principe sous-tendant la pratique d'une activité physique. En s'entraînant à lever divers poids, cette jeune femme parviendra à accroître la force et la capacité de certains muscles spécifiques et à améliorer l'apparence générale de son corps.

Certaines activités de type sédentaire sont souvent inévitables — assister à un cours, étudier, travailler dans un bureau, etc. Cependant, beaucoup de personnes choisissent aussi des loisirs les amenant à demeurer inactives. Modifiez vos habitudes, bougez et faites des activités physiques. Le labo 2.1 vous permet d'évaluer votre niveau actuel d'activité physique et de déterminer s'il est adéquat. Quant au labo 2.2, il consiste en un questionnaire, le Q-AAP, qui vous permettra de mettre en lumière tout problème qui pourrait constituer une contre-indication à certaines activités physiques.

LES PRINCIPES DIRECTEURS DE L'ENTRAÎNEMENT

Les principes directeurs suivants contribueront à rendre votre programme d'activités physiques ou d'exercices plus fructueux.

- *Entraînez-vous de façon à favoriser les changements spécifiques que vous souhaitez apporter à votre corps.* Imposez un effort à votre corps afin qu'il s'adapte en conséquence. Si vous voulez développer votre musculature, faites de la musculation. Pour augmenter votre flexibilité, faites des exercices d'étirement. Pour accomplir de meilleures performances dans un sport particulier, pratiquez ce sport et ses mouvements spécifiques.

- *Entraînez-vous sur une base régulière.* La régularité est le facteur clé pour améliorer sa condition physique. L'adaptation à l'exercice est un phénomène réversible. Les améliorations apportées à la condition physique disparaîtront si les séances d'exercices sont trop espacées dans le temps.

- *Améliorez votre forme de façon graduelle.* Un programme d'activités physiques ou d'exercices peut se diviser en trois phases : la phase initiale, pendant laquelle le corps s'adapte au type et au niveau d'activité, la phase de progression, pendant laquelle la condition physique s'améliore, et la phase de maintien, pendant laquelle la condition physique désirée est maintenue à long terme (*voir* figure 2.3). Au début d'un programme, il est essentiel d'y aller avec modération afin de donner à votre corps le temps de s'adapter à l'effort imposé par l'exercice. Vous devriez ensuite accroître la durée et la fréquence de l'activité, puis son intensité. Si vous vous entraînez trop souvent ou trop intensivement, vous risquez de subir des blessures (*voir* l'encadré « Les blessures sportives ») ou de souffrir de **surentraînement**, ce qui se traduit par un manque d'énergie, des douleurs aux muscles et aux articulations et une diminution de la performance physique. Les blessures et le surentraînement imposent un ralentissement du rythme du programme d'exercices et nuisent à la motivation.

L'objectif n'est pas d'être en meilleure condition le plus rapidement possible, mais bien d'acquérir graduellement et de maintenir une bonne condition physique. Lorsque vous atteignez l'état souhaité, vous pourrez le maintenir en faisant de l'activité physique sur une base régulière.

- *Échauffez-vous toujours avant de faire de l'exercice et détendez-vous après avoir terminé.* Les exercices d'échauffement diminuent de beaucoup les risques de blessures, car ils permettent au corps de passer progressivement de l'état de repos à un état actif. L'échauffement doit inclure des mouvements lents similaires à ceux qui seront accomplis lors de l'activité pratiquée.

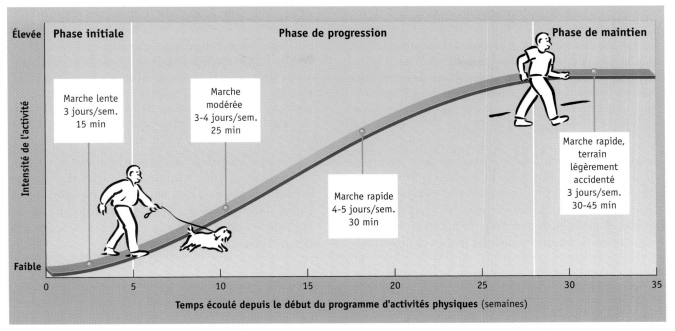

Figure 2.3   **Phases d'un programme d'activités physiques ou d'exercices.** Dans un programme de mise en forme par la marche, on augmente le degré de difficulté graduellement, sur une période relativement longue. En fait, quelle que soit l'activité choisie, il est important que le programme commence par un entraînement modéré et progresse lentement. Une fois qu'on a atteint la condition physique désirée, on la maintient en s'entraînant au moins trois jours par semaine. (*Source* : Williams et Wilkins, *Guidelines for Exercise Testing and Prescription*, 5ᵉ édition, Baltimore, American College of Sports Medicine, 1995.)

CONSEILS PRATIQUES

Les blessures sportives

Pour prévenir les blessures sportives :

- Acquérez les techniques nécessaires à la pratique du sport que vous avez choisi.

- Informez-vous des dangers du sport que vous pratiquez de façon à vous en prémunir.

- Incluez dans votre routine des exercices d'échauffement et de détente appropriés.

- Assurez-vous que les installations sportives que vous utilisez sont sécuritaires.

- Respectez les règles de votre sport et faites montre d'esprit sportif.

- Utilisez toujours l'équipement de protection approprié — casque, visière, genouillères, coudières, protège-poignets, etc. — et des espadrilles adéquates.

- Par temps extrêmement chaud et humide ou extrêmement froid, protégez-vous des coups de chaleur, de l'hypothermie et des engelures en suivant les conseils énoncés dans l'encadré intitulé « L'activité physique dans des conditions météorologiques extrêmes » (*voir* chapitre 3, page 55).

De plus, on recommande souvent des exercices d'étirement. Après l'exercice, la détente est importante, car elle ramène la circulation à son état normal au repos. Vous pouvez commencer à vous détendre en poursuivant de façon moins intensive la pratique de l'activité.

- *Soyez à l'écoute de votre corps.* Ne faites pas d'activités si vous ne vous sentez pas bien. Quelques jours de repos sont parfois nécessaires pour récupérer votre énergie afin de vous entraîner avec l'intensité voulue pour améliorer votre condition physique. Par ailleurs, il n'est pas non plus indiqué de s'entraîner de façon irrégulière. Si vous êtes à l'écoute de votre corps et qu'il vous incite toujours à rester au repos, vous ne ferez aucun progrès. Pour améliorer votre condition physique, vous devez persévérer. Élaborez donc un programme d'activités à la fois structuré et flexible.

TERMINOLOGIE

Surentraînement   État résultant d'un entraînement trop fréquent ou trop intensif qui se caractérise par un manque d'énergie, une diminution des performances physiques, de la fatigue, un état dépressif, des douleurs musculaires et articulaires et une vulnérabilité aux blessures.

- *Essayez de vous entraîner avec un ou une partenaire.* La présence d'un ou d'une partenaire d'entraînement peut servir de motivation et d'encouragement et contribuer à la mise au point de techniques d'entraînement adéquates pour chacun. Cette façon de faire peut rendre les exercices plus faciles et agréables.

- *Préparez-vous mentalement.* Il s'agit d'une des techniques les plus difficiles à maîtriser, mais elle est essentielle. Si vous comprenez que l'activité physique est importante et que vous tenez à vous fixer des objectifs significatifs et réalistes, vous aurez la persévérance, la discipline et la patience indispensables à l'amélioration de votre condition physique. Ayez confiance en vous-même et en vos capacités : c'est ainsi que vous *atteindrez* vos objectifs !

- *N'oubliez jamais que votre programme d'activités n'est pas une fin en soi.* Aussi importante que soit une bonne condition physique, elle ne constitue qu'un élément d'une vie bien équilibrée. Vous devez pouvoir consacrer du temps au travail et aux études, à la famille et aux amis, à la détente et aux loisirs. Certains individus accordant trop de temps à l'exercice en viennent à négliger d'autres aspects de leur vie. Ils se considèrent comme des professionnels de la course, de la danse ou de la nage plutôt que comme des personnes qui pratiquent ces activités pour améliorer leur santé ou leur condition physique. L'équilibre et la modération sont les facteurs clés d'une vie agréable et stimulante.

RÉSUMÉ

- Une activité régulière et modérée pratiquée plusieurs jours par semaine est un facteur de santé. Même si vous ne suivez pas un programme structuré et vigoureux, vous obtiendrez de nombreux bénéfices pour la santé si vous faites plus d'activité physique chaque jour. Si vous êtes déjà actif, ces bénéfices seront encore plus importants si vous accentuez l'intensité ou la durée de l'activité.

- Les déterminants de la condition physique sont l'endurance cardiovasculaire, la force et l'endurance musculaires, la flexibilité et la santé du dos et le pourcentage de tissu adipeux.

- L'entraînement physique consiste à apporter des améliorations à long terme au fonctionnement du corps par l'activité physique. Les quatre principes de base de l'entraînement sont la spécificité, la surcharge progressive, la réversibilité et les différences individuelles.

- La surcharge progressive se quantifie selon la fréquence, l'intensité et la durée de l'activité.

- Les différences individuelles signifient que le niveau maximal de bonne condition physique et de performance qui peut être atteint varie d'un individu à l'autre. Néanmoins, chacun peut atteindre ses propres objectifs.

- Les principes directeurs assurant l'efficacité d'un programme d'activité physique peuvent être formulés ainsi : s'entraîner en mettant l'accent sur les changements spécifiques à apporter à certaines parties du corps, s'entraîner de façon régulière, se mettre en forme graduellement, faire des exercices d'échauffement et des exercices de détente, être à l'écoute de son corps, maintenir un programme à la fois structuré et flexible, s'entraîner avec un ou une partenaire, se préparer mentalement et ne pas considérer l'exercice comme une fin en soi.

Nom : _____ **Groupe :** _____ **Date :** _____

| LABO 2.1 | LE CALCUL DE L'INDICE D'ACTIVITÉ |

1. Dans le tableau ci-dessous, encerclez le chiffre qui correspond à la fréquence, à la durée et au niveau d'intensité de vos activités physiques ou de vos exercices.

Fréquence des activités physiques ou de l'exercice	Indice de fréquence
Moins de 1 fois par semaine	0
1 fois par semaine	1
2 fois par semaine	2
3 fois par semaine	3
4 fois par semaine	(4)
Au moins 5 fois par semaine	5
Durée des activités physiques ou de l'exercice	**Indice de durée**
Moins de 5 minutes	0
5 à 14 minutes	1
15 à 29 minutes	2
30 à 44 minutes	3
45 à 59 minutes	4
60 minutes ou plus	(5)
Intensité des activités physiques ou de l'exercice	**Indice d'intensité**
Aucun changement dans le pouls par rapport au repos	0
Peu de changement dans le pouls par rapport au repos (marche lente, quilles, yoga)	1
Une légère augmentation du pouls et du rythme respiratoire (ping-pong, golf sans voiturette)	2
Une augmentation moyenne du pouls et du rythme respiratoire (cyclisme récréatif, natation récréative, marche rapide)	(3)
Une sudation et une respiration haletante intermittentes (tennis, basket-ball, squash)	4
Une sudation et une respiration haletante constantes (course à pied, ski de fond, saut à la corde)	5

2. Pour obtenir votre indice global d'activité, multipliez les trois indices partiels.

Indice global d'activité : $\underset{\text{(Fréquence)}}{\underline{\quad 4 \quad}} \times \underset{\text{(Durée)}}{\underline{\quad 5 \quad}} \times \underset{\text{(Intensité)}}{\underline{\quad 3 \quad}} = \underline{\quad 60 \quad}$

3. Interprétez votre indice global d'activité.

- **Indice global d'activité de moins de 15**
  Vous êtes sédentaire.

- **Indice de 15 à 24**
  Vous êtes peu actif ou active.

- **Indice de 25 à 40**
  Vous êtes modérément actif ou active.

- **Indice de 41 à 60**
  Vous êtes actif ou active.

- **Indice de plus de 60**
  Vous êtes très actif ou active.

Si votre indice global d'activité se situe dans les catégories les moins actives, examinez les indices partiels (fréquence, durée, intensité) qui le composent afin de déterminer celui ou ceux qui pourraient être augmentés. Au besoin, améliorez votre programme actuel ou planifiez-en un nouveau.

Source : Kusinitz, I. et M. Fine, *Your Guide to Getting Fit*, 3e édition, Mountain View (Californie), Mayfield, 1995.

Nom : _____ **Groupe :** _____ **Date :** _____

LABO 2.2 **QUESTIONNAIRE SUR L'APTITUDE À L'ACTIVITÉ PHYSIQUE**

Répondez aux questions suivantes pour déterminer votre aptitude à l'activité physique.

Questionnaire sur l'aptitude
à l'activité physique - Q-AAP
(version révisée en 1994)

Q - AAP et VOUS

(Un questionnaire pour les gens de 15 à 69 ans)

L'exercice physique pratiqué d'une façon régulière constitue une occupation de loisir saine et agréable. D'ailleurs, de plus en plus de gens pratiquent une activité physique de façon régulière. Règle générale, augmenter la pratique sportive n'entraîne pas de risques de santé majeurs. Dans certains cas, il est cependant conseillé de passer un examen médical avant d'entreprendre un programme régulier d'activités physiques. Le Q-AAP (questionnaire sur l'aptitude à l'activité physique) vise à mieux cerner les personnes pour qui un examen médical est recommandé.

Si vous prévoyez modifier vos habitudes de vie pour devenir un peu plus actif(ve), commencez par répondre aux 7 questions qui suivent. Si vous êtes âgé(e) de 15 à 69 ans, le Q-AAP vous indiquera si vous devez ou non consulter un médecin avant d'entreprendre votre nouveau programme d'activités. Si vous avez plus de 69 ans et ne participez pas d'une façon régulière à des activités physiques exigeantes, vous devriez consulter votre médecin avant d'entreprendre ces activités.

Lisez attentivement et répondez honnêtement à chacune des questions suivantes. Le simple bon sens sera votre meilleur guide pour répondre correctement à ces questions. Cochez OUI ou NON.

OUI	NON		
☐	☑	1.	Votre médecin vous a-t-il déjà dit que vous souffriez d'un problème cardiaque <u>et</u> que vous ne deviez participer qu'aux activités physiques prescrites et approuvées par un médecin?
☐	☑	2.	Ressentez-vous une douleur à la poitrine lorsque vous faites de l'activité physique?
☐	☑	3.	Au cours du dernier mois, avez-vous ressenti des douleurs à la poitrine lors de périodes autres que celles où vous participiez à une activité physique?
☐	☑	4.	Éprouvez-vous des problèmes d'équilibre reliés à un étourdissement ou vous arrive-t-il de perdre connaissance?
☐	☑	5.	Avez-vous des problèmes osseux ou articulaires qui pourraient s'aggraver par une modification de votre niveau de participation à une activité physique?
☐	☑	6.	Des médicaments vous sont-ils actuellement prescrits pour contrôler votre tension artérielle ou un problème cardiaque (par exemple, des diurétiques)?
☐	☑	7.	Connaissez-vous <u>une autre raison</u> pour laquelle vous ne devriez pas faire de l'activité physique?

Si vous

avez

répondu

"OUI" à une ou plusieurs questions

Consultez votre médecin AVANT d'augmenter votre niveau de participation à une activité physique et AVANT de faire évaluer votre condition physique. Dites à votre médecin que vous avez complété le questionnaire sur l'aptitude à l'activité physique et expliquez-lui précisément à quelles questions vous avez répondu "oui".

- Il se peut que vous n'ayez aucune contre-indication à l'activité physique dans la mesure où vous y allez lentement et progressive-ment. Par ailleurs, il est possible que vous ne puissiez faire que certains types d'efforts adaptés à votre état de santé. Indiquez à votre médecin le type d'activité physique que vous comptiez faire et suivez ses recommandations.
- Informez-vous quant aux programmes d'activités spécialisés les mieux adaptés à vos besoins, offerts dans votre localité.

"NON" à toutes ces questions

Si, en toute honnêteté, vous avez répondu "NON" à toutes les questions du Q-AAP, vous êtes dans une certaine mesure, assuré(e) que :

- vous pouvez augmenter votre pratique régulière d'activités physiques en commençant lentement et en augmentant progressivement l'intensité des activités pratiquées. C'est le moyen le plus simple et le plus sécuritaire d'y arriver.
- vous pouvez faire évaluer votre condition physique. C'est le meilleur moyen de connaître votre niveau de condition physique de base afin de mieux planifier votre participation à un programme d'activités physiques.

REMETTRE À PLUS TARD L'AUGMENTATION DE VOTRE PARTICIPATION ACTIVE :

- si vous souffrez présentement de fièvre, d'une grippe ou d'une autre affection passagère, attendez d'être remis(e); ou
- si vous êtes enceinte ou croyez l'être, consultez votre médecin avant de modifier votre niveau de pratique sportive régulière.

Veuillez noter que si votre état de santé se trouve modifié de sorte que vous deviez répondre «oui» à l'une ou l'autre des questions précéden-tes, consultez un professionnel de la santé ou de la condition physique, afin de déterminer s'il vous faut modifier votre programme d'activités.

<u>Formule de consentement du Q-AAP:</u> La Société canadienne de physiologie de l'exercice, Santé Canada et ses représentants n'assument aucune responsabilité vis-à-vis des accidents qui pourraient survenir lors de l'activité physique. Si, après avoir complété le questionnaire ci-dessus, un doute persiste quant à votre aptitude à faire une activité physique, consultez votre médecin avant de vous y engager.

Nous vous encourageons à copier le Q-AAP dans sa totalité

Dans le mesure où le Q-AAP est administré avant que la personne ne s'engage dans un programme d'activités ou qu'elle fasse évaluer sa condition physique, la section suivante constitue un document ayant une valeur légale et administrative.

Je sous-signé(e) affirme avoir lu, compris et complété le questionnaire et avoir reçu une réponse satisfaisante à chacune de mes questions.

NOM *Maude Vuillemard*

SIGNATURE *Maude Vuillemard* DATE *30 janv. 2001*

SIGNATURE D'UN PARENT _____ TÉMOIN _____
ou TUTEUR (pour les mineurs)

suite au verso...

© *Société canadienne de physiologie de l'exercice* *Avec l'appui de:* Santé Health
Canadian Society for Exercise Physiology Canada Canada

Q - AAP et VOUS

...suite

Questionnaire sur l'aptitude
à l'activité physique - Q-AAP
(version revisée en 1994)

Il est bien connu qu'être physiquement actif est bon pour la santé. L'inactivité physique (au même titre que l'hypertension artérielle, l'élévation du taux de cholestérol sanguin et le tabagisme) est reconnue par la Fondation canadienne des maladies du coeur comme l'un des quatre facteurs de risque primaires et modifiables de la maladie coronarienne. Une foule de raisons peuvent être invoquées pour faire de l'activité physique, par exemple le simple plaisir du jeu, du plein air ou de la créativité, le fait d'être en meilleure santé, de mieux travailler ou le fait d'être avec des amis. Le choix d'une activité dépendra donc de l'habileté physique et des préférences de chacun. Peu importe la raison pour laquelle on entreprend un programme d'activités physiques ou le choix de cette activité, une participation régulière active peut entraîner une amélioration de la qualité de la vie et un sentiment de bien-être. Ce sentiment sera d'autant plus renforcé par ce qui constitue les trois facteurs de VITALITÉ soit: l'adoption d'habitudes alimentaires saines, une attitude positive vis-à-vis de son image de soi et, par le fait même, vis-à-vis de son image corporelle. Adoptez, vous aussi, une nouvelle attitude. Mettez en pratique les conseils suivants de VITALITÉ.

Vivre activement:

- Accumulez 30 minutes d'activité physique ou plus, tous les jours de la semaine ou presque.
- Empruntez l'escalier plutôt que l'escalier mobile ou l'ascenseur.
- Descendez de l'autobus avant votre destination et faites le reste du trajet à pied.
- Joignez-vous à vos amis pour faire du sport.
- Transformez la sortie quotidienne du chien en promenade d'agrément.
- Entreprenez un programme d'activités physiques.

Manger sainement:

- Suivez les recommandations du Guide alimentaire canadien.
- Sachez introduire de la variété dans le choix de vos aliments.
- Augmentez votre consommation de céréales, de pain, de légumes et de fruits.
- Optez pour les produits laitiers et les aliments préparés à faible teneur en gras ainsi que les viandes maigres.
- Atteignez et maintenez votre poids "santé" en faisant régulièrement de l'activité physique et en adoptant de bonnes habitudes alimentaires.
- Limitez votre consommation de sel, de caféine et de boissons alcoolisées.
- Ne vous privez pas de vos aliments préférés, consommez-les plutôt avec modération et en variant votre menu quotidien.

Image corporelle et image de soi positives:

- Acceptez qui vous êtes ainsi que l'image corporelle que vous projetez.
- Souvenez-vous que le poids de santé en est un qui tient compte de votre type physique (le pourcentage de graisse ne doit être ni trop haut, ni trop bas).
- Soyez à la recherche d'un nouveau défi.
- Sachez vous faire plaisir et vous récompenser.
- Adoptez une attitude positive quant à vos capacités.
- Riez souvent.

Mangez bon, mangez bien. Bougez. Soyez bien dans votre peau. C'est ça la VITALITÉ

AUX PROFESSIONNELS DE LA CONDITION PHYSIQUE ET DE LA SANTÉ:

Les formulaires complémentaires suivants sont aussi disponibles. Veuillez en faire la demande auprès de la Société canadienne de physiologie de l'exercice, à l'adresse ci-dessous.

L'Évaluation médicale de l'aptitude à l'activité physique (PARmed-X). Formulaire conçu pour le médecin traitant de la personne ayant répondu "OUI" à au moins une des questions du Q-AAP.

L'Évaluation médicale de l'aptitude à l'activité physique pour la grossesse (PARmed-X pour femmes enceintes). Formulaire conçu pour le médecin dont les patientes enceintes veulent faire de l'activité physique.

Références:

Arraix, G.A., Wigle, D.T., Mao, Y. (1992). Risk Assessment of Physical Activity and Physical Fitness in the Canada Health Survey Follow-Up Study. **J. Clin. Epidemiol.** 45:4, 419-428.

Mottola, M., Wolfe, L.A. (1994). Active Living and Pregnancy, In: A. Quinney, L. Gauvin, T. Wall (eds.), **Toward Active Living: Proceedings of the International Conference on Physical Activity, Fitness and Health.** Champaign, IL: Human Kinetics.

PAR-Q Validation Report, British Columbia Ministry of Health, 1978.

Thomas, S., Reading, J., Shephard, R.J. (1992). Revision of the Physical Activity Readiness Questionnaire (PAR-Q). **Can. J. Spt. Sci.** 17:4, 338-345.

Pour commander veuillez contacter la :

Société canadienne de physiologie de l'exercice
1600, prom. James-Naismith, bureau 311
Gloucester (Ontario) CANADA K1B 5N4
Tél. : (613)748-5768 Téléc. : (613) 748-5763

Le Q-AAP original a été conçu par le ministère de la Santé de la Colombie-Britannique. Il a été révisé par un comité consultatif d'experts mis sur pied par la Société canadienne de physiologie de l'exercice et Condition physique Canada (1994).

Available in English under the title "Physical Activity Readiness Questionnaire - PAR-Q and YOU (revised 1994)"

Avec l'appui de: Santé Health
Canada Canada

Source : *The Canadian Physical Activity, Fitness and Lifestyle Appraisal : CSEP's Plan for Healthy Active Living,* 1996. Reproduit avec l'autorisation de la Société canadienne de physiologie de l'exercice.

ENDURANCE CARDIOVASCULAIRE ET BIENFAITS POUR LA SANTÉ

3

OBJECTIFS

Après avoir lu ce chapitre, vous devriez pouvoir :

- expliquer comment l'organisme produit l'énergie dont il a besoin pendant l'activité physique;
- reconnaître le rôle de l'activité physique comme moyen de prévention des maladies cardiovasculaires et d'autres maladies chroniques;
- identifier les facteurs de risque des maladies cardiovasculaires;
- reconnaître les effets de l'activité physique sur l'amélioration de l'endurance cardiovasculaire selon le type, l'intensité, la durée et la fréquence de l'exercice;
- expliquer les principaux moyens de prévenir et de traiter les blessures sportives;
- connaître et respecter les règles de sécurité inhérentes aux activités physiques;
- évaluer votre capacité cardiovasculaire.

'endurance cardiovasculaire est la capacité de faire travailler les groupes musculaires importants de manière dynamique et prolongée à un degré d'intensité modéré. Il s'agit du paramètre le plus important de la condition physique, car il est associé à un bénéfice majeur pour la santé. Comme on l'a vu au chapitre 2, le bien-être et la bonne condition physique reposent en grande partie sur la santé du système cardiovasculaire.

Ce chapitre traite des effets et des bénéfices à court et à long terme de l'entraînement cardiovasculaire. Il décrit quelques tests qui servent à évaluer la capacité cardiovasculaire. Enfin, on y verra comment l'activité physique peut prévenir certaines maladies ou contribuer à les traiter.

ASPECTS PHYSIOLOGIQUES DE L'ENTRAÎNEMENT CARDIOVASCULAIRE

Pour élaborer un programme de conditionnement physique sûr et efficace, il est utile de posséder des connaissances élémentaires expliquant les effets de l'entraînement cardiovasculaire sur les fonctions de l'organisme. Dans cette section, nous donnerons un aperçu du fonctionnement du système cardiovasculaire et nous verrons de quelle manière l'organisme produit l'énergie dont il a besoin pendant les périodes d'activité physique.

LE SYSTÈME CARDIOVASCULAIRE

Le système cardiovasculaire fournit l'oxygène, les nutriments et les autres substances essentielles aux organes et aux muscles qui en ont besoin. De plus, il est responsable de l'évacuation des déchets organiques (acide lactique et dioxyde de carbone) accumulés dans les muscles. Le système cardiovasculaire est composé du cœur, des vaisseaux sanguins et des poumons (*voir* figure 3.1).

Cœur Situé à l'intérieur de la cage thoracique, sous le sein gauche, le cœur est une pompe musculaire de la grosseur du poing. Il a pour fonction d'envoyer le sang appauvri en oxygène vers les poumons et le sang oxygéné dans le reste du corps. Le sang parcourt deux boucles distinctes dans l'organisme : le **circuit pulmonaire**, qui part du côté droit du cœur pour se rendre aux poumons, et le **circuit systémique**, qui part du côté gauche du cœur et qui distribue le sang dans tout l'organisme.

Le cœur possède quatre cavités. Le sang appauvri en oxygène et chargé de déchets entre dans la cavité supérieure droite, ou **oreillette** droite, par

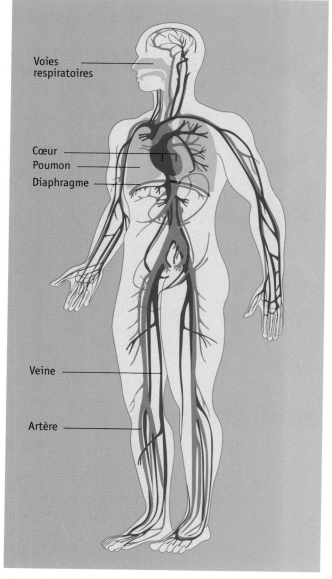

Figure 3.1 **Système cardiovasculaire.**

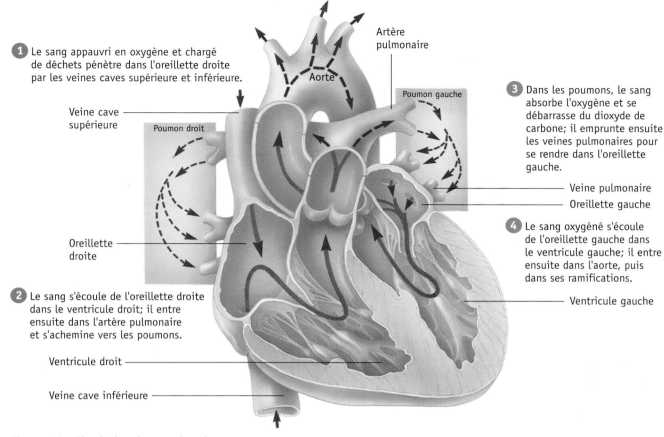

① Le sang appauvri en oxygène et chargé de déchets pénètre dans l'oreillette droite par les veines caves supérieure et inférieure.

Veine cave supérieure

Poumon droit

Oreillette droite

② Le sang s'écoule de l'oreillette droite dans le ventricule droit; il entre ensuite dans l'artère pulmonaire et s'achemine vers les poumons.

Ventricule droit

Veine cave inférieure

Artère pulmonaire

Aorte

Poumon gauche

③ Dans les poumons, le sang absorbe l'oxygène et se débarrasse du dioxyde de carbone; il emprunte ensuite les veines pulmonaires pour se rendre dans l'oreillette gauche.

Veine pulmonaire

Oreillette gauche

④ Le sang oxygéné s'écoule de l'oreillette gauche dans le ventricule gauche; il entre ensuite dans l'aorte, puis dans ses ramifications.

Ventricule gauche

Figure 3.2 **Circulation du sang dans le cœur.**

les **veines caves**, les plus grosses veines du corps (*voir* figure 3.2). Une fois remplie, l'oreillette droite se contracte et déverse le sang dans la cavité inférieure droite, ou **ventricule** droit. Celui-ci se contracte à son tour et expédie le sang dans l'artère pulmonaire, qui le transporte jusqu'aux poumons. Dans les poumons, le sang absorbe de l'oxygène et se débarrasse du dioxyde de carbone. Le sang oxygéné et sans déchet emprunte ensuite les veines pulmonaires et entre dans l'oreillette gauche. Celle-ci se remplit, se contracte et éjecte le sang dans le ventricule gauche. Le ventricule gauche propulse le sang dans l'**aorte**, la plus grosse des artères, qui alimente tous les autres vaisseaux sanguins.

La contraction du cœur est appelée **systole** et son relâchement est appelé **diastole**. Pendant la systole, les oreillettes se contractent et envoient le sang dans les ventricules; une fraction de seconde plus tard, les ventricules se contractent et poussent le sang vers les poumons et le reste du corps. Pendant la diastole, le sang s'écoule dans le cœur. Une personne pesant 68,5 kilogrammes a environ 5,6 litres de sang qui parcourt son système circulatoire dans son entier une fois par minute.

Le battement du cœur, c'est-à-dire le très bref enchaînement de contractions des quatre cavités du cœur, est régi par des influx électriques. Ces signaux

TERMINOLOGIE

Circuit pulmonaire (petite circulation) Composante du système cardiovasculaire qui transporte le sang entre le cœur et les poumons; origine du côté droit du cœur.

Circuit systémique (grande circulation) Composante du système cardiovasculaire qui véhicule le sang entre le cœur et le reste du corps; origine du côté gauche du cœur.

Oreillettes Les deux cavités supérieures du cœur où le sang s'accumule avant d'entrer dans les ventricules.

Veines caves Grosses veines à travers lesquelles le sang retourne dans l'oreillette droite.

Ventricules Les deux cavités inférieures du cœur, à partir desquelles le sang emprunte des artères pour se rendre dans les poumons et dans les autres parties du corps.

Aorte Grosse artère qui reçoit le sang du ventricule gauche et le distribue dans l'organisme.

Systole Contraction du muscle cardiaque.

Diastole Relâchement du muscle cardiaque.

naissent dans un nœud de cellules spécialisées situées dans l'oreillette droite. Les influx sont réguliers, sauf si le cerveau envoie la commande d'accélérer ou de ralentir le rythme cardiaque en réponse à des stimuli comme le danger ou l'épuisement.

Vaisseaux sanguins On classe les vaisseaux sanguins selon leur taille et leur fonction. Les **artères** conduisent le sang hors du cœur, tandis que les **veines** l'y ramènent. Les parois des veines sont minces, tandis que celles des artères sont épaisses et élastiques de sorte qu'elles se dilatent et se contractent en fonction du débit sanguin. L'aorte se ramifie à la sortie du cœur et donne naissance à des vaisseaux de plus en plus fins. Les ramifications les plus petites des artères sont appelées **capillaires** et n'ont qu'une seule cellule d'épaisseur. Les capillaires apportent aux muscles le sang oxygéné et riche en nutriments et reçoivent le sang pauvre en oxygène et chargé de déchets. À partir des capillaires, le sang emprunte des veines de plus en plus grosses, retourne dans le cœur et recommence son trajet. Un des bénéfices de l'entraînement cardiovasculaire est d'augmenter le nombre de capillaires dans chaque fibre musculaire.

Le sang que le cœur pompe n'atteint pas les cellules du cœur lui-même. Ce dernier possède son propre réseau d'artères, de veines et de capillaires. Deux gros vaisseaux sanguins issus de l'aorte, l'artère coronaire droite et l'artère coronaire gauche, assurent l'irrigation du muscle cardiaque. Le cœur est un organe aussi aérobie que n'importe quel autre; si l'approvisionnement du sang vient à manquer à cause d'une artère obstruée, il peut y avoir infarctus.

Système respiratoire Le **système respiratoire** fournit de l'oxygène à l'organisme et le débarrasse du dioxyde de carbone, qui est le déchet produit lors des contractions musculaires. L'air entre dans les poumons et en ressort suite à la variation de pression provoquée par la contraction et par le relâchement du diaphragme et des muscles intercostaux. Les poumons se dilatent et se contractent de 12 à 20 fois par minute. L'air inspiré traverse les fosses nasales, la gorge, le larynx, la trachée et les bronches. Les poumons sont composés de tubes ramifiés qui se terminent par de minuscules sacs aux parois minces, les **alvéoles**.

L'échange du dioxyde de carbone et de l'oxygène a lieu entre les alvéoles et les capillaires dans les poumons. Le dioxyde de carbone passe des globules rouges aux alvéoles puis il est évacué lors de l'expiration. L'oxygène contenu dans l'air inspiré passe des alvéoles aux globules rouges; ainsi oxygénés, ceux-ci retournent dans le cœur puis sont transportés dans tout l'organisme. L'oxygène est une composante importante du système de production d'énergie. C'est le sang qui apporte aux muscles l'oxygène dont ils ont besoin. Au cours de toute activité physique, en fonction de l'intensité de l'exercice, la demande en oxygène des muscles augmente considérablement; ils ont donc besoin de plus de sang.

LA PRODUCTION D'ÉNERGIE

Le métabolisme est l'ensemble des réactions chimiques nécessaires au maintien de la vie. L'organisme a besoin d'énergie pour accomplir ses fonctions : construction et dégradation des tissus, contraction musculaire, transmission des influx nerveux, régulation de la température, etc. La vitesse à laquelle l'organisme consomme l'énergie (la vitesse du métabolisme) dépend du degré d'activité. Le métabolisme basal — métabolisme au repos — est lent; il augmente dès que l'on s'active. Pendant une séance de jogging, le métabolisme peut devenir 8 fois plus élevé que le métabolisme basal, et jusqu'à 20 fois ou plus chez les coureurs de fond de calibre olympique.

L'énergie provenant de l'alimentation L'organisme convertit l'énergie chimique contenue dans les aliments en substances qui peuvent être utilisées comme carburants par les cellules. Les cellules peuvent se servir des carburants immédiatement ou alors les emmagasiner, ce qui est d'ailleurs essentiel, car la majeure partie de l'énergie alimentaire se perdrait si elle était libérée immédiatement.

TERMINOLOGIE

Artères Vaisseaux qui conduisent le sang hors du cœur.

Veines Vaisseaux qui ramènent le sang vers le cœur.

Capillaires Très petits vaisseaux qui distribuent le sang et permettent la diffusion de l'oxygène dans toutes les parties du corps.

Système respiratoire Ensemble formé par les poumons, les voies respiratoires et les muscles de la respiration; fournit l'oxygène à l'organisme et élimine le dioxyde de carbone (CO_2).

Alvéoles Terminaison des bronches ayant la forme de petits sacs où s'effectuent les échanges d'oxygène et de dioxyde de carbone (CO_2) par diffusion.

Glucose Sucre simple présent dans le sang que les cellules peuvent utiliser pour produire de l'énergie (ATP).

Glycogène Glucide complexe emmagasiné principalement dans le foie, les muscles et les reins; principale source d'énergie utilisée dans la plupart des activités physiques intenses.

Adénosine triphosphate (ATP) Composé biochimique qui est la source d'énergie pour les fonctions cellulaires.

Système anaérobie alactique Système qui fournit de l'énergie aux muscles au moyen de la dégradation des réserves d'ATP et de créatine phosphate.

Les trois classes de nutriments qui contiennent de l'énergie sont les glucides, les lipides et les protéines. Pendant la digestion, la plupart des glucides sont dégradés en un sucre simple, le **glucose**. Une certaine quantité de glucose demeure dans le sang (glycémie) et peut servir rapidement à produire de l'énergie. Le reste du glucose est converti en **glycogène** et emmagasiné dans le foie, les muscles et les reins. Si les réserves de glycogène sont comblées et que les besoins énergétiques ponctuels de l'organisme sont satisfaits, l'excès de glucose est converti en graisse et emmagasiné dans les tissus adipeux. De même, le surplus d'énergie provenant des lipides est stocké sous forme de graisse. Les protéines alimentaires servent principalement à la formation de nouveaux tissus, mais l'organisme peut les dégrader pour obtenir de l'énergie ou se constituer des sources d'énergie. Le glucose, le glycogène et les lipides sont les principales sources d'énergie des cellules; les protéines ne servent à la production d'énergie que dans les cas où les autres sources sont épuisées.

L'adénosine triphosphate   L'énergie nécessaire aux cellules provient de l'**adénosine triphosphate**, ou **ATP**. Les cellules dégradent l'ATP en un processus qui libère de l'énergie sous la seule forme utilisable pour la contraction musculaire. Les muscles n'emmagasinent qu'une petite quantité d'ATP; s'ils ont besoin d'un supplément, ils doivent le produire au moyen de réactions chimiques qui font intervenir les autres carburants stockés dans l'organisme, c'est-à-dire le glucose, le glycogène et les lipides. Une personne qui fait de l'exercice a besoin d'un surplus d'énergie. Par conséquent, l'organisme de cette personne puise dans ses réserves de carburant pour accroître la production d'ATP.

LES TROIS SYSTÈMES ÉNERGÉTIQUES DE L'ACTIVITÉ PHYSIQUE

Durant la pratique d'activités physiques, la dépense énergétique est plus grande. Trois systèmes peuvent produire de l'ATP pour alimenter les muscles. Ces systèmes se distinguent par les réactions chimiques et les sources d'énergie qu'ils utilisent (tableau 3.1).

Le système anaérobie alactique   Le **système anaérobie alactique** fournit rapidement l'énergie mais épuise ses réserves en quelques secondes. Les activités qui ne durent que 10 secondes au plus en dépendent, par exemple soulever un haltère ou se lever d'une chaise. Ce système fait intervenir les réserves d'ATP et la créatine phosphate (CP), une substance chimique que les cellules peuvent utiliser pour produire de l'ATP. La quantité de CP diminue rapidement en période d'exercice, de sorte que le système anaérobie alactique s'arrête au bout de quelques secondes. D'autres systèmes de production d'énergie doivent alors entrer en action pour regénérer les réserves d'ATP et de CP. (Faute d'une quantité suffisante d'ATP, les muscles se raidissent et deviennent inefficaces.)

Tableau 3.1   Caractéristiques des systèmes énergétiques de l'organisme.

	SYSTÈMES ÉNERGÉTIQUES*		
	Système anaérobie alactique	**Système anaérobie lactique**	**Système aérobie**
Durée de l'activité où le système prédomine	De 0 à 10 secondes	De 10 secondes à 2 minutes	Plus de 2 minutes
Intensité de l'activité où le système prédomine	Élevée	Élevée	De faible à moyennement élevée
Production d'ATP	Immédiate, très rapide	Rapide	Plus lente, mais prolongée
Sources d'énergie	Adénosine triphosphate (ATP), créatine phosphate (CP)	Glycogène et glucose emmagasinés dans les muscles	Glycogène, glucose et lipides emmagasinés dans l'organisme
Consommation d'oxygène	Non	Non	Oui
Types d'activités	Lever ou transporter des charges lourdes	Courir 400 mètres, monter plusieurs escaliers	Courir 1500 mètres, marcher 30 minutes, rester debout pour une longue durée

* Les trois systèmes participent à la production d'énergie dans la plupart des activités. Ce sont la durée et l'intensité de l'activité qui déterminent lequel des systèmes prédominera.

Source : Adaptation de Brooks, G. A., T. D. Fahey et T. P. White, *Exercise Physiology : Human Bioenergetics and Its Applications*, 2e édition, Mountain View (Californie), Mayfield, 1996.

Le système anaérobie lactique Le **système anaérobie lactique** entre en action au début d'une séance d'exercice ainsi que pendant les activités très intenses qui durent de 10 secondes à 2 minutes environ, la course de 400 m par exemple. Dans la vie courante, ce système se met à fonctionner quand vous montez quelques escaliers en courant. Le système anaérobie lactique produit de l'ATP par dégradation du glucose et du glycogène. Il ne nécessite pas d'oxygène, d'où le terme **anaérobie**. Il produit beaucoup d'ATP en une courte période de temps, mais il ne dure pas longtemps. C'est donc lui qui prévaut en période d'exercice très intense.

Deux facteurs limitent le fonctionnement du système anaérobie lactique. Premièrement, les réserves de glucose et de glycogène sont peu abondantes dans l'organisme. L'épuisement de ces réserves provoque de la fatigue, des étourdissements et une altération du jugement. (Le système nerveux, le cerveau y compris, a besoin d'un apport continuel de glucose.) Deuxièmement, le système anaérobie lactique produit de l'**acide lactique**, d'où son nom. Cette substance est un important carburant, mais elle libère des ions hydrogène qui entravent le métabolisme et la contraction musculaire et causent par conséquent de la fatigue, facteur limitatif de ce système. Pendant une activité intense telle que le sprint, l'organisme produit une grande quantité d'acide lactique et d'ions hydrogène, et les muscles se fatiguent rapidement. Fort heureusement, l'entraînement améliore la tolérance de l'organisme à ces substances.

Le système aérobie Le **système aérobie** fournit de l'énergie à l'organisme pendant toute activité physique de plus de deux minutes, telles la course de fond, la natation et même la station debout prolongée. Ce système a besoin d'oxygène pour produire de l'ATP; il s'agit donc d'un système **aérobie**. Sa production d'énergie n'est pas aussi rapide que celle des deux autres systèmes, mais elle est beaucoup plus durable. C'est le système aérobie qui fournit à l'organisme l'énergie dont il a besoin pour la plupart des activités de la vie quotidienne.

Ce système produit l'ATP à partir des glucides (glucose et glycogène) ou des lipides, des carburants stockés en grande quantité dans notre organisme. Selon l'intensité de l'exercice, sa durée et la condition physique de la personne, l'organisme puisera dans ses réserves de glucides ou de lipides. Il utilise les glucides pendant les activités de forte intensité et les lipides pendant les activités d'intensité modérée. Par ailleurs, durant une séance d'exercices prolongée, l'organisme utilisera les glucides au début et puisera par la suite dans ses réserves de lipides. La consommation de lipides est supérieure chez les personnes en bonne condition physique; il s'agit là d'une importante adaptation, car le système aérobie s'arrête quand les réserves de glycogène sont épuisées. Une personne en bonne condition physique peut donc faire de l'activité physique plus longtemps avant d'épuiser ses réserves de glycogène et d'éprouver de la fatigue musculaire.

En plus du glycogène, l'approvisionnement en oxygène constitue un facteur limitatif du système aérobie. Les besoins en oxygène de ce système sont directement proportionnels à l'intensité de l'exercice. Or, la capacité de l'organisme à transporter et à utiliser l'oxygène n'est pas infinie : cette limite est appelée **consommation maximale d'oxygène** ou **VO_2 max**. Le VO_2 max provient de l'hérédité d'une part et de la condition physique d'autre part. Il dépend aussi de nombreux autres facteurs, dont le sexe (reportez-vous à l'encadré intitulé « Différences entre les hommes et les femmes concernant l'endurance cardiovasculaire »), la capacité du sang à transporter l'oxygène, la vitesse de transport de l'oxygène dans les tissus et la quantité d'oxygène que les muscles peuvent extraire du sang. Le VO_2 max détermine l'intensité et la durée des exercices d'endurance cardiovasculaire qu'une personne peut exécuter, et il est considéré comme le meilleur indicateur de la capacité cardiovasculaire. (Pour mesurer et évaluer votre VO_2 max, faites le labo 3.1.)

Association des trois systèmes énergétiques En règle générale, les trois systèmes énergétiques sont mis à contribution pendant une séance d'exercice, mais, selon l'intensité et la durée de l'activité, l'un d'entre eux prévaut. Si vous jouez au tennis, par

TERMINOLOGIE

Système anaérobie lactique Système qui fournit de l'énergie aux muscles au moyen de la dégradation des réserves de glucose et de glycogène.

Anaérobie Qui ne nécessite pas d'oxygène.

Acide lactique Acide produit par le métabolisme du glucose et du glycogène; son accumulation peut provoquer de la fatigue.

Système aérobie Système qui fournit de l'énergie aux cellules au moyen de la dégradation du glucose, du glycogène, des lipides et des acides aminés contenus dans les protéines.

Aérobie Qui nécessite de l'oxygène.

Consommation maximale d'oxygène (VO_2 max) Volume maximal de consommation d'oxygène pendant chaque minute d'effort physique vigoureux en se servant de ses principales masses musculaires; exprimé en millilitres d'oxygène consommés par minute par kilogramme de poids.

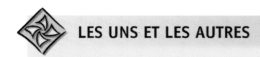

LES UNS ET LES AUTRES

Différences entre les hommes et les femmes concernant l'endurance cardiovasculaire

Des recherches ont démontré l'existence de différences importantes entre les hommes et les femmes en ce qui concerne le niveau moyen d'endurance cardiovasculaire, mesuré en fonction de la consommation maximale d'oxygène. Exprimée en termes absolus, la consommation maximale d'oxygène des hommes est de 40 % supérieure à celle des femmes. Exprimée proportionnellement au poids corporel, la différence n'est plus que de 20 %. C'est une plus petite différence mais elle demeure importante.

Plusieurs facteurs semblent être à l'origine d'une telle différence. Les hommes sont plus corpulents que les femmes et leur cœur a généralement une taille et un volume plus gros. Cela signifie que le cœur d'un homme pompe davantage de sang par battement (volume systolique) et apporte donc plus de sang oxygéné aux muscles sollicités par un effort. La fréquence cardiaque des femmes est habituellement plus élevée que celle des hommes lors d'un effort physique, mais elle ne parvient pas à compenser entièrement leur volume systolique inférieur.

Les hommes possèdent une concentration d'hémoglobine dans le sang qui est relativement plus élevée que celle des femmes. L'hémoglobine, une protéine présente dans le sang, transporte l'oxygène dans tout l'organisme. Plus le taux d'hémoglobine est élevé, plus la consommation maximale d'oxygène sera élevée. Les hommes ont un pourcentage de testostérone plus élevé, ce qui permet à leur organisme de produire davantage d'hémoglobine. De plus, les pertes de sang menstruel expliquent également le taux d'hémoglobine moins élevé chez les femmes.

Les différences de composition corporelle influent aussi sur la consommation maximale d'oxygène. Les hommes ont généralement une masse musculaire plus élevée que celle des femmes, alors que les femmes possèdent un pourcentage de tissu adipeux supérieur à celui des hommes. Leur masse musculaire plus élevée donne aux hommes plus de force et plus de puissance, en termes relatifs et absolus, et permet une plus grande consommation maximale d'oxygène.

Par ailleurs, tant pour les hommes que pour les femmes, les bienfaits de l'entraînement sont les mêmes. Tous et toutes peuvent accroître leur consommation maximale d'oxygène de 15 % à 30 %.

Source : Adaptation de Brooks, G. A., T. D. Fahey et T. P. White, *Exercise Physiology : Human Bioenergetics and Its Applications*, 2e édition, Mountain View (Californie), Mayfield, 1996.

exemple, le système anaérobie alactique vous fournit l'énergie nécessaire pour frapper la balle, mais les systèmes anaérobie lactique et aérobie reconstituent vos réserves d'énergie. Si vous faites de la bicyclette, le système aérobie prévaut. Mais si vous devez augmenter soudainement l'intensité de votre effort (pour monter une côte par exemple), les deux autres systèmes entrent en jeu, car le système aérobie ne peut fournir de l'ATP assez rapidement à votre organisme.

Condition physique et production d'énergie Les personnes en bonne condition physique peuvent augmenter grandement la vitesse de leur métabolisme et produire ainsi l'énergie dont elles ont besoin pour exécuter des exercices exigeants ou soutenus. Les personnes dont la condition physique laisse à désirer n'ont pas cette capacité. Leur organisme ne fournit pas suffisamment d'oxygène et de carburant à leurs muscles; elles tolèrent mal la présence d'acide lactique et des autres substances produites pendant une activité physique intense. Elles se fatiguent rapidement : elles ont mal aux jambes et sont essoufflées après avoir monté un escalier. Un entraînement physique régulier peut cependant améliorer considérablement la capacité de produire de l'énergie et permettre d'exécuter des activités physiques de plus en plus intenses.

De nombreux sports sollicitent un système énergétique plutôt qu'un autre. Ainsi, l'énergie nécessaire aux haltérophiles est fournie par le système anaérobie alactique, aux sprinteurs par le système anaérobie lactique et aux coureurs de fond par le système aérobie. En élaborant un programme d'activité physique, il faut donc vous assurer de solliciter le système qui favorise l'atteinte de vos objectifs. Il faut aussi vous rappeler que l'amélioration des capacités cardiovasculaires est essentielle au bien-être général et à la santé. C'est pourquoi les activités d'endurance cardiovasculaire qui font appel au système aérobie (c'est-à-dire les activités prolongées d'intensité modérée) constituent l'élément fondamental de tout programme de conditionnement physique orienté vers le maintien ou l'amélioration de la santé.

BIENFAITS DE L'ENTRAÎNEMENT CARDIOVASCULAIRE

L'entraînement cardiovasculaire aide l'organisme à fournir des efforts physiques quotidiens tout en améliorant son efficacité. De plus, il réduit les risques de nombreuses maladies chroniques. Voyons donc les adaptations physiologiques et les bénéfices à long terme qu'il procure.

AMÉLIORATION DE LA CAPACITÉ CARDIOVASCULAIRE

Au repos, le système cardiovasculaire s'acquitte facilement de ses fonctions : il fournit de l'oxygène et de l'énergie à l'organisme et il élimine ses déchets. En période d'exercice, cependant, la vitesse du métabolisme augmente et le système est mis à rude épreuve. Il présente alors les réactions suivantes.

- Augmentation du débit cardiaque. Le cœur pompe une quantité accrue de sang par minute, car la fréquence cardiaque et le volume systolique (quantité de sang expulsée du cœur à chaque battement) augmentent. L'augmentation du débit cardiaque permet de fournir aux muscles plus d'oxygène et de carburant et facilite l'élimination des déchets.
- Augmentation de la ventilation (fréquence et amplitude de la respiration).
- Augmentation de l'apport sanguin aux muscles squelettiques et au cœur; maintien ou légère augmentation de l'apport sanguin au cerveau.
- Augmentation de la transpiration et de l'apport sanguin à la peau. Les réactions chimiques qui produisent l'énergie libèrent une chaleur qui doit s'évaporer pour que l'organisme conserve une température normale.
- Diminution de l'apport sanguin à l'estomac, à l'intestin, au foie et aux reins et, par conséquent, ralentissement de la digestion et de la production d'urine.

Tous ces changements à court terme permettent à l'organisme de s'adapter à l'effort physique. Pratiquées régulièrement, les activités d'endurance cardiovasculaire entraînent en plus des adaptations permanentes.

Comme n'importe quel muscle, le cœur gagne en puissance lorsqu'il est entraîné régulièrement. Étant plus musclé, il propulse plus de sang à chacune de ses contractions. Ainsi, n'ayant pas besoin de se contracter aussi souvent qu'un cœur non entraîné, il économise de l'énergie et se fatigue moins. Il s'adapte mieux aux besoins de l'organisme et il répond plus rapidement aux demandes des muscles en action. Bref, il est plus efficace. En plus, l'activité physique régulière améliore la circulation sanguine en dilatant les artères, permettant ainsi une meilleure irrigation des muscles.

La fréquence cardiaque au repos d'une personne en bonne condition physique est de 10 à 20 battements par minute moins élevée que celle d'une personne sédentaire; cela se traduit au bout d'une année par une économie de 10 millions de battements cardiaques. Les activités d'endurance cardiovasculaire augmentent la force des contractions du cœur, le volume des cavités cardiaques (chez les jeunes adultes) et le volume sanguin. Par conséquent, chacune des contractions du cœur envoie une quantité accrue de sang dans le système circulatoire. Enfin, l'entraînement abaisse la **tension artérielle**, de sorte que le cœur fournit moins d'effort pour se contracter.

AMÉLIORATION DU MÉTABOLISME CELLULAIRE

Les activités physiques régulières améliorent le métabolisme. Elles accroissent le nombre de capillaires dans les muscles afin que ceux-ci reçoivent l'oxygène et le carburant dont ils ont besoin. Elles rendent les muscles plus aptes à extraire l'oxygène et à utiliser le carburant. L'exercice entraîne une augmentation du nombre et de la taille des mitochondries dans les cellules musculaires, ce qui accroît la capacité énergétique. Enfin, les activités physiques d'endurance cardiovasculaire favorisent la production d'énergie en prévenant l'épuisement des réserves de glycogène et en augmentant la capacité des muscles à utiliser l'acide lactique et les lipides comme carburants.

Non seulement l'activité physique favorise-t-elle le maintien de la santé à long terme, mais elle procure aussi du plaisir à court terme. Nombre de sports et d'activités populaires, tel le soccer, développent l'endurance cardiovasculaire.

Pour améliorer l'efficacité métabolique, un programme de conditionnement physique doit comprendre des exercices de longue durée et d'intensité modérée ainsi que de brèves périodes d'effort intense. L'ascension d'une pente douce en jogging ou à bicyclette, par exemple, correspond au type d'exercice intense qui améliore la consommation d'acide lactique et de lipides. (Comme on l'a vu plus haut, différentes intensités sollicitent différents systèmes de production d'énergie et entraînent différentes adaptations.)

DIMINUTION DES RISQUES DE MALADIES CHRONIQUES

L'entraînement régulier peut prévenir l'apparition de nombreuses maladies chroniques invalidantes, tels le cancer, le diabète, l'ostéoporose et les **maladies cardiovasculaires**. Il peut même améliorer l'état des personnes déjà atteintes.

Cancer Certaines études scientifiques ont démontré que les gens actifs physiquement courent moins le risque de développer un cancer. D'autres études sont nécessaires cependant pour corroborer ces faits. L'évidence est cependant plus grande en ce qui concerne les cancers du côlon et du sein. (Reportez-vous à l'encadré « Inactivité physique et cancer ».)

Diabète De récentes études ont démontré que la pratique régulière d'activités physiques aide à prévenir le diabète de type II (ou non insulinodépendant) qui se développe après 40 ans, surtout chez des individus ayant un excédent de poids. L'activité physique est aussi une partie importante du traitement des personnes déjà atteintes, car elle agit en brûlant l'excès de sucre et en rendant les cellules plus sensibles à l'insuline, ce qui permet de mieux contrôler la glycémie.

Ostéoporose L'exercice agit aussi comme protection contre l'ostéoporose (perte de densité osseuse), surtout chez les femmes. On a démontré que l'importance de la charge sur l'os représente le principal déterminant de la densité osseuse (ex. : l'os du bras dominant du joueur de tennis a une densité osseuse accrue). Les personnes ayant une bonne densité osseuse compensent la perte de densité due au vieillissement; elles risquent moins les fractures invalidantes occasionnées par des chutes.

Maladie cardiovasculaire Une vie sédentaire est l'un des cinq principaux **facteurs de risque** de la maladie cardiovasculaire. Voyez la section suivante pour en savoir plus sur les facteurs de risque de la maladie cardiovasculaire.

BIEN-ÊTRE GLOBAL

Inactivité physique et cancer

Plusieurs types de cancer sont associés à un mode de vie marqué par l'inactivité. Des recherches ont démontré l'existence d'un lien entre une activité physique soutenue et la diminution du risque de cancer.

Il a été établi que faire de l'activité physique entraîne une diminution du risque de cancer du côlon, l'hypothèse étant que l'activité physique facilite la digestion, l'évacuation des selles, renforce le système immunitaire et réduit la concentration de graisses dans le sang.

Il est également important de faire de l'activité physique pour prévenir l'obésité, qui constitue un autre facteur de risque du cancer. En effet, l'obésité semble accroître le risque de cancer de la prostate, du sein et de l'appareil reproducteur féminin.

FACTEURS DE RISQUE DE LA MALADIE CARDIOVASCULAIRE

Les facteurs de risque des maladies cardiovasculaires sont de deux ordres : les facteurs primaires et les facteurs secondaires.

FACTEURS DE RISQUE PRIMAIRES POUVANT ÊTRE CONTRÔLÉS

Cinq facteurs de risque primaires peuvent être contrôlés : la consommation de tabac, une tension artérielle élevée, un taux de cholestérol nuisible pour la santé, l'inactivité physique et l'obésité.

Consommation de tabac Par rapport aux non-fumeurs, les personnes qui fument un paquet de cigarettes par jour s'exposent à un risque de crise cardiaque deux fois plus élevé, et celles qui fument deux paquets ou plus par jour, à un risque trois fois plus élevé. Parmi les femmes qui prennent un contraceptif oral, celles qui fument sont plus susceptibles d'avoir une crise cardiaque ou un accident cérébrovasculaire que les femmes qui ne fument pas.

TERMINOLOGIE

Tension artérielle Pression exercée par le sang sur la paroi des vaisseaux sanguins; causée par l'action de pompe du cœur.

Maladie cardiovasculaire Maladie du cœur et des vaisseaux sanguins.

Facteur de risque Attribut associé à l'apparition d'une maladie, mais insuffisant pour en être la cause.

Le tabagisme endommage le système cardio-vasculaire de plusieurs façons. Il entraîne une diminution dans le sang du taux de **lipoprotéines** de haute densité (LHD), qualifiées de « bon cholestérol ». La nicotine, principal psychotrope du tabac, agit en tant que stimulant du système nerveux central et provoque une augmentation de la tension artérielle et du rythme cardiaque. Le monoxyde de carbone présent dans la fumée de cigarette déloge l'oxygène du sang et diminue la quantité d'oxygène apportée au cœur et aux autres organes. La fumée de cigarette a également pour effet de provoquer une viscosité et une agglomération accrues des **plaquettes sanguines**, d'affaiblir la capacité de survie des plaquettes, de diminuer le temps de coagulation et de rendre le sang plus épais. Il en résulte une augmentation du risque de crise cardiaque et des autres types de maladie cardiovasculaire.

Même les non-fumeurs peuvent être affectés par le tabagisme. En effet, la **fumée de tabac dans l'environnement (FTE)** est également associée à l'apparition de maladies cardiovasculaires.

Tension artérielle élevée Une tension artérielle élevée, aussi appelée hypertension, constitue un facteur de risque associé à de nombreux types de maladies cardiovasculaires et est également considérée comme une maladie en soi. L'hypertension est une pression ou une force trop intense s'exerçant sur les parois des artères. Lorsque la tension artérielle est élevée, le cœur doit fournir un effort accru pour assurer la circulation du sang dans l'organisme. Si cet effort accru perdure, le cœur se fatigue, ce qui l'affaiblit davantage. De plus, l'hypertension provoque l'apparition de lésions au niveau des artères ainsi qu'un durcissement et une perte d'élasticité de celles-ci.

Taux de cholestérol sanguin trop élevé Le cholestérol est vital; le corps le produit de façon naturelle. Il est une composante importante de toutes les cellules de notre corps. En quantité excessive, il peut cependant boucher des artères (*voir* figure 3.3). En général, un taux élevé de LBD (lipoprotéines de basse densité) et un taux faible de LHD (lipoprotéines de haute densité) sont associés à un risque élevé de maladie cardiaque.

Le cholestérol des lipoprotéines de haute densité est produit par le corps; on ne peut le trouver dans la nourriture. Afin d'être transporté par le sang, le cholestérol s'accroche à la protéine, ce qui forme une lipoprotéine. Les LHD constituent un « bon cholestérol », car elles transportent le cholestérol au foie afin qu'il l'élimine du corps.

Les lipoprotéines de basse densité, ou « mauvais cholestérol », sont aussi produites par le corps. Ce cholestérol est nuisible à la santé parce qu'il produit des dépôts graisseux sur les parois des artères et empêche le sang de circuler normalement.

Un régime composé d'aliments moins gras et de plus de fibres peut vous aider à maintenir un bon taux de cholestérol. La pratique régulière d'une activité physique et l'abandon du tabagisme constituent aussi de bons moyens de hausser le taux de LHD dans votre sang.

Inactivité physique L'inactivité physique est l'un des principaux facteurs de risque de la maladie cardiovasculaire. Le pourcentage des décès causés par la maladie cardiovasculaire est beaucoup plus élevé chez les personnes sédentaires que chez les personnes en bonne condition physique. L'activité physique constitue certainement la meilleure forme de prévention des maladies cardiaques, car elle favorise une diminution de la tension artérielle, une augmentation du taux de LHD, le maintien d'un poids santé, l'amélioration du système sanguin et la prévention ou le contrôle du diabète.

Obésité Une personne dont le poids corporel est de plus de 30 % supérieur au poids recommandé s'expose à un risque accru de maladie cardiaque et d'accident cérébrovasculaire, même en l'absence de tout autre facteur de risque. Un excès de poids a pour conséquence d'élever la tension artérielle et le taux de cholestérol, ce qui oblige le cœur à fournir un plus grand effort. Il peut aussi entraîner l'apparition du diabète, qui constitue un autre facteur de risque de maladie cardiovasculaire. La répartition des graisses corporelles joue également un rôle important : les graisses sont plus dommageables lorsqu'elles s'accumulent au niveau de l'abdomen plutôt qu'autour des hanches. L'adoption d'une alimentation équilibrée et la pratique régulière d'une activité physique s'avèrent les meilleurs moyens de maintenir un poids santé. Même une légère perte de poids peut avoir des effets très bénéfiques sur la santé cardiovasculaire.

TERMINOLOGIE

Lipoprotéines Substances qui transportent les lipides dans le sang, classées selon la taille, la densité et leur composition chimique.

Plaquettes sanguines Cellules essentielles pour la coagulation du sang.

Fumée de tabac dans l'environnement (FTE) Fumée exhalée par les fumeurs et par les cigarettes, les cigares ou les pipes allumés.

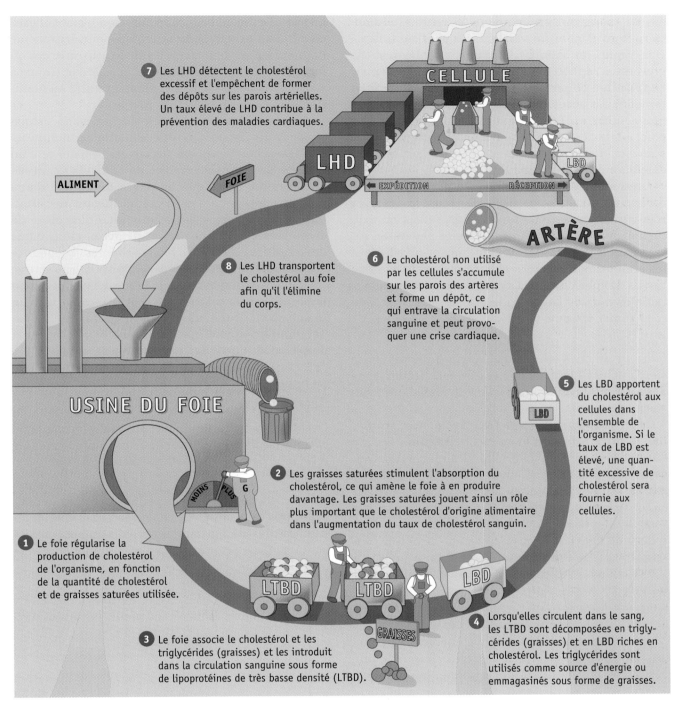

Figure 3.3   **Le parcours du cholestérol.**

FACTEURS DE RISQUE SECONDAIRES POUVANT ÊTRE CONTRÔLÉS

Divers autres facteurs de risque secondaires pouvant être contrôlés, tels que le diabète, les taux de triglycérides et des facteurs psychiques et sociaux, sont aussi susceptibles d'accentuer le risque de maladie cardiovasculaire.

Diabète   Les personnes atteintes de diabète sont exposées à un risque accru de maladie cardio-vasculaire, ce qui s'explique en partie par le fait que le diabète influe sur le taux de cholestérol sanguin. Le diabète semble avoir des causes à la fois génétiques et comportementales. La meilleure façon d'éviter le diabète de type II (*voir* chapitre 6) consiste à pratiquer une activité physique régulière et à contrôler son poids corporel.

Taux de triglycérides   Contrairement au choles-térol, les triglycérides sont des graisses présentes dans le sang qui proviennent du régime alimentaire et qui sont aussi synthétisées par l'organisme. Des études ont démontré qu'un taux élevé de triglycérides représente une variable prédictive pour l'apparition d'une maladie cardiaque, notamment lorsqu'il est accompagné d'autres facteurs de risque comme un faible taux de LHD, un excès de poids ou le diabète. Un taux élevé de triglycérides a une incidence particulièrement grave sur la santé des femmes et des fumeurs.

Les meilleurs moyens de faire diminuer le taux de triglycérides sont la perte de poids, la pratique régulière d'une activité physique et l'adoption d'un régime alimentaire riche en fibres et pauvre en sucres simples et en glucides raffinés et privilégiant les graisses non saturées plutôt que les graisses saturées. De plus, comme l'alcool favorise l'augmentation des taux de triglycérides, il est important d'en consommer avec modération.

Facteurs psychiques et sociaux Beaucoup de facteurs psychiques et sociaux exerçant une influence sur d'autres aspects du mieux-être constituent aussi d'importants facteurs de risque de maladie cardiovasculaire.

Une réaction au stress très vive peut entraîner une contraction des vaisseaux sanguins et une hausse de la tension artérielle. Les plaquettes sanguines deviennent plus susceptibles de s'agglomérer, ce qui peut favoriser la formation de caillots et l'obstruction des artères. De plus, certaines personnes réagissent au stress en adoptant des habitudes nuisibles à la santé : tabagisme, excès alimentaires ou alimentation insuffisante.

Certains traits caractéristiques des personnalités de type A, tels l'agressivité, le cynisme et la colère, sont associés à un risque accru de maladie cardiaque. Les personnes habitées par un sentiment d'agressivité chronique manifestent des réactions intenses et fréquentes. Lorsqu'elles font face aux désagréments de la vie quotidienne, leur tension artérielle augmente beaucoup plus que celle de la moyenne. Les personnes à tempérament moins hostile se calment beaucoup plus rapidement et évacuent ainsi les effets du stress sur leur organisme, notamment sur leur cœur. Faire au contraire des efforts permanents pour refouler la colère et d'autres sentiments négatifs peut également nuire au maintien d'un cœur en bon état.

La dépression, tant légère que profonde, est associée à un risque accru de maladie cardiaque fatale. Des chercheurs ont découvert l'existence d'un lien étroit entre les troubles de l'anxiété et un accroissement du risque de décès découlant d'une maladie cardiaque. Les personnes ayant peu d'appui social sont exposées à un risque plus élevé de décès consécutif à une **maladie coronarienne** que ne le sont les personnes bien entourées. Un bon réseau social constitue un puissant antidote au stress.

Une situation socio-économique défavorisée et un faible niveau de scolarisation sont aussi associés à un risque accru de maladie cardiovasculaire. Cela s'explique probablement par un ensemble de facteurs, dont le mode de vie et l'accès aux soins de santé.

FACTEURS DE RISQUE PRIMAIRES ÉCHAPPANT AU CONTRÔLE INDIVIDUEL

Certains facteurs de risque primaires de maladie cardiovasculaire ne dépendent pas du contrôle de chacun : l'hérédité, le vieillissement et le sexe.

Hérédité Le risque de développer une maladie cardiovasculaire semble avoir un caractère héréditaire. Des taux élevés de cholestérol, des problèmes liés à la coagulation sanguine, le diabète et l'obésité sont d'autres facteurs de risque de maladie cardiovasculaire dont l'origine est partiellement génétique. Les personnes dont le bagage génétique est à risque ne seront pas nécessairement victimes de maladie cardiovasculaire, mais elles devront faire plus d'efforts pour l'éviter.

Vieillissement Le risque de crise cardiaque s'accroît énormément après l'âge de 65 ans. Environ 55 % de toutes les victimes de crise cardiaque sont âgées de 65 ans ou plus, et de ce nombre 80 % sont victimes d'une crise cardiaque fatale. À partir de l'âge de 55 ans, l'incidence des accidents cérébrovasculaires devient plus de deux fois supérieure après chaque décennie de vie. Par ailleurs, dans la trentaine et dans la quarantaine, notamment chez les hommes, il ne faut pas se croire à l'abri d'une crise cardiaque.

Sexe S'il est vrai que les maladies cardiovasculaires constituent l'une des plus importantes causes de décès au Canada tant chez les hommes que chez les femmes, le risque de crise cardiaque est plus élevé pour les hommes que pour les femmes, surtout avant

TERMINOLOGIE

Maladie coronarienne Maladie caractérisée par des accumulations de lipides dans les artères du cœur.

Adrénaline Hormone sécrétée en période de stress; stimule le cœur, mobilise les lipides et provoque la dégradation du glycogène en glucose.

Noradrénaline Hormone sécrétée en période de stress et ayant des effets semblables à ceux de l'adrénaline.

la période du troisième âge. L'incidence des accidents cérébrovasculaires chez les hommes est plus élevée de 19 % que chez les femmes. La production d'œstrogène, qui atteint son apogée durant la période de procréation, semble conférer aux femmes non ménopausées une certaine protection contre les maladies cardiovasculaires.

LA PRÉVENTION DES MALADIES CARDIOVASCULAIRES

Il existe plusieurs mesures que vous pouvez prendre maintenant pour faire diminuer le risque d'être ultérieurement victime d'une maladie cardiaque (*voir* l'encadré intitulé « Un mode de vie favorable à une bonne santé cardiaque »).

DIMINUTION DU POURCENTAGE DE TISSU ADIPEUX

L'obésité, en particulier l'obésité abdominale, est associée à un risque accru de maladie cardiovasculaire, de cancer et de diabète. Il peut être difficile, pour une personne sédentaire en particulier, d'atteindre et de maintenir un pourcentage adéquat de tissu adipeux, car une alimentation composée de tous les nutriments essentiels est relativement riche en calories. Et l'on sait que les calories consommées en excès sont emmagasinées sous forme de graisse. L'activité physique régulière augmente la dépense énergétique quotidienne et permet donc de maintenir un poids santé en adoptant des habitudes alimentaires saines. Les activités d'endurance cardiovasculaire entraînent une dépense énergétique immédiate mais aussi dans les heures qui suivent si elles sont assez intenses, car elles augmentent le rythme du métabolisme basal. Par conséquent, elles permettent de consommer plus de calories sans prendre de poids.

Les activités d'endurance cardiovasculaire contribuent d'une autre façon à maintenir ou à élever le rythme du métabolisme au repos : elles diminuent le pourcentage de tissu adipeux et augmentent la masse musculaire. Le rythme du métabolisme au repos dépend en bonne partie de la masse maigre ou musculaire. L'entraînement en force favorise encore plus l'augmentation de la masse musculaire que l'entraînement en endurance musculaire.

AMÉLIORATION DU SYSTÈME IMMUNITAIRE

L'exercice peut avoir des effets bénéfiques ou nuisibles sur le système immunitaire, c'est-à-dire l'ensemble des processus qui protègent l'organisme contre les maladies. L'entraînement modéré stimule le système immunitaire, tandis que l'entraînement excessif l'affaiblit. Les personnes en bonne condition physique contractent moins de rhumes et d'infections des voies respiratoires supérieures que les personnes en mauvaise condition physique. Pour renforcer ce système, en plus de l'activité physique régulière, il faut adopter de saines habitudes alimentaires, avoir une bonne gestion du stress ainsi qu'un nombre suffisant d'heures de sommeil.

AMÉLIORATION DU BIEN-ÊTRE PSYCHOLOGIQUE ET ÉMOTIONNEL

La plupart des gens qui s'adonnent régulièrement à des activités faisant appel au système cardiovasculaire en retirent des bienfaits sur les plans social, psychologique et émotionnel. L'activité physique améliore l'image de soi, car elle permet à ceux qui la pratiquent d'augmenter leur niveau de maîtrise de certaines tâches et de jouir de la satisfaction que cela leur procure. Les activités récréatives, par ailleurs, permettent d'entretenir et de développer des amitiés, de s'amuser et de se dépasser.

L'entraînement procure aussi une certaine protection contre les effets du stress sur le système cardiovasculaire. Le stress stimule la sécrétion d'**adrénaline** et de **noradrénaline** (la réaction de combat ou de fuite), deux hormones qui accélèrent

BIEN-ÊTRE GLOBAL

Un mode de vie favorable à une bonne santé cardiaque

- Adoptez un régime alimentaire riche en grains entiers, en légumes et en fruits. Limitez l'apport en aliments riches en graisses, en graisses saturées, en graisses trans et en cholestérol.
- Diminuez ou cessez la consommation d'alcool.
- Pratiquez régulièrement des activités physiques.
- Évitez toute consommation de tabac et l'inhalation de fumée de tabac dans l'environnement.
- Faites vérifier régulièrement votre tension artérielle; si elle est élevée, prenez les mesures nécessaires pour la faire diminuer.
- Faites vérifier votre taux de cholestérol sanguin.
- Mettez au point une méthode efficace pour contrôler le stress et les accès de colère, et développez un bon réseau social.
- Si vous souffrez d'une maladie telle que le diabète, suivez soigneusement les conseils de votre médecin.

BIEN-ÊTRE GLOBAL

Activité physique et santé mentale

Avez-vous déjà fait une longue promenade à pied après une dure journée de travail ? Si tel est le cas, vous savez que l'activité physique favorise la détente. Il existe de plus en plus de preuves que l'activité physique est un excellent moyen d'améliorer l'humeur, de stimuler la créativité, d'éclaircir les idées, de diminuer l'anxiété et d'enrayer la colère ou l'agressivité. Pourquoi en est-il ainsi ? Est-ce tout simplement que l'activité physique nous distrait de nos problèmes ? Ne causerait-elle pas plutôt une réaction physique qui agirait sur l'état mental ?

Telles sont les questions que des chercheurs se sont posées. Et ils ont justement découvert que l'activité physique entraîne de nombreuses réactions physiologiques propres à modifier l'humeur. Sachant que la région du cerveau qui régit les mouvements des muscles est située à proximité de la région qui régit la pensée et l'émotion, certains spécialistes supposent que la stimulation de la première s'étend à la seconde et produit de ce fait une amélioration de l'humeur et des fonctions cognitives.

Selon d'autres chercheurs, l'exercice stimule la libération d'**endorphines** dans le cerveau. Ces substances chimiques éliminent la fatigue, calment la douleur et produisent un état de bien-être. D'ailleurs, l'euphorie que les coureurs ressentent après avoir parcouru quelques kilomètres est probablement attribuable à une augmentation de la production d'endorphines.

Un troisième groupe de chercheurs se penche sur les modifications de l'activité cérébrale pendant et après une séance d'exercice. Ils s'intéressent notamment à l'augmentation des ondes alpha. Ces ondes cérébrales sont signe d'un état de détente profonde et apparaissent par exemple pendant une séance de méditation.

Les cherchèurs ont aussi constaté que l'exercice accroît les concentrations cérébrales de certains **neurotransmetteurs**, des substances chimiques qui augmentent la vigilance et atténuent le stress. Ce serait, selon eux, la raison pour laquelle l'exercice améliore l'état des personnes atteintes de dépression faible à modérée. De fait, l'entraînement cardiovasculaire est aussi efficace que la psychothérapie contre la dépression. Il se révèle même plus efficace s'il est associé à d'autres traitements. Enfin, il ne faut pas négliger le fait que l'activité physique peut vous distraire de ce qui vous tracasse, améliore l'estime de soi et donne souvent lieu à des interactions sociales constructives.

La plupart des gens ne voient pas de rapport entre l'exercice et les facultés mentales. Il a pourtant été démontré que l'activité physique améliore les capacités cognitives à court et à long terme. L'activité physique améliore la vigilance, la mémoire et l'exécution des tâches cognitives. Elle peut même stimuler la créativité. Une étude a révélé que les étudiants qui pratiquaient régulièrement la course à pied ou la danse aérobique obtenaient, aux épreuves de créativité, des résultats supérieurs à ceux des étudiants sédentaires.

Toutes ces recherches démontrent clairement que l'activité physique est aussi importante pour la santé mentale et sociale que pour la santé physique. Même une activité modérée comme la marche rapide peut améliorer considérablement votre bien-être si vous la pratiquez quelques fois par semaine. En intégrant l'activité physique à votre mode de vie, non seulement jouirez-vous d'une meilleure santé, mais vous en retirerez un bien-être mental, une meilleure capacité intellectuelle et vous stimulerez votre créativité.

l'accumulation de lipides dans les artères. De même, l'agressivité et la colère excessives augmentent les risques de maladie cardiaque. Or, l'entraînement diminue la sécrétion d'adrénaline et de noradrénaline; il peut réduire l'agressivité, la dépression et l'anxiété, car il sert de soupape aux émotions et produit une sensation de détente (*voir* l'encadré intitulé « Activité physique et santé mentale »). Enfin, l'activité physique régulière peut diminuer les troubles du sommeil.

Pour en savoir plus, lisez l'encadré intitulé « Les bénéfices associés au développement de l'endurance cardiovasculaire ». Ces bénéfices sont associés au bien-être physique et émotionnel, ce qui diminue les risques de maladie chronique.

TERMINOLOGIE

Endorphines Substances sécrétées par le cerveau; similaires à la morphine, elles atténuent la douleur, éliminent la fatigue et produisent un état d'euphorie.

Neurotransmetteurs Substances chimiques qui transmettent les influx nerveux.

ÉVALUATION DE LA SANTÉ CARDIOVASCULAIRE

La capacité de l'organisme à soutenir un effort durant une période prolongée est directement en rapport avec la santé cardiovasculaire. Cela mesure l'efficacité de l'organisme à fournir de l'oxygène aux muscles pendant une activité physique. La meilleure mesure quantitative de l'endurance cardiovasculaire demeure la consommation maximale d'oxygène ou VO$_2$ max. Il s'agit de la quantité d'oxygène consommée par l'organisme lorsqu'une personne atteint sa capacité maximale d'apport en oxygène lors d'un exercice (mesurée en millilitres d'oxygène consommés par minute et par kilogramme de poids corporel). La consommation maximale d'oxygène d'une personne peut être mesurée précisément dans un laboratoire de physiologie de l'exercice grâce à l'analyse de l'air qu'elle inspire et expire lorsqu'elle effectue une épreuve jusqu'à épuisement (intensité maximale). Une telle analyse est souvent coûteuse et exige beaucoup de temps, ce qui la rend peu accessible pour la plupart des personnes.

SIX TESTS D'ÉVALUATION DE LA CAPACITÉ AÉROBIE

Afin de faciliter l'évaluation de notre capacité aérobie (consommation maximale d'oxygène), des tests suffisamment précis et faciles à administrer ont été développés au cours des dernières années. Dans le laboratoire, à la fin de ce chapitre, nous présentons six tests qui ont été spécifiquement conçus pour permettre à des personnes de différents niveaux de condition physique d'évaluer leur capacité maximale de consommation d'oxygène. Afin de choisir le test le mieux adapté au niveau de votre condition physique, il faudra tenir compte de l'équipement dont vous disposez et des facteurs de risque associés à chacun de ces tests.

Avant d'exécuter l'un ou l'autre de ces tests, remplissez le questionnaire Q-APP (labo 2.2) afin d'identifier de possibles contre-indications. Si votre condition physique vous inquiète, il ne faut pas hésiter à consulter un médecin. Le tableau 3.2 présente les règles de sécurité particulières auxquelles vous devriez vous soumettre pour effectuer les tests.

Pour obtenir des résultats plus valides, il est important d'éviter de faire une activité physique intense avant de passer un test. Il faut aussi s'abstenir de fumer, de boire du café et de l'alcool ou de manger un gros repas trois heures avant de passer le test.

Les tests de marche   Les tests de marche sont conçus pour les personnes plutôt sédentaires. Si votre condition physique laisse à désirer, le test de Kline, sur une distance de 1600 mètres, ou le test de Rockport, sur 2200 mètres, vous donnera une appréciation sommaire de votre condition cardiovasculaire. Quant au test de marche de Cooper, il s'adresse plutôt aux personnes dont la condition physique est moyenne et qui marchent régulièrement. La distance à parcourir (4800 m) exige un effort plus important que les tests de Kline et de Rockport. Ces trois tests tiennent compte de votre sexe, de votre groupe d'âge et du temps qu'il vous a fallu pour parcourir la distance le plus rapidement possible. Des tableaux permettent de se situer dans les différentes catégories de niveau de condition physique. Selon la catégorie obtenue, on peut estimer son VO$_2$ max. Pour que ces tests de marche soient valables, il faut s'assurer que la surface à parcourir soit plane.

Tableau 3.2	Préalables et éléments de sécurité pour les tests de capacité aérobie.
TESTS	**ÉLÉMENTS DE SÉCURITÉ**
Tests de marche (Kline; Rockport; Cooper)	Les tests de marche sont recommandés aux personnes sédentaires qui veulent s'assurer de faire le test le plus sécuritaire possible. Ils ont été conçus principalement pour les personnes qui ont de légères blessures ou qui ne sont pas en bonne condition physique.
Tests de course (Cooper; Léger et collaborateurs)	Pour faire un test de course, il faut être en bonne condition physique. Dans le doute, on devrait passer un test de marche avant un test de course. De même, une personne sédentaire devrait se préparer 4 à 8 semaines à l'avance en faisant un programme alternant progressivement la marche et la course. Une personne blessée à une cheville, au genou, à la hanche ou au dos ne devrait pas faire ce genre de test.
Physitest aérobie canadien modifié (PACm)	On devrait subir ce test dans un état respectant les conditions suivantes : fréquence cardiaque de repos inférieure à 100 batt./min; pression systolique au repos plus basse que 144 mmHg ou pression diastolique plus haute que 94 mmHg. Comme pour les tests de course, on ne devrait pas subir ce test si on a une blessure aux membres inférieurs. Son déroulement à proximité de l'enseignant ou d'un partenaire et le contrôle régulier des fréquences cardiaques en font un des tests les plus sécuritaires.

Note : Les conditions nécessaires pour augmenter significativement le niveau de pratique sécuritaire d'activité physique identifiées dans le chapitre 2 par le questionnaire sur l'aptitude à l'activité physique (Q-APP) doivent également être respectées pour procéder à l'évaluation de l'aptitude aérobie.

On peut compter la fréquence cardiaque en pressant la carotide (photo de gauche) ou la veine radiale (photo de droite).

POUR EN SAVOIR PLUS

Les bénéfices associés au développement de l'endurance cardiovasculaire

BÉNÉFICES	L'ACTIVITÉ PHYSIQUE CARDIOVASCULAIRE TEND À FAIRE	
	AUGMENTER	DIMINUER
Système cardiovasculaire	• le volume cardiaque; • le volume systolique (quantité de sang pompé par battement); • le volume sanguin total; • le nombre de globules rouges; • la concentration de lipoprotéines de haute densité (LHD) dans le sang; • la densité capillaire (associée à la capacité accrue des cellules d'extraire l'oxygène du sang); • l'efficacité de l'organisme à fournir l'oxygène aux tissus; • l'afflux de sang vers les muscles actifs lors d'une activité physique.	• la fréquence cardiaque au repos et lors d'efforts; • la concentration d'épinéphrine et de norépinéphrine lors d'une activité physique; • le pourcentage de triglycérides et probablement celui des lipoprotéines de basse densité (LBD) dans le sang; • la tension artérielle; • la viscosité des plaquettes sanguines (facteur présent dans les maladies coronariennes).
Système musculaire	• la quantité de glycogène emmagasinée; • le nombre et la taille des mitochondries (éléments de la cellule qui produisent de l'énergie); • la teneur en myoglobine (pigment qui facilite l'apport d'oxygène aux mitochondries); • la capacité à utiliser les graisses et l'acide lactique comme sources d'énergie.	
Autres	• la masse maigre; • la densité et la force des os, des ligaments et des tendons; • la sensibilité à l'insuline (ce qui contribue à la prévention du diabète de type II); • la capacité à faire de l'exercice par temps chaud; • les performances dans les sports et les activités récréatives ainsi que le rendement au travail; • la sensation de bien-être; • l'estime de soi.	• la quantité de graisses corporelles; • la tension découlant du stress; • l'anxiété et les sentiments dépressifs; • le risque de décès causé par les maladies coronariennes, le cancer du côlon et certains types de cancer du système de reproduction chez les femmes.

Les tests de course Les tests de course s'adressent aux personnes qui ont l'habitude sinon de courir, du moins de parcourir régulièrement de longues distances d'un bon pas. Le test de 2400 m de Cooper consiste à parcourir le plus rapidement possible une distance de 2400 mètres. Ce test est l'une des meilleures façons de mesurer indirectement la condition physique sur le plan cardiovasculaire. Quant au test progressif de course navette de Léger et ses collaborateurs, il consiste à exécuter plusieurs séries aller-retour sur un tracé de 20 mètres. Ce test est facile à administrer à plusieurs personnes à la fois dans un espace restreint (gymnase par exemple). Il démontre une excellente corrélation (0,9) avec le test du tapis roulant effectué en laboratoire. Ces deux tests de course tiennent compte du groupe d'âge des participants. On peut interpréter les résultats du VO$_2$ max sous forme de catégories ou selon des rangs centiles. Avant le test, il est très important de bien motiver les participants.

Le test d'aptitude aérobie Le physitest aérobie canadien modifié (PACm) est certainement le test le plus utilisé au Canada pour mesurer l'aptitude aérobie. Sa popularité est en grande partie attribuable à sa simplicité d'administration et à la facilité d'assurer la sécurité des participants. Ce test tient compte du sexe, du groupe d'âge, du palier complété et de la fréquence cardiaque finale. Bien que l'on suggère d'interpréter les résultats selon des catégories associées à des bénéfices santé, il existe également une formule qui permet d'estimer le VO$_2$ max à partir du coût énergétique du dernier palier complété.

ZONE CIBLE

Une des meilleures façons d'évaluer l'intensité d'une activité en endurance cardiovasculaire consiste à prendre votre fréquence cardiaque. Il n'est pas nécessaire d'augmenter sa fréquence cardiaque au maximum pour augmenter la consommation maximale d'oxygène. On peut obtenir une amélioration de sa condition physique en travaillant à une fréquence inférieure au maximum, et cela en diminuant le risque de blessure.

Selon le Collège américain de médecine du sport, votre **zone cible** (zone dans laquelle l'intensité de l'activité doit se situer pour que vous obteniez des bénéfices cardiovasculaires) est entre 65 % et 90 % de votre fréquence cardiaque maximale (*voir* figure 3.4).

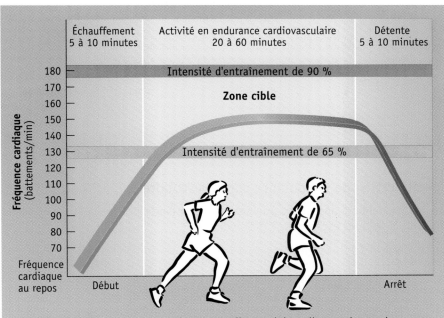

Type d'activité : activités en endurance cardiovasculaire telles que la marche, la course à pied, le cyclisme, la natation, le ski de fond et le saut à la corde.

Fréquence : de 3 à 5 fois par semaine.

Intensité : 65 % à 90 % de la fréquence cardiaque maximale; une intensité d'entraînement de 55 % à 64 % est cependant recommandée pour les personnes qui ne sont pas en bonne condition physique.

Durée : de 20 à 60 minutes (soit en une séance, soit en plusieurs séances d'au moins 10 minutes chacune).

Figure 3.4 Une activité physique d'endurance cardiovasculaire (exemple pour une personne de 20 ans). Une activité physique de plus longue durée et de plus faible intensité est souvent tout aussi bénéfique pour la santé qu'une activité physique de moins longue durée et de plus forte intensité.

TERMINOLOGIE

Zone cible Écart entre les fréquences cardiaques qui doivent être atteintes et maintenues lors d'une activité en endurance cardiovasculaire pour obtenir des effets bénéfiques pour la santé.

Voici comment procéder pour établir votre zone cible.

1. Estimez votre fréquence cardiaque maximale en soustrayant votre âge de 220. (Vous pouvez la mesurer plus précisément avec une épreuve à l'effort effectuée en laboratoire ou à l'hôpital.)

2. Multipliez cette fréquence par 65 % et 90 % pour obtenir votre zone cible (*voir* figure 3.5).

   • Si vous êtes sédentaire, commencez dans le bas de votre zone cible, soit à 65 % d'intensité pendant au moins 4 à 6 semaines.

• Pour obtenir des gains rapides en terme de consommation d'oxygène, entraînez-vous près de la limite supérieure de 90 %, mais attention aux risques de blessure et de surentraînement.

• Pour obtenir des bénéfices santé, vous pouvez travailler près de la limite inférieure de votre zone; pour maximiser les résultats de vos efforts, augmentez votre durée et votre fréquence.

Pour en savoir plus, lisez l'encadré intitulé « Sports et activités propices à l'amélioration de l'endurance cardiovasculaire ».

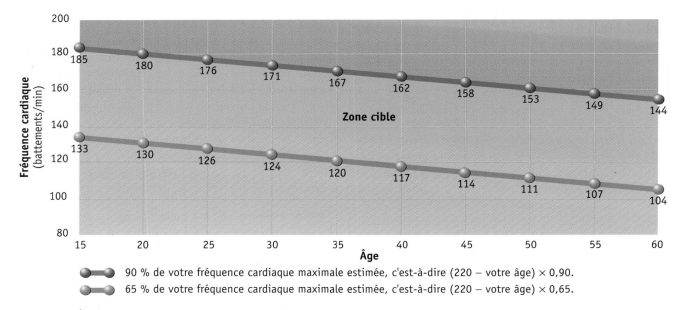

90 % de votre fréquence cardiaque maximale estimée, c'est-à-dire (220 − votre âge) × 0,90.

65 % de votre fréquence cardiaque maximale estimée, c'est-à-dire (220 − votre âge) × 0,65.

Figure 3.5   **Évaluation de la zone cible.** Votre zone cible est entre 65 % et 90 % de votre fréquence cardiaque maximale estimée.

POUR EN SAVOIR PLUS

Sports et activités propices à l'amélioration de l'endurance cardiovasculaire

Les effets d'une activité sur l'endurance cardiovasculaire dépendent principalement de l'intensité, de la durée et de la fréquence de l'entraînement. La classification ci-dessous est fournie à titre indicatif.

Activité de grande incidence	
Aquaforme	Jogging
Aviron	Natation
Basket-ball	Patin à roues alignées
Bicyclette stationnaire	Patin artistique
Course	Patin de vitesse
Danse aérobie	Ski de fond
Exerciseurs cardiovasculaires (tapis roulant, rameur)	Soccer
	Vélo
Hand-ball	Water-polo

Activités d'incidence modérée	
Arts martiaux	Marche
Badminton	Ski alpin
Ballet	Ski nautique
Danse moderne	Tennis
Escrime	Volley-ball

Activités de faible incidence	
Golf (en voiturette)	Travaux ménagers
Musculation	Voile
Quilles	Yoga

BLESSURES RÉSULTANT D'UNE ACTIVITÉ PHYSIQUE

Comme chacun sait, mieux vaut prévenir que guérir. Pour vous éviter la plupart des blessures résultant de l'activité physique, choisissez soigneusement les activités de votre programme et suivez les principes généraux d'entraînement énoncés au chapitre 2, de même que les recommandations suivantes.

- Entraînez-vous régulièrement et demeurez en bonne condition physique.
- Augmentez graduellement l'intensité, la durée ou la fréquence de votre activité.
- Évitez ou réduisez au minimum les activités avec sauts.
- Accordez-vous un repos suffisant entre deux séances d'activité.

Mais hélas, même une personne très prudente peut se blesser lors d'une activité physique. Heureusement, la plupart des blessures sont plus dérangeantes que graves et ne sont pas permanentes. Il faut cependant être conscient qu'une blessure qui n'est pas soignée adéquatement peut se transformer en problème chronique suffisamment grave pour empêcher la pratique de l'activité désirée.

LE TRAITEMENT DES BLESSURES LÉGÈRES

En cas de coupures et d'éraflures légères, il faut arrêter le saignement et nettoyer la blessure. Si la blessure est musculaire ou articulatoire et que vous ressentez de la douleur, suivez les conseils qui suivent.

Élévation   Pour empêcher l'enflure, il faut réduire l'apport sanguin vers la blessure. Pour cela, élevez la partie blessée au-dessus du niveau du cœur à l'aide d'oreillers ou d'un tabouret. Appliquez une compression à l'aide d'un bandage élastique.

Application de glace   S'il y a enflure, mettez de la glace à intervalles réguliers, pendant pas plus de 20 minutes consécutives, durant les 36 à 48 heures suivant la blessure ou jusqu'à ce que l'enflure ait entièrement disparu. Laissez la partie blessée revenir à la température du corps entre deux applications.

Il suffit de faire geler de l'eau dans un verre de carton, d'enlever ensuite une partie du carton et de frotter la partie du corps blessée avec la glace. Si la partie blessée couvre une bonne superficie, enveloppez-la avec plusieurs sacs de glace concassée ou avec des sacs de légumes congelés. Placez une serviette mince entre le sac et la peau.

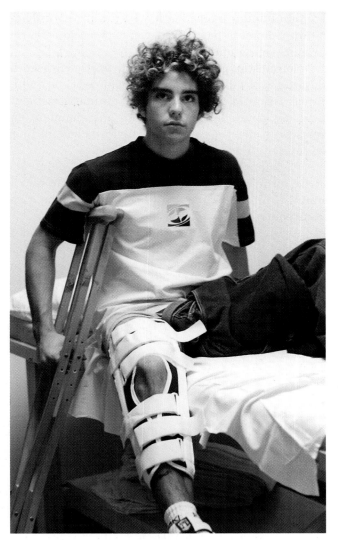

Contrairement aux blessures bénignes, les fractures et autres problèmes graves exigent un traitement médical.

Compression   Entre deux applications de glace, enveloppez fermement la partie blessée avec un bandage élastique ou un pansement compressif. Si vous ressentez des élancements ou que la partie blessée prend une couleur anormale, c'est peut-être que le bandage est trop serré. Enlevez les bandages avant de vous coucher pour la nuit.

Application de chaleur   De 36 à 48 heures après vous être blessé, appliquez de la chaleur si l'enflure a entièrement disparu. Faites reposer la partie blessée dans de l'eau chaude ou appliquez des compresses chaudes, une bouillotte ou un coussin chauffant.

Remise en forme   Dès que vous vous sentez mieux, commencez à faire bouger lentement les articulations touchées. Si vous ressentez de la douleur ou que la partie blessée recommence à enfler, diminuez l'amplitude des mouvements. Continuez à étirer et à faire bouger la partie blessée jusqu'à ce qu'elle reprenne son amplitude normale.

Soumettez graduellement la partie blessée à des exercices qui augmenteront sa force et son endurance. Selon le type de blessure, un entraînement avec des poids, la marche ou un entraînement en résistance effectué avec un partenaire peuvent tous se révéler efficaces.

Augmentez graduellement l'intensité d'une activité jusqu'à ce que vous puissiez revenir au maximum. Ne le faites pas trop rapidement, sans quoi vous pourriez vous blesser à nouveau.

Avant de reprendre votre activité physique à intensité maximale, vous devez pouvoir compter sur toute l'amplitude de vos articulations, sur la force normale et l'équilibre de l'ensemble de vos muscles et sur la coordination normale de vos mouvements (sans mouvement de compensation causé par une blessure), et ne ressentir que très peu ou pas de douleur.

Le traitement des blessures résultant d'une activité physique ou sportive figure au tableau 3.3.

LE TRAITEMENT MÉDICAL DES BLESSURES

En cas de fractures, de blessures à la tête, aux yeux ou aux ligaments et de problèmes d'ordre interne tels que des douleurs à la poitrine, des évanouissements, une température corporelle élevée et une intolérance à la chaleur, consultez un médecin, car ces blessures et symptômes exigent un traitement médical.

Pour connaître les problèmes spécifiques reliés à la pratique d'activités physiques par temps froid et par temps chaud, consultez les conseils pratiques de l'encadré intitulé « L'activité physique dans des conditions météorologiques extrêmes ».

Tableau 3.3 **Soin de quelques blessures résultant d'activités physiques ou sportives.**

BLESSURE	SYMPTÔMES	TRAITEMENT
Ampoule	Accumulation localisée de liquide sous la peau.	Éviter de crever ou de drainer l'ampoule, sauf si elle est extrêmement incommodante. Si l'ampoule se rompt, nettoyer la région avec un antiseptique et la recouvrir d'un pansement. Ne pas enlever la peau qui recouvre l'ampoule.
Claquage musculaire	Douleur, sensibilité, enflure et faiblesse du muscle touché.	Repos, application de glace, compression et élévation; appliquer de la chaleur au bout de 36 à 48 heures si l'enflure a disparu. Étirer et renforcer la région touchée.
Contusion	Douleur, enflure et décoloration.	Repos, application de glace, compression et élévation.
Crampe musculaire	Contraction spasmodique douloureuse d'un muscle.	Étirer ou masser délicatement le muscle; boire du liquide si la température est chaude.
Douleur ou raideur musculaire	Douleur et sensibilité du muscle atteint.	Étirer lentement le muscle; faire des activités d'intensité modérée; appliquer de la chaleur.
Entorse	Douleur, sensibilité, enflure, décoloration et perte fonctionnelle.	Repos, application de glace, compression et élévation.
Fracture et dislocation	Douleur, enflure, sensibilité, perte fonctionnelle et déformation.	Consulter un médecin, immobiliser la région atteinte et appliquer du froid.
Périostite	Douleur et sensibilité sur le devant de la jambe et parfois aussi dans le mollet.	Repos; appliquer de la glace sur la région plusieurs fois par jour et avant une séance d'exercice; envelopper la jambe d'un bandage de soutien.
Point de côté	Douleur dans le côté de l'abdomen.	Diminuer l'intensité de l'entraînement ou cesser l'activité; se pencher du côté du point.
Tendinite	Douleur et sensibilité de la région touchée; perte fonctionnelle.	Repos, application de glace, compression et élévation; appliquer de la chaleur au bout de 36 à 48 heures si l'enflure a disparu. Étirer et renforcer la région touchée.

CONSEILS PRATIQUES

L'activité physique dans des conditions météorologiques extrêmes

PAR TEMPS CHAUD

Lorsque vous faites des activités physiques par temps très chaud ou très humide (plus de 26 °C ou plus de 60 % d'humidité), prenez les précautions suivantes.

- Procédez lentement pour atteindre l'intensité et la durée habituelle. Servez-vous de la fréquence cardiaque cible pour contrôler l'intensité de l'activité.

- Faites votre activité le matin ou en début de soirée de préférence car les températures sont alors plus fraîches.

- Prenez un ou deux verres d'eau avant de commencer votre activité, puis buvez de 125 à 250 ml d'eau toutes les 10 ou 15 minutes pendant l'activité (plus fréquemment encore durant les activités très intenses).

- Portez des vêtements légers qui permettent à l'air de circuler et de rafraîchir le corps. Des vêtements pâles favorisent la réflexion de la chaleur plutôt que son absorption. Portez une casquette pour vous protéger le visage contre l'exposition directe au soleil.

- Reposez-vous souvent dans un endroit ombragé.

- Notez votre poids le matin pour pouvoir déterminer si vous avez repris le poids perdu par sudation.

- Ralentissez ou arrêtez-vous si vous commencez à ressentir de l'inconfort. Soyez attentif à l'apparition des problèmes causés par la chaleur décrits ci-dessous. S'ils survenaient, appliquez promptement le traitement adéquat.

PROBLÈME	SYMPTÔMES	TRAITEMENT
Crampes de chaleur	Crampes musculaires affectant généralement les muscles les plus actifs pendant l'activité.	Cesser l'exercice, boire et étirer les muscles affectés par les crampes.
Épuisement par la chaleur	Pâleur, mal de tête, nausée, évanouissement, étourdissement, sudation abondante, faiblesse, peau moite et froide, pouls rapide et faible.	Cesser l'exercice, se protéger de la chaleur, enlever les vêtements non nécessaires, prendre une boisson froide, s'envelopper de serviettes fraîches et humides.
Coup de chaleur	Peau chaude et rouge (la peau peut être sèche ou humide), pouls rapide, température corporelle élevée, étourdissement, confusion ou désorientation, vomissement, diarrhée, évanouissement.	Consulter immédiatement un médecin, faire diminuer la température corporelle, se protéger de la chaleur, enlever les vêtements non nécessaires, prendre une boisson froide, s'envelopper de serviettes fraîches et humides ou se plonger dans l'eau froide.

PAR TEMPS FROID

Évitez l'hypothermie et les engelures lorsque vous faites des activités physiques par temps froid.

- Préparez-vous : faites quelques exercices d'échauffement et de flexibilité avant de sortir.

- Habillez-vous chaudement, mais pas trop; portez plusieurs couches de vêtements, pas trop ajustés, afin d'enfermer l'air qui peut procurer une bonne isolation :
  - première couche de vêtements qui permet l'évacuation de la sueur (coton);

  - couche intermédiaire chaude (laine par exemple);
  - couche extérieure qui doit être imperméable et procurer une protection contre le vent.

- Portez des chaussures qui laissent assez d'espace pour bouger les orteils.

- Ralentissez ou arrêtez-vous si vous commencez à ressentir de l'inconfort. Consultez le tableau ci-dessous pour connaître les symptômes annonciateurs de problèmes et les traitements à appliquer.

PROBLÈME	SYMPTÔMES	TRAITEMENT
Hypothermie	Engourdissement des mains et des pieds, frissons, difficulté à mouvoir ses membres, somnolence.	Chercher un abri, mettre des vêtements secs, prendre des moyens pour se réchauffer, prendre une boisson chaude; cas graves : consulter un médecin.
Engelure	Peau cireuse, fourmillements ou engourdissement.	Couvrir la peau, chercher un abri; cas graves : consulter un médecin.

RÉSUMÉ

- Le système cardiovasculaire est composé du cœur, des vaisseaux sanguins et de l'appareil respiratoire. Il absorbe et transporte l'oxygène, les nutriments et les déchets.

- L'énergie chimique contenue dans les aliments sert à produire l'ATP nécessaire aux activités cellulaires. En période d'activité physique, l'ATP peut être produite par le système anaérobie alactique, le système anaérobie lactique et le système aérobie; la durée et l'intensité de l'activité détermine le système prédominant. On mesure la capacité cardiovasculaire au moyen de la consommation maximale d'oxygène (VO_2 max).

- L'entraînement cardiovasculaire procure de nombreux bienfaits : amélioration de la capacité cardiovasculaire, accélération du métabolisme cellulaire, prévention des maladies chroniques comme la maladie cardiovasculaire, le cancer, le diabète et l'ostéoporose, baisse du taux d'adiposité corporelle et stimulation de la fonction immunitaire. De plus, l'entraînement cardiovasculaire favorise le bien-être psychologique et émotionnel.

- Le tabagisme, l'hypertension, un taux de cholestérol trop élevé, un mode de vie sédentaire et l'obésité sont des facteurs primaires de maladie cardiovasculaire pouvant être contrôlés.

- Pour faire diminuer le risque de maladie cardiaque, il faut avoir une alimentation saine et équilibrée, faire régulièrement de l'activité physique, éviter la consommation de tabac, contrôler sa tension artérielle et son taux de cholestérol, gérer son stress et régler ses problèmes de santé.

- Les blessures sportives graves doivent être traitées par un médecin. Le repos, l'application de glace ainsi que la compression et l'élévation de la région atteinte suffisent à traiter de nombreuses blessures musculaires et articulaires.

Nom : _____ Groupe : _____ Date : _____

LABO 3.1   POUR MESURER VOTRE CAPACITÉ AÉROBIE

Avant d'effectuer l'un ou l'autre des tests de ce labo, il est recommandé de remplir le questionnaire Q-APP (labo 2.2) au cas où il y aurait contre-indication. Pour choisir un test et pour connaître les règles de sécurité particulières à chacun, consultez le tableau 3.2 (p. 49).

LE TEST DE KLINE (TEST DE MARCHE)

Équipement

- Surface plane, distance de 1600 mètres
- Horloge, montre ou chronomètre
- Pèse-personne

Préparation

1. Mesurez précisément 1600 mètres.

2. Inscrivez votre âge : _____, votre sexe : _____

   et votre poids en kilogrammes : _____.

Instructions

1. Étirez-vous pendant quelques minutes (surtout les jambes).

2. Chaussé de souliers de marche ou de sport, marchez aussi rapidement que possible. Maintenez bien votre rythme.

3. Écrivez votre résultat.

   _____ minutes _____ secondes

4. Prenez votre pouls pendant 15 secondes immédiatement après la ligne d'arrivée. Multipliez par quatre.

   Pouls pendant 15 secondes :

   _____ × 4 = _____ battements/min

Calcul du VO$_2$ max

1. Utilisez les facteurs pondérés des tableaux qui suivent.

   Âge : _____   A : _____

   Poids : _____   B : _____

   Nombre de minutes : _____   Ca : _____

   Nombre de secondes : _____   Cb : _____

   Pouls pendant 15 secondes : _____   D : _____

2. Faites la somme des valeurs de A, B, Ca, Cb et D.

   _____ + _____ + _____ + _____ + _____ = _____

3. Pour obtenir votre VO$_2$ max, soustrayez cette somme des valeurs indiquées.

   Hommes : 139,2 − _____ = _____ (VO$_2$ max)

   Femmes : 132,9 − _____ = _____ (VO$_2$ max)

4. Inscrivez votre catégorie (voir les catégories du deuxième tableau de la page 60) : _____.

Tableaux de facteurs pondérés pour le test de Kline.

Âge			
Âge	A	Âge	A
15	5,8	24	9,3
16	6,2	25	9,7
17	6,6	26	10,1
18	7,0	27	10,5
19	7,4	28	10,9
20	7,8	29	11,2
21	8,1	30	11,6
22	8,5	31	12,0
23	8,9	32	12,4

Poids							
Poids (kg)	B	Poids (kg)	B	Poids (kg)	B	Poids (kg)	B
40	6,8	56	9,5	71	12,0	86	14,6
41	6,9	57	9,7	72	12,2	87	14,7
42	7,1	58	9,8	73	12,4	88	14,9
43	7,3	59	10,0	74	12,5	89	15,1
44	7,5	60	10,2	75	12,7	90	15,3
45	7,6	61	10,3	76	12,9	91	15,4
46	7,8	62	10,5	77	13,1	92	15,6
47	8,0	63	10,7	78	13,2	93	15,8
48	8,1	64	10,8	79	13,4	94	15,9
49	8,3	65	11,0	80	13,6	95	16,1
50	8,5	66	11,2	81	13,7	96	16,3
51	8,6	67	11,4	82	13,9	97	16,4
52	8,8	68	11,5	83	14,1	98	16,6
53	9,0	69	11,7	84	14,2	99	16,8
54	9,2	70	11,9	85	14,4	100	16,9
55	9,3						

Nombre de minutes	
T (min)	Ca
8	26,1
9	29,4
10	32,7
11	35,9
12	39,2
13	42,4
14	45,7
15	49,0
16	52,2
17	55,5
18	58,8
19	62,0
20	65,3

Nombre de secondes							
T (s)	Cb	T (s)	Cb	T (s)	Cb	T (s)	Cb
1	0,1	16	0,9	31	1,7	46	2,5
2	0,1	17	0,9	32	1,7	47	2,6
3	0,2	18	1,0	33	1,8	48	2,6
4	0,2	19	1,0	34	1,9	49	2,7
5	0,3	20	1,1	35	1,9	50	2,7
6	0,3	21	1,1	36	2,0	51	2,8
7	0,4	22	1,2	37	2,0	52	2,8
8	0,4	23	1,3	38	2,1	53	2,9
9	0,5	24	1,3	39	2,1	54	2,9
10	0,5	25	1,4	40	2,2	55	3,0
11	0,6	26	1,4	41	2,2	56	3,0
12	0,7	27	1,5	42	2,3	57	3,1
13	0,7	28	1,5	43	2,3	58	3,2
14	0,8	29	1,6	44	2,4	59	3,2
15	0,8	30	1,6	45	2,4		

Fréquences cardiaques pendant 15 secondes							
FC (15 s)	D	FC (15 s)	D	FC (15 s)	D	FC (15 s)	D
20	12,5	28	17,5	36	22,5	44	27,5
21	13,1	29	18,2	37	23,2	45	28,2
22	13,8	30	18,8	38	23,8	46	28,8
23	14,4	31	19,4	39	24,4	47	29,4
24	15,0	32	20,0	40	25,0	48	30,0
25	15,7	33	20,7	41	25,7	49	30,7
26	16,3	34	21,3	42	26,3	50	31,3
27	16,9	35	21,9	43	26,9		

LE TEST DE ROCKPORT (TEST DE MARCHE)

Équipement

- Surface plane, distance de 2200 mètres
- Horloge, montre ou chronomètre

Préparation

Mesurez précisément 2200 mètres.

Instructions

1. Étirez-vous pendant quelques minutes (surtout les jambes).

2. Chaussé de souliers de marche ou de sport, marchez aussi rapidement que possible. Maintenez votre rythme.

3. Écrivez votre résultat : _____ minutes _____ secondes.

4. Prenez votre pouls pendant 15 secondes immédiatement après la ligne d'arrivée. Multipliez par quatre.

   Pouls pendant 15 secondes : _____ × 4 = _____ battements/min

Évaluation du niveau d'endurance cardiovasculaire

Nombre de battements/min : _____

Dans les tableaux qui suivent, identifiez la valeur relative de votre niveau d'endurance cardiovasculaire.

Résultat : _____

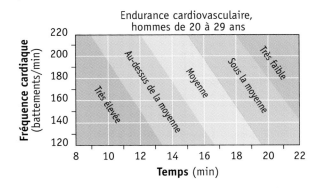
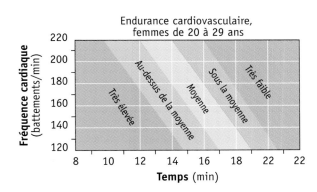

Source : Williams, Melvin H. *Lifetime Fitness and Wellness*, Wm. C. Brown Communications, inc., 1993.

LE TEST DE MARCHE DE 3 MILLES (4800 MÈTRES) DE COOPER

Équipement
- Surface plane, distance de 4800 mètres
- Horloge, montre ou chronomètre

Préparation
1. Pour mesurer vos capacités à maintenir un rythme de marche sur 4800 mètres, parcourez régulièrement cette distance pendant 6 à 8 semaines avant de passer ce test.
2. Mesurez précisément 4800 mètres.

Instructions
1. Reposez-vous la journée précédant le test.

2. Échauffez-vous adéquatement.

3. Marchez aussi rapidement que possible à un rythme stable sur toute la distance de 4800 mètres.

4. Écrivez votre résultat.

_____ minutes _____ secondes

Évaluation du niveau d'endurance cardiovasculaire

Temps : _____

Trouvez votre catégorie dans le tableau qui suit et inscrivez-la.

Catégorie : _____

Catégorie en fonction du temps (min:s) obtenu au test de marche de Cooper.

CATÉGORIE	Hommes		Femmes	
	13-19 ans	**20-29 ans**	**13-19 ans**	**20-29 ans**
Excellent	< 33:00	< 34:00	< 35:00	< 36:00
Très bien	33:00-37:30	34:00-38:30	35:00-39:30	36:00-40:30
Bien	37:31-41:00	38:31-42:00	39:31-43:00	40:31-44:00
Acceptable	41:01-45:00	42:01-46:00	43:01-47:00	44:01-48:00
À améliorer	> 45:00	> 46:00	> 47:00	> 48:00

Source : The Aerobics Program for Total Well-Being. Dr Kenneth H. Cooper. Copyright © 1982 par Kenneth H. Cooper. Reproduit avec l'autorisation de Bantam Books, une filiale de Random House, inc.

Consultez le deuxième tableau pour trouver l'estimation de votre consommation d'oxygène. Inscrivez-la.

VO$_2$ max = _____ ml d'O$_2$/kg/min

Estimation du VO$_2$ max (ml d'O$_2$/kg/min) selon la catégorie obtenue (voir le tableau précédent), l'âge et le sexe.

CATÉGORIE	Hommes		Femmes	
	13-19 ans	**20-29 ans**	**13-19 ans**	**20-29 ans**
Excellent	> 56,0	> 52,5	> 42,0	> 41,0
Très bien	51,0-55,9	46,5-52,4	39,0-41,9	37,0-40,9
Bien	45,2-50,9	42,5-46,4	35,0-38,9	33,0-36,9
Acceptable	38,4-45,1	36,5-42,4	31,0-34,9	29,0-32,9
À améliorer	35,0-38,3	33,0-36,4	25,0-30,9	23,6-28,9
Faible	< 35,0	< 33,0	< 25,0	< 23,6

Source : The Aerobics Way. Dr Kenneth H. Cooper. Copyright © 1982 par Kenneth H. Cooper. Reproduit avec l'autorisation de Bantam Books, une filiale de Random House, inc.

LE TEST DE COURSE DE COOPER (1,5 MILLE OU 2400 MÈTRES)

Équipement
- Surface plane ou piste d'athlétisme
- Horloge, montre ou chronomètre

Préparation
Mesurez précisément 2400 mètres ou comptez le nombre de tours que vous devrez effectuer.

Instructions
Les mêmes que pour le test de marche de Cooper (faites du jogging au lieu de marcher), mais afin d'éviter trop de rapidité ou de lenteur au début du test, demandez l'aide d'une autre personne.

Évaluation du niveau d'endurance cardiovasculaire
Écrivez votre résultat.

Temps : _____ minutes _____ secondes

Consultez le premier tableau pour déterminer votre catégorie actuelle. Inscrivez-la.

Catégorie : _____

À partir de cette catégorie, consultez le deuxième tableau pour obtenir une estimation de votre consommation d'oxygène. Inscrivez-la.

VO$_2$ max : _____ ml d'O$_2$/kg/min

Catégorie selon le résultat obtenu au test de course de Cooper pour les élèves de condition physique moyenne*.

CATÉGORIE	Hommes		Femmes	
	17-25 ans	26-35 ans	17-25 ans	26-35 ans
Excellent	< 8:30	< 9:30	< 10:30	< 11:30
Très bien	8:30-9:29	9:30-10:29	10:30-11:49	11:30-12:49
Bien	9:30-10:29	10:30-11:29	11:50-13:09	12:50-14:29
Acceptable	10:30-11:29	11:30-12:29	13:10-14:29	14:30-15:29
À améliorer	11:30-12:29	12:30-13:29	14:30-15:49	15:30-16:49
Faible	> 12:29	> 13:29	> 15:49	> 16:49

* La « condition physique moyenne » renvoie à la condition de personnes qui font des exercices pendant 20 minutes au minimum 3 fois par semaine.

Source : Ce tableau a été reproduit avec l'autorisation du *Journal of Physical Education, Recreation and Dance*, Septembre 1990, p. 79. JOPERD est une publication de l'American Alliance for Health, Physical Education, Recreation and Dance, 1900 Association Drive, Reston, VA 20191.

Estimation du VO$_2$ max (ml d'O$_2$/kg/min) **selon la catégorie obtenue au tableau précédent.**

CATÉGORIE	Hommes		Femmes	
	13-19 ans	20-29 ans	13-19 ans	20-29 ans
Excellent	> 56,0	> 52,5	> 42,0	> 41,0
Très bien	51,0-55,9	46,5-52,4	39,0-41,9	37,0-40,9
Bien	45,2-50,9	42,5-46,4	35,0-38,9	33,0-36,9
Acceptable	38,4-45,1	36,5-42,4	31,0-34,9	29,0-32,9
À améliorer	35,0-38,3	33,0-36,4	25,0-30,9	23,6-28,9
Faible	< 35,0	< 33,0	< 25,0	< 23,6

Source : *The Aerobics Way*. Dr Kenneth H. Cooper. Copyright © 1982 par Kenneth H. Cooper. Reproduit avec l'autorisation de Bantam Books, une filiale de Random House, inc.

LE TEST PROGRESSIF DE COURSE NAVETTE DE 20 MÈTRES AVEC PALIERS DE 1 MINUTE
(Léger, L., Mercier, D., Lambert, J., Gadoury, C., 1985)

Équipement

- Trajet aller-retour long de 20 mètres et large de 1 mètre par sujet
- Bande sonore* marquant des intervalles réguliers de 30 secondes
- Système sonore (magnétophone, amplificateur, haut-parleur)
- Lignes de démarcation du trajet de 20 m
- Indicateur visuel des paliers

Préparation

1. Pratiquez l'exercice quelques semaines avant de faire le test.
2. Abstenez-vous de manger pendant 3 heures avant le test.
3. Préparez le tracé de 20 mètres.

Instructions

1. Échauffez-vous adéquatement.
2. Courez le plus longtemps possible sur le trajet aller-retour de 20 m. La bande sonore marquera les paliers et demi-paliers aux 30 secondes. Vous accélérerez votre rythme par palier de 1 minute.
3. Inscrivez le dernier palier effectué en respectant les temps.

   Dernier palier réussi : _____

4. Étirez-vous et détendez-vous progressivement.

Estimation du VO_2 max à partir du dernier palier réussi

Sur le tableau ci-contre, repérez le dernier palier réussi et votre âge, et vous obtiendrez une estimation de votre VO_2 max en ml d'O_2/kg/min. Inscrivez-la.

VO_2 max : _____

Vous pouvez aussi le calculer à l'aide de la formule suivante (vdpr signifie vitesse du dernier palier réussi) :

$$VO_2 \text{ max} = 31{,}025 + 3{,}238 \times vdpr - 3{,}248 \times \text{âge**}$$
$$+ 0{,}1536 \times vdpr \times \text{âge}$$

$$31{,}025 + 3{,}238(\underline{\qquad}) - 3{,}248(\underline{\qquad})$$
$$+ 0{,}1536(\underline{\qquad})(\underline{\qquad})$$
$$= \underline{\qquad} \text{ ml d'}O_2\text{/kg/min}$$

Estimation du VO_2 max (ml d'O_2/kg/min) à partir du test progressif de course navette de 20 mètres avec paliers de 1 minute (Léger *et al.*, 1983 et 1984).

Palier (min)	Vitesse (km/h)	VO_2 max prédit (ml d'O_2/kg/min) selon la vitesse maximale (km/h) et l'âge		
		16 ans	17 ans	≥ 18 ans
1	8,5	27,5	25,5	23,6
2	9,0	30,3	28,5	26,6
3	9,5	33,2	31,4	29,6
4	10,0	36,0	34,3	32,6
5	10,5	38,9	37,2	35,6
6	11,0	41,7	40,2	38,6
7	11,5	44,6	43,1	41,6
8	12,0	47,4	46,0	44,6
9	12,5	50,3	48,9	47,6
10	13,0	53,1	51,9	50,6
11	13,5	56,0	54,8	53,6
12	14,0	58,8	57,7	56,6
13	14,5	61,6	60,6	59,6
14	15,0	64,5	63,6	62,6
15	15,5	67,3	66,5	65,6
16	16,0	70,2	69,4	68,6
17	16,5	73,0	72,3	71,6
18	17,0	75,9	75,3	74,6
19	17,5	78,7	78,2	77,6
20	18,0	81,6	81,1	80,6

Notes

Définition de l'âge : 16 ans (par exemple) représente les personnes de 16 à 16,9 ans (et non de 15,5 à 16,5 ans).

La dernière colonne est valide pour toutes les personnes de 18 ans et plus.

Les paliers et demi-paliers sont annoncés aux 30 secondes sur la cassette. Consultez la table pour obtenir la vitesse maximale et le VO_2 max équivalent.

Source : Journal of Sports Science, vol. 6, p. 93-101. Reproduit avec l'autorisation de Taylor & Francis Ltd.

* Pour se procurer cette bande : Luc Léger, département d'éducation physique, Université de Montréal, 514-343-7792.

** Toute personne de plus de 18 ans doit écrire 18 dans la formule et non pas le nombre correspondant à son âge réel.

LE PHYSITEST AÉROBIE CANADIEN MODIFIÉ (PACm)

Équipement

- 2 marches ergométriques d'une hauteur de 20,3 cm et 1 marche d'une hauteur de 40,6 cm
- Magnétophone ou lecteur DC
- Cardiofréquencemètre (facultatif)

Préparation

1. Inscrivez votre âge : _____, votre sexe : _____, votre poids en kilogrammes : _____.

2. Déterminez le palier de départ.

   Hommes 15 à 19 ans : 5e Femmes 15 à 19 ans : 4^e

   20 à 29 ans : 5e 20 à 29 ans : 3^e

3. Faites la séquence suivante sans musique, puis avec musique (pas plus de 2 essais) :

   Posez le pied droit sur la 1re marche.

   Posez le pied gauche sur la 2e marche.

   Posez le pied droit sur la 2e marche à côté du pied gauche.

   Posez le pied gauche sur la 1re marche.

   Posez le pied droit au sol.

   Posez le pied gauche à côté du pied droit.

Instructions

1. Faites un palier de trois minutes à une vitesse pré-établie avec un partenaire qui prendra vos fréquences cardiaques. La fréquence obtenue indique si vous devez faire un autre palier.

2. Quand la musique cesse, immobilisez-vous. Votre partenaire doit commencer à compter la fréquence cardiaque immédiatement à la fin du commandement « Comptez » jusqu'au début du commandement « Arrêtez ». Vérifiez si vous devez poursuivre ou non. Arrêtez-vous si votre fréquence cardiaque est égale ou supérieure à celle indiquée dans le tableau suivant et retenez le numéro du palier que vous avez complété.

Âge	Fréquence cardiaque
15-19 ans	29 (ou plus élevée que 174 battements minute)
20-29 ans	28 (ou plus élevée que 168 battements minute)

3. Si vous êtes en bonne condition physique, poursuivez le test sur une seule marche de 40,6 cm de hauteur (voir le tableau qui suit).

Hommes	Femmes
paliers n°s 5 et 6 : les 2 marches	paliers n°s 3, 4, 5, 6, 7 : les 2 marches
paliers n°s 7 et 8 : une seule marche	palier n° 8 : une seule marche

4. Inscrivez le numéro du dernier palier effectué et la fréquence cardiaque finale.

   Palier : _____

   Fréquence cardiaque finale : _____

5. Marchez 2 minutes avant de vous asseoir après le dernier palier.

6. Dans le tableau suivant, cherchez le coût énergétique du dernier palier effectué. Écrivez-le.

   Coût énergétique : _____

Coût énergétique des paliers physitest aérobie canadien modifié (PACm) en litres d'oxygène par minute (l d'O$_2$/min).

Palier	Hommes	Femmes
4	1,859	1,418
5	2,098	1,521
6	2,284	1,717
7	2,400	2,076
8	2,750	2,215

Source : The Canadian Physical Activity, Fitness and Lifestyle Appraisal : CSEP's Plan for Healthy Active Living, *1996. Reproduit avec l'autorisation de la Société canadienne de physiologie de l'exercice.*

7. Pour connaître votre aptitude aérobie, appliquez la formule suivante :

$$400 + 200 \times \text{ coût énergétique} - 2{,}125 \times \text{masse corporelle} - 3 \times \text{âge}$$

400 + 200(_____) − 2,125(_____) − 3(_____) = _____

8. Avec le résultat d'aptitude aérobie, trouvez la catégorie du tableau suivant qui correspond à votre résultat. Écrivez-la.

Catégorie : _____

Catégories de bénéfices santé pour le résultat d'aptitude aérobie.

CATÉGORIE	Hommes		Femmes	
	15-19 ans	**20-29 ans**	**15-19 ans**	**20-29 ans**
Excellent	> 750	> 740	> 646	> 556
Très bien	691-750	671-740	576-645	516-555
Bien	656-690	641-670	541-575	491-515
Acceptable	626-655	610-640	520-540	470-490
À améliorer	< 626	< 610	< 520	< 470

Source : The Canadian Physical Activity, Fitness and Lifestyle Appraisal : CSEP's Plan for Healthy Active Living, *1996. Reproduit avec l'autorisation de la Société canadienne de physiologie de l'exercice.*

9. Interprétez vos bénéfices santé associés à la catégorie obtenue précédemment à l'aide du tableau suivant qui s'inspire du *Guide d'activité physique canadien* de la SCPE. Encerclez votre catégorie dans le tableau.

Interprétation des catégories de bénéfices santé pour l'aptitude aérobie.

Excellent	Aptitude aérobie associée à des **bénéfices maximaux** pour la santé.
Très bien	Aptitude aérobie associée à des **bénéfices considérables** pour la santé.
Bien	Aptitude aérobie associée à **plusieurs bénéfices** pour la santé.
Acceptable	Aptitude aérobie associée à **quelques bénéfices** pour la santé mais aussi à **quelques risques** pour la santé. *Le passage de cette catégorie à la catégorie « Bien » nécessite le cumul d'au moins 30 minutes par jour d'activités vigoureuses. C'est une étape très importante pour augmenter les bénéfices santé associés à votre aptitude aérobie.*
À améliorer	Aptitude aérobie associée à des **risques considérables** pour la santé. *Essayez de cumuler un total de 30 minutes ou plus d'activités physiques d'intensité modérée quotidiennement.*

10. Vous pouvez également évaluer votre VO_2 max à l'aide de la formule suivante :

VO_2 max = 42,5 + 16,6 × coût énergétique − 0,12 × fréquence cardiaque finale − 0,24 × âge

42,5 + 16,6(_____) − 0,12(_____) − 0,24(_____) = _____ ml d'O_2/kg/min

11. Avec ce résultat, trouvez dans les tableaux qui suivent une appréciation de votre consommation d'oxygène ainsi que votre rang centile canadien et écrivez vos résultats.

Catégorie : _____   Rang centile : _____

Normes selon l'âge et le sexe pour le VO_2 max estimé (ml d'O_2/kg/min).

CATÉGORIE	Hommes		Femmes	
	15-19 ans	20-29 ans	15-19 ans	20-29 ans
Excellent	≥ 60	≥ 57	≥ 43	≥ 40
Très bien	58-59	52-56	40-42	37-39
Bien	54-57	43-51	37-39	35-37
Acceptable	44-53	40-42	35-37	32-34
À améliorer	≤ 43	≤ 40	≤ 34	≤ 31

Notes en rang centile selon l'âge et le sexe pour le VO_2 max estimé.

Rang centile	Hommes		Femmes	
	15-19 ans	20-29 ans	15-19 ans	20-29 ans
95	62	59	45	43
90	61	58	43	41
85	60	57	43	40
80	59	56	42	39
75	59	55	41	39
70	58	54	40	38
65	58	52	40	37
60	57	48	39	37
55	57	44	38	36
50	56	43	38	35
45	54	43	37	35
40	52	42	37	34
35	47	42	36	34
30	46	41	35	33
25	44	40	35	32
20	43	40	34	31
15	42	39	34	31
10	41	38	33	30
5	40	37	32	29

Source : Enquête condition physique Canada, *Condition physique et mode de vie au Canada*, mai 1983.

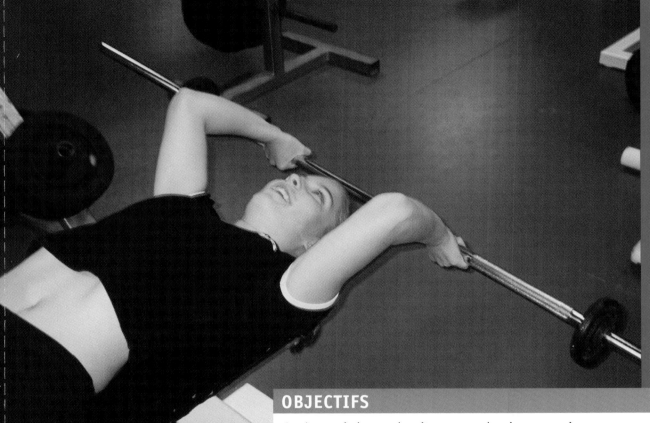

FORCE ET ENDURANCE MUSCULAIRES

4

OBJECTIFS

Après avoir lu ce chapitre, vous devriez pouvoir :

- différencier la force et l'endurance musculaires;
- évaluer votre force et votre endurance musculaires;
- expliquer les effets de l'entraînement musculaire et leurs bénéfices sur la santé;
- décrire le type, la fréquence et le nombre d'exercices de musculation d'un programme d'entraînement efficace;
- énumérer les principaux moyens de prévenir les blessures associées à la pratique de la musculation;
- expliquer les règles de sécurité inhérentes à l'entraînement musculaire;
- comprendre le rôle préventif de l'activité physique de type musculaire.

es experts en activité physique ont longtemps insisté sur l'importance du système cardiovasculaire pour la condition physique. Les autres facteurs, la force musculaire et la flexibilité par exemple, passaient au second plan. De nos jours, on reconnaît que le développement de la force et de l'endurance musculaires ainsi que de la flexibilité est nécessaire pour accroître la capacité fonctionnelle. En effet, les muscles représentent plus de 40 % du poids corporel : ce sont eux qui produisent le mouvement. Si vos muscles sont forts et bien développés, vous pourrez plus facilement accomplir vos activités quotidiennes, éviter les blessures et améliorer votre bien-être général.

Ce chapitre présente les bénéfices de l'entraînement en force et en endurance musculaires; il décrit différents tests pour les évaluer. Vous y trouverez les principes généraux de l'entraînement en musculation ainsi que des conseils pour planifier un programme d'entraînement.

BIENFAITS DE LA FORCE ET DE L'ENDURANCE MUSCULAIRES

Il est bon de développer sa force et son endurance musculaires, car on devient plus efficace, on diminue les risques de blessure, on modifie sa composition corporelle, on améliore son image et son estime de soi, et on renforce son système musculo-squelettique.

AMÉLIORATION DE L'EFFICACITÉ

Les personnes qui ont de la force et de l'endurance musculaires peuvent aisément faire leur journée (elles pourront monter des escaliers et transporter des livres ou des sacs de provisions sans problème). Elles seront plus efficaces et plus endurantes que les personnes plus faibles dans des activités récréatives comme la randonnée pédestre, le ski et le tennis. En

améliorant encore leur force, elles pourront même réaliser de bonnes performances et maîtriser des techniques sportives plus avancées.

PRÉVENTION DES BLESSURES

En améliorant sa force et son endurance musculaires, on risque moins de se blesser au quotidien, car on pourra maintenir une bonne posture et une efficacité gestuelle appropriée à l'exécution d'activités courantes comme marcher, soulever des charges et les transporter. Ainsi, en développant les muscles et les tissus entourant l'articulation de la hanche, et en renforçant les muscles abdominaux et les muscles extenseurs du dos, on conservera l'alignement de la colonne vertébrale et on préviendra les maux de dos, principale cause de limitation des activités courantes au Canada. Les exercices de musculation renforcent non seulement les muscles mais également les **tendons**, les **ligaments** et les facettes articulaires.

AMÉLIORATION DE LA COMPOSITION CORPORELLE

Comme on l'a vu au chapitre 2, une bonne composition corporelle comprend un pourcentage élevé de masse maigre (composée principalement de muscles) et un pourcentage relativement faible de tissu adipeux. Les exercices de musculation améliorent la composition corporelle, car en augmentant la masse musculaire, le ratio masse maigre par rapport au

TERMINOLOGIE

Tendon Faisceau de fibres qui relie entre elles les fibres musculaires ainsi que les fibres avec les os; il sert à mobiliser les os.

Ligament Faisceau de tissu fibreux très résistant et peu extensible; il unit les os, les maintient ensemble au niveau articulaire.

Testostérone Principale hormone mâle; chez l'homme, la testostérone entraîne l'apparition des caractères sexuels secondaires ainsi qu'une importante augmentation du volume des muscles.

poids total augmente aussi. Ces exercices favorisent également l'élimination de la graisse, car le métabolisme de base est directement proportionnel à la masse musculaire. En effet, le métabolisme des personnes plus musclées est plus élevé, ainsi elles brûlent plus de calories que la moyenne, même au repos.

Jour et nuit, l'organisme dépense de l'énergie pour maintenir son métabolisme de base, pour ses activités quotidiennes et pour l'activité digestive, ou effet thermique des repas. L'activité physique augmente bien entendu la quantité d'énergie dépensée pour les activités quotidiennes, ce qui a en outre pour effet d'augmenter le métabolisme de base. Voilà un élément majeur, lorsqu'on sait que le maintien du métabolisme basal est la plus importante dépense énergétique de la majorité des Canadiens (de 55 % à 75 % de l'énergie dépensée). Quant à l'effet thermique, c'est l'énergie dépensée pour la digestion, l'absorption, le transport, le métabolisme et la mise en réserve des aliments ingérés.

AMÉLIORATION DE L'IMAGE ET DE L'ESTIME DE SOI

La musculation améliore l'image et l'estime de soi, car le renforcement et le raffermissement des muscles sculptent la silhouette et donnent une apparence de santé. Chez les femmes, la musculation renforce et définit les muscles et entraîne une diminution de la masse grasse au profit de la masse maigre. Chez les hommes, elle renforce et découpe les muscles, tandis que l'augmentation de **testostérone** en fait augmenter le volume. En effet, la testostérone, la principale hormone mâle, a notamment pour effet de favoriser la formation des tissus. (Pour en savoir plus, reportez-vous à l'encadré intitulé « Force musculaire chez les hommes et les femmes ».)

Un entraînement en musculation est composé d'objectifs mesurables et de résultats tangibles (poids soulevés, nombre de répétitions exécutées), ce qui améliore la confiance en soi et soutient la motivation.

AMÉLIORATION DU SYSTÈME MUSCULO-SQUELETTIQUE

La recherche a démontré qu'une bonne force et une bonne endurance musculaires aident les gens à vivre en meilleure santé. En effet, la pratique régulière et à long terme de la musculation prévient la dégénérescence des muscles et des nerfs, un des effets du vieillissement qui nuit à la qualité de vie et augmente les risques de fractures de la hanche et d'autres blessures graves. La masse musculaire com-

LES UNS ET LES AUTRES

Force musculaire chez les hommes et les femmes

Parce que leur corps et leurs muscles sont plus volumineux, les hommes sont généralement plus forts que les femmes. Mais lorsque la force est exprimée en unités de surface de tissu musculaire, la force des hommes n'est plus que de 1 % à 2 % supérieure à celle des femmes dans le haut du corps et elle est à peu près égale dans le bas du corps. La proportion de tissu musculaire dans le haut du corps étant plus élevée chez les hommes, il leur est plus facile de développer leur force musculaire dans cette région. Les fibres musculaires des hommes sont plus volumineuses, mais le métabolisme des cellules au sein de ces fibres est identique pour tous.

Ces disparités entre les sexes tiennent aux taux d'androgène et à la vitesse du contrôle nerveux des muscles. Les taux d'androgènes — hormones mâles qui assurent le développement des caractères sexuels masculins (pilosité faciale, timbre de voix, etc.) et favorisent la croissance des tissus musculaires — sont de 6 à 10 fois plus élevés chez les hommes que chez les femmes. On comprend pourquoi les muscles des hommes sont plus volumineux.

Certaines femmes craignent de trop développer leurs muscles si elles s'entraînent avec des poids. Cette crainte ne semble pas fondée, car la plupart des études indiquent que sans un entraînement intensif échelonné sur de nombreuses années, cela ne se produit généralement pas. Il faut tous les efforts auxquels s'astreignent les culturistes pour obtenir des résultats spectaculaires.

Tout cela pour dire que l'entraînement avec des poids peut permettre tant aux femmes qu'aux hommes d'accroître leur force et leur endurance musculaires. Il se peut que les femmes ne puissent soulever des poids aussi lourds, leurs muscles demeurant plus petits. Cependant, elles ont presque la même possibilité que les hommes d'augmenter leur force. Nous pouvons donc tous bénéficier du mieux-être qui découle d'un entraînement en musculation.

Source : Fahey, T. D., *Weight Training for Men and Women*, 3e édition, Mountain View (Californie), Mayfield, 1997.

mence à décroître dès l'âge de 30 ans. Au début, on constate qu'on n'est plus aussi habile qu'autrefois dans les sports. Puis on se rend compte qu'on a du mal à exécuter des mouvements aussi simples que de sortir d'une baignoire ou d'une voiture, de monter un escalier et de jardiner. À cause de cette perte de flexibilité et de vigueur musculaire, les gens risquent de se blesser en accomplissant de simples activités courantes.

L'activité physique a plusieurs effets bénéfiques pour les personnes âgées. En augmentant leur vigueur musculaire, elle contrebalance la perte de fibres musculaires attribuable au vieillissement, ce qui améliore du même coup l'équilibre. Une bonne vigueur musculaire facilite toutes les activités quotidiennes et diminue les risques de chutes et de blessures. Un léger entraînement en musculation est donc recommandé afin de ralentir les effets du vieillissement.

Par ailleurs, des études récentes indiquent que la musculation peut ralentir la perte osseuse, même chez les personnes qui commencent tardivement à s'entraîner. En effet, la tension qui s'exerce sur les os a pour effet de freiner la déminéralisation. Cela est donc tout indiqué pour freiner l'ostéoporose, problème très répandu chez les personnes de plus de 55 ans, surtout les femmes ménopausées (la perte de densité osseuse étant en grande partie attribuable à des changements hormonaux). Cette maladie, que peuvent aussi accélérer l'inactivité physique et une alimentation inadéquate, est la source de fractures extrêmement graves. En augmentant sa force et son endurance musculaires, on contribue en outre à prévenir les chutes, une importante cause de blessure chez les personnes atteintes d'ostéoporose.

ÉVALUATION DE LA FORCE ET DE L'ENDURANCE MUSCULAIRES

La force musculaire (aussi appelée force maximale) et l'endurance musculaire (ou force endurance) sont des composantes à la fois distinctes et interdépendantes de la bonne condition physique. La force musculaire se définit comme la tension maximale ou la force qu'un muscle peut exercer en une seule contraction. On l'évalue le plus souvent en mesurant la charge maximale qu'une personne peut déplacer une fois, ou **répétition maximale (RM)**. Pour évaluer la force de vos principaux groupes musculaires, faites les laboratoires de fin de chapitre.

L'endurance musculaire est la capacité d'un muscle à répéter des contractions pendant un certain temps, ce qui est nécessaire pour la marche et les promenades à bicyclette, par exemple. Cette capacité est reliée à la force musculaire, car il en faut un certain degré pour exécuter quelque mouvement que ce soit. Pour évaluer l'endurance musculaire, on compte le nombre maximal de **répétitions** d'une contraction musculaire qu'une personne peut effectuer (le nombre de redressements assis par exemple) ou la durée maximale d'une contraction musculaire (comme la suspension bras fléchis). Évaluez l'endurance de vos principaux groupes musculaires à l'aide des laboratoires de fin de chapitre.

MUSCULATION : NOTIONS ÉLÉMENTAIRES

La musculation améliore la force et l'endurance musculaires au même titre que les activités d'endurance cardiovasculaire développent la capacité aérobie. Un muscle soumis à un stress répété s'adapte et fonctionne mieux. Le genre d'adaptation dépend du stress appliqué.

EFFETS PHYSIOLOGIQUES DE LA MUSCULATION

Ce sont les muscles qui mettent le corps en mouvement. En se contractant, les muscles tirent sur leurs points d'attache et font bouger les membres. Les muscles sont composés de **fibres musculaires**, qui sont de longues cellules regroupées en faisceaux. Ces derniers sont recouverts de tissu conjonctif auquel les fibres s'attachent (*voir* figure 4.1). Les fibres musculaires sont formées de **myofibrilles**, unités

TERMINOLOGIE

Répétition maximale (RM) Tension maximale qu'une personne peut développer selon un nombre donné de répétitions; 1 RM correspond à la tension qu'un groupe de muscles peut développer dans une contraction maximale volontaire.

Répétitions Nombre de fois qu'un exercice est exécuté dans une série.

Fibre musculaire Cellule musculaire, classée selon sa force, sa vitesse de contraction et la source d'énergie à laquelle elle s'approvisionne.

Myofibrilles Structures qui composent les fibres musculaires.

Hypertrophie Augmentation du volume d'une fibre musculaire, généralement provoquée par une surcharge musculaire.

Fibres à contraction lente Fibres musculaires rouges qui résistent à la fatigue mais se contractent lentement; généralement sollicitées pendant les activités d'endurance.

Fibres à contraction rapide Fibres musculaires blanches qui se contractent rapidement et fortement mais se fatiguent facilement; généralement sollicitées pendant les activités qui nécessitent de la force et de la puissance.

Puissance Capacité d'exercer une force rapidement; on l'appelle aussi force vitesse.

Unité motrice Ensemble formé par un neurone moteur (régissant le mouvement) et toutes les fibres musculaires qu'il innerve.

Contraction isométrique Contraction qui consiste à produire une tension dans le muscle sans induire de mouvement dans l'articulation ni modifier la longueur du muscle.

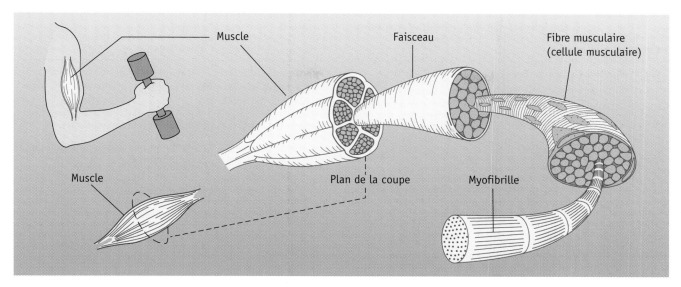

Figure 4.1 **Composition du tissu musculaire squelettique.**

fondamentales de la contraction. Lorsque les muscles reçoivent la commande de se contracter, les filaments protéiques des myofibrilles glissent les uns contre les autres, ce qui fait se raccourcir les fibres musculaires. C'est parce qu'elle augmente le nombre des myofibrilles que la musculation fait augmenter la taille des fibres musculaires et des muscles eux-mêmes. Le grossissement des fibres musculaires est appelé **hypertrophie**.

On classe les fibres musculaires selon leur force, leur vitesse de contraction et la source d'énergie à laquelle elles puisent. Les **fibres à contraction lente** sont en fonction surtout lors des activités musculaires de faible intensité et de longue durée. L'énergie leur vient principalement du système aérobie. Quant aux **fibres à contraction rapide**, elles entrent en jeu lors des activités musculaires intenses et de courte durée. Elles ont besoin d'oxygène pour obtenir de l'énergie mais, contrairement aux fibres lentes, elles s'alimentent aussi au système anaérobie lactique.

La plupart des muscles contiennent des fibres à contraction lente et des fibres à contraction rapide et, selon le type de travail effectué, les unes ou les autres entrent en action. Les activités d'endurance cardiovasculaire comme le jogging sollicitent surtout les fibres à contraction lente, tandis que les activités en force et en **puissance** (force vitesse) comme le sprint font intervenir les fibres à contraction rapide. La musculation peut entraîner une augmentation de la taille et de la force des deux types de fibres, mais elle agit surtout sur les fibres à contraction rapide.

Pour que le corps puisse exercer une force, plusieurs unités motrices doivent entrer en action. Une **unité motrice** est la plus petite unité fonctionnelle du muscle squelettique. Elle est composée d'un neurone moteur et des fibres musculaires auxquelles ce neurone est relié. Lorsqu'un neurone moteur transmet une stimulation, toutes les fibres musculaires qu'il dessert se contractent jusqu'à leur capacité maximale. Le nombre d'unités motrices qui interviennent dans une contraction dépend du degré de force. On utilise moins d'unités motrices pour saisir un caillou que pour soulever une grosse pierre. L'entraînement avec poids améliore la capacité de l'organisme à mobiliser des unités motrices (un phénomène appelé apprentissage musculaire) et, de ce fait, augmente la force avant même que les muscles ne grossissent.

En résumé, la musculation accroît la force musculaire parce qu'elle entraîne une augmentation de la taille des fibres musculaires et une amélioration de la capacité de l'organisme à mobiliser des unités motrices. Le tableau 4.1 présente un sommaire des effets physiologiques et des bénéfices de la musculation.

TYPES DE CONTRACTIONS MUSCULAIRES

On classe généralement les types de contractions musculaires en trois catégories : les contractions isométriques, les contractions isotoniques concentriques et les contractions isotoniques excentriques.

Contractions isométriques Les **contractions isométriques**, aussi appelées exercices statiques, consistent à développer une tension sans modifier la longueur du muscle et sans produire de mouvement. Pour exécuter un exercice isométrique, il suffit de se donner une résistance (un mur, par exemple) ou de contracter un muscle en restant immobile (par exemple, serrer les muscles abdominaux en restant assis sur une chaise).

Tableau 4.1   **Effets physiologiques et bénéfices de la musculation.**

Effet physiologique	Bénéfices
Augmentation de la masse musculaire*.	Augmentation de la force musculaire, amélioration de la composition corporelle, élévation du métabolisme, amélioration du tonus musculaire et de l'apparence.
Augmentation du nombre d'unités motrices utilisées pendant les contractions musculaires.	Augmentation de la force et de la puissance musculaires.
Amélioration de la coordination des unités motrices.	Augmentation de la force et de la puissance musculaires.
Augmentation de la force des tendons, des ligaments et des os.	Diminution des risques de blessures de ces tissus.
Augmentation des réserves de carburant dans les muscles.	Augmentation de la résistance à la fatigue musculaire.
Augmentation de la taille des fibres à contraction rapide (entraînement axé sur la résistance).	Augmentation de la force et de la puissance musculaires.
Augmentation de la taille des fibres à contraction lente (entraînement axé sur un nombre élevé de répétitions).	Augmentation de l'endurance musculaire.
Augmentation de l'irrigation des muscles (entraînement axé sur un nombre élevé de répétitions).	Augmentation de l'apport d'oxygène et de nutriments, amélioration de l'élimination des déchets.

*En raison de facteurs génétiques et hormonaux, la masse musculaire augmente davantage chez les hommes que chez les femmes.

Cet exercice isométrique pour les bras et la partie supérieure du dos consiste à joindre les mains et à tenter de les séparer. Les contractions musculaires de type isométrique exercent une tension mais ne produisent aucun mouvement.

Contractions isotoniques   Lors des **contractions isotoniques**, aussi appelées exercices dynamiques, le muscle développe une tension en se raccourcissant et en produisant un mouvement. Parmi les contractions isotoniques, on distingue les contractions concentriques et les contractions excentriques. Dans une **contraction concentrique**, le muscle se raccourcit quand il se contracte. Dans une **contraction excentrique**, le muscle s'allonge quand il se contracte. Lors d'une flexion de l'avant-bras, par exemple, le biceps accomplit une contraction concentrique pour soulever le poids en direction de l'épaule et une contraction excentrique pour le redescendre.

MODES DE TRAVAIL MUSCULAIRE

On distingue cinq modes de travail musculaire : les modes isocinétique, isotonique, plyométrique, dynamique et par électrostimulation.

Le mode de travail musculaire isocinétique implique une tension musculaire variable mais une vitesse de mouvement constante. C'est l'appareil qui assure la constance du mouvement (appareils de type Hydra Gym, Cydbec, Kincom).

Au contraire, le mode de travail musculaire isotonique implique une tension musculaire constante et une vitesse de mouvement variable. Là encore, c'est l'appareil qui assure la variabilité de la vitesse de mouvement (appareils de type Nautilus).

Le mode de travail musculaire plyométrique correspond à des mouvements où il y a contraction concentrique des muscles agonistes suivie d'un étirement plus ou moins rapide de ces derniers (par exemple, l'absorption suivie d'un saut au bloc au volley-ball).

Le mode de travail musculaire dynamique correspond à des mouvements lors desquels la tension musculaire et la vitesse de mouvement sont variables (par exemple, l'haltérophilie).

Contraction concentrique : le biceps se raccourcit pendant que l'avant-bras soulève le poids en direction de l'épaule (photo de gauche). Contraction excentrique : le biceps s'allonge pendant que l'avant-bras redescend le poids vers la cuisse (photo de droite).

Quant au mode de travail musculaire par élec-trostimulation, il implique des mouvements qui pro-voquent une tension musculaire involontaire sans modification de la longueur des muscles. Ce type de travail est très utile pour la réhabilitation des per-sonnes qui ont subi des dommages corporels.

PARALLÈLE ENTRE LES DIFFÉRENTS MODES DE TRAVAIL MUSCULAIRE

Dans le mode de travail isocinétique, la tension est maximale durant toute la durée de l'effort. C'est le genre de travail qu'on effectue en faisant de la nata-tion ou de l'aviron.

Dans le mode de travail isotonique, c'est l'appareil utilisé qui assure le changement de résistance tout au long du mouvement. Il est facile d'évaluer les progrès, car ils se traduisent par la capacité d'augmenter la charge utilisée ou le nombre de répétitions du mouvement.

Dans le mode plyométrique, on améliore la force de façon spécifique, ainsi que la coordination et la vitesse de contraction. Ce mode de travail est sur-tout réservé aux professionnels du sport.

Le mode dynamique permet d'améliorer la coordi-nation ainsi que la condition des muscles stabilisateurs.

Quant au mode de travail par électrostimulation, il favorise l'hypertrophie musculaire, ce qui est sur-tout utile au sein d'un programme de réhabilitation ou dans les sports d'élite.

PLANIFICATION D'UN PROGRAMME DE MUSCULATION

Un bon programme de musculation est conçu de ma-nière à maximiser les bienfaits de l'activité physique et à prévenir les blessures. Choisissez des exercices dont le type et l'intensité sont adaptés à vos capacités et à vos objectifs.

CHOIX DU MATÉRIEL

Pour renforcer les muscles, il est préférable de les faire travailler contre une résistance. Cette résis-tance peut provenir de poids libres, d'appareils per-fectionnés ou du poids de votre propre corps. Beau-coup de gens choisissent les appareils parce qu'ils sont sécuritaires, pratiques et faciles à utiliser : il suffit de régler la tension (généralement en ajoutant un poids à la pile) et de s'installer; on n'a pas besoin de la surveillance d'un **pareur** ou d'une pareuse, car on ne risque pas d'être blessé par un poids. Enfin, ces appareils permettent d'isoler et d'entraîner des muscles précis.

En comparaison avec les appareils, l'utilisation de poids libres nécessite attention, équilibre et coordina-tion, et ses effets se font sentir dans la vie quotidienne. De plus, en développant les muscles stabilisateurs, ce mode de travail aide à prévenir les blessures.

TERMINOLOGIE

Contraction isotonique Mode de travail qui consiste à provo-quer une tension dans le muscle et une modification de sa lon-gueur.

Contraction concentrique Contraction pendant laquelle le mus-cle se raccourcit.

Contraction excentrique Contraction pendant laquelle le muscle s'allonge.

Pareur Personne qui surveille l'exécution d'un exercice de mus-culation avec poids libres.

Comme les appareils d'entraînement, les poids et haltères ont leurs avantages et leurs inconvénients. Choisissez le mode de travail qui convient le mieux à vos objectifs. Dans un programme d'entraînement orienté vers la santé et une bonne condition physique, il est bon de combiner les modes de travail. Pour alimenter votre réflexion, lisez l'encadré intitulé « Comparaison entre les appareils de musculation et les poids libres ».

CHOIX DES EXERCICES

Un programme complet de musculation sollicite les principaux groupes musculaires; il comprend donc de 8 à 10 exercices. Pour améliorer votre condition physique générale, vous devez introduire dans votre programme des exercices pour les bras, les avant-bras, les épaules, les pectoraux, le dos, les jambes, les fessiers et les abdominaux. Si, en plus, vous vous entraînez pour un sport en particulier, ajoutez des exercices qui renforceront les muscles clés, sans oublier les muscles les plus susceptibles de blessures. Nous présentons plus loin un exemple de programme de musculation destiné à l'amélioration de la condition physique générale.

Faites toujours travailler vos muscles par paires. Un muscle qui se contracte est appelé **muscle agoniste**; le muscle qui se relâche et s'étire pour permettre la contraction du muscle agoniste est appelé **muscle antagoniste**. Si vous choisissez un exercice qui fait travailler une articulation dans un sens, accompagnez-le d'un exercice qui la fera jouer en sens opposé. Si, par exemple, vous exécutez des extensions des jambes pour développer les muscles quadriceps, faites aussi des flexions des jambes pour développer les muscles ischio-jambiers, antagonistes situés à l'arrière des cuisses.

L'ordre des exercices a de l'importance. Exécutez les exercices qui font travailler les gros groupes musculaires ou plusieurs articulations à la fois avant les exercices qui font travailler les petits groupes musculaires ou une seule articulation. Les petits groupes musculaires, en effet, se fatiguent plus vite que les gros et, si vous les faites travailler en premier, vous risquez de manquer d'énergie pour la suite de votre séance d'entraînement. Par exemple, exécutez l'élévation latérale des bras, qui fait

travailler les muscles des épaules, après les développés couchés (*bench press*), qui font également travailler les pectoraux et les muscles des bras. Si vous faites l'inverse, vous fatiguerez les muscles de vos épaules et vous ne pourrez pas soulever autant de poids pendant les développés couchés. Votre séance d'entraînement perdra en efficacité. Terminez la séance avec des exercices pour développer

TERMINOLOGIE

Muscle agoniste   Muscle en état de contraction.

Muscle antagoniste   Muscle qui s'oppose au mouvement d'un autre muscle, le muscle agoniste.

 POUR EN SAVOIR PLUS

Comparaison entre les appareils de musculation et les poids libres

Appareils de musculation

Avantages

- Sécuritaires.
- Pratiques.
- S'utilisent en solo.
- Dispensent l'utilisateur ou l'utilisatrice d'équilibrer les haltères (économie de temps).
- Peuvent fournir tension variable et vitesse constante (ex. : appareil Hydra Gym).
- Peuvent fournir tension constante et vitesse variable (ex. : appareil Nautilus).
- Demandent moins d'apprentissage technique que les poids libres.
- Favorisent la diversification du programme d'entraînement.
- Permettent d'isoler les différents groupes musculaires.
- Soutiennent le dos (dans beaucoup de cas).

Inconvénients

- Ne se prêtent pas à l'exécution de mouvements dynamiques.
- Ne se prêtent qu'à un nombre limité d'exercices.

Poids libres

Avantages

- Se prêtent à l'exécution de mouvements dynamiques.
- Permettent à l'utilisateur ou à l'utilisatrice d'acquérir un meilleur contrôle des charges utilisées.
- Se prêtent à l'exécution d'une variété d'exercices.
- Reproduisent des mouvements semblables à ceux de la vie quotidienne.
- Font travailler les muscles stabilisateurs.

Inconvénients

- Moins sécuritaires que les appareils.
- Nécessitent des partenaires.
- Demandent plus d'apprentissage technique que les appareils.

les groupes musculaires abdominaux et dorsaux qui sont responsables de la posture. (Consultez l'encadré intitulé « Exemple de programme de musculation visant l'amélioration de la condition physique ».)

CHARGE

Le poids (la charge) est à la musculation ce que l'intensité est à l'entraînement cardiovasculaire. Il détermine la nature et la vitesse des adaptations suscitées par la musculation dans votre organisme. Choisissez les charges en fonction de votre condition musculaire actuelle d'une part et de vos objectifs d'autre part. Pour un compromis optimal entre les gains en force et en hypertrophie, déplacez 80 % de votre capacité maximale (1 RM). Pour développer votre endurance, visez 60 % de votre capacité maximale.

RÉPÉTITIONS ET SÉRIES

Pour améliorer votre condition physique, vous devez exécuter suffisamment de répétitions par exercice pour fatiguer vos muscles. Le nombre de répétitions dépendra de la charge : plus le poids est élevé, moins il faut de répétitions. En règle générale, la combinaison poids élevé et nombre peu élevé de répétitions

POUR EN SAVOIR PLUS

Exemple de programme de musculation visant l'amélioration de la condition physique

Paramètres

Type d'activité : de 8 à 10 exercices de musculation sollicitant les principaux groupes musculaires.

Fréquence : 2 ou 3 fois par semaine.

Résistance : charge suffisamment lourde pour causer de la fatigue musculaire après le nombre déterminé de répétitions.

Nombre de répétitions : de 9 à 12 par exercice si on vise l'augmentation de la force et de 13 à 20 si on vise l'augmentation de l'endurance.

Nombre de séries : 2 (un nombre supérieur peut accélérer et accroître le gain de force).

Exemple de programme

1. Échauffement (de 5 à 10 minutes)
2. Exercices de musculation
3. Récupération (de 5 à 10 minutes)

(de 1 à 12) développe la force, tandis que la combinaison poids peu élevé et nombre élevé de répétitions (13 et plus) développe l'endurance (*voir* figure 4.2).

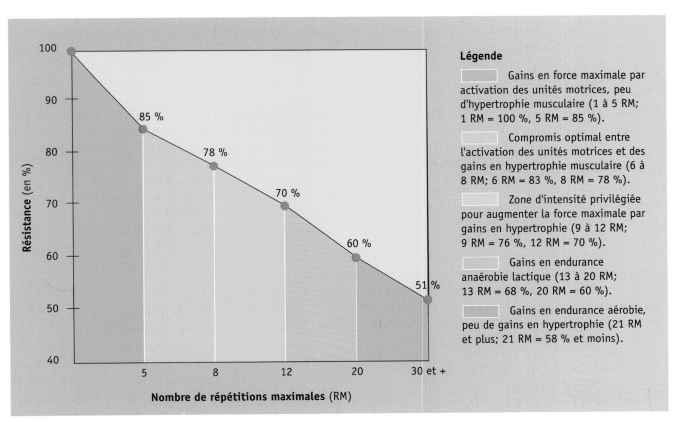

Figure 4.2   Entraînement en force et entraînement en endurance.

Pour un gain en force maximale, les spécialistes de l'entraînement en musculation suggèrent d'effectuer de 1 à 5 RM. Pour un compromis optimal entre l'activation des unités motrices et les gains en hypertrophie, on augmentera à 6 ou 8 RM. On suggère aux personnes désireuses d'augmenter leur force maximale par des gains en hypertrophie d'exécuter entre 9 et 12 RM, et à celles qui veulent augmenter leur endurance avec peu d'hypertrophie musculaire, 13 RM ou plus. La charge doit être assez élevée pour fatiguer les muscles, mais pas au point d'empêcher de faire toutes les répétitions.

En musculation, une **série** est un nombre de répétitions d'un exercice suivi d'une période de repos. Les personnes qui désirent augmenter leur force et leur endurance pour améliorer leur condition physique peuvent effectuer une seule série de chaque exercice, à condition d'utiliser une charge propre à fatiguer leurs muscles. (Elles devraient n'exécuter qu'à grand-peine la dernière répétition d'une série de 12.) Cependant, l'exécution de plus d'une série de chaque exercice peut accélérer le développement de la force, si bien que la plupart des adeptes de la musculation font au moins trois séries de chaque exercice.

Si vous exécutez plus d'une série d'un exercice, vos périodes de repos entre les séries doivent être assez longues pour permettre à vos muscles de récupérer et de recommencer à fonctionner à une intensité suffisante. La durée des périodes de repos dépend de la charge. Dans un programme axé sur le développement de la force et de l'endurance dans une perspective de santé, une à trois minutes de repos suffisent entre les séries; dans un programme visant l'atteinte d'une force maximale, trois à cinq minutes de repos s'imposent entre les séries. Pour gagner du temps, on peut alterner différents exercices.

ÉCHAUFFEMENT ET RÉCUPÉRATION

Une séance de musculation, comme une séance d'entraînement cardiovasculaire, doit commencer par une période d'échauffement et se terminer par une période de récupération. Il faut d'abord procéder à un échauffement général (quelques minutes de marche, de jogging léger ou de vélo stationnaire de faible intensité), puis se préparer spécifiquement aux exercices de musculation prévus au programme. Si vous comptez par exemple exécuter une ou plusieurs séries de 10 répétitions du développé couché avec un poids de 57 kg, échauffez-vous en faisant une série de 10 répétitions avec un poids de 23 kg. Faites des mouvements d'échauffement semblables avant d'entreprendre les autres exercices.

Pour récupérer à la fin d'une séance d'entraînement, détendez-vous pendant 5 à 10 minutes. Durant cette période, faites des étirements pour prévenir les douleurs musculaires et profitez de ce que vos muscles et vos articulations sont échauffés pour travailler votre flexibilité.

FRÉQUENCE DES SÉANCES D'ENTRAÎNEMENT

Le *Guide d'activité physique canadien* recommande à ceux qui veulent améliorer leur condition physique générale et leur santé de s'entraîner de deux à quatre fois par semaine. Prenez au moins une journée de repos entre les séances de musculation. Autrement, vous ne pourrez fournir l'effort nécessaire pour améliorer votre force et votre endurance musculaires, et vous vous exposerez aux douleurs et aux blessures. Si vous désirez vous entraîner plus fréquemment, alternez les exercices. Exécutez des exercices pour les bras et le tronc un jour, des exercices pour les jambes le lendemain et reprenez les exercices pour la partie supérieure du corps le troisième jour.

PROGRESSION

Les premières séances d'un programme de musculation devraient être consacrées à l'apprentissage des exercices. Vous devez vous familiariser avec les mouvements et votre système nerveux doit s'habituer à ce nouveau type de travail musculaire. Pour commencer, choisissez une charge que vous pouvez déplacer facilement de 9 à 12 fois et ne faites qu'une série de chaque exercice. Augmentez graduellement la charge et (si vous le désirez) le nombre de séries jusqu'à ce que vous exécutiez de 1 à 3 séries de 9 à 12 répétitions par exercice.

Au bout de quelques semaines, vous réussirez à exécuter plus de 12 répétitions de certains exercices. Augmentez alors la charge. Si cela vous limite à 8 ou 9 répétitions, conservez cette charge jusqu'à ce que vous parveniez à exécuter 12 répétitions par série. Si vous ne pouvez faire que de 4 à 6 répétitions, diminuez la charge.

Au cours des 6 à 10 premières semaines d'entraînement, vos progrès seront rapides. Vous réussirez probablement à augmenter la charge de 10 % à 30 %. Attendez-vous ensuite à un certain ralentissement. La vitesse des progrès varie d'une personne à l'autre et dépend de plusieurs facteurs, tels l'intensité du travail, les réactions de l'organisme à la musculation, l'âge, la motivation et l'hérédité.

TERMINOLOGIE

Série Nombre de répétitions suivies d'une période de repos.

Où faut-il s'arrêter ? La décision vous appartient. Après avoir atteint les objectifs que vous visiez en matière de force et de volume des muscles, vous pouvez maintenir votre état en vous entraînant deux ou trois fois par semaine. Pour évaluer vos progrès, inscrivez la charge utilisée ainsi que le nombre de répétitions et de séries que vous exécutez sur une fiche d'entraînement.

ENTRAÎNEMENT MUSCULAIRE SÉCURITAIRE

La pratique de la musculation comporte des risques de blessure. Un effort physique maximal, des appareils perfectionnés, des mouvements rapides, des poids lourds, autant d'éléments qui, combinés, font de la salle de musculation un endroit potentiellement dangereux. Tout exercice doit être exécuté selon une technique qui réduit les risques de blessure et favorise l'atteinte de résultats optimaux. Respectez les consignes de la personne responsable. Adoptez les positions appropriées et exécutez les exercices calmement. Soulevez ou poussez les poids avec force pendant la phase active et maîtrisez vos mouvements

pendant la phase passive. Exécutez des mouvements complets. Pour que vos séances d'entraînement soient aussi sécuritaires que productives, suivez les directives présentées dans l'encadré intitulé « La sécurité en salle d'entraînement ».

EXERCICES DE MUSCULATION

La description détaillée de tous les exercices de musculation dépasse les limites d'un ouvrage général comme celui-ci. Le programme de base que nous présentons ici est axé sur une amélioration de la condition physique et repose sur l'utilisation de poids libres ou d'appareils de musculation de type Nautilus. Les directives relatives à chaque exercice sont accompagnées de photos et d'une liste des muscles sollicités. (Un diagramme des principaux muscles apparaît à la figure 4.3.)

Si vous cherchez à augmenter votre force en vue d'une activité en particulier (*voir* tableau 4.2), votre programme devrait comprendre des exercices de conditionnement physique général, des exercices pour les groupes musculaires que sollicite cette activité ainsi que pour ceux qui sont susceptibles de blessures.

CONSEILS PRATIQUES

La sécurité en salle d'entraînement

- Faites toujours des exercices d'échauffement et de récupération.
- Ayez recours à un ou une partenaire lorsque cela est nécessaire.
- Éloignez-vous des autres personnes pendant qu'elles exécutent leurs exercices.
- N'utilisez pas d'appareils défectueux. Signalez tous les bris.
- Vérifiez si les collets sont bien ajustés.
- Stabilisez votre position avant de déplacer une charge.
- Protégez votre dos. Évitez les positions dangereuses. Adoptez les techniques appropriées pour soulever les poids et portez une ceinture d'haltérophilie pour soulever des poids lourds.
- Fermez les pouces autour de la barre et des haltères afin d'assurer une bonne prise.
- Utilisez la force de vos jambes. Contractez les muscles des hanches et des fesses.
- Lorsque vous soulevez un poids à partir du sol, gardez le dos droit et la tête droite ou relevée. Évitez de fléchir le tronc les jambes tendues.

- Gardez votre corps dans l'axe pendant que vous soulevez un poids.
- Gardez les poids le plus près possible de votre corps.
- Soulevez les poids lentement, sans donner de coups. Maîtrisez la charge pendant toute la durée du mouvement.
- Ne faites pas rebondir les poids contre votre corps pendant un exercice.
- Ne retenez jamais votre respiration pendant un lever. Expirez au moment où vous exercez une force maximale et inspirez pendant que vous placez le poids en position du lever. (L'arrêt de la respiration peut diminuer l'apport sanguin au cœur et causer des étourdissements et des évanouissements.)
- Reposez-vous entre les séries si vous en exécutez plus d'une de chaque exercice. La fatigue est un important facteur de blessure et diminue l'efficacité d'un programme d'entraînement.
- Ne dépassez pas vos limites. Ne vous entraînez pas si vous êtes malade, si vous avez une blessure ou si vous souffrez de surentraînement.
- Soignez toute blessure sans tarder.

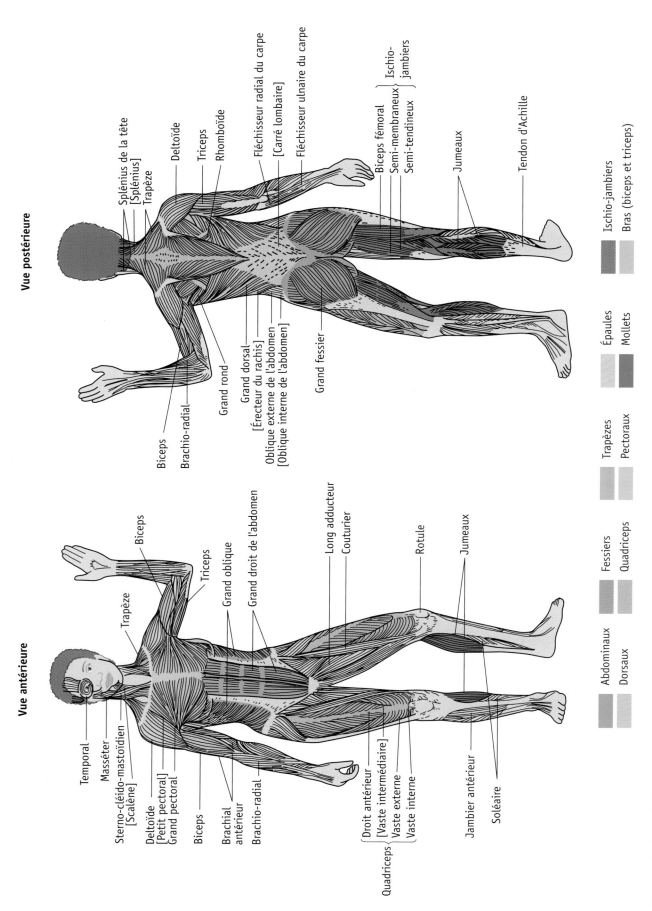

Vue postérieure

Splénius de la tête
[Splénius]
Trapèze
Deltoïde
Triceps
Rhomboïde
Fléchisseur radial du carpe
[Carré lombaire]
Fléchisseur ulnaire du carpe
Biceps fémoral
Semi-membraneux } Ischio-
Semi-tendineux } jambiers
Jumeaux
Tendon d'Achille

Biceps
Brachio-radial
Grand rond
Grand dorsal
[Érecteur du rachis]
Oblique externe de l'abdomen
[Oblique interne de l'abdomen]
Grand fessier

Vue antérieure

Temporal
Masséter
Sterno-cléido-mastoïdien
[Scalène]
Deltoïde
[Petit pectoral]
Grand pectoral
Biceps
Brachial antérieur
Brachio-radial
Quadriceps {
Droit antérieur
[Vaste intermédiaire]
Vaste externe
Vaste interne
Jambier antérieur
Soléaire

Trapèze
Biceps
Triceps
Grand oblique
Grand droit de l'abdomen
Long adducteur
Couturier
Rotule
Jumeaux

Abdominaux
Dorsaux
Fessiers
Quadriceps
Trapèzes
Pectoraux
Épaules
Mollets
Ischio-jambiers
Bras (biceps et triceps)

Figure 4.3 **Les principaux muscles.** Les muscles dont les noms figurent entre crochets sont des muscles plus profonds.

Tableau 4.2   Principaux groupes musculaires sollicités lors de sports et d'activités physiques sélectionnés.

Il est important de faire travailler les principaux groupes musculaires. La pratique des activités et des sports suivants, cependant, nécessite un conditionnement physique supplémentaire de certains muscles en particulier.

Activité ou sport	Cou	Épaules	Pectoraux	Bras	Avant-bras	Partie supérieure du dos	Partie inférieure du dos	Abdominaux	Quadriceps	Ischio-jambiers	Mollets (jumeaux)
Badminton		X	X	X	X	X			X	X	X
Basket-ball		X	X	X		X	X	X	X	X	X
Canot		X	X	X	X	X	X	X			
Cyclisme		X		X	X	X	X	X	X	X	X
Danse							X	X	X	X	X
Escalade		X	X	X	X	X	X	X	X	X	X
Football	X	X	X	X	X	X	X	X	X	X	X
Golf		X		X	X	X	X	X	X	X	X
Gymnastique	X	X	X	X		X	X	X	X	X	X
Hockey sur gazon		X	X	X	X	X	X	X	X	X	X
Jogging		X	X	X		X	X	X	X	X	X
Lutte	X	X	X	X	X	X	X	X	X	X	X
Natation		X	X	X	X	X	X	X	X	X	X
Patin à roues alignées							X	X	X	X	X
Plongée sous-marine				X		X	X	X	X	X	X
Ski alpin		X		X	X	X	X	X	X	X	X
Ski de fond		X		X	X	X	X	X	X	X	X
Ski nautique	X	X		X	X	X	X	X	X	X	X
Squash		X	X	X	X	X	X	X	X	X	X
Tennis		X	X	X	X	X	X	X	X	X	X
Tennis de table		X		X	X	X			X	X	X
Triathlon		X	X	X	X	X	X	X	X	X	X
Volley-ball		X	X	X	X	X	X	X	X	X	X

EXEMPLE DE PROGRAMME DE BASE EN MUSCULATION UTILISANT SOIT DES POIDS LIBRES*, SOIT DES APPAREILS NAUTILUS

EXERCICE n° 1-A

SQUAT

Muscles visés : quadriceps, fessiers, ischio-jambiers, jumeaux

Instructions : Debout, pieds écartés de la largeur des épaules, orteils légèrement tournés vers l'extérieur, **a)** déposez la barre sur l'arrière des épaules et maintenez-la en place, les mains tournées vers l'avant. **b)** Gardez la tête et le bas du dos droits et accroupissez-vous jusqu'à ce que vos cuisses soient presque parallèles au sol. Relevez-vous ensuite pour reprendre la position de départ, en gardant le dos en position fixe durant tout le mouvement.

EXERCICE n° 1-B

PRESSE À CUISSES À L'APPAREIL SPÉCIFIQUE

Muscles visés : fessiers, quadriceps, ischio-jambiers

Instructions : a) Ajustez le siège de façon que vos genoux pliés forment un angle de 90°. **b)** Asseyez-vous, placez les mains sur les barres latérales et les pieds sur les pédales, puis étirez complètement les jambes. **c)** Pliez la jambe droite à 90°, puis étirez-la vigoureusement. Répétez le même mouvement avec la jambe gauche, et continuez en alternant.

---

* Bien qu'aucun pareur n'apparaisse sur les photographies, leur présence est recommandée pour la plupart des exercices effectués avec des poids et haltères.

EXERCICE n° 2-A

EXTENSION DES JAMBES À L'APPAREIL SPÉCIFIQUE

Muscles visés : quadriceps

Instructions : a) Prenez place sur le siège en plaçant les tibias derrière le boudin. **b)** Effectuez une extension des jambes jusqu'à ce qu'elles soient à l'horizontale. Revenez à la position de départ.

Note : L'extension des jambes peut engendrer des douleurs à la rotule. Si cela vous arrive, consultez un orthopédiste avant de refaire cet exercice.

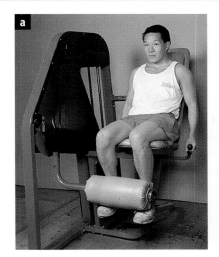

EXERCICE n° 2-B

ISCHIO-JAMBIERS, COUCHÉ À L'APPAREIL SPÉCIFIQUE

Muscles visés : ischio-jambiers

Instructions : a) Installez-vous en position ventrale, mains sur les poignées, jambes tendues, chevilles engagées sous les boudins et genoux appuyés sur l'extrémité du banc. **b)** Effectuez une flexion simultanée des jambes en essayant de toucher les fesses avec les talons. Revenez à la position de départ.

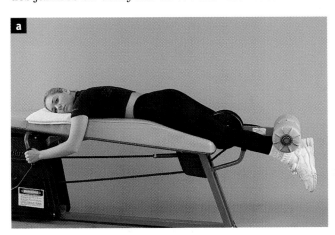
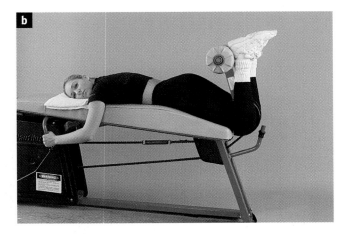

EXERCICE n° 3-A

DÉVELOPPÉ COUCHÉ AU BANC

Muscles visés : pectoraux, triceps, deltoïdes

Instructions : a) Étendu sur le banc en position dorsale, pieds reposant au sol, saisissez la barre, mains en pronation plus écartées que la largeur des épaules. **b)** En contrôlant le mouvement, descendez la barre jusqu'à la poitrine (juste en bas des pectoraux), puis reprenez la position de départ. La barre devrait suivre une trajectoire elliptique pendant laquelle le poids passe de son point le plus bas, sur la poitrine, au point le plus élevé, au-dessus du menton. Si votre dos s'arque de façon trop prononcée, faites cet exercice en plaçant les pieds sur le banc.

EXERCICE n° 3-B

DÉVELOPPÉ COUCHÉ À L'APPAREIL SPÉCIFIQUE

Muscles visés : pectoraux, deltoïde antérieur, triceps

Instructions : Étendez-vous en position dorsale sur le banc de façon que le dessus des poignées soient à la hauteur de vos aisselles. Placez les pieds sur le sol; si vous ne pouvez le faire, placez-les sur le banc. **a)** Saisissez les poignées en orientant vos paumes vers l'avant. **b)** Soulevez les barres jusqu'à l'extension complète des bras. Revenez à la position de départ.

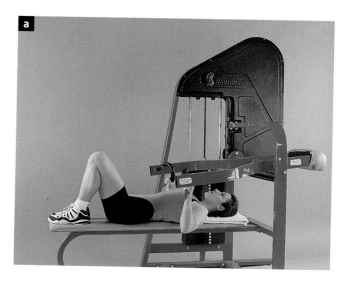
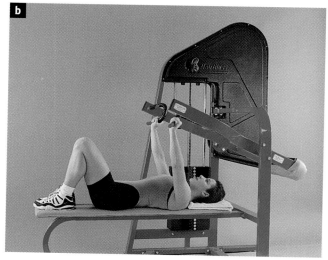

EXERCICE n° 4-A

TIRAGE-NUQUE À LA POULIE HAUTE

Muscles visés : grand dorsal, biceps

Instructions : En position assise, **a)** saisissez la barre en pronation, mains très écartées, avec les bras en extension complète. **b)** Tirez lentement la barre jusqu'à votre nuque en ramenant les coudes le long du corps. Revenez lentement à la position de départ.

EXERCICE n° 4-B

PULL-OVER À L'APPAREIL SPÉCIFIQUE

Muscles visés : grand dorsal, pectoraux, triceps, abdominaux

Instructions : Ajustez le siège de façon que les épaules soient vis-à-vis des cames. Poussez les boudins (appuis coussinés) avec les pieds afin de déplacer la barre vers l'avant jusqu'à ce que vous puissiez placer les coudes sur les appuis coussinés supérieurs. Mettez vos mains sur la barre. Si c'est possible, posez les pieds au sol. **a)** Pour prendre la position de départ, laissez vos bras aller le plus loin possible vers l'arrière. **b)** Poussez les coudes vers l'avant jusqu'à ce que la barre soit tout près de votre abdomen. Revenez lentement à la position de départ.

EXERCICE n° 5-A

FLEXION DES AVANT-BRAS À LA BARRE, MAINS EN SUPINATION

Muscles visés : biceps, brachiaux

Instructions : a) Debout, jambes légèrement écartées, saisissez la barre en supination, bras tendus, écartez les mains de la largeur des épaules. **b)** Tout en gardant le haut du corps droit, effectuez une flexion jusqu'à ce que la barre parvienne aux clavicules. Revenez lentement à la position de départ.

EXERCICE n° 5-B

FLEXION DES AVANT-BRAS À L'APPAREIL SPÉCIFIQUE

Muscles visés : biceps

Instructions : Ajustez votre siège de façon qu'en position assise vos coudes soient alignés avec les cames. **a)** Les bras en extension, saisissez la barre. Gardez l'arrière des bras, au niveau du triceps, en contact avec les appuis coussinés. **b)** Fléchissez les coudes et tirez la barre avec vos mains jusqu'au menton, sans y toucher. Revenez à la position de départ.

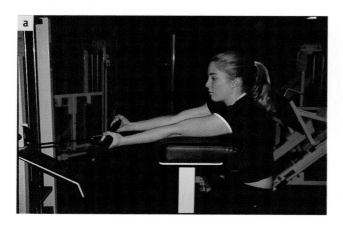

EXERCICE n° 6-A

EXTENSION DES AVANT-BRAS COUCHÉ SUR UN BANC

Muscles visés : triceps

Instructions : Allongez-vous sur le banc. **a)** Saisissez la barre, en pronation, les avant-bras fléchis et les bras verticaux. **b)** Effectuez une extension des avant-bras sans trop écarter les coudes. Revenez à la position de départ.

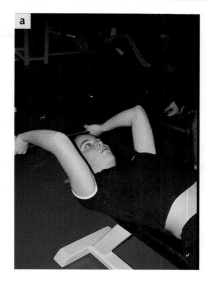

EXERCICE n° 6-B

MULTITRICEPS À L'APPAREIL SPÉCIFIQUE

Muscles visés : triceps

Instructions : Ajustez le siège pour que vos coudes soient un peu plus bas que vos épaules lorsque vous êtes assis. **a)** Placez vos coudes sur les appuis coussinés et vos avant-bras sur les appuis de la barre. **b)** Effectuez une extension complète. Revenez à la position de départ.

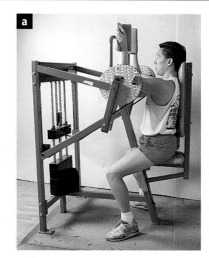
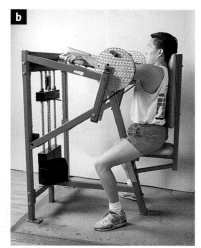

EXERCICE n° 7-A

EXTENSION DU DOS

Muscles visés : érecteurs du rachis, fessiers, ischio-jambiers, deltoïdes

Instructions : À quatre pattes, genoux vis-à-vis des hanches et mains vis-à-vis des épaules.

Extension du dos en parallèle : a) Allongez simultanément la jambe droite vers l'arrière et le bras droit vers l'avant. Gardez le cou relâché et maintenez la jambe et le bras allongés à la hauteur de la poitrine. N'arquez pas le dos et ne laissez pas les hanches et les épaules s'affaisser. Maintenez cette position de 10 à 30 secondes. Répétez l'exercice avec la jambe et le bras gauches.

Extension du dos en croisé : b) Allongez la jambe gauche vers l'arrière et le bras droit vers l'avant. Gardez le cou relâché et maintenez la jambe allongée à la hauteur de la poitrine. N'arquez pas le dos et ne laissez pas les hanches et les épaules s'affaisser. Maintenez cette position de 10 à 30 secondes. Répétez l'exercice avec la jambe droite et le bras gauche.

Vous pouvez rendre cet exercice plus difficile en attachant des poids à vos chevilles et à vos poignets.

EXERCICE n° 7-B

EXTENSION DU DOS À L'APPAREIL SPÉCIFIQUE

Muscles visés : érecteurs du rachis, carré lombaire

Instructions : a) Asseyez-vous sur le banc en plaçant le haut des jambes sous les boudins pour les cuisses, le dos sur le boudin dorsal et les pieds sur la plate-forme. **b)** Effectuez l'extension complète du dos. Revenez à la position de départ. Efforcez-vous de maintenir une bonne posture pendant cet exercice.

EXERCICE n° 8-A

REDRESSEMENT ASSIS PARTIEL

Muscles visés : grand droit, abdominaux obliques

Instructions : a) Étendez-vous au sol sur le dos, croisez les bras sur la poitrine, genoux fléchis et pieds au sol ou sur un banc. **b)** Relevez partiellement le tronc en arrondissant le haut du dos. Revenez à la position de départ.

EXERCICE n° 8-B

ABDOMINAUX À L'APPAREIL SPÉCIFIQUE

Muscles visés : grand droit, abdominaux obliques

Instructions : a) Ajustez le siège de façon que le mouvement se fasse à la hauteur du nombril, placez les appuis coussinés sur le haut de la poitrine et posez les pieds au sol. **b)** Rapprochez le plus possible le sternum du pubis. Revenez à la position de départ.

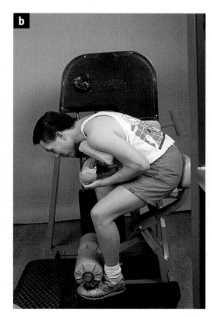

LE RECOURS AUX SUBSTANCES CHIMIQUES

Peut-être êtes-vous tenté d'expérimenter certains suppléments alimentaires ou médicaments qui pourraient vous aider à développer votre force et votre endurance. Soyez bien conscient qu'aucune substance ne peut faire d'une personne faible et en mauvaise condition physique un athlète fort et bien entraîné. Pour gagner en force et en endurance, vous devez faire travailler régulièrement vos muscles, votre cœur et vos poumons, stimuler votre métabolisme et susciter des adaptations dans votre organisme. Les suppléments et les drogues ne sont pas des potions magiques, quoi qu'en disent les fournisseurs. Certains produits sont inefficaces, d'autres sont coûteux et nocifs et d'autres encore ont les trois défauts. Les stéroïdes anabolisants (les substances les plus fréquemment consommées pour augmenter la force et la puissance) ont des effets secondaires dangereux. Tenez-vous-en loin. (Pour en savoir plus, lisez l'encadré intitulé « Le dopage ».)

 POUR EN SAVOIR PLUS

Le dopage

Les stéroïdes sont des substances chimiques qui ont les mêmes effets que la testostérone, une hormone que le corps produit naturellement et qui favorise l'augmentation du volume des muscles. En prenant des stéroïdes, certains athlètes développent leur musculature de façon spectaculaire. Cela leur permet aussi de s'entraîner sans subir l'épuisement physique normal. Mais les stéroïdes, tout comme les autres substances dopantes, provoquent aussi de graves effets secondaires. D'ailleurs, plus de 700 drogues sont interdites par le comité olympique, mais chaque année on en invente de nouvelles. Pour avoir une idée des effets de ces substances, consultez le tableau suivant.

SUBSTANCE *Nom commercial*	SPORTS	EFFETS
Hormones de croissance (hormones peptidiques) *Genotonorm, Maxomat, Umatrope*	• Haltérophilie • Sprint • Les sports ne nécessitant pas de concentration	**Voulus** Augmentation de la taille (adolescents) ou de la masse musculaire (10 à 20 kilos en quelques mois). **Secondaires** Tuméfaction des tissus mous, hypertrophie et proéminence des os, épaississement de la peau, myopathie, hypertrophie viscérale (glandes salivaires, foie, reins, cœur, rate), polypes du côlon, affection cardiovasculaire, hypertension, diabète.
Nandrolone (stéroïde anabolisant) *Trophobolène, Durabolin, Dynabolon*	• Haltérophilie • Sprint • Course de fond • Aviron • Boxe • Cyclisme • Lancers • Les sports ne nécessitant pas de concentration	**Voulus** Croissance musculaire, amélioration de la capacité d'entraînement, résistance à la douleur. **Secondaires** Cancer du foie, hépatite, hypercholestérolémie, infarctus, hypertension, diabète, stérilité réversible, arrêt de croissance chez les jeunes athlètes, masculinisation irréversible chez les femmes (voix rauque, pilosité faciale, chute des cheveux), ruptures musculaires.
Testostérone (stéroïde anabolisant) *Halotestin, Androtardyl, Proviron*		**Voulus** Croissance musculaire, amélioration de la capacité d'entraînement, stimulation de l'agressivité, guérison accélérée des blessures musculotendineuses. **Secondaires** Cancer de la prostate, adénome prostatique, cancer du sein masculin, insuffisance cardiaque, rénale ou hépatique sévère, agressivité.

SUBSTANCE *Nom commercial*	SPORTS	EFFETS
Propanolol (bêtabloquant) *Avlocardyl, Hémipralon*	• Tir • Biathlon • Pentathlon • Course automobile • Golf • Saut à ski • Tennis	**Voulus** Amélioration de la stabilité émotionnelle, de la concentration et de la relaxation par réduction des tachycardies de stress et des tremblements qui les accompagnent, suppression du trac, ralentissement du rythme cardiaque. **Secondaires** Hypoglycémie, asthénie, vertiges, insomnies, insuffisance cardiaque, troubles du rythme cardiaque et de l'humeur.
Benzodiazépine (tranquillisant) *Temesta, Tranxène, Valium*	• Tir • Biathlon • Pentathlon • Course automobile • Golf • Saut à ski • Tennis • Escrime • Bobsleigh • Sports équestres	**Voulus** Diminution de l'émotivité, du trac, de l'anxiété et de la tension psychique. **Secondaires** Insuffisance respiratoire.
Cocaïne (stimulant)	• Tir • Biathlon • Pentathlon • Course automobile • Golf • Saut à ski • Tennis • Escrime • Bobsleigh • Sports équestres • Athlétisme (sprint) • Basket-ball • Boxe • Cyclisme • Hockey sur glace • Natation	**Voulus** Augmentation de l'activité cérébrale, perception améliorée et accélérée, exaltation de la vigilance et de la mémoire, ajustement des réflexes, clairvoyance. **Secondaires** Sueurs froides, agressivité, insomnie, maux de tête, amaigrissement par malnutrition et diminution de l'appétit, lésions nasales, congestion des sinus, douleurs thoraciques, tensions, tremblements.
Erythropoïétine ou « EPO » (hormone peptidique) *Eprex, Recormon*	• Cyclisme • Course de fond • Natation • Ski de fond • Football	**Voulus** Accroissement de la capacité de transport d'oxygène, amélioration de l'endurance et raccourcissement du temps d'adaptation aux compétitions en altitude. **Secondaires** Poussées hypertensives, thromboses des sites d'accès vasculaires, convulsions, symptômes de la grippe, douleurs osseuses et réactions cutanées.
Transfusion sanguine (dopage sanguin)	• Cyclisme • Course de fond • Natation • Ski de fond • Football • Lutte • Judo	**Voulus** Amélioration des possibilités de transport d'oxygène, hausse de la consommation maximale d'oxygène (VO_2 max.), de la puissance aérobie maximale et des possibilités d'effort submaximal, stimulation de l'endurance. **Secondaires** Conflit entre les globules blancs et les plaquettes des deux sangs, simulation de crise de paludisme, frissons, augmentation brutale de la température, œdème pulmonaire aigu, hypocalcémie grave, douleurs lombaires, malaises, hépatite virale, mononucléose infectieuse, rougeole, diabète, défaillance cardiaque.

SUBSTANCE *Nom commercial*	SPORTS	EFFETS
Clenbutérol (bêtastimulant) *Ventipulmin, Planipart (spécialité vétérinaire)*	• Sprint • Cyclisme • Lancers • Haltérophilie	**Voulus** Amélioration de la fonction respiratoire, maintien accru de l'accélération finale, croissance musculaire. **Secondaires** Tremblements musculaires, tachycardie, maux de tête.
Cortisone (corticostéroïdes) *Cortisone Roussel*	• Sprint • Cyclisme • Lancers • Haltérophilie • Gymastique	**Voulus** Stimulation de la volonté, euphorisant, antalgique, antifatigue et antistress. **Secondaires** Ulcères, infections virales, affaiblissement des systèmes de défense de l'organisme, accidents neuropsychiques, décalcification, diabète, œdèmes, tendinites, hypertension, fragilisation des tissus, fonte musculaire, insuffisance rénale.
Éphédrine (stimulant) *Clarix, Stopasthme, Tédralan*	• Sprint • Cyclisme • Lancers • Haltérophilie • Gymastique • Hockey sur glace • Boxe • Aviron • Escrime	**Voulus** Confiance en soi, volonté exacerbée, atténuation de la sensation de fatigue. **Secondaires** Céphalées, insomnie, palpitations, hypotension artérielle, accélération du transit intestinal, ralentissement de la fonction cardiaque.

RÉSUMÉ

- En augmentant votre force et votre endurance musculaires, vous améliorerez vos performances physiques, votre composition corporelle, votre image et votre estime personnelle, l'état de vos muscles et de vos os durant le processus de vieillissement, et vous vous prémunirez contre les blessures.

- Pour évaluer la force musculaire d'une personne, on note la charge maximale qu'elle peut soulever lors de la répétition d'un exercice (1 RM); l'endurance musculaire est fonction du nombre de répétitions d'un exercice que cette personne peut effectuer.

- L'hypertrophie, soit l'augmentation de la taille des fibres musculaires, résulte de l'accroissement du nombre des myofibrilles présentes dans ces fibres. C'est ainsi que l'entraînement avec des poids favorise l'accroissement du volume musculaire total.

- Les contractions isométriques (exercices statiques) sont tout indiquées pour les personnes qui se rétablissent d'une blessure ou d'une opération chirurgicale ou qui doivent retrouver l'amplitude d'un mouvement.

- Les contractions isotoniques (exercices dynamiques) comportent des contractions qui induisent des mouvements.

- Les poids et haltères et les appareils spécifiques de musculation contribuent tout aussi efficacement à l'amélioration de la condition physique. Les appareils sont souvent plus sécuritaires, tandis que les poids libres sollicitent davantage les muscles stabilisateurs.

- Pour développer sa force, on soulève des poids lourds à quelques reprises. Pour développer l'endurance musculaire, on soulève des poids plus légers à plusieurs reprises.

- Un programme d'entraînement avec poids visant l'amélioration de la condition physique se compose de 8 à 10 exercices comprenant au moins une série de 9 à 12 répétitions chacun (suffisamment pour créer un effet de fatigue). Ces exercices doivent être assortis de périodes d'échauffement et de récupération. Le programme doit être effectué 2 ou 3 fois par semaine.

- Les principes généraux de sécurité en matière d'entraînement avec des poids sont les suivants : utiliser la technique appropriée, recourir à un pareur, aux collets et aux ceintures d'haltérophilie lorsque c'est nécessaire, ne pas excéder ses limites et soigner toute blessure sans tarder.

- Le recours aux substances chimiques pour améliorer les performances comporte de graves risques pour la santé et peut de plus être inefficace et coûteux. Tenez-vous-en donc à un bon programme d'entraînement.

Nom : _____ Groupe : _____ Date : _____

LABO 4.1 REDRESSEMENTS ASSIS PARTIELS

Les redressements assis partiels mesurent l'endurance des muscles abdominaux.

Équipement

- Tapis de gymnastique
- Ruban-cache adhésif
- Règle
- Équerre
- Métronome

Préparation

Collez du ruban sur toute la largeur du matelas ou sur une largeur d'environ 90 cm au sol de manière à tracer deux lignes parallèles séparées de 10 cm (voir photo ci-dessous).

Instructions

1. Couchez-vous sur le dos, la tête sur le tapis, les bras allongés le long du corps, les paumes contre le tapis et le bout des doigts à la marque 0 cm. Les bras et les mains doivent être en extension complète lorsque les majeurs touchent à la marque 0. Pliez les genoux à un angle de 90° (servez-vous de l'équerre). Vos talons doivent rester en contact avec le tapis.

2. Réglez le métronome à 50 battements par minute.

3. Vous devez amorcer le redressement assis en collant le bas du dos au tapis et le poursuivre par un enroulement du haut du dos pendant que les paumes glissent le long du ruban adhésif jusqu'à ce que les bouts des doigts atteignent la marque 10 cm. (Si vous ne pouvez atteindre la marque de 10 cm pour un redressement, inscrivez la marque atteinte. Vous utiliserez cette marque comme point de repère.) Revenez ensuite à la position de départ; la tête et les omoplates doivent revenir toucher le tapis.

   Effectuez 25 redressements assis par minute. La durée de la phase ascendante doit être égale à celle de la phase descendante. Effectuez les redressements assis à un rythme régulier, sans temps de repos, jusqu'à un maximum de 25 répétitions. Expirez en montant.

4. Interrompez le test si vous vous sentez mal, que vous ne pouvez maintenir la cadence ou que vous ne pouvez effectuer correctement le mouvement.

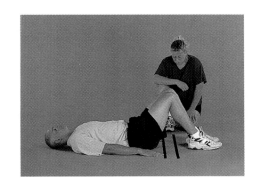

Position de départ.

Redressement assis partiel.

Évaluation du score au test de redressements assis partiels

Notez vos résultats et consultez le tableau qui suit pour les interpréter.

Nombre de redressements assis partiels : _____   Catégorie : _____

Catégories de bénéfices santé pour le test de redressements assis partiels, selon l'âge et le sexe.

CATÉGORIE	Hommes		Femmes	
	15-19 ans	20-29 ans	15-19 ans	20-29 ans
Excellent	≥ 25	≥ 25	≥ 25	≥ 25
Très bien	23-24	23-24	23-24	23-24
Bien	21-22	21-22	21-22	19-22
Acceptable	16-20	13-20	16-20	13-18
À améliorer	≤ 15	≤ 12	≤ 15	≤ 12

Source : The Canadian Physical Activity, Fitness and Lifestyle Appraisal : CSEP's Plan for Healthy Active Living, 1996. Reproduit avec l'autorisation de la Société canadienne de physiologie de l'exercice.

Nom : _____   **Groupe :** _____   **Date :** _____

LABO 4.2   REDRESSEMENTS ASSIS PENDANT 60 SECONDES

Pour évaluer l'endurance des muscles abdominaux, vous pouvez aussi effectuer le test des redressements assis complets. Cependant ce test mesure à la fois l'endurance des abdominaux et des muscles fléchisseurs des hanches. (N'effectuez pas ce test si vous souffrez de douleurs lombaires.)

Équipement et aide
- Chronomètre, horloge ou montre avec trotteuse
- Tapis de gymnastique
- Un partenaire pour tenir vos chevilles

Préparation
Effectuez quelques redressements assis afin d'assimiler la bonne technique et d'échauffer vos muscles abdominaux.

Instructions
1. Couchez-vous sur le dos, les genoux pliés, les pieds à plat sur le sol et les mains croisées derrière la nuque. Votre partenaire doit vous tenir fermement les chevilles afin que vos pieds demeurent au sol pendant les redressements assis.

2. Au signal donné par le partenaire, redressez le tronc jusqu'à ce que vos coudes touchent vos genoux ou vos cuisses, puis reprenez la position de départ. Gardez le cou relâché. Respirez aussi normalement que possible et ne retenez pas votre souffle.

3. Effectuez le plus grand nombre possible de redressements assis en 60 secondes.

Note : Les normes établies pour ce test s'appliquent lorsque vous croisez vos mains derrière la nuque. Vos résultats seront plus précis si vous procédez de cette façon. Toutefois, certains spécialistes estiment qu'effectuer des redressements assis dans cette position peut causer une blessure au cou. Si vous craignez une telle blessure, effectuez le test en plaçant plutôt vos mains sur vos tempes. Si vous effectuez les redressements assis en plaçant vos mains derrière la nuque, prenez soin de ne pas pousser la tête vers l'avant et cessez l'exercice si vous ressentez de la douleur dans le cou.

Évaluation du score au test de redressements assis
Notez vos résultats et consultez le tableau ci-dessous pour connaître l'évaluation de votre endurance musculaire abdominale et des muscles fléchisseurs de la hanche. Inscrivez votre catégorie.

Nombre de redressements assis : _____   Catégorie : _____

Catégories de bénéfices santé pour le test de redressements assis, selon l'âge et le sexe.

CATÉGORIE	Hommes		Femmes	
	Moins de 20 ans	20-29 ans	Moins de 20 ans	20-29 ans
Supérieur	≥ 62	≥ 55	≥ 55	≥ 51
Excellent	51-61	47-54	46-54	44-50
Bien	47-50	42-46	36-45	38-43
Acceptable	41-46	38-41	32-35	32-37
À améliorer	36-40	33-37	28-31	24-31
Faible	≤ 35	≤ 32	≤ 27	≤ 23

Source : Normes établies par le Cooper Institute for Aerobics Research, Dallas (Texas); utilisation autorisée.

Nom : _____   Groupe : _____   Date : _____

| **LABO 4.3** | **EXTENSIONS DES BRAS** |

Le test des extensions des bras permet d'évaluer l'endurance des muscles de la partie supérieure du corps.

Équipement
- Tapis de gymnastique

Instructions
La marche à suivre diffère pour les femmes et les hommes.

Hommes
1. Allongez-vous sur le ventre, les jambes jointes, les mains pointées vers l'avant et placées dans l'axe des épaules.

2. Soulevez-vous, faites une extension complète des bras et prenez appui sur les orteils. Gardez la partie supérieure du corps à l'horizontale.

3. Revenez à la position de départ, le menton au tapis. Ni l'abdomen ni les cuisses ne doivent toucher au tapis.

Femmes
1. Allongez-vous sur le ventre, les jambes pliées, les mains pointées vers l'avant et dans l'axe des épaules.

2. Soulevez-vous, faites une extension complète des bras et prenez appui sur les genoux. La partie supérieure du corps doit être à un angle de 45°.

3. Revenez à la position de départ, le menton touchant au tapis. Votre ventre ne doit pas toucher le sol.

4. Interrompez le test dès que vos efforts deviennent pénibles ou que vous êtes incapable d'exécuter les mouvements correctement après deux essais consécutifs. Ne retenez pas votre souffle; respirez de façon rythmée, en expirant durant l'effort (durant la phase d'extension).

Évaluation du score au test d'extensions des bras
Inscrivez le nombre d'extensions des bras que vous avez réussis. Ne comptez pas les répétitions non réussies, ou celles qui ne satisfont pas aux critères ci-dessus. Consultez le tableau qui suit pour déterminer votre catégorie.

Nombre d'extensions des bras : _____   Catégorie : _____

Catégories de bénéfices santé pour le test d'extensions des bras, selon l'âge et le sexe.

CATÉGORIE	Hommes		Femmes	
	15-19 ans	**20-29 ans**	**15-19 ans**	**20-29 ans**
Excellent	≥ 39	≥ 36	≥ 33	≥ 30
Très bien	29-38	29-35	25-32	21-29
Bien	23-28	22-28	18-24	15-20
Acceptable	18-22	17-21	12-17	10-14
À améliorer	≤ 17	≤ 16	≤ 11	≤ 9

Source : Normes établies par le Cooper Institute for Aerobic Research, Dallas (Texas); utilisation autorisée.

Nom : _____   Groupe : _____   Date : _____

LABO 4.4   TEST DU DYNAMOMÈTRE

Le test du dynamomètre permet d'évaluer la force de préhension.

Équipement
• Dynamomètre manuel

Instructions

1. Prenez le dynamomètre dans une main. Saisissez-le entre les doigts et la paume, à la base du pouce, de façon que vos doigts s'ajustent confortablement à la poignée, au niveau des phalangines (deuxième articulation des doigts), et qu'ils supportent le poids de l'instrument. Tenez la poignée du dynamomètre dans le prolongement du bras, à la hauteur de la cuisse et éloignée du corps.

2. Serrez vigoureusement la poignée en exerçant le maximum de force. Expirez pendant que vous serrez l'instrument. (Durant l'épreuve, ni votre main ni le dynamomètre ne doivent toucher au corps ou à quoi que ce soit.)

3. Mesurez la force de préhension des deux mains alternativement en faisant deux essais par main.

Évaluation du score au test du dynamomètre

Inscrivez les résultats pour chaque main au kilogramme près. Combinez le score maximal pour chaque main. Consultez ensuite le tableau suivant pour déterminer votre catégorie.

Main droite   Essai 1 : _____ kg   Essai 2 : _____ kg

Main gauche Essai 1 : _____ kg   Essai 2 : _____ kg

Meilleur essai de la main droite : _____ kg

Meilleur essai de la main gauche : _____ kg

Total : _____ kg

Catégorie : _____

Catégories de bénéfices santé pour le test de la force de préhension, selon l'âge et le sexe.

CATÉGORIE	Hommes		Femmes	
	15-19 ans	**20-29 ans**	**15-19 ans**	**20-29 ans**
Excellent	≥ 113	≥ 124	≥ 71	≥ 71
Très bien	103-112	113-123	64-70	65-70
Bien	95-102	106-112	59-63	61-64
Acceptable	84-94	97-105	54-58	55-60
À améliorer	≤ 83	≤ 96	≤ 53	≤ 54

Source : The Canadian Physical Activity, Fitness and Lifestyle Appraisal : CSEP's Plan for Healthy Active Living, 1996. Reproduit avec l'autorisation de la Société canadienne de physiologie de l'exercice.

Nom : _____ Groupe : _____ Date : _____

LABO 4.5   SAUT VERTICAL

Le saut vertical est une mesure musculo-squelettique. La hauteur du saut servira à calculer la puissance des jambes. (Abstenez-vous d'effectuer cette épreuve si vous souffrez d'un mal de dos.)

Équipement
- Ruban à mesurer
- Craie

Instructions
1. Tenez-vous debout, de côté par rapport au mur sur lequel a été fixé un ruban métrique.
2. Dans cette position, les pieds bien à plat sur le sol, touchez le ruban le plus haut possible en gardant les doigts tendus et la paume contre le mur.
3. Notez la hauteur atteinte sur le ruban. C'est votre position de départ.
4. En vous éloignant légèrement du mur, baissez les bras et placez-les derrière vous en pliant les genoux dans une position semi-accroupie. Immobilisez-vous un instant dans cette position.
5. Sautez aussi haut que possible les bras tendus vers l'avant et vers le haut, touchant le ruban à la hauteur maximale; faites trois essais. Aucun pas de course n'est autorisé.

Évaluation du score au saut vertical

Inscrivez votre position de départ, votre poids, votre meilleur résultat au saut et appliquez la formule du calcul de la puissance des jambes. Consultez ensuite le tableau qui suit pour déterminer votre catégorie.

Position de départ : _____ cm   Masse corporelle (poids) : _____ kg

Résultats au saut

Meilleur essai : _____ cm − position de départ : _____ cm = _____

Le calcul de la puissance des jambes est déterminé par la formule suivante :

$$2{,}21 \times \text{masse corporelle (poids)} \times \sqrt{\text{saut vertical (mètre)}}$$

$$2{,}21 \times (\underline{\qquad} \text{ kg}) \times \sqrt{\underline{\qquad}} \text{ m} = \underline{\qquad}$$

Catégorie : _____

Catégories de bénéfices santé pour le test du saut vertical, selon l'âge et le sexe.

CATÉGORIE	Hommes		Femmes	
	15-19 ans	20-29 ans	15-19 ans	20-29 ans
Excellent	≥ 104	≥ 121	≥ 74	≥ 78
Très bien	88-103	102-120	67-73	65-77
Bien	73-87	89-101	58-66	56-64
Acceptable	61-72	74-88	51-57	52-55
À améliorer	≤ 60	≤ 73	≤ 50	≤ 51

Source : The Canadian Physical Activity, Fitness and Lifestyle Appraisal : CSEP's Plan for Healthy Active Living, 1996. Reproduit avec l'autorisation de la Société canadienne de physiologie de l'exercice.

Nom : _____ **Groupe :** _____ **Date :** _____

LABO 4.6 DÉVELOPPÉ COUCHÉ, TEST MAXIMAL

Le test du développé couché mesure la force des bras.

Équipement et aide

- Si vous utilisez l'appareil de musculation à résistances progressives et à multi-accessoires, c'est l'idéal, car le barème d'évaluation de ce test résulte de l'utilisation de cet appareil.
- Pèse-personne

Si vous utilisez des poids et haltères, les résultats seront moins précis et vous aurez besoin de plus d'équipement.

- Banc horizontal
- Barre à disques
- Assortiment de poids
- Collets pour maintenir les poids en place
- Pèse-personne
- Un ou deux pareurs

Préparation

Effectuez quelques développés couchés en utilisant une charge légère afin d'assimiler la bonne technique et d'échauffer vos muscles. Si vous utilisez des poids et haltères, coordonnez vos mouvements avec ceux des pareurs qui vous accompagnent. Pesez-vous, puis inscrivez votre poids.

Poids corporel : _____ kg

Instructions

1. Préparez l'appareil (ou mettez des poids sur la barre à disques) de façon que la charge utilisée soit inférieure à celle que vous croyez pouvoir soulever.

2. Étendez-vous sur le banc, les pieds reposant fermement sur le sol. Si vous utilisez un appareil avec des poids, saisissez la barre en plaçant les paumes vers l'extérieur; le dessus de la barre doit être aligné avec vos aisselles.

   Si vous utilisez des poids et haltères, saisissez la barre en écartant les bras de la largeur des épaules et en plaçant les paumes vers l'extérieur. Si vous recevez l'aide d'un pareur, il doit se placer directement derrière le banc; si deux pareurs vous aident, ils doivent se placer sur les côtés, à chaque extrémité de la barre à disques. Faites descendre la barre sur votre poitrine pour vous préparer à la soulever.

3. Soulevez les poids jusqu'à ce que vos bras soient en extension complète. Expirez pendant que vous soulevez les poids. Si vous utilisez des poids et haltères, la barre devrait suivre une trajectoire elliptique pendant laquelle le poids passe de son point le plus bas, sur votre poitrine, à son point le plus élevé, au-dessus du menton. Maintenez vos pieds fermement au sol, n'arquez pas votre dos et soulevez le poids également des deux bras. Ne faites pas rebondir le poids sur votre poitrine.

4. Reposez-vous quelques minutes, puis répétez le mouvement avec un poids plus lourd. Vous devrez probablement vous y reprendre à plusieurs reprises avant de déterminer la charge maximale que vous pouvez soulever (1 RM).

   1 RM : _____ kg

Évaluation du score au test du développé couché

Divisez la valeur de 1 RM par votre poids corporel, puis déterminez votre catégorie à l'aide du tableau ci-dessous.

1 RM _____ kg ÷ poids corporel _____ kg = _____

Catégorie : _____

Catégories de bénéfices santé pour le test du développé couché, selon le ratio poids soulevé/poids corporel, l'âge et le sexe.

CATÉGORIE	Hommes		Femmes	
	Moins de 20 ans	20-29 ans	Moins de 20 ans	20-29 ans
Supérieur	≥ 1,76	≥ 1,63	≥ 0,88	≥ 1,01
Excellent	1,34-1,75	1,32-1,62	0,77-0,87	0,80-1,00
Bien	1,19-1,33	1,14-1,31	0,65-0,76	0,70-0,79
Acceptable	1,06-1,18	0,99-1,13	0,58-0,64	0,59-0,69
À améliorer	0,89-1,05	0,88-0,98	0,53-0,57	0,51-0,58
Faible	≤ 0,88	≤ 0,87	≤ 0,52	≤ 0,50
Source : Normes établies par le Cooper Institute for Aerobics Research, Dallas (Texas); utilisation autorisée.				

LABO 4.7   DÉVELOPPÉ DES JAMBES, TEST MAXIMAL

Le test du développé des jambes mesure la force des jambes.

Équipement

- Appareil de musculation à résistances progressives et à multi-accessoires pour le développé des jambes. Si vous utilisez un appareil avec deux ensembles de pédales, servez-vous des pédales inférieures. (Le barème mis au point pour ce test résulte de l'utilisation de l'appareil de musculation à résistances progressives et à multi-accessoires. Les résultats seront moins précis si vous effectuez le test avec un autre type d'appareil.)
- Pèse-personne

Préparation

Effectuez quelques développés des jambes en utilisant une charge légère afin d'assimiler la bonne technique et d'échauffer vos muscles. Pesez-vous, puis inscrivez votre poids.

Poids corporel : _____ kg

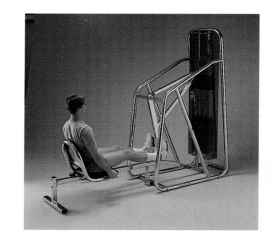

Instructions

1. Préparez l'appareil de façon que le poids utilisé soit inférieur au poids que vous croyez pouvoir soulever.

2. Ajustez le siège de façon que vos genoux soient pliés selon un angle de 70°.

3. Saisissez les barres latérales et poussez avec vos jambes jusqu'à ce que vos genoux soient en extension complète.

4. Reposez-vous plusieurs minutes, puis répétez le mouvement avec un poids plus lourd. Vous devrez probablement vous y prendre plusieurs fois avant de déterminer la charge maximale que vous pouvez soulever (1 RM).

   1 RM : _____ kg

Évaluation du score au test du développé des jambes

Divisez la valeur de 1 RM par votre poids corporel, puis déterminez votre catégorie à l'aide du tableau ci-dessous.

1 RM _____ kg ÷ poids corporel _____ kg = _____

Catégorie : _____

Catégories de bénéfices santé pour le test du développé des jambes, selon le ratio poids soulevé/poids corporel, l'âge et le sexe.

CATÉGORIE	Hommes		Femmes	
	Moins de 20 ans	20-29 ans	Moins de 20 ans	20-29 ans
Supérieur	≥ 2,82	≥ 2,40	≥ 1,88	≥ 1,98
Excellent	2,28-2,81	2,13-2,39	1,71-1,87	1,68-1,97
Bien	2,04-2,27	1,97-2,12	1,59-1,70	1,50-1,67
Acceptable	1,90-2,03	1,83-1,96	1,38-1,58	1,37-1,49
À améliorer	1,70-1,89	1,63-1,82	1,22-1,37	1,22-1,36
Faible	≤ 1,69	≤ 1,62	≤ 1,21	≤ 1,21

Source : Normes établies par le Cooper Institute for Aerobics Research, Dallas (Texas); utilisation autorisée.

LA FLEXIBILITÉ
ET LA SANTÉ DU DOS

5

OBJECTIFS

Après avoir lu le présent chapitre, vous devriez pouvoir :

- décrire les bénéfices associés aux exercices d'étirement et à une bonne flexibilité;

- identifier les déterminants de la mobilité articulaire;

- utiliser des exercices d'étirement appropriés et décrire les résultats escomptés;

- nommer les types d'exercices d'étirement qui favorisent une flexibilité optimale tout en réduisant au minimum les risques de blessures et savoir à quelle intensité, pendant quelle durée et à quelle fréquence il faut les pratiquer;

- composer une routine d'étirement en fonction de vos besoins;

- identifier les éléments essentiels à la prévention des maux de dos;

- évaluer l'état de santé de votre dos.

a flexibilité — c'est-à-dire la capacité d'une articulation à bouger dans toute son **amplitude** — est essentielle à la bonne condition physique et au bien-être général. C'est d'ailleurs l'un des déterminants de la santé du dos, l'autre étant la force musculaire (*voir* chapitre 4). On le sait, les maux de dos sont courants aujourd'hui et réduisent grandement la qualité de vie des gens qui en souffrent. Avoir un dos en bonne santé, c'est être capable d'adopter des postures correctes, et c'est avoir une force musculaire et une flexibilité adéquates, notamment au niveau des muscles abdominaux, des dorsolombaires, des fléchisseurs et extenseurs de la hanche ainsi que des ischio-jambiers.

La flexibilité permet d'exécuter aisément ses activités quotidiennes et récréatives, et protège des blessures et des maux de dos. C'est un déterminant de la condition physique qui décroît très rapidement avec l'âge, s'il n'est pas entretenu. Par contre, il suffit d'un peu de persévérance pour l'améliorer. La flexibilité a aussi un caractère spécifique : les articulations n'ont pas toutes le même degré de flexibilité, mais on peut améliorer la mobilité de chacune en faisant des exercices d'étirement.

Il existe deux types fondamentaux de flexibilité : la flexibilité statique et la flexibilité dynamique. La flexibilité statique désigne la capacité d'adopter et de maintenir une position d'extension à la limite de l'amplitude de mouvement d'une articulation. La flexibilité dynamique renvoie plutôt au mouvement : c'est la capacité de faire bouger rapidement une articulation dans toute son amplitude sans résistance marquée. Une gymnaste voulant effectuer le grand écart sur une poutre doit posséder une flexibilité statique appropriée au niveau des jambes et des hanches. Si elle veut faire un saut avec grand écart, elle doit plutôt avoir une bonne flexibilité dynamique.

Les facteurs inhérents à la flexibilité d'une articulation sont la structure osseuse de l'articulation, la masse musculaire située autour de l'articulation, la tension normale ou la longueur habituelle de ces groupes musculaires, l'élasticité et la structure du tissu conjonctif, des ligaments et des tendons.

La flexibilité dynamique dépend de la flexibilité statique, mais aussi de facteurs tels que la force, la coordination et la résistance au mouvement. Elle facilite l'exécution des activités quotidiennes et la pratique des sports. Étant plus facile à mesurer, la flexibilité statique a fait l'objet de recherches plus approfondies. C'est pourquoi la plupart des tests d'évaluation et des programmes d'étirement, y compris ceux de ce chapitre, portent sur la flexibilité statique.

Le présent chapitre décrit les facteurs influant sur la flexibilité ainsi que les bénéfices santé d'une flexibilité adéquate. Vous y verrez comment évaluer votre degré actuel de flexibilité et comment planifier un programme d'étirement efficace. Ce chapitre traite également de la posture et des maux de dos.

LES BÉNÉFICES ASSOCIÉS AUX EXERCICES D'ÉTIREMENT ET À LA FLEXIBILITÉ

Une flexibilité adéquate profite à tout le système musculo-squelettique. Elle contribue à la prévention des blessures et des douleurs et améliore les performances physiques et sportives.

LE FONCTIONNEMENT DES ARTICULATIONS

Une flexibilité adéquate est essentielle au bon fonctionnement des articulations. Lorsque les muscles et les autres tissus qui soutiennent une articulation sont tendus, celle-ci subit un stress anormal qui peut l'affaiblir. Par exemple, en exerçant une pression excessive sur la rotule, une tension musculaire de la cuisse causera des douleurs dans l'articulation du genou. De même, une amplitude articulaire insuffisante peut avoir des effets négatifs sur le fonctionnement des articulations et causer des dommages aux cartilages qui les recouvrent. Il peut en résulter des douleurs et des blessures articulaires.

Accroître sa flexibilité, c'est souvent améliorer sa qualité de vie. C'est très certainement le cas pour les personnes plus âgées. En effet, comme l'élasticité naturelle des muscles et des tendons diminue avec l'âge, il n'est pas rare que ces personnes souffrent de raideurs. Et cela est encore plus problématique si elles sont aussi atteintes d'arthrite. En induisant une meilleure élasticité des tissus, les exercices d'étirement facilitent les mouvements. Les personnes souples peuvent tout faire plus facilement, qu'il s'agisse de lacer leurs souliers ou d'étirer le bras pour atteindre l'armoire de cuisine la plus haute.

DOULEURS ET BLESSURES LOMBAIRES

Les douleurs lombaires résultent parfois d'une déviation de la colonne vertébrale exerçant une pression sur les nerfs. Une force musculaire et une flexibilité adéquates peuvent contribuer à prévenir l'apparition de telles douleurs. Malheureusement, les études effectuées jusqu'à maintenant n'ont pas permis d'établir une corrélation suffisante entre les douleurs au dos et le manque de flexibilité.

On sait cependant qu'une flexibilité inadéquate accroît les risques de blessure. De plus, il a été démontré qu'un programme général de développement de la flexibilité diminue non seulement la fréquence mais aussi la gravité des blessures. Le traitement d'une blessure devrait être accompagné d'étirements, car ces exercices diminuent les symptômes et contribuent au rétablissement de l'amplitude articulaire normale.

Une flexibilité exagérée — c'est-à-dire l'étirement de muscles à la limite de l'amplitude articulaire — peut déstabiliser une articulation. Certaines activités, telles que la gymnastique et le ballet, exigent des mouvements articulaires extrêmement prononcés, que la majorité des gens ne devraient pas tenter de reproduire. En effet, une flexibilité extrême peut augmenter les risques de blessure dans la pratique de sports tels que le ski, le basket-ball et le volley-ball. Comme pour les autres types d'exercices ou d'activités physiques, la modération est le facteur clé d'un entraînement sécuritaire.

AUTRES BÉNÉFICES POSSIBLES

- *Réduction des courbatures suite à un exercice* Les **raideurs musculaires différées**, qui surviennent un ou deux jours après un exercice, semblent résulter de dommages causés aux fibres musculaires et aux tissus conjonctifs de soutien. Certaines études ont démontré qu'on pouvait atténuer ces douleurs musculaires en exécutant des exercices d'étirement après une activité physique.

- *Soulagement des malaises et des douleurs* Les **exercices d'assouplissement** contribuent à chasser les douleurs causées par le stress ou par une position assise de longue durée. Le fait d'étudier ou de travailler très longtemps sans bouger peut produire une tension musculaire. Les étirements favorisent l'élimination de cette tension et permettent de reprendre le travail avec plus d'énergie et d'efficacité.

- *Amélioration du schéma corporel et acquisition d'une plus grande force pour les activités sportives (et les activités quotidiennes)* La personne dotée d'une flexibilité adéquate adoptera de bonnes postures et déploiera sa force physique avec une plus grande amplitude. Grâce à une meilleure souplesse articulaire vous pourrez bouger plus librement et sans contrainte. Certaines études indiquent qu'un entraînement en flexibilité favorise le développement de la force physique.

TERMINOLOGIE

Amplitude Capacité maximale de mouvement d'une articulation.

Raideur musculaire différée Douleur ressentie un ou deux jours après un exercice et probablement provoquée par des dommages causés aux tissus qui suscitent la libération de calcium et d'enzymes brisant les fibres musculaires.

Exercices d'assouplissement Mouvements de rotation du tronc, des épaules et des chevilles, et mouvements de balancement des jambes et des bras.

- *Maintien d'une bonne posture* La flexibilité favorise la symétrie du corps et le maintien d'une bonne posture. Les mauvaises habitudes de posture peuvent entraîner une modification progressive de la structure du corps.

- *Détente* Les **exercices d'étirement** constituent un excellent moyen de se détendre. Des études ont démontré que ces exercices contribuent à diminuer les tensions psychologiques, à ralentir le rythme respiratoire et à réduire la tension artérielle.

FLEXIBILITÉ ET BIEN-ÊTRE POUR LA VIE

Le bien-être consiste, entre autres, à pouvoir se déplacer aisément et sans douleur, ce à quoi les exercices de flexibilité nous aident à parvenir. Les personnes sédentaires ont souvent une mobilité diminuée. Même des personnes relativement jeunes souffrent déjà de différents malaises au dos, aux épaules, aux genoux ou aux chevilles. Plus ces personnes vieillissent et plus leurs douleurs sont susceptibles de s'aggraver. Elles deviennent également plus vulnérables aux blessures. Bref, leur qualité de vie s'en ressent.

Assurez-vous d'une flexibilité adéquate; vos muscles et articulations fourniront ainsi des efforts sans douleur, et vous pourrez alors vous adonner à toutes les activités qui vous plaisent.

QU'EST-CE QUI DÉTERMINE LA FLEXIBILITÉ ?

La mobilité d'une articulation est déterminée par sa structure, par la longueur et l'élasticité des muscles et par l'activité du système nerveux. Certains facteurs, comme la structure d'une articulation, ne changeront pas. D'autres, telle la longueur des fibres musculaires au repos, peuvent être modifiés par l'exercice. Ce sont évidemment ces facteurs modifiables qui feront l'objet d'un programme de développement de la flexibilité.

STRUCTURE D'UNE ARTICULATION

Le degré de mobilité d'une articulation dépend, entre autres, de la nature et de la structure de cette articulation. Les articulations à charnière, comme celles des doigts et des genoux, ne permettent que des mouvements limités vers l'avant et l'arrière, et se bloquent lorsqu'elles sont en extension complète. Les articulations sphéroïdes, comme celles des hanches, rendent possibles de nombreux types de mouvements et possèdent une plus grande amplitude. Les principales articulations sont entourées de capsules articulaires, lesquelles sont des structures semi-élastiques qui confèrent force et stabilité aux articulations mais qui limitent leur mouvement. L'hérédité détermine en partie la structure et la mobilité des articulations. Ainsi, l'articulation de la hanche est dotée d'une grande amplitude chez tous les individus, mais tous ne sont pas capables de faire le grand écart.

LONGUEUR ET ÉLASTICITÉ DES MUSCLES

Les tissus mous, comme la peau, les muscles, les tendons et les ligaments, limitent également la mobilité d'une articulation. Le tissu musculaire est l'élément clé en matière de flexibilité parce qu'il peut s'allonger suite à un entraînement régulier composé d'exercices d'étirement. Toutefois, c'est du tissu conjonctif, qui entoure et enveloppe chaque partie du tissu musculaire, que dépend l'augmentation de la flexibilité de ce tissu. Le tissu conjonctif apporte tonus, élasticité et volume; il constitue environ 30 % de la masse musculaire.

Lorsqu'un muscle est étiré, les fibres s'allongent. Lorsque l'étirement du muscle cesse, les fibres reprennent rapidement leur position de repos. S'ils sont étirés doucement et régulièrement, les tissus conjonctifs s'allongeront et votre flexibilité s'améliorera (*voir* figure 5.1). Sans étirement régulier, le processus s'inverse : les tissus conjonctifs rétrécissent et la flexibilité diminue. Des exercices d'étirement réguliers favorisent la flexibilité, car ils suscitent un allongement des fibres musculaires.

Lorsqu'on planifie un programme d'étirement, on doit tenir compte de la capacité d'étirement limitée du tissu conjonctif dans les muscles. En effet, quand un muscle a atteint sa capacité maximale, le tissu conjonctif devient plus fragile et peut se déchirer si on l'étire trop (*voir* figure 5.2). Un programme sûr et efficace permet d'étirer légèrement les tissus sans leur causer de dommage. Des recherches ont démontré que la meilleure façon d'accroître la flexibilité consiste à étirer les muscles lentement et graduellement, après les avoir échauffés (par l'exercice ou l'application de chaleur). Un étirement brusque et intensif est moins efficace et peut causer des blessures musculaires.

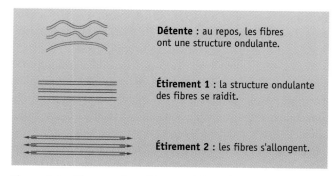

Détente : au repos, les fibres ont une structure ondulante.

Étirement 1 : la structure ondulante des fibres se raidit.

Étirement 2 : les fibres s'allongent.

Figure 5.1 **Tissu conjonctif musculaire détendu et étiré.**

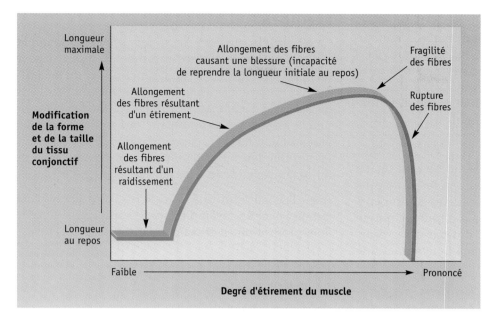

Figure 5.2 Effets d'un étirement sur le tissu conjonctif.

L'ACTIVITÉ DU SYSTÈME NERVEUX

Les muscles sont pourvus de récepteurs d'élongation qui les informent sur leur degré d'étirement. Quand ces cellules détectent un étirement violent, un réflexe d'étirement provoque une contraction musculaire de façon à prévenir un étirement exagéré ainsi que la blessure qui pourrait en résulter.

Les étirements rapides et saccadés sont jugés dangereux parce qu'ils peuvent produire une contraction musculaire réflexe au moment de l'étirement, ce qui rend le muscle très vulnérable aux blessures. Voilà pourquoi les étirements doivent toujours être lents et progressifs.

ÉVALUATION DE LA FLEXIBILITÉ

Comme le degré de flexibilité varie d'une articulation à l'autre, il n'existe pas de tests permettant d'évaluer la flexibilité générale. Le test de flexibilité le plus courant est la flexion du tronc. Il permet d'évaluer la souplesse des muscles dorsolombaires et ischio-jambiers. Lorsqu'on augmente la flexibilité de ces muscles, on contribue à prévenir les douleurs lombaires. Pour évaluer votre flexibilité, faites le labo 5.1 à la fin du chapitre.

PLANIFICATION D'UN PROGRAMME D'EXERCICES AXÉS SUR LA FLEXIBILITÉ

Pour réussir à améliorer sa flexibilité, il faut effectuer un programme d'exercices sécuritaires en appliquant les techniques les plus efficaces possible.

DESCRIPTION DES TECHNIQUES D'ÉTIREMENT

Les techniques d'étirement sont nombreuses : elles vont du simple étirement des muscles résultant des activités quotidiennes aux méthodes très spécialisées fondées sur les différents types de réflexes musculaires. Il faut bien connaître les divers types d'exercices d'étirement et leur incidence sur les muscles, car l'application de techniques d'étirement inadéquates peut avoir de fâcheuses conséquences. Nous examinerons trois types d'exercices : l'étirement statique, l'étirement balistique et l'étirement proprio-neuro facilitation progressive (PNF).

Étirement statique L'étirement statique consiste à étirer un muscle graduellement et à le maintenir en position d'étirement pendant 10 à 30 secondes. Maintenir l'étirement moins de 10 secondes n'a à peu près aucun effet. En étirant les muscles lentement, on risque moins de subir des blessures, car les récepteurs d'élongation réagissent alors de façon moins prononcée. L'étirement statique est le type d'exercice que recommandent généralement les spécialistes, car il est sûr et efficace. L'étirement doit être soutenu mais détendu; vous devez prêter attention aux muscles qui travaillent. Cet exercice devient néfaste s'il est réalisé à intervalles irréguliers ou exécuté jusqu'à la douleur.

TERMINOLOGIE

Exercices d'étirement Exercices fondés sur l'allongement de différents muscles ou groupes musculaires. Ils peuvent être exécutés avant ou après l'exercice.

Étirement balistique   L'étirement balistique est une action musculaire dynamique pendant laquelle les muscles sont étirés de façon soudaine et répétée. Par exemple, lorsqu'on exécute des flexions du tronc rapides et répétées pour aller se toucher les pieds, on réalise un étirement balistique des muscles ischio-jambiers. L'inconvénient de cette technique d'étirements rapides est qu'en stimulant davantage les récepteurs d'élongation, les muscles sont susceptibles de rester contractés un certain temps après l'exercice, ce qui peut causer des blessures lors d'une activité physique subséquente. C'est pourquoi l'étirement balistique n'est pas une technique recommandée en général. Elle devrait être réservée aux adeptes d'activités comme la gymnastique ou le ballet.

Étirement proprio-neuro facilitation progressive ou étirement PNF   Les techniques d'étirement PNF se servent des mouvements réflexes des récepteurs des muscles et des articulations pour créer un effet d'entraînement accru. La technique de facilitation la plus populaire est celle de l'étirement de type contraction-détente : on contracte le muscle, puis on l'étire. Par exemple, l'exécutant désireux d'étirer ses ischio-jambiers se couche au sol sur le dos. Il amène sa jambe vers lui (flexion de la hanche). Lorsqu'il a atteint l'étirement maximum, un partenaire oppose une résistance pendant que l'exécutant force pour ramener sa jambe au sol (*voir* photos ci-contre). Après un bref moment de détente, il étire les muscles ischio-jambiers en pliant le dessus du pied et en rapprochant la jambe vers le corps. Il est recommandé de maintenir la contraction pendant 6 secondes et l'étirement pendant 10 à 30 secondes. La technique de facilitation semble permettre un étirement plus efficace, mais cause davantage de raideurs et de douleurs musculaires que l'étirement statique. Elle nécessite également la présence d'un ou d'une partenaire, ce qui allonge la durée des exercices.

INTENSITÉ ET DURÉE

Pour chaque exercice, étirez lentement vos muscles jusqu'à ce que vous ressentiez une légère tension. Maintenez l'étirement pendant 10 à 30 secondes. La tension devrait disparaître lentement pendant le maintien de l'étirement; tentez ensuite d'étirer les muscles un peu plus. Tout au long de cet exercice d'étirement, pensez à vous détendre et à respirer calmement. Laissez s'écouler de 30 à 60 secondes entre deux étirements et répétez chaque étirement au moins quatre fois. Une séance complète d'entraînement en flexibilité dure habituellement de 20 à 30 minutes.

FRÉQUENCE

Le *Guide d'activité physique canadien* recommande d'effectuer des exercices d'étirement de quatre à sept fois par semaine, et de préférence après un échauffement musculaire. Les périodes de détente suivant les activités d'endurance cardiovasculaire ou l'entraînement en musculation sont tout indiquées. Vous pouvez aussi faire vos exercices d'étirement pendant l'échauffement, mais il vaut toujours mieux échauffer ses muscles avant (marche ou jogging sur place).

Lisez l'encadré intitulé « Exercices d'étirement sans risque » pour en savoir davantage sur la mise au point d'un programme d'étirement sûr et efficace.

EXERCICES POUR AUGMENTER LA FLEXIBILITÉ

Il existe des centaines d'exercices permettant d'accroître la flexibilité. Les exercices illustrés ici sont faciles et peu risqués. Ajoutez-les à vos étirements préférés pour vous créer un programme d'entraînement équilibré qui fasse travailler les principales articulations. Assurez-vous que chacun soit sûr en consultant l'encadré de la page 117 qui présente les étirements à éviter. Prenez la position appropriée pour chaque étirement. Maintenez chacun pendant 10 à 30 secondes et répétez chaque exercice au moins quatre fois.

L'étirement des ischio-jambiers de type contraction-détente.

CONSEILS PRATIQUES

Exercices d'étirement sans risque

- Faites les exercices d'étirement de manière statique. Effectuez les étirements de façon à ressentir une légère tension et maintenez la position de 10 à 30 secondes. Reposez-vous de 30 à 60 secondes avant de répéter l'exercice puis tentez d'augmenter légèrement l'ampleur de l'étirement.

- Ne franchissez pas le seuil de la douleur.

- Détendez-vous et respirez calmement pendant les exercices d'étirement. Détendez les muscles visés par les exercices d'étirement.

- Effectuez tous les exercices tant du côté gauche que du côté droit.

- Augmentez graduellement l'intensité et la durée des exercices. La flexibilité ne s'améliore qu'après des mois d'exercices.

- Avant de passer aux exercices d'étirement, procédez à de légers exercices d'échauffement. Faites par exemple du jogging lent ou des exercices au sol.

- La flexibilité varie beaucoup selon les personnes. Ne vous préoccupez pas des autres lors des exercices d'étirement.

EXERCICES DE FLEXIBILITÉ

EXERCICE n° 1

ROTATIONS ET INCLINAISONS DE LA TÊTE

Parties du corps visées : cou, haut du dos

Instructions :

Rotations de la tête Tournez la tête vers la droite et maintenez la position. Répétez du côté gauche.

Inclinaisons de la tête Inclinez la tête vers la gauche et maintenez la position. Répétez du côté droit.

Variante : Placez la paume droite sur la joue droite et tentez de tourner la tête vers la droite en offrant une résistance avec la main. Répétez du côté gauche.

EXERCICE n° 2

ÉTIREMENT AVEC UNE SERVIETTE

Parties du corps visées : triceps, épaules, poitrine

Instructions : Roulez une serviette et tenez-la à deux mains, les paumes vers le bas. Étirez les bras et ramenez lentement la serviette le plus loin possible derrière la tête. Plus les mains sont rapprochées l'une de l'autre, plus l'étirement est prononcé.

Variante : Répétez l'étirement en plaçant les bras le long du corps et en tenant la serviette derrière le dos. Saisissez la serviette en plaçant les paumes vers le haut et les pouces vers l'extérieur. Levez lentement les bras derrière le dos.

EXERCICE n° 3

ÉTIREMENT TRANSVERSAL

Parties du corps visées : épaules, haut du dos

Instructions : En gardant le dos droit, croisez le bras gauche vers la droite et saisissez-le de la main droite. Étirez le bras, les épaules et le dos en ramenant doucement le bras le plus près possible du corps. Répétez l'exercice avec le bras droit.

Variante : Pliez le bras droit au-dessus et derrière la tête, placez la main gauche sur le coude droit et pressez doucement sur votre bras jusqu'à ce que vous ressentiez l'étirement. Répétez de l'autre côté.

EXERCICE n° 4

ÉTIREMENT DU HAUT DU DOS

Partie du corps visée : haut du dos

Instructions : Debout, pieds écartés à la largeur des épaules, genoux légèrement pliés et bassin centré, croisez les doigts devant vous et étirez les paumes vers l'avant.

Variante : Dans la même position, enveloppez-vous le corps de vos bras à la hauteur des épaules, comme si vous vous donniez l'accolade.

EXERCICE n° 5

ÉTIREMENT LATÉRAL

Parties du corps visées : muscles du tronc

Instructions : Debout, pieds écartés à la largeur des épaules, genoux légèrement fléchis et bassin centré, levez un bras au-dessus de la tête et penchez-vous du côté opposé à partir de la taille. Soutenez votre tronc en plaçant l'autre main à la taille. Penchez-vous directement sur le côté et immobilisez la partie inférieure du corps. Répétez de l'autre côté.

Variante : Effectuez le même exercice en position assise.

EXERCICE n° 6

FENTE AVANT

Parties du corps visées : hanches, devant des cuisses (quadriceps)

Instructions : Faites un pas vers l'avant et pliez le genou de la jambe avant directement au-dessus de la cheville. Étirez l'autre jambe vers l'arrière jusqu'à ce qu'elle soit parallèle au sol. Poussez le bassin vers l'avant et vers le bas jusqu'à l'étirement. Vous pouvez placer les bras le long du corps ou sur le genou pour garder votre équilibre. Répétez de l'autre côté.

EXERCICE n° 7

FENTE LATÉRALE

Parties du corps visées : intérieur des cuisses, hanches, mollets

Instructions : Debout, jambes en ouverture et largement écartées, placez les mains sur les cuisses. Transférez votre poids d'un côté en pliant un genou et en gardant l'autre jambe tendue. Gardez le genou directement au-dessus de la cheville et ne le pliez pas à plus de 90 degrés. Répétez de l'autre côté.

Variante : Dans la même position, levez le talon de la jambe pliée pour produire un étirement plus prononcé. Vous pouvez aussi faire cet exercice en plaçant les mains sur le sol pour mieux assurer votre équilibre.

EXERCICE n° 8

ÉTIREMENT ASSIS

Parties du corps visées : intérieur des cuisses, hanches

Instructions : Assis, les plantes des pieds l'une contre l'autre, pressez les genoux vers le sol à l'aide des mains ou des avant-bras.

Variante : Lorsque vous commencez à presser les genoux vers le sol, servez-vous des jambes pour offrir une résistance au mouvement. Ensuite, relâchez et pressez à nouveau les genoux le plus loin possible vers le sol.

EXERCICE n° 9

TORSION DU TRONC

Parties du corps visées : tronc, extérieur des cuisses et des hanches, bas du dos

Instructions : Asseyez-vous en gardant la jambe droite allongée, pliez la jambe gauche en la croisant par-dessus le genou droit; placez la main gauche au sol à côté de la hanche gauche. Faites une torsion du tronc aussi loin que possible vers la gauche en pressant le genou gauche dans la direction opposée. À l'aide de l'avant-bras ou du coude droits, maintenez le pied gauche au sol. Répétez de l'autre côté.

EXERCICE n° 10

FLEXION DE LA HANCHE

Parties du corps visées : arrière des cuisses, hanches, genoux, chevilles, fesses

Instructions : Couché sur le dos, les jambes bien tendues, **a)** saisissez la jambe gauche derrière la cuisse et ramenez-la vers la poitrine; **b)** maintenez cette position, puis étirez complètement la jambe gauche vers le haut; **c)** maintenez cette position, puis ramenez le genou gauche vers la poitrine et tirez les orteils vers le menton à l'aide de la main gauche. Étirez l'arrière de la jambe en tentant de déplier le genou. Répétez avec la jambe droite.

Variante : Effectuez cet exercice avec les deux jambes simultanément.

EXERCICE n° 11

ÉTIREMENT ASSIS MODIFIÉ

Parties du corps visées : arrière des cuisses, bas du dos

Instructions : Asseyez-vous en gardant la jambe droite allongée et en repliant la jambe gauche à l'intérieur de la cuisse droite. Étirez-vous en descendant le tronc le plus bas possible. Répétez de l'autre côté.

Variante : En vous penchant vers la jambe allongée, fléchissez puis pointez ce pied. Alternez.

EXERCICE n° 12

ÉTIREMENT DE LA PARTIE INFÉRIEURE DES JAMBES

Parties du corps visées : partie arrière des jambes (mollet, muscle soléaire, tendon d'Achille)

Instructions : Debout, les pieds pointés l'un devant l'autre et espacés de 40 à 80 centimètres, **a)** gardez la jambe arrière allongée, pliez le genou de la jambe avant en poussant le talon de la jambe étirée vers le sol, et maintenez cette position; **b)** rapprochez légèrement le pied arrière, pliez le genou arrière et transférez votre poids sur la jambe arrière. Maintenez cette position. Répétez de l'autre côté.

Variante : Placez les mains au mur et allongez une jambe en arrière en appuyant fortement le talon au sol pour l'étirer; ou encore, placez la plante des pieds sur une marche ou un banc et laissez les talons descendre plus bas que les orteils.

PRÉVENTION ET TRAITEMENT DES DOULEURS LOMBAIRES

L'une des principales causes d'absentéisme au travail, les maux de dos sont aussi, avec l'arthrite et le rhumatisme, la principale cause d'incapacité au Canada. Les douleurs lombaires coûtent plusieurs milliards de dollars par année, en pertes de productivité, frais médicaux et juridiques, coûts d'assurance-invalidité et indemnisations.

Les maux de dos peuvent résulter de blessures traumatiques soudaines, mais ils découlent généralement de la faiblesse et du manque de souplesse des muscles, d'une mauvaise posture ou d'une mécanique corporelle inadéquate dans l'accomplissement d'activités comme le soulèvement et le déplacement de charges. Toute pression anormale exercée sur le dos peut engendrer des douleurs. La plupart des douleurs lombaires se dissipent au bout de quelques semaines, mais certaines personnes souffrent de douleurs récurrentes ou chroniques.

FONCTION ET STRUCTURE DE LA COLONNE VERTÉBRALE

La colonne vertébrale remplit de nombreuses fonctions importantes dans l'organisme.
- Elle offre un support structurel au corps et particulièrement à la cage thoracique.
- Elle entoure et protège la moelle épinière.
- Elle supporte la plus grande partie du poids corporel et le transmet à la partie inférieure du corps.
- Elle sert de point de jonction à un grand nombre de muscles, de tendons et de ligaments.
- Elle permet le mouvement du cou et du dos dans toutes les directions.

Constituée d'os appelés **vertèbres**, la colonne vertébrale (*voir* figure 5.3) comprend 7 vertèbres cervicales (cou), 12 vertèbres dorsales (haut du dos) et 5 vertèbres lombaires (bas du dos). Les neuf vertèbres situées à la base de la colonne vertébrale sont fusionnées en deux os et forment le sacrum et le coccyx. La colonne vertébrale présente quatre courbures : la cervicale, la dorsale, la lombaire et la sacrée (ou sacro-coccygienne). Ces courbures contribuent à maintenir le poids corporel dans l'axe du corps.

Les vertèbres ont une structure qui varie selon leur emplacement sur la colonne, mais elles ont aussi des caractéristiques communes. Ainsi, chacune se compose d'un corps vertébral, d'un arc vertébral et de plusieurs éléments osseux (*voir* détail de la figure 5.3). Le corps vertébral est cylindrique et possède des surfaces aplaties auxquelles se rattachent les **disques intervertébraux**. Il est conçu pour supporter le poids

TERMINOLOGIE

Vertèbres Série d'os superposés formant la colonne vertébrale qui donne un appui structurel au corps et protège la moelle épinière.

Disque intervertébral Disque souple et résistant situé entre deux vertèbres adjacentes qui est constitué d'un noyau pulpeux entouré d'un anneau fibreux; il sert à amortir les chocs subis par la colonne vertébrale.

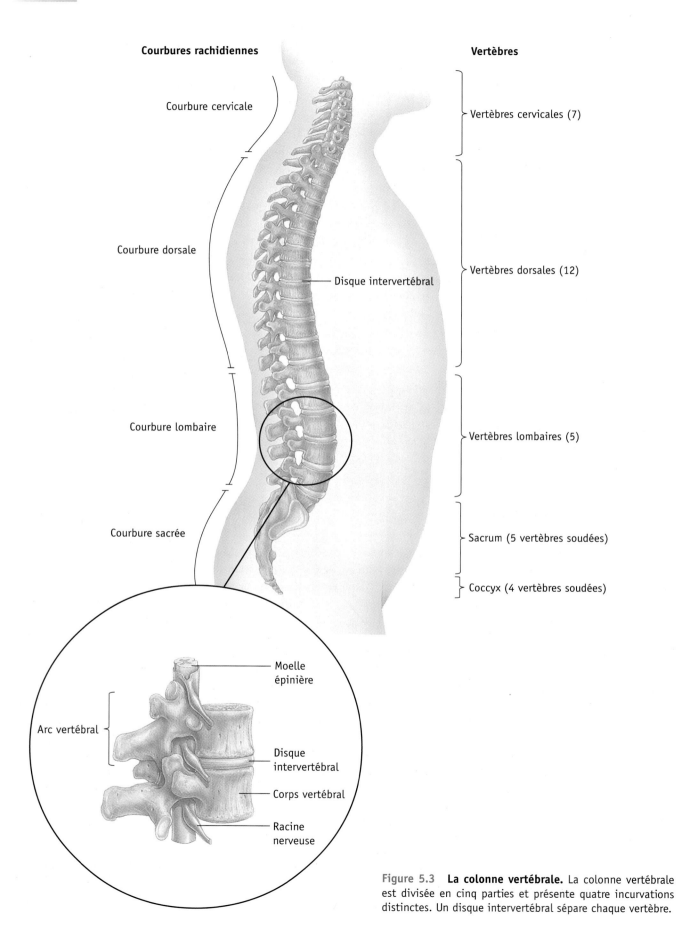

Courbures rachidiennes

Vertèbres

Courbure cervicale

Vertèbres cervicales (7)

Courbure dorsale

Disque intervertébral

Vertèbres dorsales (12)

Courbure lombaire

Vertèbres lombaires (5)

Courbure sacrée

Sacrum (5 vertèbres soudées)

Coccyx (4 vertèbres soudées)

Moelle
épinière

Arc vertébral

Disque
intervertébral

Corps vertébral

Racine
nerveuse

Figure 5.3 La colonne vertébrale. La colonne vertébrale
est divisée en cinq parties et présente quatre incurvations
distinctes. Un disque intervertébral sépare chaque vertèbre.

corporel et l'effort découlant d'une activité physique. L'arc vertébral entoure et protège la moelle épinière. Les éléments osseux servent d'articulations aux vertèbres adjacentes et de points d'attache aux muscles et aux ligaments. Les **racines nerveuses** de la moelle épinière passent par les trous au centre des arcs vertébraux.

Les disques intervertébraux, qui amortissent et diffusent les tensions subies par la colonne vertébrale, séparent les vertèbres les unes des autres. Chaque disque est constitué d'un noyau pulpeux entouré d'un anneau fibreux. Lorsque s'exerce une compression sur la colonne, le noyau liquide change de forme pour permettre au disque d'absorber le choc. Les disques intervertébraux maintiennent également l'espace entre deux vertèbres, où se trouvent les racines des nerfs rachidiens.

ÉVALUATION DE LA POSTURE ET DE LA SANTÉ DU DOS

La santé du dos dépend de plusieurs facteurs. Certains, comme la force musculaire, la flexibilité et l'adoption de postures adéquates, sont modifiables; d'autres, qui sont héréditaires, sont plus difficilement modifiables. Pour évaluer votre posture et vérifier l'état de santé de votre dos, faites le laboratoire à la fin du chapitre.

CAUSES DES DOULEURS AU DOS

On peut éprouver des douleurs en tout point de la colonne vertébrale. La région lombaire est la plus couramment touchée, car c'est elle qui supporte la plus grande partie du poids du corps. Tout mouvement imposant un stress excessif à la colonne vertébrale peut causer des douleurs ou des blessures. La colonne vertébrale est tout à fait apte à supporter le poids du corps et le stress résultant de mouvements du corps effectués dans un axe longitudinal. Elle supporte beaucoup moins bien un poids qui n'est pas dans l'axe de la colonne. Ainsi, vous pouvez vous blesser au dos simplement en ramassant un crayon par terre si vous vous étirez trop pour le prendre ou si vous vous penchez sans plier les genoux (reportez-vous à l'encadré intitulé « Facteurs de risque associés aux douleurs lombaires »).

On le voit, ce n'est pas qu'en transportant des objets très lourds ou en pratiquant un sport de contact vigoureux qu'on se blesse au dos. En effet, les douleurs au dos découlent tout autant de la faiblesse musculaire, du manque de flexibilité de certains muscles, de l'excès de poids que d'une mauvaise posture debout, assis ou couché. Tout effort anormal

POUR EN SAVOIR PLUS

Facteurs de risque associés aux douleurs lombaires

- Âge supérieur à 34 ans.
- Maladie dégénérative (exemples : arthrite, ostéoporose).
- Antécédents familiaux de douleurs lombaires.
- Antécédents de traumatisme au dos.
- Manque d'activité physique.
- Insatisfaction au travail.
- Faiblesse musculaire par rapport au poids du corps.
- Situation socio-économique défavorisée.
- Sexe masculin (selon certaines études).
- Obésité.
- Emplois ou activités nécessitant de fréquents mouvements de soulèvement de charges, de torsion du corps, de flexion ou de position stationnaire debout.
- Emplois exigeant de grands efforts de concentration (exemple : programmation informatique).
- Travail imposant une grande dépense d'énergie physique.
- Posture inadéquate.
- État dépressif.
- Tension répétée et prolongée dans une position inconfortable.
- Consommation de tabac (associée à une dégénérescence discale accrue).
- Vibrations affectant tout le corps (comme celles que subissent les camionneurs).

absorbé par le dos peut avoir des effets directs et indirects, à court et à long terme, sur la colonne vertébrale. Tout muscle, tendon ou ligament ayant subi une tension excessive peut causer des douleurs et, à la longue, des blessures aux vertèbres ou aux disques intervertébraux.

Un effort indu imposé à un disque peut l'endommager et lui faire perdre une partie de sa capacité d'absorption des chocs. Si un disque endommagé enfle entre deux vertèbres et exerce une pression sur une racine nerveuse, il y a hernie discale. Il arrive aussi que les nerfs s'enflamment et causent des douleurs

TERMINOLOGIE

Racine nerveuse Base de chacune des 31 paires de nerfs rachidiens qui se rattachent à la moelle épinière à travers des trous entre les vertèbres.

si l'espace entre deux vertèbres est réduit parce qu'un disque est endommagé. Par ailleurs, en vieillissant, les disques perdent de leur liquide. Ils sont alors plus susceptibles d'enfler et d'exercer une pression sur les racines nerveuses. Selon l'importance de cette pression sur le nerf, on pourra ressentir un engourdissement dans le dos, les hanches, les jambes ou les pieds, éprouver des douleurs irradiées, une perte des fonctions musculaires, un ralentissement des réflexes ou des spasmes musculaires. Si la pression est très forte, il peut y avoir incapacité permanente.

PRÉVENTION DES MAUX DE DOS

Voici quelques conseils pour améliorer la santé de votre dos et prévenir les maux les plus fréquents associés à la lordose (déviation caractérisée par un creux lombaire très prononcé et une antéversion du bassin) et la cyphose (déviation caractérisée par un dos voûté et une tête projetée en avant des épaules).

- Adoptez de bonnes postures dans la vie courante.
- Renforcez certaines régions musculaires spécifiques (abdominaux et dorsolombaires).
- Étirez certaines régions musculaires (pectoraux, dorsaux, ischio-jambiers et quadriceps).

Quant à la scoliose, déviation latérale de la colonne en forme de S, un spécialiste du dos pourra vous suggérer des exercices adéquats pour atténuer cette déviation. Si la scoliose est importante, il vaut mieux consulter un médecin.

On ne le dira jamais assez : une mauvaise posture debout, assis, couché ou lorsqu'on soulève un objet lourd peut causer un grand nombre de blessures au dos.

Habituez-vous à bouger votre colonne vertébrale comme un tout en orientant votre effort sur un axe longitudinal. Vous trouverez des suggestions pour le maintien d'une bonne posture dans l'encadré intitulé « Comment éviter les douleurs lombaires ». Exercez toujours un certain contrôle sur vos mouvements et effectuez des exercices d'échauffement avant d'entreprendre une activité physique.

Le rôle de l'exercice en matière de prévention et de traitement des douleurs au dos fait encore l'objet de recherches. Néanmoins, de nombreux spécialistes recommandent aux personnes qui ont déjà souffert de douleurs lombaires de faire de l'exercice régulièrement, de la marche, par exemple. Lorsque vous marchez, tenez votre corps droit, centrez votre tête et laissez balancer vos bras librement. Le mouvement contribue au libre jeu de vos disques vertébraux et accentue la vigueur musculaire du tronc et des jambes.

Pour conserver un dos en bonne santé, il faut aussi effectuer des exercices qui favorisent l'étirement et le renforcement des principaux groupes musculaires qui y sont rattachés. Les exercices illustrés ci-dessous portent sur des régions clés du corps : les muscles abdominaux, les muscles situés le long de la colonne vertébrale et des côtes ainsi que les muscles des hanches et des cuisses.

Si vous souffrez de douleurs au dos, consultez votre médecin avant d'entreprendre un programme d'exercices. Effectuez les exercices lentement et passez progressivement à des exercices plus difficiles. Si vous ressentez des douleurs au dos pendant vos exercices, cessez et consultez votre médecin.

EXERCICES POUR LE BAS DU DOS

EXERCICE n° 1

ÉTIREMENT CONTRE LE MUR

Parties du corps visées : arrière des cuisses, mollets

Instructions : Asseyez-vous sur le sol; étirez une jambe et placez un pied à plat contre un mur ou un autre objet fixe. Pliez l'autre jambe et placez l'autre pied à plat sur le sol à la hauteur du genou de la jambe allongée. Joignez vos mains derrière le dos ou posez-les à plat sur le plancher derrière vous. Penchez-vous vers l'avant en fléchissant les hanches et en gardant le bas du dos bien droit. Le genou plié peut être légèrement déplacé de côté pour vous permettre de pencher plus facilement le haut du corps. Répétez avec l'autre jambe.

CONSEILS PRATIQUES

Comment éviter les douleurs lombaires

N'hésitez pas à modifier certaines de vos habitudes quotidiennes, car cela peut vous aider à prévenir et à apaiser les douleurs lombaires.

- **En position couchée** Autant que possible, couchez-vous sur le côté en repliant les genoux. Si vous vous allongez sur le dos, placez un oreiller sous vos genoux. Ne vous couchez pas sur l'abdomen; cela accentue l'affaissement du dos et la fatigue du cou.

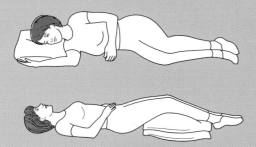

- **En position assise** En position assise, veillez à garder le bas du dos légèrement courbé, les genoux pliés et les pieds à plat sur le plancher. Alternez les croisements de jambes ou servez-vous d'un repose-pied pour que vos genoux soient plus hauts que vos hanches. Si cette position vous est inconfortable ou qu'elle amène votre dos à s'affaisser, placez-vous un coussin cylindrique rigide dans le bas du dos.

- **Pour soulever un poids** Si vous devez vous pencher pour soulever un objet, pliez les genoux plutôt que la taille. Vos pieds devraient être écartés de la largeur des épaules. Levez l'objet doucement, les bras en extension, en vous mettant debout et en vous servant des muscles des jambes. Gardez l'objet près du corps. Si vous devez changer de direction en vous déplaçant avec l'objet, évitez les mouvements de torsion du dos.

- **En position debout** Lorsque vous êtes debout, vous devriez pouvoir visualiser une ligne droite partant du dessus de l'oreille, passant par le centre de l'épaule, le centre de la hanche et l'arrière de la rotule et se terminant à la saillie osseuse de la cheville. Faites reposer votre poids surtout sur les talons, en pliant légèrement les genoux. Tentez de maintenir le bas du dos droit en plaçant un pied sur un tabouret. Ne laissez pas votre bassin basculer vers l'avant ou votre dos s'arquer. Transférez votre poids d'un pied à l'autre. Évitez de rester longtemps en position debout. Pour vérifier si votre posture est adéquate, adoptez votre position debout habituelle en appuyant le dos contre un mur. Le haut de votre dos et vos fesses devraient toucher le mur et vos talons peuvent être écartés de quelques centimètres. Glissez une main dans l'espace entre le bas de votre dos et le mur. Votre main devrait glisser aisément en frôlant à la fois votre dos et le mur. Modifiez votre posture s'il le faut et tentez ensuite de la conserver en vous éloignant du mur.

- **Pour marcher** Marchez en pointant les orteils droit devant vous. Gardez le dos droit, la tête haute et le menton vers l'intérieur. Ne portez pas de souliers à talons hauts.

EXERCICE n° 2

FENTE AVANT

Reportez-vous à l'exercice n° 6 du programme de flexibilité.

EXERCICE n° 3

FLEXION DE LA HANCHE

Reportez-vous à l'exercice n° 10 du programme de flexibilité.

EXERCICE n° 4

ÉLÉVATION DES JAMBES

Parties du corps visées : bas du dos, hanches

Instructions : Couchez-vous sur le dos, pliez les genoux et placez les pieds à plat sur le sol; **a)** placez les mains sur l'arrière des cuisses, ramenez doucement les deux genoux sur la poitrine et maintenez la position; **b)** dépliez ensuite les genoux de façon que les deux jambes soient en extension vers le plafond. Reprenez la position de départ en ramenant les jambes sur la poitrine puis en replaçant les pieds à plat sur le sol.

EXERCICE n° 5

TORSION DU TRONC

Parties du corps visées : bas du dos, côtés

Instructions : Couchez-vous sur le côté, pliez le genou droit, gardez la jambe et le bras gauches en extension sur le plancher devant vous et placez le bras droit perpendiculaire. Descendez le genou droit vers le sol en même temps que vous exécutez une torsion du tronc. Gardez les épaules et le haut du corps à plat sur le sol, en tournant la tête également. Reprenez la position de départ et répétez le mouvement de l'autre côté.

EXERCICE n° 6

ÉLÉVATION DU BASSIN

Parties du corps visées : hanches, fesses

Instructions : Couchez-vous sur le dos, gardez les genoux pliés et les bras en extension sur les côtés. Contractez les abdominaux et les fessiers puis soulevez les fesses et le bas du dos. Conservez la position de 5 à 10 secondes en faisant reposer votre poids sur les pieds, les bras et les épaules, puis reprenez la position de départ. Vous pouvez répéter l'exercice jusqu'à un maximum de 10 fois.

EXERCICE n° 7

BASCULE DU BASSIN

Parties du corps visées : abdomen, fesses

Instructions : Couchez-vous sur le dos en gardant les genoux pliés et les bras en extension sur les côtés. Poussez la région lombaire vers le sol en contractant les abdominaux. Serrez les fesses et tenez la position de 5 à 10 secondes. Respirez normalement. Répétez l'exercice 10 fois au maximum. La bascule du bassin peut aussi être effectuée en position debout ou en position inclinée contre un mur.

EXERCICE n° 8

REDRESSEMENT ASSIS PARTIEL

Partie du corps visée : abdomen

Instructions : Couchez-vous sur le dos, pliez les genoux et croisez les bras sur la poitrine. Placez votre bassin et collez le bas du dos au sol. Ramenez le menton vers la cage thoracique et redressez-vous lentement, une vertèbre à la fois, en soulevant d'abord la tête, puis les épaules. Immobilisez-vous dès que vous apercevez vos talons et conservez la position de 5 à 10 secondes avant de revenir à la position de départ. Répétez l'exercice 10 fois.

Variante : Ajoutez une torsion pour développer les muscles abdominaux obliques. Lorsque vous vous êtes relevé suffisamment pour que les épaules ne touchent plus le sol, faites une torsion au haut du corps de sorte qu'une épaule soit plus élevée que l'autre et étirez ce bras vers le genou. Maintenez cette position, puis reprenez la position initiale. Répétez de l'autre côté.

EXERCICE n° 9

ÉLÉVATION DU TRONC

Parties du corps visées : bas du dos, abdomen

Instructions : Couchez-vous sur le ventre et placez les coudes sous les épaules. Redressez-vous lentement jusqu'à ce que le haut du corps repose sur les avant-bras. Détendez-vous et conservez la position de 5 à 10 secondes. Étirez graduellement les bras tout en gardant la région pubienne au plancher. Cessez l'exercice s'il engendre des douleurs.

EXERCICE n° 10

CHAISE APPUYÉE AU MUR (chaise fantôme)

Parties du corps visées : bas du dos, cuisses, abdomen

Instructions : Appuyez-vous contre un mur et pliez les genoux comme si vous étiez assis sur une chaise. Supportez votre poids avec les jambes. Maintenez la position de 5 à 10 secondes. Augmentez ensuite la durée jusqu'à 1 minute ou plus.

EXERCICE n° 11

EXTENSION DU DOS

Muscles visés : spinaux érecteurs du rachis, fessiers, ischio-jambiers, deltoïdes

Instructions : Placez-vous à quatre pattes, les genoux vis-à-vis des hanches et les mains vis-à-vis des épaules.

Extension du dos en parallèle : a) Allongez simultanément la jambe droite vers l'arrière et le bras droit vers l'avant. Gardez le cou relâché et maintenez la jambe et le bras allongés à la hauteur de la poitrine. N'arquez pas le dos et ne laissez pas les hanches et les épaules s'affaisser. Maintenez cette position de 10 à 30 secondes. Répétez l'exercice avec la jambe et le bras gauches.

Extension du dos en croisé : b) Allongez la jambe gauche vers l'arrière et le bras droit vers l'avant. Gardez le cou relâché et maintenez la jambe allongée à la hauteur de la poitrine. N'arquez pas le dos et ne laissez pas les hanches et les épaules s'affaisser. Maintenez cette position de 10 à 30 secondes. Répétez l'exercice avec la jambe droite et le bras gauche.

Vous pouvez rendre cet exercice plus difficile en attachant des poids à vos chevilles et à vos poignets.

CONSEILS PRATIQUES

Étirements à éviter

Les solutions de rechange sûres énumérées ci-dessous sont décrites et illustrées dans les pages 105 à 109 en tant qu'éléments du programme complet d'exercices de flexibilité présenté dans ce chapitre.

Étirement		Inconvénients	Solutions de rechange
Flexion du tronc en position debout, jambes tendues		Pression excessive sur la colonne vertébrale.	• Flexion de la hanche (exercice n° 10) • Étirement assis modifié (exercice n° 11) • Étirement de la partie inférieure des jambes (exercice n° 12)
Étirement des quadriceps en position debout		Pression excessive sur les ligaments des genoux.	• Fente avant (exercice n° 6)
Étirement des ischio-jambiers en position debout		Pression excessive sur les genoux et le bas du dos.	• Flexion de la hanche (exercice n° 10) • Étirement assis modifié (exercice n° 11)
Étirement de type sauteur de haies		Le fait d'écarter la jambe pliée peut exercer une pression excessive sur les ligaments du genou.	• Étirement assis modifié (exercice n° 11)
Étirement par flexion profonde des genoux		Pression excessive sur les chevilles, les genoux et la colonne vertébrale.	• Flexion de la hanche (exercice n° 10) • Étirement de la partie inférieure des jambes (exercice n° 12)
Étirement arqué en position ventrale		Pression excessive sur la colonne vertébrale, les genoux et les épaules.	• Étirement avec une serviette (exercice n° 2) • Fente avant (exercice n° 6)
Étirement par renversement arrière		Pression excessive sur le cou, les épaules et le dos.	• Rotations et inclinaisons de la tête (exercice n° 1) • Étirement transversal (exercice n° 3) • Étirement du haut du dos (exercice n° 4)

RÉSUMÉ

- La flexibilité est la capacité d'une articulation à bouger dans toute son amplitude. Chaque articulation a sa flexibilité propre que l'on peut grandement améliorer.
- Les bénéfices d'une bonne flexibilité sont la prévention des tensions causant la détérioration des articulations et la réduction des blessures et des maux de dos.
- La mobilité d'une articulation est déterminée par sa structure, par l'élasticité des muscles et par l'activité des récepteurs d'élongation.
- Le tissu musculaire est l'élément clé en matière de flexibilité, car il peut s'allonger suite à un entraînement régulier composé d'exercices d'étirement.
- L'étirement statique est généralement recommandé par les spécialistes, car c'est une technique sûre et efficace.

Maintenez l'étirement de 10 à 30 secondes et répétez chaque série d'exercices de 4 à 7 fois par semaine.

- Il est préférable d'effectuer un entraînement en flexibilité après une activité physique, lorsque les muscles sont échauffés.
- La colonne vertébrale est constituée de vertèbres séparées par des disques intervertébraux. Elle offre un soutien structurel au corps et protège la moelle épinière.
- La santé du dos dépend de plusieurs facteurs. Certains sont modifiables : la force musculaire, la flexibilité et l'adoption de postures adéquates; d'autres qui sont héréditaires le sont plus difficilement.
- Le test de flexion du tronc en position assise est un des tests les plus utilisés pour évaluer la flexibilité.

Nom : _____ Groupe : _____ Date : _____

LABO 5.1   LABORATOIRE DE FLEXIBILITÉ

PREMIÈRE PARTIE

ÉVALUATION DE L'ÉTAT DE SANTÉ ET DE LA FLEXIBILITÉ DU DOS

Le présent labo sert à mesurer la flexibilité des ischio-jambiers, des pectoraux et celle de la colonne vertébrale. Vous pourrez également évaluer l'endurance de vos muscles extenseurs du dos. (Vous connaissez déjà votre endurance abdominale grâce au labo du chapitre 4.)

Rappelez-vous que ces tests ne s'appliquent qu'à certaines parties du corps et que tout programme équilibré d'activités physiques visant à améliorer la flexibilité et l'état de santé du dos doit comprendre des exercices multiples et variés destinés à accentuer l'amplitude de mouvement dans son ensemble. Toutefois, combiner ces tests de flexibilité et d'endurance vous donnera un bon aperçu de l'état de santé de votre dos.

TEST DE FLEXION DU TRONC EN POSITION ASSISE

Ce test permet d'évaluer la flexibilité des ischio-jambiers et des dorsolombaires.

Équipement
- Flexomètre (planche d'appui modifiée de Wells et Dillon)

Préparation
Avant de prendre les mesures réelles de flexions du tronc, faites lentement quelques exercices d'étirement (étirement assis modifié pendant 20 secondes, deux fois chaque jambe).

Instructions
1. Enlevez vos chaussures, asseyez-vous, les jambes bien tendues, les pieds à plat contre le flexomètre. Ajustez la hauteur du flexomètre de façon que les orteils reposent contre la barre supérieure. Placez les faces internes des pieds à 2 cm du bord de la règle.
2. En gardant les genoux bien droits, les bras également tendus et les paumes vers le sol, penchez-vous doucement en avant et poussez, aussi loin que possible, le curseur le long de la règle avec le bout des doigts. Maintenez la position de flexion maximale pendant deux secondes environ. Vous pourrez atteindre une plus grande distance si vous baissez la tête. Si vous pliez vos genoux, l'essai ne compte pas. Ne faites aucun mouvement brusque.
3. Exécutez l'exercice deux fois. Votre résultat est la distance maximale atteinte à 0,5 cm près.

Évaluation du score au test de flexion du tronc en position assise
Notez votre score ainsi que la catégorie correspondante en vous servant du tableau qui suit.

Distance : _____ Catégorie : _____

Catégories de bénéfices santé pour le test de flexion du tronc selon l'âge et le sexe.

CATÉGORIE	Hommes		Femmes	
	15-19 ans	20-24 ans	15-19 ans	20-24 ans
Excellent	≥ 39	≥ 40	≥ 43	≥ 41
Très bien	34-38	34-39	38-42	37-40
Bien	29-33	30-33	34-37	33-36
Acceptable	24-28	25-29	29-33	28-32
À améliorer	≤ 23	≤ 24	≤ 28	≤ 27

Source : The Canadian Physical Activity, Fitness, and Lifestyle Appraisal : CSEP's Plan for Healthy Active Living, 1996. Reproduit avec l'autorisation de la Société canadienne de physiologie de l'exercice.

TEST DE ROTATION DES ÉPAULES

Ce test permet d'évaluer la flexibilité de l'articulation de l'épaule (pectoraux).

Équipement

- Une corde

Instructions

1. Prenez l'extrémité d'une corde avec votre main gauche et, quelques centimètres plus loin, saisissez-la avec la main droite. Étendez les bras devant vous et faites une rotation des épaules vers l'arrière de la tête en gardant les bras tendus.

2. Lorsque vous sentirez une certaine résistance, écartez votre main droite de votre main gauche jusqu'à ce que vous puissiez faire une rotation complète et que la corde touche votre dos. Mesurez, en centimètres, la distance séparant vos pouces.

3. Faites cet exercice à deux reprises et prenez la valeur obtenue lors du meilleur essai pour évaluer la flexibilité de vos épaules.

4. Demandez à un partenaire de mesurer la largeur de vos épaules à partir du dos.

5. Déterminez la longueur de votre bras droit en le mesurant à partir du côté extérieur de l'acromion (la partie osseuse de l'épaule) jusqu'à l'extrémité du doigt le plus long.

6. Additionnez les mesures et divisez la somme par 2. Soustrayez ensuite ce résultat de la valeur obtenue lors du meilleur essai, c'est-à-dire le nombre le moins élevé.

Évaluation du score au test de rotation des épaules

Reportez-vous au barème figurant dans le tableau suivant pour évaluer votre résultat.

Résultat : _____ Catégorie : _____

Catégories de bénéfices santé pour le test de rotation des épaules selon le sexe.

CATÉGORIE	Hommes	Femmes
Excellent	≤ 18	≤ 13,0
Très bien	29,0-18,25	24,75-13,25
Bien	36,75-29,25	33,0-25,0
Acceptable	50,0-37,0	45,0-33,25
À améliorer	≥ 50,25	≥ 45,25
Source : D'après Johnson et Nelson, 1986.		

TEST D'ÉLÉVATION DU TRONC

Ce test permet de mesurer la flexibilité de la colonne vertébrale.

Instructions

1. Couchez-vous par terre sur l'abdomen en plaçant vos mains sous vos épaules.

2. Soulevez lentement votre poitrine en gardant le bassin en contact avec le sol.

3. Demandez à un partenaire de mesurer, en centimètres, la distance verticale entre la partie supérieure du sternum et le sol.

4. Faites ce test à deux reprises et retenez la valeur obtenue lors du meilleur essai.

Évaluation du score au test d'élévation du tronc

Reportez-vous au barème figurant dans le tableau suivant pour évaluer votre résultat.

Mesure : _____ Catégorie : _____

Catégories de bénéfices santé pour le test d'élévation du tronc.

CATÉGORIE	Élévation du tronc (cm)
Excellent	≥ 30
Bien	20-29
Acceptable	10-19
À améliorer	≤ 9
Source : D'après Howley et Franks, 1997.	

TEST DES REDRESSEMENTS ASSIS PARTIELS

Ce test permet d'évaluer l'endurance des abdominaux. Reportez ici vos résultats (*voir* page 93 du chapitre 4).

Nombre de redressements : _____ Catégorie : _____

TEST D'EXTENSION DORSALE

Ce test permet d'évaluer l'endurance des muscles extenseurs du dos.

Équipement
- Mur ou miroir sur lequel on aura fait une marque à 12 centimètres du sol

Instructions
1. Couchez-vous sur le sol à 10 centimètres du mur ou du miroir. Placez vos bras derrière la tête, gardez vos jambes ensemble, pliez vos genoux à angle droit et croisez les pieds.

2. Soulevez la tête, la poitrine et les bras jusqu'à ce que la poitrine atteigne la marque des 12 centimètres indiquée sur le mur ou le miroir. Reprenez ensuite la position de départ (le menton doit toucher le sol). Le rythme est fixé à 20 extensions à la minute. Demandez à un partenaire de vérifier si vous atteignez la marque.

3. Le résultat du test correspond au nombre d'extensions complètes effectuées, jusqu'à concurrence de 75.

Évaluation du score au test d'extension dorsale

Reportez-vous au barème figurant dans le tableau suivant pour évaluer votre résultat.

Nombre de redressements : _____ Catégorie : _____

Catégories de bénéfices santé pour le test d'extension dorsale selon le sexe.

CATÉGORIE	Hommes	Femmes
Excellent	≥ 71	≥ 71
Bien	60-70	61-70
Acceptable	50-59	51-60
À améliorer	≤ 49	≤ 50
Source : D'après Howley et Franks, 1997.		

DEUXIÈME PARTIE

ÉVALUATION DE L'AMPLITUDE DE MOUVEMENT

La présente partie du labo peut se faire en procédant à des comparaisons visuelles ou en mesurant l'amplitude de mouvement des articulations à l'aide d'un goniomètre ou d'un autre instrument.

Aide et équipement

- Un partenaire pourra procéder aux comparaisons visuelles ou mesurer l'amplitude de mouvement de vos articulations. Vous pouvez aussi vous servir d'un miroir pour procéder vous-même aux comparaisons visuelles.
- Pour utiliser la méthode de mesure, il vous faut un goniomètre, un flexomètre ou un autre instrument de mesure de l'amplitude de mouvement.

Instructions

1. *Méthode de comparaison visuelle*   Dans les pages suivantes, l'amplitude de mouvement moyenne est illustrée pour certaines des principales articulations. Comparez l'amplitude de mouvement de vos articulations avec celle indiquée sur l'illustration. Pour chaque articulation, notez (au moyen d'un crochet) si votre amplitude de mouvement est égale ou supérieure à la moyenne ou si une amélioration est nécessaire.

2. *Méthode de mesure*   Mesurez l'amplitude de mouvement appropriée à l'aide d'un goniomètre, d'un flexomètre ou d'un autre instrument. Indiquez, en nombre de degrés, votre amplitude de mouvement et trouvez l'évaluation correspondante dans la table appropriée. Les évaluations sont tirées de plusieurs sources publiées.

Quelle que soit la méthode utilisée, consignez vos résultats dans les sections suivantes.

Évaluation de l'amplitude de mouvement à l'aide d'un goniomètre.

A. *Méthode de comparaison* (✓)

Abduction : Égale ou supérieure à la moyenne ☐

Amélioration nécessaire ☐

Adduction : Égale ou supérieure à la moyenne ☐

Amélioration nécessaire ☐

B. *Méthode de mesure*

Abduction : _____ °

Catégorie : _____

Adduction : _____ °

Catégorie : _____

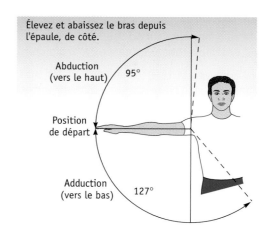

Élevez et abaissez le bras depuis l'épaule, de côté.

Abduction (vers le haut) 95°

Position de départ

Adduction (vers le bas) 127°

CATÉGORIE	Abduction	Adduction
À améliorer	< 92°	< 124°
Acceptable	92°-95°	124°-127°
Bien	96°-99°	128°-130°
Excellent	> 99°	> 130°

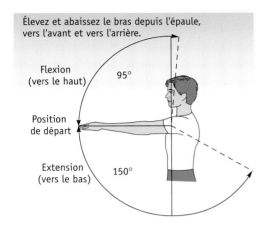

Élevez et abaissez le bras depuis l'épaule, vers l'avant et vers l'arrière.

Flexion (vers le haut) 95°

Position de départ

Extension (vers le bas) 150°

A. *Méthode de comparaison* (✓)

Flexion : Égale ou supérieure à la moyenne ☐

Amélioration nécessaire ☐

Extension : Égale ou supérieure à la moyenne ☐

Amélioration nécessaire ☐

B. *Méthode de mesure*

Flexion : _____ °   Catégorie : _____

Extension : _____ °   Catégorie : _____

CATÉGORIE	Flexion	Extension
À améliorer	< 92°	< 145°
Acceptable	92°-95°	145°-150°
Bien	96°-99°	151°-156°
Excellent	> 99°	> 156°

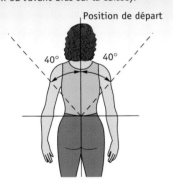

Penchez-vous de côté depuis la taille (pour prévenir les blessures, pliez légèrement les genoux et soutenez le tronc en plaçant la main ou l'avant-bras sur la cuisse).

Position de départ

40° 40°

A. *Méthode de comparaison* (✓)

Flexion latérale droite : Égale ou supérieure à la moyenne ☐

Amélioration nécessaire ☐

Flexion latérale gauche : Égale ou supérieure à la moyenne ☐

Amélioration nécessaire ☐

B. *Méthode de mesure*

Flexion latérale droite : _____ ° Catégorie : _____

Flexion latérale gauche : _____ ° Catégorie : _____

CATÉGORIE	Flexion latérale droite ou gauche
À améliorer	< 36°
Acceptable	36°-40°
Bien	41°-45°
Excellent	> 45°

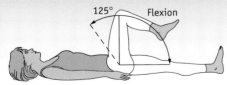

Fléchissez un genou et rapprochez-le le plus possible de la poitrine.

125° Flexion

Position de départ

A. *Méthode de comparaison* (✓)

Égale ou supérieure à la moyenne ☐   Amélioration nécessaire ☐

B. *Méthode de mesure*

Flexion : _____ °   Catégorie : _____

CATÉGORIE	Flexion
À améliorer	< 121°
Acceptable	121°-125°
Bien	126°-130°
Excellent	> 130°

A. *Méthode de comparaison* (✓)

    Égale ou supérieure à la moyenne ☐

    Amélioration nécessaire   ☐

B. *Méthode de mesure*

    Flexion : _____° Catégorie : _____

CATÉGORIE	Flexion
À améliorer	< 136°
Acceptable	136°-140°
Bien	141°-145°
Excellent	> 145°

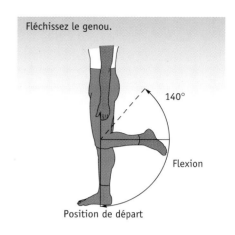

Fléchissez le genou.

140°

Flexion

Position de départ

A. *Méthode de comparaison* (✓)

    Égale ou supérieure à la moyenne ☐

    Amélioration nécessaire   ☐

B. *Méthode de mesure*

    Flexion : _____° Catégorie : _____

CATÉGORIE	Flexion
À améliorer	< 79°
Acceptable	79°-81°
Bien	82°-84°
Excellent	> 84°

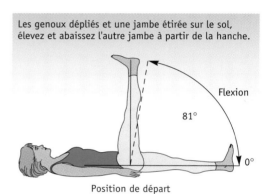

Les genoux dépliés et une jambe étirée sur le sol, élevez et abaissez l'autre jambe à partir de la hanche.

Flexion

81°

0°

Position de départ

À l'aide des résultats à vos tests de flexibilité et d'endurance musculaire, identifiez vos points forts et ceux que vous devez améliorer.

_____

_____

_____

_____

COMPOSITION CORPORELLE
ET CONTRÔLE DU POIDS

6

Après avoir lu le présent chapitre, vous devriez pouvoir :

- définir ce que sont la masse maigre, les graisses essentielles et les graisses de réserve ainsi que leurs fonctions dans l'organisme;

- expliquer comment la composition corporelle influe sur le bien-être général et sur la santé;

- décrire de quelle façon on mesure la composition corporelle;

- déterminer votre poids santé;

- connaître les principaux facteurs qui exercent des effets sur le poids corporel;

- identifier les moyens les plus efficaces pour perdre du poids.

Curieusement, il y a des gens qui désirent être en bonne forme et en bonne santé, mais qui admettent difficilement l'importance de faire de l'activité physique. Plutôt que d'apporter les changements permanents à leur mode de vie qui leur permettraient d'être en forme et en santé, ces personnes cherchent uniquement à perdre du poids à court terme. Or, pour modifier sa composition corporelle dans une perspective de santé, il faut combiner plusieurs facteurs. En effet, il est nécessaire d'avoir une alimentation saine, de pratiquer régulièrement des activités physiques et de contrôler son stress pour avoir de la vigueur, connaître le bien-être et réduire les risques de maladie chronique.

La composition corporelle correspond à la quantité relative de masse grasse et de masse maigre du poids corporel. En général, les personnes dont la composition corporelle est optimale sont en meilleure santé, se déplacent plus facilement et ont une meilleure estime de soi. Pour assurer votre mieux-être, vous devez d'abord déterminer votre composition corporelle optimale, puis vous efforcer de l'atteindre ou de la maintenir.

C'est l'excédent de tissu adipeux qui représente le véritable risque pour la santé. Bien que les expressions *contrôle du poids* et *perte de poids* reviennent fréquemment dans ce chapitre, l'adoption d'un mode de vie orienté vers le mieux-être vise en fait à établir un rapport entre la masse grasse et la masse maigre favorisant une bonne santé, et non à se conformer à des normes rigides en matière de poids. Contrôler son poids et son pourcentage de tissu adipeux n'est pas sorcier : il suffit simplement de maintenir un équilibre quotidien entre le nombre de calories qu'on ingère et celui qu'on dépense. Autrement dit, il faut manger en quantités raisonnables et faire de l'activité physique régulièrement.

La première partie de ce chapitre porte sur la définition et la mesure de la composition corporelle ainsi que sur la façon de déterminer votre poids santé. La seconde partie présente des suggestions grâce auxquelles vous pourrez, en modifiant votre mode de vie, atteindre vos objectifs en matière de composition corporelle et de poids.

COMMENT EST CONSTITUÉ LE CORPS HUMAIN ET QUELLE IMPORTANCE CELA A-T-IL ?

Le corps humain est constitué d'une masse grasse, aussi appelée **tissu adipeux**, et d'une masse maigre. La masse maigre correspond à l'ensemble des tissus non adipeux : les os, l'eau, les muscles, les tissus conjonctifs, les tissus des organes et les dents. La masse grasse comprend les graisses essentielles et les graisses de réserve (*voir* figure 6.1). Les **graisses essentielles** sont les lipides présents dans la moelle osseuse, le cerveau, le cœur, les poumons, le foie et les glandes mammaires. Ces graisses sont essentielles au fonctionnement normal du corps; elles contribuent entre autres au métabolisme hormonal et à la fabrication d'anticorps. Elles représentent environ 3 % du poids corporel total chez les hommes et 12 % chez les femmes. Ce pourcentage de tissu adipeux plus élevé chez les femmes résulte d'accumulations de

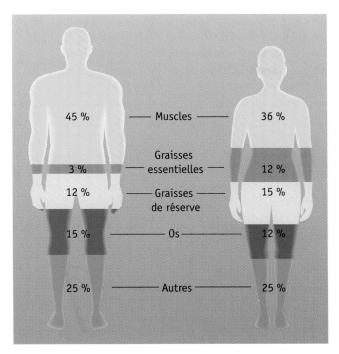

Figure 6.1 Composition corporelle d'une femme et d'un homme moyens, âgés de 20 à 24 ans. (*Source* : Adaptation de données tirées de Brooks, G. A., T. D. Fahey et T. P. White, *Exercise Physiology : Human Bioenergetics and its Applications*, 2ᵉ édition, Mountain View (Californie), Mayfield, 1996.)

graisse dans les seins, l'utérus et d'autres parties propres au corps féminin. Les **graisses de réserve** se trouvent principalement dans les cellules adipeuses; elles se déposent sous la peau et autour des organes vitaux. Elles fournissent l'énergie nécessaire aux activités quotidiennes et protègent les organes contre les pertes de chaleur et les chocs. La quantité de graisse de réserve varie d'un individu à l'autre et dépend de facteurs comme le sexe, l'âge, l'hérédité, le métabolisme, l'alimentation et l'activité physique. L'excès de graisse de réserve résulte généralement d'une absorption énergétique (provenant des aliments) supérieure à la dépense (par le métabolisme et l'activité physique).

Comment savoir si votre quantité de tissu adipeux est excessive ? On s'est longtemps fié aux tableaux indiquant le poids proportionnel à une taille donnée, établis à partir des statistiques de mortalité compilées par les compagnies d'assurances. Toutefois, ces tableaux ne conviennent pas à tous et ne fournissent, au mieux, qu'une mesure indirecte de la quantité de graisse dans le corps. En effet, comme on l'a vu au chapitre 4, les tissus musculaires étant plus denses et plus lourds que la graisse, il arrive souvent qu'une personne en bonne condition physique ait un poids supérieur à celui que recommandent ces tableaux. Inversement, une personne en mauvaise condition physique a parfois un poids inférieur aux recommandations.

Le facteur le plus important de la composition corporelle est le **pourcentage de tissu adipeux** par rapport au poids total. Prenons par exemple deux femmes qui mesurent 1,65 m et pèsent 59 kg. Le corps d'une de ces femmes, qui fait de la course à pied, peut être composé de 18 % de tissu adipeux comparativement à 33 % pour l'autre, qui est sédentaire. Selon la plupart des normes utilisées, ces femmes n'ont pas d'excès de poids. L'une d'elle a cependant un excès de tissu adipeux, et c'est justement l'excès de tissu adipeux (et non le poids total) qui nuit à la santé et au bien-être. (Le labo 6.1 vous permettra d'évaluer votre pourcentage de tissu adipeux.)

Comme il est plus facile de mesurer le poids corporel que de déterminer la quantité de tissu adipeux, il existe toujours des méthodes pour évaluer et déterminer la composition corporelle fondées sur le poids corporel. L'**excès de poids** se définit généralement comme la proportion du poids corporel qui dépasse le poids moyen recommandé pour jouir d'une bonne santé (poids déterminé à partir d'études démographiques réalisées à grande échelle). L'**obésité** correspond à un excès de poids encore plus important. Le seuil d'obésité peut être défini à l'aide d'une mesure du poids corporel total ou par raport au pourcentage de tissu adipeux.

Mais quelle que soit la mesure retenue, il ressort d'un sondage réalisé par l'Institut canadien de la recherche sur la condition physique et le mode de vie que plus de 60 % des Canadiens d'âge adulte n'ont pas le niveau d'activité physique minimal prescrit dans le *Guide d'activité physique canadien*. Et les Québécois ne font pas exception; ils font d'ailleurs de plus en plus d'embonpoint. Quelles sont les raisons de cette augmentation du taux d'adiposité

TERMINOLOGIE

Tissus adipeux Tissus conjonctifs dans lesquels s'accumulent les graisses.

Graisses essentielles Graisses nécessaires au fonctionnement normal de l'organisme.

Graisses de réserve Graisses accumulées dans le corps, servant principalement à fournir l'énergie nécessaire pour les activités quotidiennes.

Pourcentage de tissu adipeux Proportion de tissu adipeux dans le poids corporel total.

Excès de poids Partie du poids qui excède le poids moyen recommandé pour être en bonne santé; on détermine le poids moyen à l'aide d'études démographiques réalisées à grande échelle.

Obésité Important excès de poids caractérisé par une accumulation exagérée de tissu adipeux, représentant plus de 24 % du poids corporel total chez l'homme et plus de 33 % chez la femme. L'obésité peut aussi être définie à partir de la mesure du poids corporel total.

corporelle dans l'ensemble de la population ? On sait que la diminution de la pratique d'activités physiques et l'augmentation de l'apport en calories n'y sont pas étrangères. En effet, la multiplication des ordinateurs personnels et des postes de télévision a favorisé la sédentarité (les emplois sédentaires sont maintenant plus nombreux que ceux qui nécessitent une activité physique). Par ailleurs, les individus mangent aussi davantage (on estime que l'apport quotidien en calories a augmenté de 100 à 300 calories au cours de la dernière décennie).

Notons enfin, bien que ce problème soit moins répandu, qu'une quantité insuffisante de tissu adipeux est également risquée pour la santé. Le désir de perdre du poids, même en visant la zone de poids santé, est tout aussi problématique que l'excès de poids. À cet effet, des études récentes démontrent le souci quasi maladif que se font des jeunes femmes et des jeunes hommes en santé de leur image corporelle. L'image de femmes minces et d'hommes musclés véhiculée par les médias contribue grandement à les faire aspirer à des canons de beauté et de perfection difficilement accessibles.

LA COMPOSITION CORPORELLE ET LA SANTÉ

L'obésité constitue un important problème de santé publique. Selon Kino-Québec, en 1992, 53 % des Québécois et 32 % des Québécoises âgés de 20 à 64 ans avaient un excès de poids. Et de fait, une étude réalisée au cégep de Lévis-Lauzon en 1999 a révélé que 60 % des cégépiens et 40 % des cégépiennes âgés de 17 à 20 ans avaient un pourcentage de tissu adipeux à risque pour la santé. Cela est inquiétant lorsqu'on sait que l'obésité est liée à plusieurs maladies. (Reportez-vous à l'encadré intitulé « Incidences négatives de l'obésité sur la santé ».) Elle joue notamment un rôle dans l'apparition du diabète (*voir* l'encadré « Le diabète ») et augmente les risques de mortalité prématurée et d'hypertension, de maladies cardiovasculaires, de certains cancers et d'arthrose.

La localisation du tissu adipeux est aussi un indicateur de santé très important. Les personnes dont l'excès de poids a tendance à se loger dans la région abdominale (la forme « pomme ») s'exposent à un risque de maladie coronarienne, d'hypertension, de diabète et d'accident cérébrovasculaire deux fois plus élevé que celui des personnes dont l'excès de poids se trouve dans la région des hanches (la forme « poire »). Cette augmentation du risque n'a pas été pleinement déterminée, mais il semble que la graisse abdominale est plus facilement mobilisée et absorbée par le sang, ce qui entraîne une hausse du pourcentage de lipides dans le sang susceptible d'être pathogène. En général, l'excès de poids se situe dans la région abdominale chez les hommes et dans la région des hanches chez les femmes; les femmes dont la répartition du tissu adipeux correspond au modèle masculin sont également exposées aux mêmes risques que les hommes. Il n'est pas nécessaire de faire de l'embonpoint pour que la localisation de la graisse corporelle constitue un facteur de risque. Cependant, les personnes considérées comme obèses d'après les normes utilisées ne doivent pas négliger l'importance de la localisation de leur graisse corporelle : toutes les formes d'obésité ont de graves conséquences pour la santé.

Est-il possible d'être trop maigre ? Les spécialistes de la santé estiment généralement qu'un pourcentage de tissu adipeux trop bas, soit moins de 16 % chez les femmes et moins de 5 % chez les hommes, constitue un risque pour la santé et le bien-être. Une maigreur excessive a été associée à des problèmes causés aux systèmes reproducteur, circulatoire et immunitaire. Les personnes extrêmement maigres sont

POUR EN SAVOIR PLUS

Incidences négatives de l'obésité sur la santé

Les personnes obèses s'exposent à un risque accru de :

- mortalité prématurée;
- décès causé par un accident cérébrovasculaire, y compris une mort subite;
- hypertension;
- diabète;
- maladie de la vésicule biliaire;
- cancer du côlon, de la prostate, de l'œsophage, de la vésicule biliaire, des ovaires, de l'endomètre, des seins et du col de l'utérus;
- arthrite et goutte;
- douleurs au dos;
- grossesses difficiles;
- irrégularités menstruelles;
- difficultés respiratoires;
- apnée du sommeil (arrêt intermittent de la respiration pendant le sommeil).

L'obésité est également associée aux conditions suivantes :

- concentrations accrues des lipoprotéines de basse densité (LBD) et des triglycérides;
- concentration peu élevée des lipoprotéines de haute densité (LHD);
- dysfonctionnement cardiaque (ventricules);
- dysfonctionnement du système immunitaire.

POUR EN SAVOIR PLUS

Le diabète

Le diabète est une affection liée à des problèmes de production ou d'absorption de l'insuline — une hormone essentielle au transport du glucose — des aliments ingérés jusqu'aux cellules de l'organisme. Chez une personne diabétique, le glucose s'accumule dans le sang. À long terme, le diabète peut provoquer l'incapacité rénale, des dommages aux nerfs, des problèmes de circulation, des dommages rétiniens et la cécité, et il est associé à une augmentation du pourcentage de crise cardiaque, d'accident cérébrovasculaire et d'hypertension.

Les types de diabète

Quand le corps ne produit pas suffisamment d'insuline, le glucose ne peut être acheminé aux cellules et il demeure dans le sang. On parle alors de diabète de type I (ou insulinodépendant). Ce type de diabète apparaît généralement avant l'âge de 20 ans.

Quand l'organisme produit suffisamment d'insuline, mais que les cellules réceptrices pour l'absorber sont trop peu nombreuses ou manquent de sensibilité, on est en présence du diabète de type II (ou non insulinodépendant), qui affecte 90 % des diabétiques et est généralement diagnostiqué chez les personnes de plus de 40 ans. Ce diabète peut être prévenu ou contrôlé par de saines habitudes alimentaires et par l'activité physique.

Environ 1,5 million de Canadiens sont atteints du diabète. Les principaux facteurs à l'origine de cette maladie sont l'âge, l'inactivité physique, des antécédents familiaux, le mode de vie et l'obésité. En effet, comme l'excès de tissu adipeux produit une diminution de la sensibilité cellulaire à l'insuline, il constitue un important facteur de risque pour le diabète de type II.

Les symptômes

Les symptômes du diabète sont assez semblables pour les deux types. Ainsi, ceux du diabète de type I sont les suivants :
- faim et soif;
- mictions fréquentes;
- perte de poids;
- fatigue.

Ceux du type II sont les suivants :
- faim et soif extrêmement prononcées;
- mictions fréquentes;
- fatigue extrême;
- peau sèche et démangeaisons;
- cicatrisation lente des coupures et lésions;
- infections fréquentes;
- troubles de la vision.

Le traitement

On ne peut guérir le diabète, mais on peut le contrôler en maintenant la glycémie à un niveau acceptable. Pour cela, il faut suivre un régime alimentaire approprié, pratiquer régulièrement des activités physiques et prendre une médication. La perte de poids est un élément fondamental du traitement, car près de 90 % des diabétiques de type II ont un excès de poids lorsque la maladie est diagnostiquée. Même une légère perte de poids peut être bénéfique. Les diabétiques devraient prendre des repas normaux composés de glucides complexes et d'une grande quantité de fibres alimentaires. Médecins ou diététistes peuvent contribuer à la planification d'un régime alimentaire sain et à un programme d'activité physique adaptés à la situation de chacun.

Selon l'Association Diabète Québec inc., l'activité physique comporte de nombreux avantages pour les diabétiques non insulinodépendants. En effet, l'activité :
- accroît la sensibilité des tissus à l'insuline;
- améliore la glycémie;
- prévient plusieurs complications du diabète;
- augmente la dépense calorique;
- réduit le pourcentage des graisses et augmente la masse musculaire;
- réduit la tension artérielle;
- réduit les niveaux de cholestérol et de triglycérides.

La prévention

Le meilleur moyen de prévenir l'apparition du diabète de type II, tout particulièrement chez les personnes exposées à un ou plusieurs facteurs de risque, c'est d'adopter un mode de vie orienté vers le mieux-être dans lequel l'alimentation saine et la pratique régulière d'activités physiques ont leur place. En effet, comme on vient tout juste de le dire, la pratique régulière d'activités physiques permet à l'organisme de brûler l'excès de sucre, rend les cellules plus sensibles à l'insuline et maintient le pourcentage de tissu adipeux à un niveau favorisant une bonne santé.

plus susceptibles de souffrir de fatigue ou d'épuisement musculaires et de troubles de l'alimentation. Chez les femmes, un pourcentage de tissu adipeux extrêmement bas peut entraîner l'**aménorrhée** et une perte de masse osseuse.

TERMINOLOGIE

Aménorrhée   Absence ou fréquence irrégulière des menstruations, parfois liée à un faible pourcentage de tissu adipeux et à une intensité ou un rythme excessifs d'activités physiques.

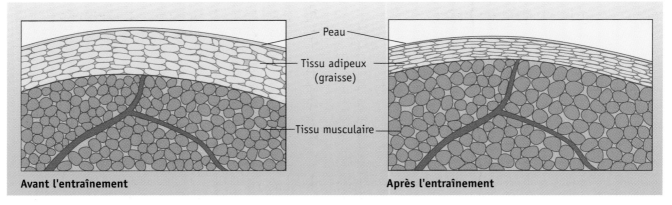

Peau

Tissu adipeux (graisse)

Tissu musculaire

Avant l'entraînement

Après l'entraînement

Figure 6.2   Effets de l'exercice sur la composition corporelle. Les exercices d'endurance cardiovasculaire et l'entraînement en musculation favorisent la réduction des graisses corporelles et l'augmentation de la masse musculaire.

LA PRATIQUE D'ACTIVITÉS PHYSIQUES

Quand on a un surplus de tissu adipeux, il est plus difficile de pratiquer une activité physique. En effet, il faut se dépenser en effort et en énergie simplement pour se déplacer lors des activités quotidiennes. En général, les personnes ayant de l'embonpoint sont en moins bonne forme que les autres et ne possèdent pas la force, l'endurance et la flexibilité musculaires qui facilitent la réalisation d'activités normales. Elles font donc moins d'activité physique parce que cela leur est plus difficile, et se privent ainsi d'un moyen efficace d'améliorer leur composition corporelle. Les activités physiques cardiovasculaires et l'entraînement musculaire contribuent à la diminution des réserves de tissu adipeux et à l'augmentation de la masse maigre (*voir* figure 6.2).

L'ESTIME DE SOI

Chez les femmes, l'augmentation des cas d'anorexie, de boulimie et les diètes à répétition découlent de l'obsession de la minceur dont se nourrit notre société. Chez les hommes, le désir d'être mince et musclé conduit aussi à des comportements néfastes. Hélas, les tentatives pour se sculpter un corps de rêve débouchent souvent sur la déception et une mauvaise estime de soi. Il faut faire face à ce problème en encourageant les individus à se prendre en charge, à se respecter et à adopter un mode de vie orienté vers le mieux-être, car ce n'est sûrement pas en se privant de nourriture, en s'astreignant aux diètes « yoyos », en faisant usage de substances chimiques, tels

les stéroïdes anabolisants, ou même en recourant aux chirurgies esthétiques qu'ils y parviendront.

Une composition corporelle saine est essentielle au mieux-être et l'atteinte ou le maintien du poids santé a de nombreux avantages : augmentation de l'espérance de vie, diminution du risque de maladie cardiaque, de cancer, de diabète et de douleurs au dos, augmentation des capacités énergétiques et amélioration de l'estime de soi. Il faut se rappeler que la capacité de modifier sa composition corporelle dépend non seulement d'une saine alimentation et de la pratique d'activités physiques, mais aussi de facteurs héréditaires dont il faut tenir compte pour se fixer des objectifs réalistes.

ÉVALUATION DE LA COMPOSITION CORPORELLE

La pesée matinale rituelle ne peut révéler si le changement de poids dépend de modifications survenues dans les muscles, les fluides corporels ou la graisse et ne permet pas de distinguer l'excès de poids en masse maigre de l'excès de tissu adipeux. Un joueur de football pesant 120 kilos peut avoir un excès de poids selon les normes appliquées à l'ensemble de la population, tout en ayant beaucoup moins de tissu adipeux que la moyenne des individus. De même, une femme de 40 ans peut avoir le même poids qu'à 20 ans, tout en ayant une composition corporelle très différente d'alors. En dépit de ces cas limite, la Food and Drug Administration et le Department of Health and Human Services des États-Unis émettent toujours de nouvelles recommandations en matière de poids proportionnel à la taille.

Pour évaluer la composition corporelle, il existe plusieurs moyens simples, peu coûteux et plus précis que la pesée matinale : l'indice de masse corporelle, la circonférence de la taille et la mesure des plis cutanés en sont trois. (*Voir* labo 6.1.)

TERMINOLOGIE

Indice de masse corporelle (IMC)   Mesure du poids corporel associée au poids santé; il résulte de la division du poids en kilogrammes par la taille en mètres carrés.

Tableau 6.1	**Classification des poids excessifs et de l'obésité selon l'IMC et la circonférence de la taille.**						
CLASSIFICATION	**IMC (kg/m²)**	**DEGRÉ D'OBÉSITÉ**	**RISQUE DE MALADIE PAR RAPPORT AU POIDS ET À LA CIRCONFÉRENCE DE LA TAILLE NORMAUX***				
			Hommes		**Femmes**		
			≤ 102 cm	**> 102 cm**	**≤ 88 cm**	**> 88 cm**	
Poids insuffisant**	≤ 18,4						
Poids normal***	18,5-24,9						
Poids excessif	25,0-29,9		Augmente	Élevé	Augmente	Élevé	
Obésité	30,0-34,9	I	Élevé	Très élevé	Élevé	Très élevé	
	35,0-39,9	II	Très élevé	Très élevé	Très élevé	Très élevé	
Obésité extrême	≥ 40,0	III	Extrêmement élevé	Extrêmement élevé	Extrêmement élevé	Extrêmement élevé	

* Risque de diabète de type II, d'hypertension et de maladies cardiovasculaires. La mesure de la circonférence de la taille à partir de laquelle le risque est plus élevé est de 102 cm pour les hommes et de 88 cm pour les femmes.

** Les recherches effectuées indiquent qu'un IMC faible peut être sain, à condition qu'il ne résulte pas du tabagisme, d'un trouble de l'alimentation ou d'une maladie évolutive.

*** Un tour de taille plus grand peut aussi être un indice de risque accru même chez les personnes ayant un poids normal.

Source : Adaptation de National Heart, Lung, and Blood Institute, *Clinical Guidelines on the Identification, Evaluation, and Treatment of Overweight and Obesity in Adults : The Evidence Report*, Bethesda (Maryland), National Institutes of Health, 1998.

L'INDICE DE MASSE CORPORELLE

L'**indice de masse corporelle (IMC)** est une mesure brute de la composition corporelle utile pour ceux qui ne disposent pas d'équipement spécialisé. Plus précis que les tableaux de poids proportionnel à la taille, l'IMC demeure cependant fondé sur le principe selon lequel le poids d'un individu devrait être proportionnel à sa taille. Il est assez précis dans le cas des personnes de 20 à 65 ans qui n'ont pas une masse musculaire inhabituellement élevée et qui ne sont pas de très petite taille; il ne s'applique pas aux femmes enceintes. Pour obtenir votre IMC, divisez votre poids en kilos par votre taille en mètres carrés. Par exemple, l'IMC d'une personne pesant 59 kilos et mesurant 1,60 m se calcule ainsi : $59 \div (1,60)^2 = 23$ (consultez le tableau 6.1 pour interpréter votre IMC).

Un IMC trop bas ou trop élevé est un facteur de risque reconnu pour plusieurs problèmes de santé (*voir* figure 6.3). Lorsque la valeur de l'IMC est élevée, les risques d'arthrite, d'hypertension, de cancer

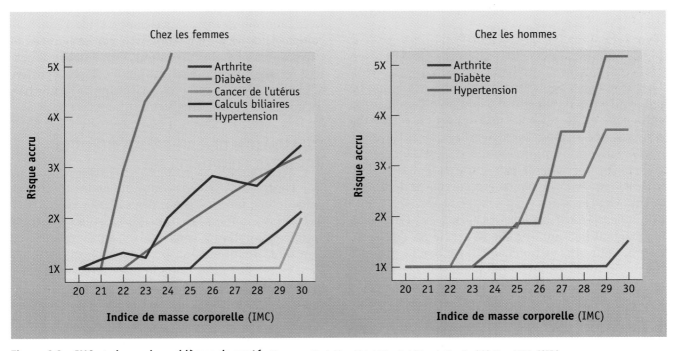

Figure 6.3   IMC et risque de problèmes de santé. (*Source* : « How's Your Weight ? », Nutrition Action Healthletter, 1997, CSPI.)

de l'utérus et d'autres troubles augmentent sensiblement. Le risque de diabète chez les femmes même lorsque l'IMC est plutôt bas est certainement préoccupant.

En juin 1998, de nouveaux paramètres relatifs à la classification des poids excessifs et de l'obésité ont été publiés[1]. Ils correspondent aux normes qu'utilisent plusieurs pays et l'Organisation mondiale de la santé. Selon ces paramètres, une personne a un poids excessif lorsque son IMC est égal ou supérieur à 25, et elle est obèse lorsque son IMC est égal ou supérieur à 30. Auparavant, le seuil de définition d'un excédent de poids était plus élevé.

Dans le cadre de la classification des risques d'un excédent de poids et d'obésité pour la santé, ces nouveaux paramètres tiennent compte, en plus de l'IMC, de la répartition des graisses corporelles et d'autres facteurs de risque de maladie. Comme on l'a vu, un excès de graisses dans l'abdomen est plus préoccupant que dans toute autre partie du corps. À un degré donné d'excédent de poids, les personnes qui ont un plus grand tour de taille et qui sont exposées à d'autres facteurs de risque de maladie sont plus susceptibles d'être victimes de problèmes de santé. Ainsi, un homme ayant un IMC de 27, un tour de taille supérieur à 102 cm et une tension artérielle élevée est plus exposé à des problèmes de santé qu'un homme ayant un IMC de 27, un tour de taille plus petit et n'étant pas exposé à d'autres facteurs de risque. Il s'ensuit que l'IMC optimal pour être en bonne santé varie selon de nombreux facteurs. Si votre IMC est égal ou supérieur à 25, consultez un médecin pour déterminer l'IMC qui sera sain pour vous.

LA MESURE DES PLIS CUTANÉS

La mesure des plis cutanés est une façon simple, peu coûteuse et efficace d'évaluer la composition corporelle en établissant un rapport entre l'épaisseur des plis cutanés en différents points du corps et des calculs du pourcentage de graisses corporelles. On mesure les plis cutanés à l'aide d'un **adiposomètre**, qui comporte une paire de pinces graduées à ressort.

Pour prendre des mesures précises, il faut être expérimenté et habitué de se servir de l'adiposomètre. Pour plus de précision, il est bon de prendre plusieurs mesures à chaque point du corps (ou de demander à différentes personnes d'effectuer chaque mesure) à l'endroit exact prévu. Puisque le volume

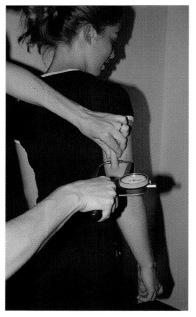

Il est important d'utiliser la technique appropriée pour mesurer les plis cutanés. Effectuez plusieurs mesures à chaque endroit pour plus de précision.

d'eau dans le corps humain varie selon les moments de la journée, les mesures des plis cutanés effectuées le matin et le soir donneront souvent des résultats différents. Si vous refaites les mesures à intervalles réguliers pour observer les modifications affectant la composition corporelle, veillez à mesurer les plis cutanés au même moment de la journée. Pour mesurer vos plis cutanés, reportez-vous au labo 6.1.

AUTRES MÉTHODES POUR ÉVALUER LA COMPOSITION CORPORELLE

Les nombreuses autres méthodes d'évaluation de la composition corporelle sont très perfectionnées et nécessitent un matériel coûteux. Bon nombre de centres de santé et de cliniques de médecine sportive offrent ainsi la pesée hydrostatique et l'analyse d'impédance bioélectrique.

ÉVALUATION DE LA RÉPARTITION DES GRAISSES CORPORELLES

Des chercheurs ont examiné plusieurs méthodes pour déterminer le risque associé à la répartition des graisses corporelles. Deux des méthodes les plus simples à appliquer sont fondées sur la mesure du tour de taille et sur le calcul du rapport entre les hanches et la taille. Dans la première, on mesure la circonférence de la taille, alors que dans la deuxième on divise la circonférence de la taille par

---

1. Par le National Heart, Lung, and Blood Institute (NHLBI), affilié aux National Institutes of Health des États-Unis.

la circonférence des hanches. D'autres recherches devront être menées pour déterminer le risque associé aux valeurs spécifiques recueillies dans ces deux types d'évaluation de la répartition des graisses corporelles. Toutefois, un tour de taille supérieur à 102 cm pour les hommes et à 88 cm pour les femmes (comme on l'a vu dans le tableau 6.1) ainsi qu'un rapport taille/hanches supérieur à 0,95 pour les hommes et à 0,86 pour les femmes sont associés à un risque de maladie sensiblement accru. Observez la marche à suivre indiquée dans le labo 6.1 si vous voulez mesurer et évaluer votre propre répartition des graisses corporelles.

ÉVALUATION DU POIDS SANTÉ

La première chose à faire lorsque des tests révèlent qu'il vaut mieux réduire son pourcentage de tissu adipeux, c'est de se fixer un objectif. Pour choisir le pourcentage de tissu adipeux ou l'IMC à viser, faites le labo 6.1. Optez pour un pourcentage de tissu adipeux ou un IMC qui corresponde à une bonne santé. Assurez-vous que votre objectif est réaliste. Vos possibilités de modifier votre composition corporelle peuvent être limitées par des facteurs génétiques. Rappelez-vous que malgré tous les efforts, peu de gens réussiront à se créer un corps de mannequin ou de culturiste. Tous peuvent cependant améliorer leur composition corporelle grâce à un programme régulier d'activité physique et à une alimentation saine.

Après avoir arrêté votre objectif, calculez le poids corporel auquel vous voulez parvenir. Sans constituer une mesure d'évaluation précise de la composition corporelle, le poids corporel est utile pour évaluer vos progrès. Si vous perdez peu de poids tout en faisant de l'activité physique, il est probable que le pourcentage de tissu adipeux de votre corps diminue et que la masse musculaire augmente. En faisant le labo 6.1, vous pourrez rassembler les résultats de tous les tests d'évaluation, obtenir un aperçu de votre composition corporelle et passer au labo 6.2 pour déterminer le poids santé que vous devriez viser ou maintenir.

En recourant au pourcentage de tissu adipeux ou à l'IMC, la plupart des individus réussissent à se fixer un poids santé relativement précis. Toutefois, il faut se montrer flexible par rapport à un poids santé calculé à partir d'une formule, car les facteurs individuels liés à la génétique, à la culture et au mode de vie sont également importants. C'est à vous qu'il revient de décider si le poids corporel que vous avez calculé est sain, réaliste et conforme à vos objectifs, *et* qu'il peut être maintenu. Fixez des objectifs intermédiaires réalistes et réévaluez votre composition corporelle à quelques reprises durant votre programme.

INCIDENCE D'UN EXCÉDENT DE POIDS ET DE L'OBÉSITÉ SUR LA SANTÉ

Un excès de graisses corporelles accroît le risque de nombreuses maladies et d'autres problèmes de santé. En plus d'être un des cinq facteurs de risque primaires de maladie cardiaque contrôlables, l'obésité amène des risques d'hypertension, d'hypercholestérolémie, d'arthrite et de diabète. On a aussi établi une corrélation entre l'obésité et des cancers tels ceux du côlon, de la prostate, des ovaires, du sein et du col de l'utérus, et l'on sait que la fréquence des problèmes respiratoires et des troubles aux articulations est plus élevée chez les obèses. Par ailleurs, l'obésité peut entraîner des troubles psychologiques tels que la dépression et représenter un grave handicap social. Enfin, les femmes obèses sont aussi plus susceptibles de souffrir de menstruations irrégulières et de complications durant la grossesse.

Une étude réalisée auprès de 120 000 femmes pendant plus de 16 ans a bien démontré le risque global de l'obésité pour la santé. En effet, parmi les femmes n'ayant jamais consommé de tabac, les plus minces — celles dont l'indice de masse corporelle (IMC) était égal ou inférieur à 19 — avaient un plus faible risque de décès, toutes causes confondues. Le risque relatif de décès augmentait proportionnellement à l'IMC et doublait chez les femmes dont l'IMC était supérieur à 29. Cette étude a aussi démontré qu'un gain de poids réparti sur plusieurs années a également des conséquences risquées. Les femmes qui avaient gagné 10 kilos ou plus depuis l'âge de 18 ans ont vu leur risque de maladie coronarienne se multiplier par sept. Ces résultats corroborent les résultats de nombreuses autres études : l'obésité diminue l'espérance de vie.

À l'heure actuelle, environ 13 % des Québécois d'âge adulte ont un excès de poids et 31 % sont obèses (*voir* tableau 6.2). Contrôler son poids est

TERMINOLOGIE

Adiposomètre Instrument de mesure sensible à la pression comportant deux pinces ajustables pour déterminer l'épaisseur des plis cutanés.

Tableau 6.2	La prévalence de l'excès de poids et de l'obésité au Canada.				
	Obésité grave IMC : 35 et +	Poids excessif et obésité IMC : 27 à 34	Embonpoint modéré IMC : 25 à 26
Atlantique	7 %	35 %	19 %
Québec	3 %	28 %	13 %
Ontario	6 %	30 %	17 %
Prairies	6 %	28 %	21 %
Colombie-Britannique	4 %	26 %	15 %

Source : Données d'un sondage effectué par la firme de recherche Pollara à l'intention de la société pharmaceutique Hoffmann-La Roche.

donc, pour d'innombrables personnes, un des défis les plus importants à relever sur le plan de la santé et du mieux-être.

LES FACTEURS QUI CONTRIBUENT À L'APPARITION D'UN PROBLÈME DE POIDS

Pourquoi certaines personnes deviennent-elles obèses alors que d'autres demeurent minces ? Des recherches montrent que les problèmes de poids sont dus, entre autres, à des facteurs génétiques et au métabolisme. Mais des facteurs psychologiques, culturels et sociaux jouent également un rôle.

FACTEURS GÉNÉTIQUES ET FACTEURS ENVIRONNEMENTAUX

L'obésité s'explique par des facteurs génétiques et environnementaux. Certains gènes influent sur la taille et la forme du corps, la répartition des graisses corporelles et le métabolisme. Des facteurs génétiques influent aussi sur le rythme de gain de poids par suite d'une suralimentation et sur l'endroit où se déposent les graisses. Les enfants dont le père et la mère ont un surplus de poids sont deux fois plus susceptibles de développer un surplus de poids que ceux dont un seul des parents a un surplus de poids. Des études comparatives portant sur des enfants adoptés et sur leurs parents biologiques ont révélé que le poids de ces enfants se rapprochait davantage

TERMINOLOGIE

Métabolisme de repos Énergie requise (en calories) pour maintenir les fonctions vitales de l'organisme, dont la respiration, la fréquence cardiaque, la température corporelle et la tension artérielle, lorsque l'organisme est au repos.

Alimentation excessive Habitudes alimentaires correspondant à une consommation normale d'aliments interrompue par des épisodes de très grande consommation.

du poids des parents biologiques que de celui des parents adoptifs, ce qui indique encore que le facteur génétique est déterminant. On estime que 25 % à 40 % des variations de l'IMC entre diverses personnes est attribuable à des facteurs génétiques.

Toutes les recherches semblent indiquer qu'il y a une composante génétique qui détermine le poids. Néanmoins, l'importance des facteurs héréditaires n'élimine pas celle des facteurs environnementaux. Les enfants de parents obèses ne deviennent pas tous obèses, et il y a des parents de poids normal dont les enfants ont un excédent de poids. Les facteurs tels que l'alimentation et l'activité physique expliquent bien souvent cette différence de poids. Ainsi, la propension à devenir obèse peut être héréditaire, mais cette tendance est aussi influencée par des facteurs environnementaux.

Il est vrai que certaines personnes ont plus de difficultés que d'autres à perdre du poids et à ne pas le regagner. Cependant, en faisant plus d'activité physique et en surveillant davantage leur alimentation, ces personnes peuvent déjouer l'hérédité et maintenir un poids santé. Dans ce domaine comme dans bien d'autres, le mode de vie est fondamental.

LE MÉTABOLISME ET LA BALANCE ÉNERGÉTIQUE

Le métabolisme est l'ensemble des transformations physiques et chimiques qui ont lieu dans l'organisme. La plus importante composante du métabolisme, le **métabolisme au repos**, correspond à la dépense énergétique nécessaire au maintien des fonctions vitales. (Pour établir une valeur approximative de votre métabolisme au repos, faites le labo 6.3.) Comme le montre la figure 6.4, la dépense énergétique au repos varie entre 55 % et 75 % de la dépense énergétique quotidienne, alors que l'énergie nécessaire à la digestion varie entre 5 % et 15 %. Le reste de la dépense énergétique quotidienne est attribuable aux activités physiques, ce qui constitue le facteur le plus variable chez l'humain.

On l'a dit : l'hérédité a une incidence certaine sur le métabolisme. Ainsi, le métabolisme au repos des hommes est plus élevé que celui des femmes, parce que leur masse musculaire est supérieure à celle des femmes et que ces tissus ont une activité métabolique supérieure à celle des tissus adipeux. Par ailleurs, l'activité métabolique dépend aussi du bagage génétique de chacun. Une personne ayant une activité métabolique élevée au repos dépense plus d'énergie au repos et peut donc absorber davantage de calories sans gagner de poids.

Une perte ou un gain de poids affecte aussi le métabolisme. En effet, lorsqu'on perd du poids, le métabolisme au repos ainsi que l'énergie requise pour accomplir un effort physique diminuent. Tout se passe comme si l'organisme « protégeait » son poids initial en conservant l'énergie pour favoriser le regain du poids perdu. Par exemple, un homme qui est passé de 75 kilos à 68 kilos doit, pour maintenir son nouveau poids, consommer environ 15 % moins de calories qu'un homme ayant maintenu un poids de 68 kilos pendant toute sa vie d'adulte.

L'activité physique régulière a un effet bénéfique sur la santé, car elle fait augmenter la masse maigre et du même coup le métabolisme au repos. De plus, l'activité physique brûle des calories et augmente ainsi la dépense totale d'énergie de l'organisme. Or, plus cette dépense énergétique est grande, plus on peut manger sans engraisser.

Dans la balance énergétique (*voir* figure 6.4), les deux facteurs qui dépendent de l'individu sont la quantité d'énergie absorbée (dans les aliments) et la quantité de calories dépensées lors d'une activité physique. On voit donc que l'activité physique est un élément essentiel d'un programme efficace de contrôle du poids à long terme.

AUTRES CAUSES D'UN EXCÉDENT DE POIDS

Les chercheurs croient aujourd'hui que les excédents de poids ne s'expliquent pas que par l'hérédité et le métabolisme. Des facteurs comme les variations cycliques du poids, l'alimentation excessive et différents facteurs psychologiques, sociaux et culturels jouent aussi un rôle.

Variations cycliques du poids   On a avancé l'hypothèse que les diètes à répétition, où se succèdent pertes et gains de poids (diètes « yo-yos »), sont nuisibles au contrôle du poids et à la santé en général. Certains chercheurs croient qu'en habituant l'organisme à extraire et à emmagasiner les calories contenues dans les aliments, ces cycles rendent plus difficile la perte de poids après chaque tentative. Cependant, si l'on compare les effets bénéfiques et néfastes d'une perte de poids même modeste, il est clair que les premiers l'emportent sur les seconds.

La théorie de l'alimentation restrictive   Selon la théorie de l'alimentation restrictive, en causant une faim excessive et des sentiments de privation, les diètes contraignantes peuvent entraîner des épisodes d'**alimentation excessive**. Il semble que la réduction de l'apport alimentaire mène à une mésinterprétation des signaux internes d'appétit, tandis que la sensibilité aux signaux externes (arôme des aliments, par exemple) s'exacerbe. Confrontées à ces signaux et aux prises avec la sensation de faim ou la fatigue, les personnes à la diète finissent souvent par renoncer à la poursuivre. Dès qu'elles ont « triché » une première fois, elles sont portées à laisser tomber et à compenser par une alimentation excessive. Ces épisodes d'alimentation excessive sont généralement source de culpabilité et de honte, et contribuent parfois au développement de l'obésité.

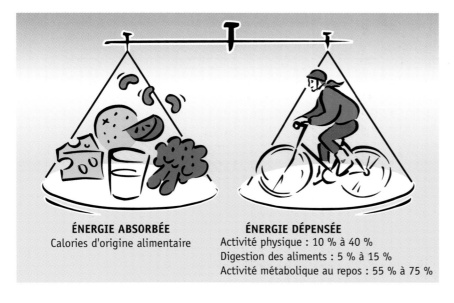

ÉNERGIE ABSORBÉE
Calories d'origine alimentaire

ÉNERGIE DÉPENSÉE
Activité physique : 10 % à 40 %
Digestion des aliments : 5 % à 15 %
Activité métabolique au repos : 55 % à 75 %

Figure 6.4 **La balance énergétique.** Afin de maintenir votre poids actuel, vous devez dépenser autant de calories que vous en absorbez.

Facteurs psychologiques, sociaux et culturels
Pour beaucoup de gens, manger est un moyen de composer avec le stress et les émotions négatives. La nourriture leur est un exutoire puissant à l'isolement, à la colère, à l'ennui, à l'anxiété, à la honte, à la tristesse ou à l'inadaptation. Ils s'en servent pour se remonter le moral, pour se revigorer et pour compenser leur faible estime de soi. Lorsque la nourriture devient un moyen de régler les émotions, les épisodes d'alimentation excessive et d'autres troubles de comportement alimentaire suivent habituellement. (Le labo 6.4 fournit un questionnaire qui porte sur les troubles de l'alimentation chez les femmes.)

Il y a une forte corrélation entre l'obésité et la situation socio-économique : plus les revenus sont élevés, moins l'obésité est présente. Chez les gens à faibles revenus, ce sont davantage les femmes qui sont obèses; c'est l'inverse lorsque les revenus sont élevés. Cela s'explique peut-être par une plus grande préoccupation pour la minceur chez les femmes ayant des revenus élevés, de même que par des choix différents concernant l'alimentation.

Dans les familles et les cultures où la nourriture est un symbole d'amour et d'affection faisant partie de la plupart des célébrations et des rassemblements sociaux, il peut être plus difficile de modifier ses habitudes alimentaires.

CONTRÔLE DU POIDS ET MODE DE VIE

Finalement, les recherches tendent à démontrer que la plupart des problèmes de poids sont attribuables au mode de vie. Il ressort par ailleurs que les diètes à la mode et autres solutions miracles sont parfaitement inefficaces lorsqu'il s'agit de perdre du poids et de maintenir son poids santé.

Il y a cent ans, les Québécois avaient une alimentation très différente. Ils consomment maintenant plus de matières grasses et de sucres raffinés et moins de glucides complexes. De plus, en dépit de l'intérêt accru pour la bonne condition physique, ils font beaucoup moins d'activité physique que leurs arrière-grands-parents. Comme la marche et les travaux agricoles et manuels sont aujourd'hui moins répandus que jadis, la dépense d'énergie quotidienne des individus a diminué d'environ 200 calories par jour. Associée aux modifications de notre alimentation, cette diminution de la dépense énergétique explique en partie le nombre toujours croissant de Canadiens ayant un excédent de poids.

Perdre du poids et ne pas le reprendre exige plus qu'un effort ponctuel. À vrai dire, cela nécessite l'adoption d'un mode de vie dans lequel une saine alimentation et l'activité physique occupent une place essentielle.

L'ALIMENTATION ET LES HABITUDES ALIMENTAIRES

Contrairement au régime, qui renvoie à une alimentation restrictive, l'alimentation désigne simplement les aliments que l'on consomme chaque jour. Chacun a des habitudes alimentaires qui lui sont propres, mais tous ne suivent pas un régime. Il est important d'avoir une alimentation saine qui comble les besoins de l'organisme en énergie et en éléments nutritifs tout en procurant du plaisir.

Nombre total de calories Pour maintenir votre poids actuel, vous devez dépenser autant de calories que vous en consommez (reportez-vous à la balance énergétique illustrée à la figure 6.4). Pour perdre du poids, vous devez diminuer l'apport en calories ou augmenter la dépense de calories, ou les deux à la fois.

La meilleure méthode pour perdre du poids consiste sans doute à augmenter son activité physique et à réduire légèrement son apport en calories. Évitez les « diètes miracles », car vous avez besoin d'une quantité d'aliments suffisante pour combler les besoins de votre organisme en énergie et en éléments nutritifs (*voir* figure 6.5). De plus, pour ne pas regagner le poids perdu, continuez d'appliquer les restrictions caloriques auxquelles vous aviez consenti pour perdre du poids.

Nombre de portions La surconsommation de calories est étroitement liée au nombre de portions. La plupart des personnes sous-estiment largement la quantité d'aliments qu'elles consomment. Pour bien contrôler votre poids, suivez les recommandations du *Guide alimentaire canadien* en ce qui a trait à la grosseur et au nombre de portions (consultez le chapitre 7).

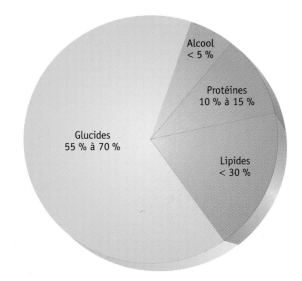

Figure 6.5 Répartition recommandée des sources d'énergie dans l'alimentation. (*Source* : Adapté de Thibault, Guy, Pierrette Bergeron et Pierre Anctil, *Guide de mise en forme*, Montréal, Éditions de l'Homme, 1998.)

Dites-vous bien qu'il est généralement beaucoup plus facile de modifier le nombre de portions que de comptabiliser toutes les calories absorbées.

Matières grasses (lipides) S'il est vrai qu'un apport en matières grasses est nécessaire pour obtenir certains éléments nutritifs essentiels, il faut cependant éviter toute surconsommation d'aliments riches en matières grasses, car ils favorisent les maladies chroniques et nuisent au contrôle du poids. Il semble que les calories provenant de matières grasses se transforment plus facilement en graisses corporelles que celle provenant des protéines et des glucides. Une alimentation à faible teneur en matières grasses peut aussi contribuer à limiter le nombre total de calories absorbées. Les matières grasses ne doivent pas représenter plus de 30 % du nombre total moyen de calories quotidiennes. Les aliments riches en matières grasses comprennent : les huiles, la margarine, le beurre et la crème, qui sont des graisses à l'état pur; la viande et les aliments traités, qui contiennent beaucoup de graisses cachées; les noix, les graines et les avocats, qui sont des sources de graisses végétales. (Lisez l'encadré intitulé « Comment repérer les calories cachées ».)

Glucides complexes (amidon) Pour mieux contrôler le poids, de nombreuses diètes préconisent une diminution de la consommation de pain, de pâtes alimentaires et de pommes de terre. Pourtant, les glucides complexes contenus dans ces aliments sont précisément les éléments nutritifs nécessaires au maintien d'un poids santé. Il en est de même des légumes, des légumineuses et des grains entiers. Les glucides procurent la sensation de satiété, ce qui prévient la tendance à l'alimentation excessive. Ils devraient constituer de 55 % à 70 % de l'apport total quotidien en calories.

Glucides simples (sucre) On n'a jamais démontré que les personnes ayant de l'embonpoint consommaient plus de sucre que les personnes minces, mais il n'en demeure pas moins qu'une consommation excessive de sucre est à déconseiller. Il y a des sucres dans à peu près tout ce que l'on se plaît à grignoter et, à l'instar des matières grasses, ils sont cachés dans la plupart de nos plats cuisinés. Les sucres ajoutés apportent surtout des calories et peu d'éléments nutritifs. Afin de diminuer l'apport en sucres ajoutés sans renoncer au plaisir des sucres naturels, on peut par exemple remplacer les desserts riches en sucre par des fruits frais.

CONSEILS PRATIQUES

Comment repérer les calories cachées

Voici quelques aliments qui contiennent plus de calories qu'il n'y paraît à première vue.

- ***Les produits « allégés »*** Les entreprises du secteur de l'alimentation remplacent souvent les graisses par des sucres. C'est pourquoi un grand nombre d'aliments contenant peu ou pas de matières grasses comptent autant ou plus de calories que les mêmes aliments avec matières grasses. Consultez les étiquettes.

- ***Les boissons gazeuses*** Dans une boisson gazeuse de 375 ml, il y a beaucoup de sucres ajoutés et environ 150 à 200 calories. Buvez plutôt de l'eau.

- ***L'alcool*** L'alcool contient 7 calories par gramme. Un verre de vin fournit environ 100 calories, une bière, environ 150. Faites l'essai des boissons peu ou non alcoolisées et de celles à faible teneur en calories.

- ***Les jus de fruit, les boissons fruitées et les limonades*** Une tasse de jus comprend le jus de plusieurs fruits et contient donc davantage de calories qu'un fruit entier (ainsi, une tasse de jus d'orange contient environ 110 calories comparativement à 65 pour une orange). Les boissons fruitées et les limonades contiennent sou-

vent beaucoup de sucres ajoutés, mais peu d'éléments nutritifs. Il est préférable de boire du jus plutôt que des boissons fruitées et des limonades; de plus, il vaut mieux boire les jus en petites portions et choisir plutôt des fruits entiers.

- ***Les muffins*** Les muffins sont souvent très gros, contiennent beaucoup de matières grasses et renferment de 300 à 500 calories. Il est préférable de les remplacer par du pain à grains entiers, des céréales, des bagels ou des muffins anglais.

- ***Les condiments*** Le beurre, la margarine, la mayonnaise et les vinaigrettes contiennent tous environ 100 calories par cuillerée à soupe, tandis que les confitures et les gelées en contiennent à peu près 50. La crème, la crème sure, le sucre, les sirops et le miel sont aussi très riches en calories. Il vaut mieux limiter sa consommation de sources concentrées de matières grasses et de sucres et adopter les produits laitiers partiellement ou entièrement écrémés ainsi que les vinaigrettes à faible teneur en calories. Ayez recours aux fines herbes, aux épices, au jus de citron, au ketchup, à la moutarde ou aux sauces piquantes pour rehausser le goût des aliments.

Sources : « Hidden Calories », *Mayo Clinic Health Letter*, septembre 1997. U.S. Department of Agriculture, Center for Nutrition Policy and Promotion, *The Food Guide Pyramid*, Home and Garden Bulletin, n° 252, 1996.

Protéines   La consommation de protéines dans les pays industrialisés dépasse amplement les apports recommandés, soit 10 % à 15 % des calories quotidiennes. Aussi, la majorité des individus n'a aucunement besoin de suppléments alimentaires riches en protéines, d'autant plus que les protéines dont l'organisme ne se sert pas à des fins de construction et de réparation des tissus corporels seront emmagasinées sous forme de graisses. Les aliments riches en protéines sont souvent riches en lipides; or, une alimentation riche en lipides et en protéines est à l'origine de plusieurs graves problèmes de santé.

Alcool   Bien que l'alcool soit une drogue, on le classe aussi comme élément nutritif parce qu'il fournit de l'énergie (7 calories par gramme). Celle-ci, cependant, ne peut être utilisée directement par les muscles, car l'alcool doit d'abord être métabolisé par le foie. Bien entendu, cette énergie peut être trouvée ailleurs sans problème; il ne s'agit pas là d'un nutriment essentiel.

Selon certaines études, la consommation modérée d'alcool est associée à une concentration accrue de LHD ou « bon cholestérol », ce qui pourrait réduire le risque de maladie cardiovasculaire. Pour la plupart des gens, une quantité modérée d'alcool équivaut à sept consommations par semaine (pas plus de 5 % de l'énergie).

Habitudes alimentaires   Un autre moyen de contrôler son poids consiste à prendre des repas légers et fréquents — soit au moins trois par jour, plus quelques collations au besoin — selon un horaire régulier et constant. Sauter des repas crée une sensation excessive d'appétit, des sentiments de privation et incite aux excès alimentaires et au grignotage d'aliments riches en calories, en graisses et en sucre. En décidant de prendre vos repas régulièrement et d'adopter des règles personnelles concernant le choix des aliments, vous vous convaincrez de l'avantage d'un régime alimentaire sain et faible en calories. Au contraire, en vous interdisant certains aliments, vous risquez de vous en créer l'envie. Au fond, il est préférable de manger de tout mais avec modération.

L'ACTIVITÉ PHYSIQUE

La pratique régulière d'une activité physique est un autre élément important du mode de vie favorisant le contrôle du poids corporel. Les personnes qui font de l'activité physique, quelle qu'elle soit, maîtrisent généralement mieux leur poids que les sédentaires. Puisqu'il est difficile de réduire pendant longtemps son apport alimentaire en vue de perdre du poids, il vaut donc mieux accroître la durée ou la fréquence de l'activité physique.

On l'a dit : l'activité physique brûle les calories et augmente le métabolisme de telle sorte que les aliments ingérés se transforment en énergie plutôt qu'en graisses. De plus, les personnes qui font régulièrement de l'activité physique ou des exercices vigoureux dépensent plus d'énergie au repos que la moyenne. La pratique régulière d'un effort d'intensité faible à modérée peut être maintenue longtemps. Cependant, les efforts intenses semblent accentuer certains effets métaboliques de l'activité physique, dont une meilleure utilisation des graisses. Il est donc préférable de combiner des activités physiques d'intensité variable si l'on veut favoriser un déficit énergétique.

Commencez par intégrer davantage d'activité physique dans votre quotidien. Suivez les recommandations du *Guide d'activité physique canadien* et tirez parti de toutes les occasions qui se présentent pour être plus actif : prenez l'escalier plutôt que l'ascenseur, marchez ou pédalez au lieu d'utiliser la voiture.

L'activité physique est un élément essentiel de tout programme efficace de gestion du poids corporel. Le basket-ball est une des nombreuses activités qui permettent de garder une bonne condition physique.

Tableau 6.3 Calcul des calories dépensées lors de certaines activités physiques*.

Pour déterminer le nombre de calories selon les activités physiques, multipliez le coefficient calorique indiqué ci-dessous par votre poids corporel (en kilos), puis par la durée de l'exercice effectué (en minutes).

Activité	Cal/kg/min	×	Poids corporel	×	min	=	Nombre total de calories
Faire de la bicyclette (21 km/h)	0,156						
Creuser	0,136						
Conduire une voiture	0,044						
Faire des travaux ménagers	0,063						
Peindre la maison	0,074						
Pelleter de la neige	0,114						
Rester assis	0,019						
Dormir ou se reposer	0,017						
Rester debout	0,026						
Écrire ou taper à la machine	0,028						
Marcher rapidement (7,2 km/h)	0,105						

* La dépense d'énergie découlant des activités de conditionnement physique est indiquée au chapitre 10.

Source : Adaptation de Kusinitz, I. et M. Fine, *Your Guide to Getting Fit*, 3ᵉ édition, Mountain View (Californie), Mayfield, 1995.

À long terme, même une légère augmentation du niveau d'activité peut vous aider à maintenir votre poids actuel ou à perdre du poids (*voir* tableau 6.3).

UNE QUESTION DE MODE DE VIE

Que conclure de ce qui précède sinon que l'activité physique favorise la perte de poids et peut grandement améliorer le profil métabolique ? Ajoutons encore que les personnes qui souffrent d'un surplus de poids vont retirer tous les avantages métaboliques de l'activité physique sans nécessairement atteindre leur poids santé. Il leur faut donc adopter — et conserver leur vie durant — de saines habitudes alimentaires et la pratique de séances d'activités physiques régulières. De façon générale, ce mode de vie santé apporte rapidement des bienfaits physiologiques et psychologiques à ceux qui l'adoptent. Pour des conseils pratiques en la matière, consultez l'encadré « Un mode de vie favorisant le contrôle du poids ».

CONSEILS PRATIQUES

Un mode de vie favorisant le contrôle du poids

Lorsqu'il est question de mode de vie, il n'en tient qu'à vous de prendre les bonnes décisions.

- Consommez quotidiennement une quantité modérée de calories. Soyez attentif à la grosseur des portions.
- Restreignez votre consommation de matières grasses et de sucres ajoutés.
- Augmentez votre apport en glucides complexes.
- Ramenez votre apport en protéines aux quantités recommandées.
- Adoptez un horaire stable.
- Pratiquez des activités physiques modérées d'endurance cardiovasculaire de moyenne ou longue durée.
- Ajoutez à votre programme des exercices de musculation.

- Adoptez une attitude positive.
- Apprenez à surmonter les sentiments de stress, d'ennui, de fatigue et d'isolement sans compenser par l'alimentation ou l'alcool.

Voici quelques grandes lignes pour établir un programme personnel de contrôle du poids.

- Prenez conscience de vos sources de motivation.
- Fixez-vous des objectifs raisonnables en terme de santé.
- Faites un bilan énergétique apport calorique/dépense énergétique.
- Augmentez la fréquence de vos activités physiques.
- Faites les modifications qui s'imposent à votre alimentation et à vos habitudes alimentaires.
- Passez à l'action !

RÉSUMÉ

- Le corps humain se compose de masse maigre (os, eau, muscles, tissus des organes et tissus conjonctifs) et de masse grasse (graisses essentielles et de réserve).

- Une quantité excessive de masse grasse est mauvaise pour la santé; elle peut causer des maladies cardiovasculaires. La localisation du tissu adipeux est également un important indicateur de santé.

- Pour avoir un corps en bonne forme et en bonne santé avec une composition corporelle optimale, il faut avoir de bonnes habitudes en matière d'alimentation et d'activité physique.

- La pesée matinale ne constitue pas un moyen précis d'évaluer la composition corporelle, car elle ne permet pas de faire la distinction entre la masse musculaire et le tissu adipeux.

- L'indice de masse corporelle (obtenu par la mesure du poids et de la taille) et le pourcentage de tissu adipeux (obtenu par la mesure des plis cutanés) sont des méthodes d'évaluation de la composition corporelle.

- Pour évaluer la répartition des graisses corporelles, on peut établir le rapport taille/hanches ou mesurer la circonférence de la taille.

- Le poids corporel recommandé peut être déterminé en rapport avec l'IMC ou le pourcentage de tissu adipeux visé. Il faut tenir compte des facteurs héréditaires au moment de se fixer des objectifs en la matière.

- Un excédent de poids corporel augmente les risques de nombreuses maladies.

- Partiellement déterminé par des facteurs héréditaires, le métabolisme au repos, qui est la quantité d'énergie nécessaire au maintien des fonctions vitales de l'organisme, peut être augmenté par l'activité physique et l'augmentation de la masse musculaire.

- L'apport en calories et la dépense de calories grâce à l'activité physique sont les deux éléments de la balance énergétique sur lesquels chacun peut agir.

- L'activité physique et une saine alimentation sont la clé du succès pour contrôler son poids ou pour perdre du poids.

Nom : _____ Groupe : _____ Date : _____

| **LABO 6.4** | **LISTE DE CONTRÔLE RELATIVE AUX TROUBLES DE L'ALIMENTATION CHEZ LES FEMMES** |

1. Pour chaque énoncé, faites un crochet dans la colonne décrivant le mieux votre situation actuelle.

1re section

	Toujours 0	Très souvent 0	Souvent 0	Parfois 1	Rarement 2	Jamais 3
1. Je mange en compagnie d'autres personnes.		X				
2. Je porte des vêtements moulants.				X		
3. Je mange de la viande.				X		
4. Mes menstruations sont régulières.	X					
5. Je mange au restaurant.					X	
6. Je mange des mets riches.						X

2e section

	Jamais 0	Rarement 0	Parfois 0	Souvent 1	Très souvent 2	Toujours 3
7. Je prépare des plats pour d'autres personnes, mais je n'en mange pas.	X					
8. Je deviens anxieuse avant de manger.	X					
9. Je panique à l'idée d'avoir un excédent de poids.		X				
10. J'évite de manger lorsque j'ai faim.	X					
11. Je suis préoccupée par l'alimentation.	X					
12. J'ai connu des épisodes de boulimie durant lesquels j'ai cru ne pas pouvoir m'arrêter de manger.	X					
13. Je coupe mes aliments en petites bouchées.			X			
14. Je connais le nombre de calories présentes dans les aliments que je mange.	X					
15. J'évite les aliments contenant beaucoup de glucides (pain, pommes de terre, riz, etc.).	X					
16. Je me sens ballonnée après les repas.	X					
17. Je crois que certains préféreraient que je mange davantage.	X					
18. Je vomis après avoir mangé.	X					
19. J'ai un fort sentiment de culpabilité après avoir mangé.	X					
20. Je suis hantée par le désir d'être plus mince.	X					
21. Je fais des exercices vigoureux afin de perdre des calories.	X					
22. Je me pèse plusieurs fois par jour.	X					
23. Je me réveille tôt le matin.			X			
24. Je mange les mêmes aliments d'une journée à l'autre.	X					
25. Je songe à la perte de calories lorsque je fais de l'activité physique.	X					

	Jamais 0	Rarement 0	Parfois 0	Souvent 1	Très souvent 2	Toujours 3
26. Certaines personnes croient que je suis trop mince.			X			
27. Je suis préoccupée par la présence de graisses dans mon corps.	X					
28. Je prends mes repas plus lentement que d'autres personnes.	X					
29. Je prends des laxatifs.	X					
30. J'aime les aliments sucrés.			X			
31. Je mange des aliments diététiques.	X					
32. Je crois que l'alimentation est une obsession chez moi.	X					
33. Je me maîtrise bien en présence d'aliments.					X	
34. Certaines personnes me poussent à manger.	X					
35. Je consacre trop de temps et d'attention à l'alimentation.	X					
36. Je souffre de constipation.	X					
37. Je ne me sens pas bien après avoir mangé des sucreries.	X					
38. J'essaie constamment de nouvelles diètes.	X					
39. J'aime avoir l'estomac vide.	X					
40. J'ai le réflexe de vomir après les repas.	X					
Total par colonne	29	2	4	3	1	1
Facteur de multiplication	×0	×0	×0	×1	×2	×3
Total après multiplication	0	0	0	1	2	3

Total global 6

2. Additionnez vos points par colonne, puis multipliez chacune par le facteur de multiplication qui convient.

3. Faites le total de toutes les colonnes.

4. Lisez l'interprétation de vos résultats.

Résultats	Nombre de points (0-120 points)
Trouble de l'alimentation	> 50
Seuil d'un trouble de l'alimentation	30-50
Normal*	< 30
* Résultat moyen des personnes ayant des habitudes alimentaires normales : 15,4 points.	

Source : Nieman, D., *Exercise Testing and Prescription : A Health-Related Approach*, 4e édition, Mountain View (Californie), Mayfield, 1999.

L'ALIMENTATION

7

OBJECTIFS

Après avoir lu le présent chapitre, vous devriez pouvoir :

- nommer les nutriments essentiels et expliquer leurs fonctions dans l'organisme;
- identifier les principes directeurs d'une alimentation saine et sans carences nutritionnelles;
- identifier les maladies chroniques liées à l'alimentation;
- évaluer votre alimentation à l'aide du *Guide alimentaire canadien*;
- modifier votre alimentation dans une perspective de prévention et de santé.

a saine **alimentation** est un élément essentiel au mieux-être. Elle est un gage de vitalité, de bien-être et de santé. On sait aujourd'hui que les mauvaises habitudes alimentaires favorisent l'apparition de maladies, d'affections invalidantes et d'autres problèmes de santé. Le lien est d'ailleurs très marqué par rapport au risque de maladies cardiovasculaires, de diabète et de certains types de cancer. Inversement, une saine alimentation combinée à un programme d'activité physique aide à prévenir l'apparition de ces maladies. Et quand on n'a pu éviter ces maladies, l'alimentation et l'activité physique font généralement partie du traitement.

Vous désirez planifier votre alimentation de façon à atteindre une condition physique optimale tout en prévenant les maladies ? Il vous faut donc connaître les nutriments essentiels à l'organisme, savoir quelles quantités absorber et appliquer ces connaissances dans votre quotidien. Après avoir déterminé l'alimentation qui vous convient, vous voudrez peut-être modifier votre régime actuel pour atteindre vos objectifs.

Le présent chapitre présente les principes fondamentaux de la **nutrition**, il décrit les six catégories de nutriments essentiels et explique leur rôle dans le bon fonctionnement de l'organisme. Vous y trouverez les principes d'une alimentation saine et équilibrée et des conseils pratiques, que vous mangiez à la maison, à la cafétéria ou au restaurant. L'alimentation est une composante de votre vie sur laquelle vous avez beaucoup de prise. N'hésitez pas à revoir la vôtre à la lumière des connaissances en nutrition que vous aurez acquises dans ce chapitre; vous ferez ainsi un pas important sur la voie du mieux-être.

LES COMPOSANTES D'UNE ALIMENTATION SAINE ET ÉQUILIBRÉE

Lorsque vous pensez alimentation, vous songez probablement aux aliments qui vous plaisent : un sandwich jambon-fromage et un verre de lait ou un steak accompagné d'une pomme de terre au four. Cependant, vous devez avant tout vous soucier des nutriments contenus dans ces aliments. En effet, votre organisme a besoin de protéines, de matières grasses, de glucides, de vitamines, de minéraux et d'eau — au total, de quelque 45 **nutriments essentiels**. Le mot « essentiel » signifie ici que vous devez tirer ces nutriments des aliments ingérés parce que votre organisme est incapable de les produire ou ne peut les produire assez rapidement pour satisfaire vos besoins physiologiques. Les six catégories de nutriments, leurs fonctions et les principaux aliments qui les contiennent sont indiqués dans le tableau 7.1.

Les nutriments sont libérés dans l'organisme lors de la **digestion**, qui les dégrade en composés pouvant être absorbés et utilisés par l'organisme (*voir* figure 7.1). C'est ainsi que les nutriments essentiels peuvent fournir de l'énergie, constituer et préserver les tissus de l'organisme et régulariser les fonctions physiologiques. C'est ce qu'on appelle la nutrition.

TERMINOLOGIE

Alimentation   Action ou manière de se nourrir.

Nutrition   Ensemble des processus d'assimilation et de désassimilation qui ont lieu dans un organisme vivant, lui permettant de se maintenir en bon état et lui fournissant l'énergie qui lui est nécessaire.

Nutriments essentiels   Vitamines, minéraux, certains acides aminés, acide linoléique, acide alphalinoléique, glucides, eau et autres substances que l'organisme doit tirer des aliments parce qu'il ne peut les produire en quantités suffisantes pour satisfaire ses besoins physiologiques.

Digestion   Dégradation des aliments en nutriments dans le tube digestif; ce processus permet leur assimilation dans l'organisme.

Tableau 7.1	Les six catégories de nutriments essentiels.	
NUTRIMENT	**FONCTIONS**	**PRINCIPALES SOURCES**
Protéines (4 cal/g)	Entrent dans la composition de tous les tissus corporels (muscles, os, cheveux, etc.). Servent à la construction et à la reconstitution des tissus endommagés, régularisent l'équilibre en eau et en acidité et constituent un élément essentiel des hormones, des enzymes et du système immunitaire.	Viande, poisson, volaille, œufs, produits laitiers, légumineuses, noix.
Glucides (4 cal/g)	Fournissent de l'énergie aux cellules du cerveau, du système nerveux et du sang ainsi qu'aux muscles lors d'une activité physique.	Grains (pains et céréales), fruits, légumes, lait.
Matières grasses (9 cal/g)	Apportent de l'énergie, isolent, soutiennent et protègent les organes. Offrent un milieu à l'absorption des vitamines liposolubles.	Matières grasses saturées surtout d'origine animale, huiles de palme et de noix de coco, graisses végétales hydrogénées; matières grasses insaturées présentes dans les grains, les noix, les graines, le poisson, les avocats, les olives.
Vitamines	Favorisent (déclenchent ou accélèrent) certaines réactions chimiques au sein des cellules. Sont nécessaires aux fonctions métaboliques de croissance et de réparation.	Surtout les fruits, les légumes et les grains; également la viande et les produits laitiers.
Minéraux	Contribuent à la régulation des fonctions physiologiques ainsi qu'à la croissance et au maintien des tissus de l'organisme; catalysent les sources d'énergie.	La plupart des groupes alimentaires.
Eau	Est essentielle aux fonctions vitales de contrôle de la température, de transport des éléments nutritifs et d'élimination des déchets.	Les fruits, les légumes et d'autres liquides.

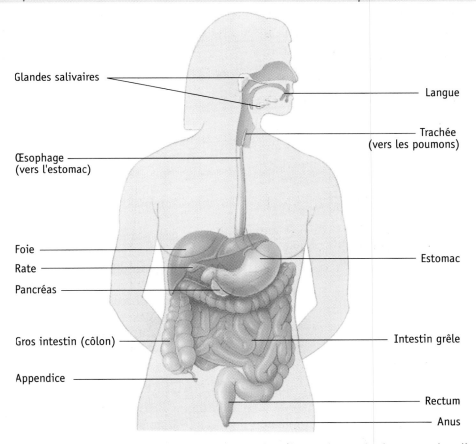

Figure 7.1 **Le système digestif.** Les aliments sont partiellement dégradés par la mastication et par la salive dans la bouche. En descendant dans le tube digestif, des contractions musculaires les font se mélanger tandis que des substances chimiques les dégradent. Une fois dans l'estomac, les aliments sont dégradés encore davantage par des acides gastriques. La plus grande partie de l'absorption des nutriments se produit dans l'intestin grêle, à l'aide de sécrétions provenant du pancréas, de la rate et de la paroi intestinale. Le gros intestin réabsorbe l'eau excédentaire. Les déchets solides restants s'accumulent dans le rectum et sont expulsés par l'anus.

La fonction la plus importante des nutriments est de fournir l'énergie. Cette énergie présente dans les aliments se mesure en **kilocalories (kcal)**. Une kilocalorie est égale à 1000 calories et représente la quantité de chaleur nécessaire pour élever de 1 °C la température de un kilogramme d'eau. Un adulte moyen consomme environ 2000 kcal par jour pour satisfaire ses besoins énergétiques. Les kilocalories consommées en plus sont conservées sous forme de graisse corporelle. Comme le mot **calorie** est plus couramment utilisé comme unité d'énergie que la kilocalorie, nous l'utiliserons ici pour faciliter la lecture, bien que cette mesure renvoie à une très petite unité d'énergie.

Trois des six catégories de nutriments sont des sources d'énergie : les protéines, les glucides et les matières grasses. Les matières grasses apportent davantage d'énergie (neuf calories par gramme) que les protéines et les glucides (quatre calories par gramme). L'alcool aussi, bien qu'il ne soit pas un nutriment essentiel, fournit de l'énergie (sept calories par gramme). Vu l'apport calorique très élevé des matières grasses, les spécialistes déconseillent d'en faire une grande consommation, car quand on considère le régime alimentaire canadien moyen, il est clair que la plupart des individus n'ont nullement besoin de calories supplémentaires pour satisfaire leurs besoins énergétiques. On aurait tort d'ailleurs de croire que la nourriture n'a d'autre fonction que de satisfaire les besoins énergétiques. Tous les nutriments remplissent de nombreuses autres fonctions vitales.

En termes quantitatifs, c'est l'eau qui constitue le nutriment le plus important : le corps humain est composé d'environ 60 % d'eau et ne peut survivre que quelques jours s'il en est privé. Les vitamines et les minéraux sont aussi nécessaires mais en quantité beaucoup moindre.

Chaque aliment comporte une combinaison spécifique de nutriments et est généralement catégorisé selon ses nutriments prédominants. Ainsi, les pâtes alimentaires sont classées dans les aliments riches en glucides, bien qu'elles contiennent aussi d'autres nutriments en faibles quantités. Examinons maintenant de façon plus détaillée les six catégories de nutriments, leurs fonctions et leurs sources.

LES PROTÉINES

Les protéines sont des éléments importants des muscles, des os, du sang, des enzymes, des membranes cellulaires et de certaines hormones. Comme on l'a vu, elles fournissent également de l'énergie, soit quatre calories par gramme. Les protéines sont constituées d'**acides aminés**. On en retrouve 20 dans la nourriture, dont 9 sont essentiels au régime alimentaire d'un adulte. Ici encore, le terme « essentiel »

signifie que ces acides sont indispensables à la santé et à la croissance, et qu'on doit les trouver dans l'alimentation, parce que le corps ne les produit qu'en quantités insuffisantes ou pas du tout. Les autres acides aminés peuvent être produits par le corps à condition que les ingrédients nécessaires lui soient fournis par l'alimentation.

Les aliments d'origine animale sont des sources de protéines complètes. Tous les acides aminés essentiels s'y trouvent, en proportions idéales et facilement utilisables. Les protéines des végétaux, quant à elles, sont incomplètes, c'est-à-dire qu'elles contiennent une quantité limitée d'un ou de plusieurs acides aminés essentiels. (*Voir* tableau 7.2.) Pour obtenir tous les acides aminés essentiels, les végétariens stricts (qui ne consomment aucun aliment d'origine animale) doivent combiner les protéines végétales de façon à obtenir les acides aminés essentiels en quantité suffisante. La complémentarité des protéines est plus généralement confirmée entre les produits céréaliers et laitiers, entre les produits céréaliers et les légumineuses, de même qu'entre les noix, les graines et les légumineuses.

| Tableau 7.2   **Protéines animales et végétales.** ||
Protéines complètes	**Protéines incomplètes**
Œufs	Fruits et légumes
Poissons et fruits de mer	Légumineuses
Produits laitiers	Noix et graines
Viande et volaille	Produits céréaliers

Dans une alimentation équilibrée, l'apport quotidien en protéines devrait compter pour 10 % à 15 % des calories. Ce pourcentage est plus élevé dans le régime de la plupart des Canadiens, lequel est riche en acides aminés. En effet, les deux tiers environ des protéines qu'ils consomment sont d'origine animale. Ces protéines excédentaires sont utilisées sous forme d'énergie ou transformées en graisses et stockées en vue d'une dépense énergétique ultérieure. Pour la plupart des individus, les protéines excédentaires provenant de l'alimentation n'ont pas d'effets nuisibles; elles ajoutent cependant des matières grasses, car les aliments riches en protéines le sont souvent aussi en matières grasses.

LES MATIÈRES GRASSES

Contenant neuf calories par gramme, les matières grasses (ou lipides) constituent la source la plus concentrée d'énergie. Les graisses accumulées dans le corps procurent une énergie utilisable, contribuent à l'isolation thermique du corps, soutiennent et protègent les organes. Les matières grasses fournissent les acides essentiels que l'organisme ne peut

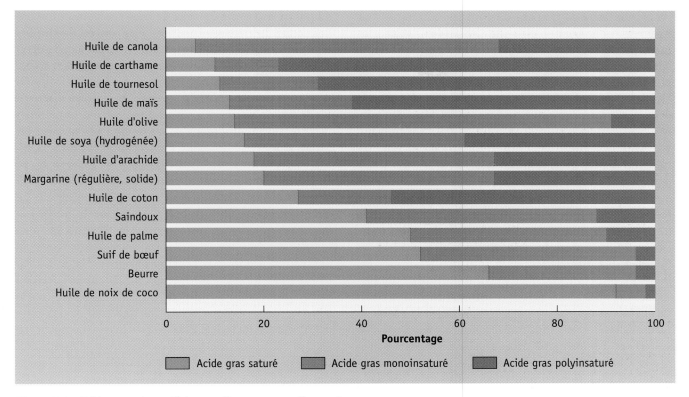

Figure 7.2 **Tableau comparatif des matières grasses alimentaires.**

synthétiser ainsi que les vitamines liposolubles; elles ajoutent de la saveur aux aliments et contribuent à la satiété. Durant les périodes de repos et d'activités légères, les matières grasses sont la principale source d'énergie du corps. Le système nerveux, le cerveau et les globules rouges tirent leur énergie des glucides, mais la plupart des autres organes du corps l'extraient des matières grasses.

Types et sources de matières grasses La plupart des matières grasses présentes dans les aliments et dans le corps sont des **triglycérides**, qui se composent de glycérol et de trois acides gras : **saturé**, **monoinsaturé** et **polyinsaturé** (*voir* figure 7.2). Ces matières grasses se retrouvent en quantités variables dans les aliments. Les gras d'origine animale ainsi que les huiles de coco et de palme (souvent utilisées dans les produits commerciaux) contiennent plus d'acides gras saturés. Les avocats, l'huile de canola, les arachides, les olives et les huiles qu'on en retire contiennent plus d'acides gras monoinsaturés. Les principales sources d'acides gras polyinsaturés sont le poisson, les huiles de soya, de maïs et de tournesol ainsi que les graines et les noix.

Mais il faut nuancer. En effet, l'**hydrogénation** des huiles végétales insaturées produit des acides gras tant saturés qu'insaturés. En changeant la configuration moléculaire des acides gras, ce processus transforme les huiles en graisses. Ces acides gras

modifiés sont alors appelés **acides gras trans**. L'industrie alimentaire a recours à l'hydrogénation afin de stabiliser les huiles qui seront utilisées en friture,

TERMINOLOGIE

Kilocalorie (kcal) Unité d'énergie utilisée pour les aliments; une kilocalorie représente la quantité de chaleur nécessaire pour élever de 1 °C la température de un kilogramme d'eau.

Calorie Quantité de chaleur nécessaire pour élever de 1 °C la température de un gramme d'eau; c'est le terme le plus souvent utilisé lorsqu'il est question de kilocalorie.

Acides aminés Éléments des protéines constituant les tissus musculaires et autres.

Triglycéride Lipide le plus souvent présent dans les graisses des tissus, qui comprend une molécule de glycérine et trois acides gras.

Acide gras saturé Un acide gras qui ne comporte aucune liaison double entre les atomes de carbone et qui est à l'état solide à température ambiante.

Acide gras monoinsaturé Un acide gras qui comporte une liaison double entre les atomes de carbone et qui est à l'état liquide à température ambiante.

Acide gras polyinsaturé Acide gras qui comporte au moins deux liaisons doubles entre les atomes de carbone et qui est à l'état liquide à température ambiante.

Hydrogénation Processus en vertu duquel des atomes d'hydrogène sont ajoutés à des graisses insaturées, ce qui élève le degré de saturation et transforme les huiles liquides en graisses solides.

Acide gras trans Acide gras insaturé qui résulte de l'hydrogénation.

pour améliorer la texture de certains aliments (par exemple, pour rendre plus feuilletées les pâtisseries et les pâtes à tarte), pour empêcher l'huile de se déposer à la surface du beurre d'arachide ou pour prolonger la conservation des aliments préparés avec de l'huile. C'est par hydrogénation qu'une huile liquide est transformée en margarine ou en graisse végétale.

De nombreux aliments cuits ou frits sont préparés avec une huile végétale hydrogénée et leur teneur en acides gras saturés et en acides gras trans peut donc être relativement élevée. On trouve les principales sources d'acides gras trans dans les pommes de terre frites et le poulet ou le poisson frits (dans la graisse végétale et non dans l'huile), dans les tourtières, les gâteaux, les biscuits, les pâtisseries, les beignes, les croustilles et la margarine solide. En général, plus la consistance d'une huile hydrogénée est solide, plus elle contient d'huiles saturées et d'acides gras trans. C'est ainsi que la margarine sous sa forme la plus solide renferme davantage d'acides gras saturés et d'acides gras trans que les margarines plus molles. La viande et le lait, pour leur part, contiennent une plus faible quantité d'acides gras trans.

Les huiles végétales hydrogénées ne sont pas les seules matières grasses végétales à contenir des graisses saturées. Bien que d'origine végétale, l'huile de palme et l'huile de noix de coco contiennent aussi beaucoup de graisses saturées. Par contre, des huiles d'origine animale comme les huiles de poisson renferment une proportion élevée de graisses polyinsaturées.

Apport en matières grasses recommandé

L'apport en matières grasses dont votre organisme a besoin quotidiennement pour combler ses besoins en graisses essentielles est d'environ une cuillerée à table (15 grammes) d'huile végétale. Pourtant, la moyenne canadienne de consommation de matières grasses est de 5 cuillerées à table (75 grammes), ce qui correspond à 33 % de la consommation quotidienne de calories. Les surplus consommés se transforment en graisse de réserve qui nous fournissent l'énergie nécessaire à nos activités quotidiennes. Selon les recommandations du *Guide alimentaire canadien*, il ne faut pas consommer plus de 30 % de l'énergie totale sous forme de lipides (matières grasses) et pas plus de 10 % sous forme de graisses saturées. Le pourcentage de matières grasses présentes dans de nombreux aliments courants est illustré au tableau 7.3. L'encadré intitulé « Apport en matières grasses, en protéines et en glucides : fixez vos objectifs ! » montre comment établir son objectif quotidien de consommation de matières grasses.

Tableau 7.3	**Pourcentage du total des calories sous forme de graisses d'aliments sélectionnés.**				
ALIMENT	**Pourcentage de calories**				
	0 % à 10 %	10 % à 30 %	30 % à 50 %	50 % à 75 %	75 % à 100 %
Pains, céréales, riz et pâtes alimentaires	Plusieurs céréales sèches et pains, riz, pâtes, tortillas, bretzels	Maïs soufflé, gruau, certains pains	Barres granola, maïs soufflé avec beurre, biscottes, biscuits, muffins	Croissants	
Fruits et légumes	La plupart des fruits et légumes frais, congelés, en boîte ou séchés		Frites, rondelles d'oignons frites	Croustilles, noix de coco	Avocats, olives
Lait, yogourt et fromage	Lait écrémé, yogourt, fromage cottage	Yogourt et fromage cottage à faible teneur en gras, lait 2 %, babeurre	Lait entier, crème glacée	La plupart des fromages, crème glacée riche en matières grasses	Fromages à la crème, crème sûre, crème de table
Viande, volailles, poisson, fèves séchées, œufs, noix	Poitrine de dinde sans la peau, aiglefin, morue, la plupart des fèves séchées, blancs d'œufs	Viande blanche de poulet sans la peau, flétan, crevettes, palourdes, thon dans l'eau, truite, tofu faible en gras	Bœuf bouilli, jambon, brun de poulet sans la peau, saumon, maquereau, espadon	Rôti de bœuf, côtelettes de porc, de veau ou d'agneau, poulet avec la peau, thon dans l'huile, tofu, œufs	Salami, bacon, hot dogs, côtes levées, la plupart des noix et des graines, beurre d'arachide, jaunes d'œufs
Repas combinés	Bouillons	Chili végétarien, la plupart des soupes à base de bouillon	Hamburgers, lasagne, chili au bœuf, salade de pommes de terre, pizza végétarienne ou au fromage, macaroni au fromage, enchiladas	Hamburgers avec fromage, pizza toute garnie, sandwich au jambon, au poulet ou au fromage	
Graisses, huiles et friandises	Bonbons durs, gomme à mâcher			Chocolat en barre	Beurre, margarine, huile végétale, mayonnaise, sauce à salade

CONSEILS PRATIQUES

Apports en matières grasses, en protéines et en glucides : fixez vos objectifs !

Objectifs quotidiens

Pour avoir l'apport en nutriments qui convient, vous devez d'abord établir certains objectifs quotidiens généraux.

1. Déterminez votre consommation quotidienne approximative en calories. Selon le degré d'activité physique, les besoins quotidiens des hommes sont d'environ 2200 à 3500 calories et ceux des femmes de 1600 à 2500 calories.

2. Fixez vos pourcentages maximaux visés pour l'apport en matières grasses, en protéines et en glucides. Les pourcentages moyens recommandés sont les suivants :
   - les graisses ne doivent pas représenter plus de 30 % de l'apport quotidien en calories;
   - les protéines doivent représenter 10 % à 15 % de cet apport;

   - les glucides, 55 %.

   Si ces pourcentages correspondent déjà à votre régime alimentaire, vous pourriez augmenter à 60 % le pourcentage de glucides dans l'apport quotidien.

3. Pour vous faciliter la tâche, transformez les pourcentages maximaux en grammes. Voyons comment à l'aide de l'exemple d'un individu qui consommerait environ 2200 calories par jour. (Souvenez-vous qu'il y a 9 calories dans un gramme de matières grasses et 4 calories par gramme de protéine ou de glucide.)

Graisses
2200 cal/jour × 30 % = 660 calories de matières grasses par jour
660 cal ÷ 9 cal/g = **73 grammes de matières grasses par jour**

Protéines
2200 cal/jour × 15 % = 330 calories de protéines par jour
330 cal ÷ 4 cal/g = **83 grammes de protéines par jour**

Glucides
2200 cal/jour × 55 % = 1210 calories de glucides par jour
1210 cal ÷ 4 cal/g = **303 grammes de glucides par jour**

Évaluation d'un produit alimentaire

Vous pouvez procéder au même type de calcul pour savoir si un produit alimentaire a une teneur élevée ou non en matières grasses, en protéines et en glucides.

Pour déterminer la teneur en matières grasses du beurre d'arachide, vous devez d'abord connaître le nombre de calories et de grammes de matières grasses qu'il contient. Multipliez ensuite ce nombre par 9 (parce qu'il y a 9 calories dans 1 gramme de matières grasses) puis divisez par le nombre de calories. Dans le cas d'une cuillerée à table de beurre d'arachide (8 grammes de matières grasses et 95 calories), le calcul serait le suivant :

$$8 \times 9 = 72$$
$$72 \div 95 = 0{,}76$$

Ainsi, 76 % des calories proviennent des matières grasses. Le beurre d'arachide est donc riche en matières grasses. Si votre consommation quotidienne de matières grasses est de 70 grammes, une cuillerée à table de beurre d'arachide équivaut à 11 % de ce total.

Bien sûr, vous pouvez consommer des aliments riches en matières grasses. Mais il serait plus sain de limiter la taille des portions et d'équilibrer votre alimentation avec des aliments faibles en matières grasses. Par exemple, une cuillerée à table de beurre d'arachide étalée sur une tranche de pain de blé entier, une banane, des morceaux de carotte et un verre de lait écrémé constituent une collation nutritive, parce que riche en protéines et en glucides et faible en matières grasses. Trois cuillerées à table de beurre d'arachide sur des craquelins riches en matières grasses, des croustilles, des biscuits et du lait entier constituent une moins bonne combinaison pour la santé. S'il est important d'évaluer séparément chaque aliment, il est encore plus important de considérer l'ensemble de votre alimentation.

Observation des progrès accomplis

Commencez vos observations en vous limitant à un objectif qui tienne compte de votre alimentation et de vos besoins actuels en matière de santé. Examinez par exemple l'apport en matières grasses ou en protéines. Sur les emballages des aliments préparés que vous mangez, lisez l'information concernant le nombre de grammes de matières grasses, de protéines et de glucides par portion. Vous pourrez ainsi faire votre compte quotidien et mesurer vos progrès.

Les matières grasses et la santé Il y a plusieurs types de matières grasses et chacun a des effets différents sur la santé. De nombreuses études ont examiné comment l'apport en matières grasses alimentaires influe sur les taux de **cholestérol** et le risque de maladie cardiovasculaire. Il en ressort que les acides gras saturés et les acides gras trans contribuent à une hausse du taux de **lipoprotéine de basse densité** (le « mauvais » cholestérol) dans le sang et augmentent ainsi le risque de maladie cardiovasculaire. Par contre, les acides gras insaturés font diminuer le taux de « mauvais » cholestérol et peuvent contribuer à augmenter le taux de **lipoprotéine de haute densité** (le « bon » cholestérol). Il est donc préférable de limiter la consommation des gras saturés et trans.

Si, comme la plupart des Canadiens, vous consommez trop de graisses saturées, vous auriez intérêt à manger moins de viande et de produits laitiers riches (lait entier, crème, beurre, fromage, crème glacée). Pour réduire la quantité de graisses trans ingérées, mangez moins d'aliments frits et d'aliments cuits dans des huiles végétales hydrogénées, et servez-vous d'huiles liquides plutôt que de margarine. Et si vous utilisez de la margarine, choisissez les plus molles. Rappelez-vous que plus une graisse est liquide, moins elle renferme de graisses saturées et de graisses trans. En lisant l'étiquette des aliments préparés que vous mangez, vous saurez s'ils contiennent des graisses saturées. Par contre, vous n'y trouverez pas d'indication sur les graisses trans, mais vous pourrez vérifier si les huiles hydrogénées font partie de la liste des ingrédients. Si des huiles ou des graisses « partiellement hydrogénées » ou de la « graisse végétale » (shortening végétal) figurent au début de la liste, peut-être s'agit-il d'un aliment riche en graisses trans.

Des recherches ont révélé que certains types d'acides gras polyinsaturés — les **acides gras oméga 3** présents dans le poisson — peuvent avoir un effet particulièrement bénéfique sur la santé cardiovasculaire. Il a en effet été démontré que les acides gras de ce type réduisent les risques de formation de caillots de sang et les réactions inflammatoires de l'organisme, et augmentent le taux de lipoprotéine de haute densité. Les acides gras oméga 3 diminueraient également les risques de maladie cardiaque chez certaines personnes. Les spécialistes de la nutrition recommandent donc d'augmenter la proportion de graisses polyinsaturées de type oméga 3 dans notre alimentation et de manger du poisson au moins deux fois par semaine. Les bonnes sources d'acides gras de type oméga 3 sont le maquereau, le hareng, le saumon, les sardines, les anchois, le thon et la truite.

Les matières grasses présentes dans l'alimentation peuvent aussi avoir d'autres effets sur la santé. Ainsi, les régimes riches en ces matières augmentent le risque de cancers, comme celui du côlon (reportez-vous à l'encadré intitulé « L'alimentation et le cancer »), et rendent plus difficile le contrôle du poids santé. En effet, comme les matières grasses constituent une source concentrée de calories (9 calories par gramme, comparativement à 4 calories par gramme de protéines ou de glucides), un régime riche en matières grasses est souvent riche en calories et favorise donc un gain de poids. Il semble par ailleurs que les calories provenant des matières grasses se transforment en graisses corporelles plus facilement que celles provenant des protéines ou des glucides.

LES GLUCIDES

Le rôle principal des glucides est de fournir de l'énergie aux cellules de l'organisme. Certaines, dont les cellules du cerveau, les cellules nerveuses et les cellules sanguines, en tirent toute leur énergie. C'est aussi des glucides que les muscles tirent la plus grande partie de leur énergie lors d'une activité physique intense. Lorsque la quantité de glucides consommés est insuffisante pour satisfaire les besoins des cellules du cerveau et des globules rouges, l'organisme synthétise des glucides à partir de protéines. Dans les cas de privation extrême, lorsque l'alimentation est déficiente tant en glucides qu'en protéines, l'organisme puise dans ses propres protéines, ce qui cause un affaiblissement musculaire grave. Cela est rare cependant, car il suffit de trois ou quatre tranches de pain pour combler ses besoins quotidiens en glucides.

Glucides simples et complexes Il existe deux types de glucides : les simples et les complexes. Les glucides simples, ou sucres, se retrouvent dans le sucrose (sucre blanc), le fructose (sucre de fruits, miel), le maltose (sucre de malt) et le lactose (sucre de lait), qui donnent aux aliments leur douceur et leur goût sucré. Les sucres sont naturellement présents dans les fruits et le lait; ils sont ajoutés aux boissons gazeuses, aux boissons fruitées, aux bonbons et aux desserts sucrés. Il n'existe aucune preuve qu'un type spécifique de sucre simple soit plus nutritif qu'un autre.

Les féculents et la plupart des fibres alimentaires sont des glucides complexes (ou amidons). Les féculents sont présents dans beaucoup de plantes, notamment les graminées (blé, seigle, riz, avoine, orge, millet), les **légumineuses** et les tubercules (pomme de terre, patate douce). La plupart des autres légumes contiennent des féculents et des glucides

BIEN-ÊTRE GLOBAL

L'alimentation et le cancer

De nombreuses recherches tendent à établir des liens entre l'alimentation et le cancer. On a constaté que certains aliments sont liés à l'apparition de certains cancers, tandis que d'autres nous en protégeraient.

Graisses et fibres Il semble qu'une alimentation riche en graisses saturées contribue à l'apparition du cancer du côlon et de la prostate. Le cancer du côlon peut également être lié à un manque de fibres. En effet, parce que les fibres réduisent le temps de passage des déchets dans l'intestin, les substances cancérigènes ont moins de temps pour s'attaquer aux parois du côlon.

L'incidence des graisses alimentaires sur le risque d'apparition du cancer du sein fait aussi l'objet de recherches. Les études révèlent que ce cancer est associé à la consommation de graisses polyinsaturées, tandis que les graisses monoinsaturées seraient moins à risque.

Aliments antioxydants Certains aliments antioxydants, les légumes crucifères (chou, cresson, navet, radis, etc.), les agrumes (orange, pamplemousse, citron, etc.), les légumes à feuilles vert foncé et les fruits et légumes jaune foncé, orange ou rouges semblent protéger du cancer.

simples en proportions diverses. Les fibres alimentaires se retrouvent dans les fruits, les légumes et les graminées.

C'est par le raffinement qu'on transforme la farine de blé entier en farine blanche, le riz brun en riz blanc, etc. Les nutritionnistes font généralement une distinction entre glucides raffinés (traités) et glucides non raffinés et préfèrent les seconds aux premiers, car si les deux ont généralement le même nombre de calories, les glucides non raffinés ont une meilleure teneur en fibres, en vitamines et en minéraux. De plus, ces glucides exigent habituellement une mastication et une digestion plus longues et sont absorbés plus lentement par le sang. Or, une digestion plus lente apaise la faim plus rapidement et plus longtemps. On aura donc moins tendance à manger en quantités excessives et à gagner du poids. La digestion plus lente permet aussi de garder bas les taux d'insuline et de sucre dans le sang, ce qui réduit les risques de diabète et de maladie cardiaque.

Pendant la digestion dans la bouche et dans l'intestin grêle, l'organisme décompose les féculents et les disaccharides en monosaccharides, comme le **glucose**, pour que le sang les absorbe. Puis les cellules récupèrent le glucose et l'utilisent pour fournir de l'énergie. Le foie et les muscles récupèrent aussi le glucose et l'emmagasinent sous forme de **glycogène**.

Les muscles utilisent le glycogène comme source d'énergie lors d'une activité physique d'endurance ou d'une longue séance d'exercices. Les glucides consommés en quantités excédant les besoins énergétiques de l'organisme sont transformés en graisses et emmagasinés. Lorsque l'apport en calories est continuellement supérieur à la dépense, il y a inévitablement gain de poids, que l'excédent calorique provienne de glucides, de protéines, de graisses ou d'alcool.

Apport en glucides recommandé L'incidence des maladies cardiovasculaires et de certains types de cancer semble moins élevée chez les personnes qui consomment une bonne quantité de glucides complexes et de fibres. D'ailleurs, selon le *Guide alimentaire canadien*, 55 % de l'énergie alimentaire totale devrait provenir des glucides. Il faut donc consommer plus de céréales, de pain ou d'autres produits céréaliers ainsi que de légumes et de fruits.

Les spécialistes suggèrent aussi aux Canadiens de modifier les proportions de glucides simples et de glucides complexes dans leur régime alimentaire et de ramener de 25 % à 15 % la proportion des glucides simples dans leur apport quotidien en calories. Pour cela, il faut manger moins de bonbons, de desserts sucrés, de boissons gazeuses et de boissons sucrées aux fruits, qui sont riches en sucres simples

TERMINOLOGIE

Cholestérol Graisse synthétisée par l'organisme qui se retrouve aussi dans des aliments d'origine animale. Des taux élevés de cholestérol dans le sang peuvent favoriser l'apparition de maladies cardiovasculaires.

Lipoprotéine de basse densité Matière grasse présente dans le sang qui porte le cholestérol aux organes et aux tissus et qui, en quantité excessive, peut s'accumuler sous forme de dépôts sur les parois artérielles.

Lipoprotéine de haute densité Matière grasse présente dans le sang qui transporte le cholestérol hors des artères et qui procure ainsi une certaine protection contre les maladies cardiaques.

Acide gras oméga 3 Acide gras polyinsaturé souvent présent dans les huiles de poisson et qui a un effet bénéfique sur la santé cardiovasculaire. La liaison double la plus éloignée du centre se situe à trois atomes de carbone de l'extrémité de la chaîne formée par l'acide gras.

Légumineuses Plantes ayant pour fruit une gousse, qui sont riches en fibres et constituent d'importantes sources de protéines : haricot Pinto, haricot commun, pois chiche, pois à hile noir et soya.

Glucose Sucre simple qui fournit au corps sa principale source d'énergie.

Glycogène Glucide complexe emmagasiné principalement dans le foie et les muscles squelettiques qui est la principale source d'énergie dans le cas de la plupart des types d'activités effectuées.

mais faibles en autres nutriments. La plus grande partie des glucides simples entrant dans le régime alimentaire devraient provenir des fruits, qui sont une excellente source de vitamines et de minéraux, et du lait, qui est riche en protéines et en calcium. Au lieu de manger des aliments préparés qui sont riches en sucres ajoutés, optez pour une variété d'aliments riches en glucides complexes et non raffinés.

Les athlètes ont tout intérêt à adopter un régime alimentaire riche en glucides (de 60 % à 70 % de l'apport quotidien en calories), car ces glucides emmagasinés dans les muscles (sous forme de glycogène), leur fourniront une grande quantité d'énergie lors des activités d'endurance ou des longues séances d'exercices. De plus, les glucides consommés pendant une activité physique prolongée nourrissent les muscles et facilitent l'utilisation du glycogène qui s'y trouve.

Fibres alimentaires Les fibres alimentaires sont des substances végétales qui sont difficiles ou impossibles à digérer par l'être humain. Les fibres, particulièrement celles qui proviennent de produits céréaliers à grains entiers et de légumineuses, régularisent le fonctionnement intestinal et contribuent à prévenir la constipation. Contrairement à la croyance populaire, ce n'est pas la consommation de certains aliments qui provoque la constipation, mais bien le manque de fibres dans l'alimentation globale. Comme les fibres alimentaires ne peuvent pas être digérées par l'être humain, elles ne constituent pas une source de glucides, mais elles demeurent indispensables au maintien d'une bonne santé.

Les fibres aident à prévenir certaines maladies. Ainsi, en adoptant une alimentation riche en fibres solubles, les diabétiques pourront mieux contrôler leur glycémie (taux de glucose dans le sang) et abaisser leur taux de cholestérol sanguin. Par ailleurs, un régime riche en fibres insolubles permettra d'éviter la constipation, les hémorroïdes et la diverticulite (formation de petites poches sur la paroi du gros intestin qui cause une inflammation). Certaines études ont établi un lien entre une grande consommation de fibres alimentaires et une plus faible incidence des cancers du côlon et du rectum; inversement, l'adoption d'un régime faible en fibres peut augmenter le risque de développer le cancer du côlon.

Tous les aliments végétaux contiennent des fibres alimentaires, mais les fruits, les légumineuses, l'avoine (en particulier le son d'avoine), l'orge et le psyllium (présent dans certains laxatifs) sont particulièrement riches en fibres. Le blé (en particulier le son du blé), les céréales, les grains et les légumes constituent tous de bonnes sources de fibres insolubles (*voir* tableau 7.4). Cependant, comme le traitement qu'on fait subir aux aliments préemballés leur fait perdre des fibres, il faut donc manger des fruits et légumes frais ainsi que des aliments faits de grains entiers (non raffinés) pour fournir à l'organisme les fibres alimentaires dont il a besoin.

Apport en fibres alimentaires recommandé À l'heure actuelle, dans les pays industrialisés, on consomme environ 15 grammes de fibres par jour, et

L'organisme a besoin de tous les nutriments essentiels (eau, protéines, glucides, matières grasses, vitamines et minéraux) en quantité adéquate pour assurer sa croissance et son bon fonctionnement. Choisir des aliments nutritifs est un élément important d'un mode de vie sain.

Tableau 7.4	Aliments riches en fibres.	
ALIMENT	**PORTION**	**FIBRES** (en grammes)
Fruits		
Pomme (avec la pelure)	1	4,0
Abricot (avec la pelure)	3	2,0
Avocat	1/4 de tasse	2,7
Banane	1	2,3
Cantaloup	1/2	2,0
Fruits séchés	1/4 de tasse	2,4
Kiwi	1	2,1
Nectarine	1	3,3
Orange	1	3,8
Poire	1	4,8
Pruneaux (non cuits)	5	3,9
Raisins secs	1/4 de tasse	2,5
Framboises	1/2 tasse	3,0
Grains et céréales*		
Pain (multigrains)	1 tranche	1,4
Pain (blé entier)	1 tranche	2,5
Flocons d'avoine (cuits)	2/3 de tasse	3,0
Pâtes de blé entier (cuites)	1/2 tasse	3,0
Riz brun (cuit)	1/2 tasse	1,8
Légumineuses		
Haricots rouges (cuits)	1/2 tasse	4,6
Haricots de Lima (cuits)	1/2 tasse	4,3
Haricots Pinto (cuits)	1/2 tasse	4,3
Tofu	1/2 tasse	1,5
Légumes		
Artichaut (cuit)	1	4,0
Haricots verts (cuits)	1/2 tasse	2,0
Betterave (cuite)	1/2 tasse	2,5
Brocoli (cuit)	1/2 tasse	2,1
Choux de Bruxelles (cuits)	1/2 tasse	2,2
Carotte (crue)	1/2 tasse	2,2
Maïs (cuit)	1/2 tasse	4,6
Aubergine (cuite)	1 tasse	2,0
Pois verts (cuits)	1/2 tasse	3,5
Pomme de terre (non pelée, cuite au four)	1	5,0
Épinards (cuits)	1/2 tasse	3,5
Courge d'hiver (cuite)	1/2 tasse	3,0
Patate douce (cuite)	1/2 tasse	4,0
Tomate (moyenne)	1	1,8

* De nombreuses céréales pour déjeuner contiennent une grande quantité de fibres alimentaires (de 2 à 5 grammes par portion). Les quantités exactes figurent sur l'emballage.

bien que l'on ne sache pas précisément quel serait l'apport quotidien idéal, les experts s'entendent généralement pour le fixer à environ 30 grammes. On sait par ailleurs qu'une consommation quotidienne supérieure à 60 grammes peut causer des problèmes de santé : production excessive d'excréments, assimilation insuffisante de minéraux importants (fer, zinc et calcium).

Voici quelques suggestions pour augmenter la quantité de fibres dans votre alimentation.

- Consommez du pain à grains entiers plutôt que du pain blanc, du riz brun plutôt que du riz blanc, des pâtes de blé entier plutôt que des pâtes traditionnelles. Choisissez des céréales pour déjeuner riches en fibres. Adoptez les pains, les craquelins et les céréales dont le premier ingrédient indiqué dans la liste est un grain entier. La farine de blé entier, l'avoine à grains entiers et le riz à grain entier sont faits de grains entiers, contrairement à la farine de blé.
- Mangez des fruits frais plutôt que de boire des jus de fruits. Ajoutez des fruits frais dans vos desserts, céréales et yogourts.
- Ajoutez des haricots aux soupes et aux salades. Préparez des salades composées de légumes crus avec des pâtes, du riz ou des haricots.
- Remplacez les trempettes à base de fromage ou de crème sûre par des trempettes aux haricots et mangez-les avec des légumes crus et plutôt qu'avec des croustilles.

LES VITAMINES

Les **vitamines** sont des substances organiques nécessaires en très petites quantités pour faciliter certaines réactions chimiques dans les cellules. Les êtres humains ont besoin de 13 vitamines. Quatre d'entre elles sont liposolubles (les vitamines A, D, E et K) et neuf sont hydrosolubles (la vitamine C et les huit types de vitamine B que sont la thiamine, la riboflavine, la niacine, la pyridoxine, le folate, la vitamine B_{12}, la biotine et l'acide pantothénique). La solubilité détermine dans quelle mesure une vitamine est absorbée, transportée et emmagasinée

TERMINOLOGIE

Fibres alimentaires Glucides et autres substances qui se trouvent dans les plantes et qui sont difficiles ou impossibles à digérer par les êtres humains.

Vitamines Substances organiques nécessaires à des fonctions métaboliques spécifiques et à des fonctions de croissance et de réparation.

dans l'organisme. Les vitamines hydrosolubles sont absorbées directement par le sang, dans lequel elles circulent librement. Présentes en quantité excessive, elles sont détectées par les reins et éliminées avec l'urine. Dans le cas des vitamines liposolubles, un processus de digestion plus complexe entre en jeu : ces vitamines sont généralement transportées dans le sang par des protéines spécifiques et sont emmagasinées dans les tissus adipeux au lieu d'être éliminées.

Fonctions des vitamines Les vitamines facilitent les réactions chimiques qui se produisent dans l'organisme (*voir* tableau 7.5). Elles ne lui fournissent aucune énergie directe, mais contribuent plutôt à libérer l'énergie contenue dans les glucides, les protéines et les lipides. Elles jouent un rôle crucial dans la production de globules rouges et dans le maintien des systèmes nerveux, squelettique et immunitaire. Certaines vitamines forment également des **antioxydants**, qui protègent les cellules saines de l'organisme. La vitamine E, la vitamine C

TERMINOLOGIE

Antioxydant Substance qui inhibe les réactions déclenchées par l'oxygène en réagissant elle-même avec l'oxygène, et qui assure ainsi une protection contre les effets néfastes de l'oxydation.

et le bêta-carotène (un dérivé de la vitamine A) sont les principaux antioxydants d'origine vitaminique. (L'action des antioxydants est décrite à la page 169.)

Sources des vitamines L'organisme ne fabrique pas la plupart des vitamines dont il a besoin; il les obtient en s'alimentant. Les fruits, les légumes et les grains en contiennent beaucoup. De plus, un grand nombre d'aliments préparés, comme la farine et les céréales de déjeuner, sont enrichis de vitamines. Il faut savoir cependant que le stockage des aliments et leur cuisson peuvent détruire les vitamines et les minéraux qu'ils contiennent. Pour réduire au minimum ces pertes, consultez l'encadré intitulé « Comment conserver la valeur nutritive des aliments ».

Les quelques vitamines que fabrique le corps sont la vitamine D, produite par la peau lorsqu'elle est exposée au soleil, ainsi que la biotine et la vitamine K, synthétisées par des bactéries intestinales.

Carence et excès vitaminiques Si votre alimentation ne vous procure qu'une quantité insuffisante d'une ou de plusieurs vitamines, des symptômes spécifiques de carence se manifesteront (*voir* tableau 7.5). Ainsi, une carence en vitamine A peut causer la cécité et une carence en vitamine B_6 peut entraîner des convulsions. Les maladies dues à une carence vitaminique frappent surtout les pays en voie de

Tableau 7.5	**Renseignements importants sur les vitamines.**			
VITAMINES	**Importantes sources alimentaires**	**Principales fonctions**	**Symptômes de carence**	**Effets toxiques d'une ingestion excessive**
Liposoluble				
A (rétinol ou carotène)	Foie, produits laitiers, carotte, épinards et autres fruits et légumes de couleur orange ou vert foncé.	Maintien en bon état de la vision, de la peau et des tissus conjonctifs.	Cécité nocturne, peau sèche, vulnérabilité aux infections, perte d'appétit, anémie, calculs rénaux.	Maux de tête, vomissements, diarrhée, vertiges, vision double, anomalies osseuses, problèmes de foie, fausse couche, malformations congénitales.
D (calciférol)	Produits laitiers, soleil.	Croissance et maintien des os et des dents, amélioration de l'absorption du calcium.	Rachitisme (déformation des os) chez l'enfant; perte de densité osseuse et fracture chez l'adulte.	Problèmes de rein, dépôts de calcium dans les tissus mous, dépression, mort.
E (toroférol)	Huiles végétales, grains entiers, noix et graines, légumes verts à feuilles, asperge, pêche.	Protection et maintien des membranes cellulaires, mécanisme antioxydant.	Bris de globules rouges et anémie, faiblesses, problèmes neurologiques, crampes.	Relativement non toxique, mais peut causer des saignements excessifs ou la formation de caillots.
K (phylloquinone)	Légumes verts à feuilles, petites quantités dans d'autres aliments.	Production de facteurs essentiels à la coagulation du sang.	Hémorragie.	Aucun effet toxique observé.

VITAMINES	Importantes sources alimentaires	Principales fonctions	Symptômes de carence	Effets toxiques d'une ingestion excessive
Hydrosoluble				
C (acide ascorbique)	Poivron, brocoli, épinards, chou de Bruxelles, agrumes, fraise, tomate, pomme de terre, chou, autres fruits et légumes.	Maintien et guérison du tissu conjonctif, des os, des dents et des cartilages, aide à la guérison, contribution à l'absorption du fer.	Scorbut, anémie, faible résistance aux infections, affaiblissement de la dentition, douleurs articulaires, lente guérison des plaies, faible absorption du fer.	Calculs urinaires chez certaines personnes, acidité gastrique découlant de l'ingestion de suppléments en comprimés, nausée, diarrhée, maux de tête, fatigue.
B$_1$ (thiamine)	Pains et céréales à grains entiers et enrichis, abats, viande maigre de porc, noix, légumineuses.	Transformation des glucides en énergie utilisable, maintien de l'appétit et des fonctions du système nerveux.	Béribéri (symptômes : atrophie musculaire, confusion, anorexie, hypertrophie du cœur, rythme cardiaque anormal, instabilité nerveuse).	Aucun effet toxique observé.
B$_2$ (riboflavine)	Produits laitiers, pains et céréales enrichis, viandes maigres, volaille, poisson, légumes verts.	Métabolisme des glucides, maintien de la peau, des membranes muqueuses et des structures du système nerveux.	Fissure aux commissures des lèvres, irritation de la gorge, éruption cutanée, hypersensibilité à la lumière, langue de couleur pourpre.	Aucun effet toxique observé.
B$_3$ (niacine)	Œufs, volaille, poisson, lait, grains entiers, noix, pains et céréales enrichis, viande, légumineuses.	Transformation des glucides, des lipides et des protéines en énergie utilisable.	Pellagre (symptômes : diarrhée, dermatite, inflammation des muqueuses, démence).	Rougeurs, nausée, vomissements, diarrhée, problèmes de foie, intolérance au glucose.
B$_6$ (pyridoxine)	Œufs, volaille, poisson, grains entiers, noix, soya, foie, reins, porc.	Métabolisme des protéines et des neurotransmetteurs, synthèse des globules rouges.	Anémie, convulsions, fissure aux commissures des lèvres, dermatite, nausée, confusion.	Anomalies et problèmes neurologiques.
B$_9$ (folate ou acide folique)	Légumes verts en feuilles, levure, orange, grains entiers, légumineuses, foie.	Métabolisme énergétique, formation des globules rouges, tissus nerveux.	Anémie, faiblesse, fatigue, irritabilité, essoufflement, langue enflée.	Masquage de la carence en vitamine B$_{12}$.
B$_{12}$ (cyanocobalamine)	Œufs, produits laitiers, viande.	Synthèse des globules rouges et des globules blancs, autres réactions métaboliques.	Anémie, fatigue, problèmes du système nerveux, douleurs à la langue.	Aucun effet toxique observé.
Biotine	Céréales, levure, jaunes d'œuf, farine de soya, foie; très répandue dans les aliments.	Métabolisme des lipides, des glucides et des protéines.	Éruption cutanée, nausée, vomissements, perte de poids, dépression, fatigue, perte de cheveux.	Aucun effet toxique observé.
Acide pantothénique	Aliments d'origine animale, grains entiers, légumineuses; très répandue dans les aliments.	Métabolisme des lipides, des glucides et des protéines.	Fatigue, engourdissement et picotement dans les mains et les pieds, problèmes gastro-intestinaux.	Aucun effet toxique observé.

Sources : Food and Nutrition Board, *Dietary Reference Intakes for Thiamin, Riboflavin, Niacin, Vitamin B$_6$, Folate, Vitamin B$_{12}$, Pantothenic Acid, and Choline*, Washington (D.C.), 1998, National Academy Press. National Research Council, *Recommended Dietary Allowances*, 10e édition, Washington (D.C.), 1989, National Academy Press. © 1989, National Academy of Sciences, adapté avec l'autorisation de la National Academy Press, Washington (D.C.). Shils, M. E., et V. R. Young (dir.), *Modern Nutrition in Health and Disease*, 8e édition, Baltimore, 1993, Williams & Wilkins.

CONSEILS PRATIQUES

Comment conserver la valeur nutritive des aliments

1. *Consommez ou préparez les légumes immédiatement après l'achat.* En effet, la teneur en vitamines des aliments diminue avec le temps.

2. *Assurez une conservation adéquate des fruits et des légumes.* Si vous ne pouvez manger les fruits et les légumes immédiatement après les avoir achetés mais que vous prévoyez le faire quelques jours plus tard, conservez-les au réfrigérateur. Placez-les dans des contenants fermés ou des sacs de plastique pour réduire au minimum la perte d'humidité. La congélation est la meilleure méthode de conservation à long terme.

3. *Réduisez au minimum la préparation et la cuisson des légumes et des autres aliments.* Plus il y a de transformation et plus le temps de cuisson est long, moins la valeur nutritive est grande. Pour réduire les pertes :
   - faites cuire les légumes, comme les pommes de terre, de préférence avec leur pelure;

- ne faites pas tremper le riz et ne le rincez pas avant la cuisson;
- faites cuire les aliments dans la plus petite quantité d'eau possible;
- n'ajoutez pas de bicarbonate de soude aux légumes verts pour en accentuer la coloration;
- faites cuire les légumes au four, à la vapeur, sur le gril ou au four à micro-ondes;
- si vous faites bouillir des aliments, utilisez des couvercles bien ajustés pour réduire au minimum l'évaporation;
- faites cuire les légumes le moins possible, habituez-vous à les manger plus croquants;
- ne décongelez pas les légumes avant de les faire cuire;
- préparez la laitue juste avant de la manger.

développement. Elles sont relativement rares dans les pays industrialisés parce que les aliments de consommation courante contiennent beaucoup de vitamines. Bien sûr la santé des personnes se ressent d'un apport vitaminique inférieur aux quantités recommandées, même s'il n'engendre pas de maladie comme le ferait une carence. Par exemple, un faible apport en acide folique accroît les risques de donner naissance à un enfant affligé d'une malformation congénitale du système nerveux central affectant le tube neural.

Les vitamines rajoutées à l'alimentation peuvent être nocives, surtout lorsqu'on les consomme sous forme de suppléments. De fortes doses de vitamine A ont un effet toxique et font augmenter le risque de malformation congénitale. Prise en grandes quantités, la vitamine B_6 peut causer des dommages neurologiques irréversibles. Les doses excessives de vitamines liposolubles sont particulièrement dangereuses, car l'organisme emmagasine l'excès au lieu de l'éliminer, ce qui augmente le risque de toxicité. Même sans excès, la consommation de suppléments de vitamines est à

déconseiller, car les aliments contiennent, en plus des vitamines et des minéraux, de nombreuses autres substances qui, en s'y combinant, pourraient avoir des répercussions importantes sur la santé. Il est préférable de tirer des aliments et non de suppléments la plus grande partie des vitamines qui nous sont nécessaires.

LES MINÉRAUX

Les **minéraux** sont des composés inorganiques dont l'organisme a besoin en quantités relativement faibles pour régulariser son fonctionnement, faciliter la croissance et le maintien des tissus corporels et transformer certaines substances en énergie (*voir* tableau 7.6). Il existe quelque 17 minéraux essentiels. Les principaux minéraux sont ceux dont l'organisme a besoin en quantité supérieure à 100 milligrammes : le calcium, le phosphore, le magnésium, le sodium, le potassium et le chlore. Les minéraux essentiels sous forme de traces, c'est-à-dire ceux qui sont nécessaires en quantité infime, comprennent le cuivre, le fluor, l'iode, le fer, le sélénium et le zinc.

Des symptômes spécifiques apparaissent si l'on consomme un minéral en quantité insuffisante ou excessive pour la bonne santé. Le régime alimentaire de la plupart des Canadiens ne contient pas suffisamment de fer, de calcium, de zinc et de magnésium. Efforcez-vous donc de consommer des aliments qui en contiennent (*voir* tableau 7.6). Les viandes maigres sont riches en fer et en zinc, alors que les

TERMINOLOGIE

Minéraux Composés inorganiques nécessaires en faibles quantités pour assurer la régulation, la croissance et le maintien des tissus et des fonctions de l'organisme.

Tableau 7.6   Renseignements importants sur les principaux minéraux.

MINÉRAUX	Importantes sources alimentaires	Principales fonctions	Symptômes de carence	Effets toxiques d'une ingestion excessive
Calcium	Produits laitiers, tofu, pain et jus d'orange enrichis, légumes verts en feuilles, arêtes de poisson.	Maintien en bon état des os et des dents, contrôle des impulsions nerveuses et des contractions musculaires.	Rachitisme chez l'enfant, pertes des minéraux osseux chez l'adulte.	Constipation, calculs urinaires, dépôts de calcium dans les tissus mous, inhibition de l'absorption des minéraux.
Fluor	Eau potable fluorée, thé, poissons de mer consommés avec leurs arêtes.	Maintien en bon état de la dentition (et peut-être aussi des os).	Fréquence plus élevée de caries dentaires.	Taches sur les dents, problèmes rénaux.
Fer	Viande, légumineuses, œufs, farine enrichie, légumes verts, fruits séchés, foie.	Élément constitutif de l'hémoglobine, des fibres musculaires et des enzymes.	Anémie, faiblesse, problèmes immunitaires, troubles gastrointestinaux.	Malaises au foie et aux reins, douleurs articulaires, stérilité, troubles cardiaques, mort.
Iode	Sel iodé, fruits de mer.	Élément essentiel des hormones thyroïdiennes, régulation du métabolisme.	Goitre (hypertrophie de la glande thyroïde), crétinisme (malformation congénitale).	Dépression de l'activité thyroïdienne, hyperthyroïdisme chez les personnes à risque.
Magnésium	Répandu dans les aliments et l'eau (sauf l'eau douce), surtout dans les grains, les légumineuses, les noix, les graines, les légumes verts.	Transmission neuromusculaire, métabolisme énergétique, activation de nombreuses enzymes.	Troubles neurologiques, problèmes cardiovasculaires, troubles rénaux, nausée, croissance entravée chez l'enfant.	Nausée, vomissements, diarrhée, dépression du système nerveux central, coma, mort pour les personnes ayant des troubles rénaux.
Phosphore	Présent dans presque tous les aliments, notamment le lait, les céréales, les légumineuses, la viande, la volaille, le poisson.	Croissance et maintien des os, transfert d'énergie dans les cellules.	Faiblesse, perte osseuse, troubles rénaux, défaillance cardiovasculaire.	Diminution du taux de calcium dans le sang, dépôts de calcium dans les tissus mous.
Potassium	Viande, lait, fruits, légumes, grains, légumineuses.	Maintien des fonctions nerveuses et de l'équilibre osmotique.	Faiblesse musculaire, nausée, somnolence, paralysie, confusion, perturbation du rythme cardiaque.	Arrêt cardiaque.
Sélénium	Fruits de mer, viande, œufs, grains entiers.	Protection des cellules contre l'oxydation, maintien du système immunitaire.	Faiblesse et douleurs musculaires, troubles cardiaques.	Perte de cheveux, nausée et vomissements, faiblesse, irritabilité.
Sodium	Sel, sauce soya, aliments salés.	Maintien de l'équilibre osmotique, de l'équilibre acidobasique et des fonctions nerveuses.	Faiblesse musculaire, perte d'appétit, nausée, vomissements; la déficience en sodium est rare.	Œdème, hypertension chez les personnes vulnérables.
Zinc	Grains entiers, viande, œufs, foie, fruits de mer (notamment les huîtres).	Synthèse des protéines, de l'ARN et de l'ADN, cicatrisation, maintien du système immunitaire, contribution au sens du goût.	Croissance entravée, perte d'appétit, diminution des capacités gustatives, éruption cutanée, troubles du système immunitaire, problèmes de guérison des blessures.	Vomissements, troubles du système immunitaire, diminution du taux de lipoprotéine de haute densité dans le sang, troubles d'absorption du cuivre.

Sources : Food and Nutrition Board, *Dietary Reference Intakes for Thiamin, Riboflavin, Niacin, Vitamin B₆, Folate, Vitamin B₁₂, Pantothenic Acid, and Choline,* Washington (D.C.), 1998, National Academy Press. National Research Council, *Recommended Dietary Allowances,* 10ᵉ édition, Washington (D.C.), 1989, National Academy Press. © 1989, National Academy of Sciences, adapté avec l'autorisation de la National Academy Press, Washington (D.C.). Shils, M. E., et V. R. Young (dir.), *Modern Nutrition in Health and Disease,* 8ᵉ édition, Baltimore, 1993, Williams & Wilkins.

produits laitiers partiellement ou entièrement écrémés sont d'excellentes sources de calcium. Les aliments d'origine végétale fournissent beaucoup de magnésium. L'**anémie** résultant d'une carence en fer affecte certains groupes démographiques, et les chercheurs craignent qu'un apport insuffisant en calcium n'engendre de nombreux cas d'**ostéoporose**, notamment chez les femmes. Pour en savoir davantage à ce sujet, reportez-vous à l'encadré intitulé « L'ostéoporose ».

L'EAU

Après l'air, l'eau est ce dont vous avez le plus besoin pour survivre. L'eau représente plus de 60 % de la masse corporelle. Vos besoins en eau sont nettement supérieurs à vos autres besoins en nutriments. Vous pouvez survivre jusqu'à 50 jours sans consommer d'aliments, mais à peine quelques jours sans boire d'eau.

Les deux tiers de l'eau corporelle se trouvent à l'intérieur des cellules; l'autre tiers circule dans les espaces intercellulaires et dans le plasma sanguin. L'eau est essentielle aux fonctions vitales de contrôle de la température, de transport des éléments nutritifs et d'élimination des déchets. Elle est présente dans presque tous les aliments, notamment dans les liquides, les fruits et les légumes. Les aliments et les liquides fournissent de 80 % à 90 % de l'apport quotidien en eau; le reste provient du métabolisme lui-même. Le corps perd de l'eau continuellement par la peau et la respiration, et de façon intermittente dans l'urine et les selles.

 POUR EN SAVOIR PLUS

L'ostéoporose

Les personnes qui souffrent d'ostéoporose ont les os dangereusement poreux et fragiles. Au Québec, plus de 500 000 personnes de plus de 50 ans sont atteintes de cette maladie et risquent la fracture ostéoporotique grave. Ce nombre pourrait doubler dans les 25 prochaines années, à cause du vieillissement de la population.

Les os sont des tissus actifs qui doivent se nourrir et se développer. Environ 20 % de la masse osseuse du corps est remplacée chaque année. Durant les premières décennies de la vie, les os deviennent plus gros et plus forts aux endroits où se concentrent les efforts. La plus grande partie de la masse osseuse (95 %) est presque déjà constituée à l'âge de 18 ans. Cette dernière atteint son niveau maximal entre 25 et 35 ans. Ensuite, le taux de perte de densité osseuse excède le taux de remplacement et les os deviennent moins denses. Quand il y a ostéoporose, la perte de densité osseuse est telle que les os se fragilisent.

La fracture est la conséquence la plus grave de l'ostéoporose. (Près de 25 % des personnes qui subissent une fracture de la hanche décèdent dans l'année qui suit.) Les personnes qui souffrent d'ostéoporose deviennent plus petites et courbées. Elles souffrent de fractures vertébrales, de douleurs au dos et aux hanches, de même que de problèmes respiratoires résultant de modifications du système squelettique.

Qui sont les personnes à risque ?

Les femmes sont plus sujettes à l'ostéoporose que les hommes, parce que leur masse osseuse est de 10 % à 25 % inférieure à celle des hommes. Avec la diminution de la masse osseuse qui accompagne l'âge, les os des femmes s'amincissent dangereusement. La perte osseuse s'accélère chez elles durant les 5 à 10 années suivant le début de la ménopause, en raison d'une baisse de la production d'œstrogène. En effet, cette hormone augmente l'absorption du calcium et en réduit l'excrétion. (Il est probable que les hommes seront affectés par l'ostéoporose lorsqu'ils deviendront octogénaires ou nonagénaires.)

Les autres facteurs de risque d'ostéoporose sont les suivants : des antécédents familiaux, une ménopause précoce (avant 45 ans), des menstruations anormales, des antécédents d'anorexie, une morphologie délicate, une origine européenne ou asiatique. Les médicaments thyroïdiens et les médicaments de type cortisone pris en fortes doses peuvent aussi avoir une incidence négative sur la masse osseuse.

Que peut-on faire ?

La meilleure façon de prévenir l'ostéoporose est de se constituer une solide masse osseuse durant sa jeunesse et de la maintenir par tous les moyens possibles en vieillissant. Près de 50 % des pertes de masse osseuse découlent de facteurs liés au mode de vie. On peut donc agir là-dessus.

- *Assurez-vous d'un apport adéquat en calcium.* La consommation d'une quantité adéquate de calcium durant toute la vie est importante pour assurer la constitution et le maintien de la masse osseuse. Le lait, le yogourt ainsi que le jus d'orange, le pain et les céréales enrichis de calcium en sont de bonnes sources. Les nutritionnistes conseillent de tirer le maximum de calcium des aliments ingérés avant de prendre des suppléments pour pallier un manque éventuel.

- *Assurez-vous d'un apport adéquat en vitamine D.* Pour absorber le calcium, les os ont besoin de vitamine D. Cette vitamine est présente dans le lait et les céréales enrichies, et la peau en fabrique lorsqu'elle est exposée au soleil sans crème solaire. Les personnes susceptibles de devoir prendre des suppléments de vitamine D sont celles qui ne consomment pas beaucoup d'aliments riches en vitamine D, celles qui n'exposent pas au soleil leur visage, leurs bras et leurs mains au moins 5 à 15 minutes par jour et celles qui vivent dans le nord (car la lumière solaire y est plus faible). De nombreux suppléments de calcium contiennent également de la vitamine D.

- *Faites de l'exercice.* De 5 à 15 minutes d'activités aérobiques quotidiennes avec des charges aident à développer et à maintenir la masse osseuse la vie durant. Un entraînement en musculation est également utile, car il favorise l'accroissement de la densité osseuse, de la masse musculaire, de la force et de l'équilibre, et il offre une protection contre la perte osseuse et les chutes, qui causent un grand nombre de fractures.
- *Ne fumez pas.* La consommation de tabac réduit le taux d'œstrogène dans l'organisme. Elle semble favoriser la ménopause précoce et une perte osseuse plus rapide après la ménopause.
- *Consommez peu d'alcool.* L'alcool affaiblit la capacité de l'organisme à absorber le calcium et peut perturber les propriétés de protection des os que possède l'œstrogène.
- *Diminuez votre consommation de caféine.* Le lien entre les boissons contenant de la caféine et l'ostéoporose n'a pas été établi clairement, mais les spécialistes recommandent à ceux qui consomment beaucoup de caféine de veiller plus particulièrement à inclure des aliments riches en calcium dans leur alimentation pour compenser toute diminution de la masse osseuse.
- *Consommez des protéines et du sodium avec modération.* Il a été démontré qu'un fort apport en protéines et en sodium accentue l'élimination du calcium dans l'urine et peut se traduire par une perte de calcium des os.
- *Tentez de contrôler vos états dépressifs et votre stress.* Les états dépressifs chez les femmes favorisent la perte de densité osseuse, ce qui accroît le risque de fractures. Les chercheurs n'ont pas encore identifié le mécanisme en jeu ici, mais il pourrait s'agir d'une augmentation de la quantité de cortisol, qui est une hormone de stress.
- *Lors de votre ménopause, envisagez une hormonothérapie substitutive ou un autre type de traitement.* L'hormonothérapie substitutive prévient les pertes de densité osseuse, les symptômes de la ménopause et les maladies cardiaques. Elle comporte toutefois certains effets secondaires. Votre médecin pourra examiner vos facteurs de risque et mesurer votre densité osseuse afin de vous aider à déterminer si l'hormonothérapie substitutive est appropriée pour vous.

Pour maintenir l'équilibre entre la quantité d'eau consommée et la quantité d'eau éliminée, il faut ingérer environ un millilitre d'eau par calorie dépensée, soit quelque deux litres, ou huit tasses, de liquide par jour. Cette quantité peut être plus grande pour ceux qui vivent dans un climat chaud ou qui pratiquent des activités de façon intensive.

Bien sûr, la soif est l'un des premiers symptômes de déshydratation. Cependant, au moment où on la ressent, les cellules ont déjà besoin de liquide depuis un certain temps. Il est bon de boire *avant* d'avoir soif, particulièrement avant de faire de l'activité physique. Si le mécanisme de la soif est perturbé, comme lors d'une maladie ou d'une activité physique vigoureuse, des mécanismes hormonaux favoriseront la conservation de l'eau en réduisant la production d'urine. Une déshydratation aiguë engendre un état de faiblesse et peut causer la mort.

LES AUTRES SUBSTANCES PRÉSENTES DANS LES ALIMENTS

Il y a dans les aliments, de nombreuses substances qui ne sont pas des nutriments essentiels mais qui peuvent avoir une incidence sur la santé. C'est le cas des antioxydants.

Lorsque l'organisme utilise de l'oxygène ou dégrade certains lipides durant le métabolisme normal, il produit des substances appelées **radicaux libres**. Ces dernières sont associées au vieillissement, au cancer, aux maladies cardiovasculaires et à des maladies dégénératives comme l'arthrite. Des facteurs environnementaux tels que la fumée de cigarette, les gaz d'échappement, les radiations, une lumière solaire trop intense, certains médicaments et le stress peuvent accroître la production de radicaux libres.

Les antioxydants présents dans les aliments peuvent aider l'organisme à éliminer les radicaux libres et à protéger ainsi les cellules. Il est donc souhaitable de consommer des fruits et légumes, car ils sont riches en antioxydants.

TERMINOLOGIE

Anémie Déficience des éléments responsables du transport de l'oxygène dans les globules rouges.

Ostéoporose Condition se caractérisant par le fait que les os deviennent extrêmement poreux et friables; il s'ensuit fréquemment des fractures au poignet, à la colonne vertébrale et à la hanche.

Radical libre Composé auquel manque un électron et qui peut réagir avec des graisses, des protéines et de l'ADN, endommager les membranes cellulaires et entraîner la mutation de certains gènes avant de trouver l'électron qui lui manque. Il est produit à la suite de réactions chimiques survenant dans l'organisme et de l'exposition à des facteurs environnementaux tels que la lumière solaire et la fumée de tabac.

RECOMMANDATIONS EN MATIÈRE DE NUTRITION

Maintenant que vous connaissez mieux les nutriments essentiels, il vous faut apprendre à bien choisir les aliments qui les contiennent de façon à mieux combler vos besoins en énergie. (Que vous mangiez à la cafétéria, au restaurant ou « sur le pouce », l'encadré « Une alimentation saine pour les cégépiens » pourra vous y aider.) Consultez également l'arc-en-ciel des groupes alimentaires (*voir* figure 7.3). Vous y trouverez illustrées des recommandations relatives aux principaux groupes alimentaires ainsi que des suggestions pour vous constituer une alimentation saine et équilibrée comprenant tous les nutriments essentiels.

Rappelez-vous que ce qui compte, c'est l'ensemble des aliments que vous consommez au cours de votre vie. Les aliments ne sont pas bons ou mauvais en soi, car leur valeur nutritive pourra être complétée ou équilibrée plus tard par la consommation d'autres aliments dans la journée ou dans les jours à venir.

L'IMPORTANCE D'UNE ALIMENTATION VARIÉE

N'hésitez pas : ayez une alimentation variée apprêtée de différentes façons. Vous découvrirez ainsi des aliments et des mets des quatre coins du monde et vous prendrez vraiment plaisir à les savourer. De plus, en variant votre menu, vous favoriserez un

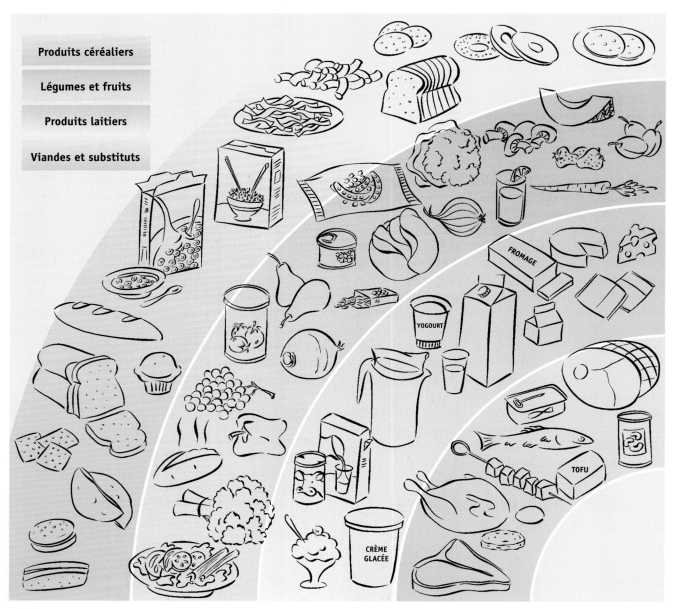

Figure 7.3   **L'arc-en-ciel des groupes alimentaires.** Un régime alimentaire composé d'aliments provenant des quatre groupes de l'arc-en-ciel assure une alimentation saine et équilibrée. (*Source* : Santé et Bien-Être Social Canada, *Guide alimentaire canadien pour manger sainement*, Ottawa, 1992.)

Produits céréaliers

Légumes et fruits

Produits laitiers

Viandes et substituts

apport adéquat en nutriments essentiels et vous consommerez probablement moins de matières grasses, de sel, de caféine et d'alcool.

L'IMPORTANCE DE LA NUTRITION

Chaque groupe d'aliments possède une série de nutriments clés. Cela vous ennuierait de calculer les quantités de vitamines et de minéraux que vous devez consommer chaque jour pour être en bonne santé ? Suivez plutôt les principes de base du *Guide alimentaire canadien* et vous consommerez tous les nutriments essentiels à votre santé. Voilà qui est simple et pratique.

Une alimentation équilibrée doit fournir un apport suffisant de protéines — que l'on trouve dans les produits céréaliers, dans les produits laitiers et dans les viandes et substituts —, de matières grasses —

CONSEILS PRATIQUES

Une alimentation saine pour les cégépiens

Principes généraux

- Mangez lentement et avec plaisir.
- Adoptez un régime alimentaire agréable et varié. Plus votre régime alimentaire sera varié et riche en fruits et légumes, plus il sera agréable. Les Canadiens mangent peu de fruits et de légumes, bien qu'il s'agisse là d'aliments peu coûteux, délicieux, riches en nutriments et faibles en matières grasses et en calories.
- Déjeunez. Vous vous sentirez plus énergique le matin et la tentation de grignoter n'importe quoi par la suite sera moins grande.
- Si vous avez un creux, comblez-le avec des aliments bons pour la santé, comme des fruits, des légumes, des grains et des céréales.
- L'activité physique est le complément idéal d'une saine alimentation. Si vous en faites, vous paraîtrez mieux, vous vous sentirez mieux et vous serez beaucoup moins susceptible d'être victime d'une maladie chronique. Même si vous ne faites qu'un peu d'activité, cela est encore mieux que ne rien faire du tout.

À la cafétéria

- Si les menus sont affichés, choisissez ce que vous voulez manger et tenez-vous-y. Avant de faire votre choix, pensez à ce que vous prévoyez faire et manger durant le reste de la journée.
- Demandez de plus grandes portions de légumes et de plus petites portions de viande et des autres plats principaux riches en graisses. Accordez une place de choix aux grains et aux légumes dans vos repas.
- Choisissez des plats à base de volaille, de poisson ou de fèves, dont la teneur en graisses est faible, plutôt que des plats à base de fritures ou de viande riche en graisses.
- Insistez pour qu'on vous serve les sauces séparément. Vous pourrez ainsi en limiter votre consommation plus facilement.
- Choisissez des soupes à base de bouillon ou des soupes aux légumes plutôt que des soupes à base de crème.

- Buvez du lait écrémé, de l'eau ou des jus de fruit plutôt que des boissons fruitées sucrées ou du lait entier.
- Au dessert, prenez des fruits plutôt que des pâtisseries, des biscuits ou du gâteau.

Au restaurant

- Choisissez un hamburger simple sans fromage plutôt qu'un hamburger double rempli de garnitures.
- Demandez à la personne qui vous sert de ne pas mettre de mayonnaise ou d'autres sauces riches en graisses. Préférez le ketchup, la moutarde ou la mayonnaise et la crème sûre sans matières grasses qu'offrent de nombreux restaurants.
- Choisissez des pains à grains entiers pour vos hamburgers et vos sandwichs.
- Choisissez des plats de poulet faits de viande blanche et évitez la viande traitée.
- Si vous choisissez une pizza, prenez de préférence celle de type végétarien.
- Au comptoir à salades, choisissez une vinaigrette à faible teneur en graisses. Mettez-la séparément dans votre assiette et servez-vous-en avec votre fourchette plutôt que de la verser sur votre salade. Évitez les salades de pommes de terre et de pâtes servies avec des sauces crémeuses. N'ajoutez pas de croûtons ou de bacon sur vos salades aux légumes.
- Si vous prenez des pommes de terre frites ou des rondelles d'oignon frites, demandez la plus petite portion et partagez-la.

Sur le pouce

Êtes-vous toujours à court de temps ? Voici quelques aliments sains et nourrissants avec lesquels vous pourrez casser la croûte rapidement : fruits frais ou séchés, jus de fruit, légumes frais crus, bagels, biscottes, bâtonnets de fromage à faible teneur en graisses, barres de céréales et craquelins à faible teneur en graisses, yogourt partiellement ou entièrement écrémé, bretzels, galettes de riz ou de maïs, maïs soufflé ordinaire, soupe, eau.

Tableau 7.7 Les nutriments essentiels présents dans les aliments des quatre groupes.

Types de nutriments	Produits céréaliers	Légumes et fruits	Produits laitiers	Viandes et substituts
Protéines	✗		✗	✗
Matières grasses			✗	✗
Glucides	✗	✗		
Fibres	✗	✗		
Calcium			✗	
Fer	✗	✗		✗
Folacine	✗	✗		✗
Magnésium	✗	✗	✗	✗
Niacine	✗			✗
Riboflavine	✗		✗	✗
Thiamine	✗	✗		✗
Vitamine A		✗	✗	
Vitamine B$_{12}$			✗	✗
Vitamine C		✗		
Vitamine D			✗	
Zinc	✗		✗	✗

Source : Informations tirées du *Guide alimentaire canadien pour manger sainement*, Ottawa, 1992.

que l'on trouve dans les produits laitiers et dans les viandes et substituts — et de glucides — que l'on trouve dans les produits céréaliers et dans les fruits et légumes. Il faut aussi consommer une bonne proportion de fibres, lesquelles se trouvent, comme on l'a déjà vu, dans les produits céréaliers et les fruits et légumes. (*Voir* tableau 7.7.)

NOMBRE DE PORTIONS RECOMMANDÉES PAR GROUPE ALIMENTAIRE

Vous trouverez indiqué dans le *Guide alimentaire canadien* le nombre de portions d'aliments de chaque groupe nécessaires à une bonne santé (*voir* tableau 7.8). Les quantités varient selon l'âge, la taille, le sexe et les activités de chacun. Elles augmentent durant la grossesse et l'allaitement.

Le Guide recommande entre 5 et 12 portions de produits céréaliers, entre 5 et 10 portions de fruits et légumes, entre 2 et 3 portions de viande et substituts. Quant aux produits laitiers, la quantité varie de 2 à 3 portions pour les enfants entre 4 et 9 ans, de 3 à 4 portions pour les jeunes entre 10 et 16 ans et les femmes enceintes ou allaitantes, de 2 à 4 portions pour les personnes de 17 ans et plus.

Il existe aussi d'autres aliments qui ne font pas, comme tel, partie des quatre catégories, par exemple, le beurre, la margarine, les confitures, le miel, les bonbons, les croustilles, le thé, le café, l'alcool, les boissons gazeuses et les condiments. Bien qu'ils ne soient pas essentiels à la nutrition, ces aliments peuvent apporter saveur et plaisir. Cependant, comme la plupart d'entre eux sont très riches en gras ou en sucre, il faut les consommer avec modération.

LES ÉNONCÉS CLÉS DU GUIDE

Le *Guide alimentaire canadien* contient une mine d'informations utiles. Nous présentons ici ses principales recommandations.

- Mangez une grande variété d'aliments.
- Choisissez des aliments faibles en gras.
- Choisissez de préférence des produits à grains entiers ou enrichis.
- Mangez beaucoup de légumes vert foncé ou orange et des fruits orange.
- Choisissez de préférence des produits laitiers non gras.
- Choisissez de préférence des viandes, volailles et poissons plus maigres et des légumineuses.

En bref, le message du *Guide alimentaire* en est un de « vitalité ». Il encourage tous les Canadiens et Canadiennes à intégrer à leur vie ces trois principes importants : bien manger, être actif et être bien dans sa peau. Appliquez ces principes et vous améliorerez votre bien-être. Pour évaluer la qualité de votre alimentation, faites les laboratoires à la fin de ce chapitre.

Tableau 7.8   Exemples de portions des aliments des quatre groupes.

NOMBRE DE PORTIONS PAR JOUR	LES QUATRE GROUPES

Produits céréaliers

	1 portion	2 portions
5 à 12	1 tranche Céréales prêtes à servir 30 g Céréales chaudes 175 ml 3/4 tasse	1 bagel, pain pita ou petit pain Pâtes alimentaires ou riz 250 ml 1 tasse

Légumes et fruits

	1 portion			
5 à 10	1 légume ou fruit de grosseur moyenne	Légumes ou fruits frais, surgelés ou en conserve 125 ml 1/2 tasse	Salade 250 ml 1 tasse	Jus 125 ml 1/2 tasse

Produits laitiers

	1 portion		
Enfants (4 à 9 ans) : **2 à 3** Jeunes (10 à 16 ans) : **3 à 4** Adultes : **2 à 4** Femmes enceintes ou allaitant : **3 à 4**	250 ml 1 tasse	Fromage 50 g ou 2 tranches	175 g 3/4 tasse

Viande et substituts

	1 portion			
2 à 3	Viandes, volailles ou poissons 50 à 100 g Poisson 1/3 à 2/3 boîte 50 à 100 g	Haricots 125 à 250 ml 1 ou 2 œufs	100 g 1/3 tasse	Beurre d'arachides 2 c. à table 30 ml

Autres aliments

D'autres aliments et boissons qui ne font pas partie des quatre groupes peuvent aussi apporter saveur et plaisir. Certains de ces aliments ont une teneur plus élevée en gras ou en énergie. Consommez-les avec modération.

(*Source* : Santé et Bien-Être social Canada, *Guide alimentaire canadien pour manger sainement*, Ottawa, 1992.)

RÉSUMÉ

- Les six catégories de nutriments sont les protéines, les glucides, les matières grasses, les vitamines, les minéraux et l'eau.

- Les 45 nutriments essentiels sont libérés dans l'organisme par la digestion. Ils fournissent à l'organisme de l'énergie qui se mesure en kilocalories (plus couramment appelées calories). Les nutriments constituent et préservent les tissus de l'organisme et régularisent les fonctions physiologiques.

- Les protéines, un élément important des tissus corporels, sont constituées d'acides aminés, dont neuf sont essentiels au régime alimentaire d'un adulte. Les aliments d'origine animale sont des sources complètes de protéines, tandis que les protéines des végétaux sont incomplètes.

- Les matières grasses procurent de l'énergie, contribuent à l'isolation thermique du corps, soutiennent et protègent les organes. Une cuillerée à table d'huile végétale comble nos besoins quotidiens en ce qui concerne les graisses essentielles.

- Consommer des acides gras saturés et des acides gras trans augmente le risque de maladie cardiaque; consommer des gras insaturés, au contraire, le diminue.

- Les glucides fournissent de l'énergie aux cellules du cerveau, aux cellules nerveuses, aux cellules sanguines et aux muscles lors d'une activité physique intense. Il est préférable de consommer des glucides non raffinés. Les fibres alimentaires, impossibles ou difficiles à digérer, favorisent l'élimination des déchets corporels par les intestins.

- Les 13 vitamines essentielles sont soit liposolubles, soit hydrosolubles. Elles facilitent la libération de l'énergie des autres nutriments et agissent en tant qu'antioxydant. Les 17 minéraux essentiels régularisent le fonctionnement de l'organisme, facilitent la croissance et le maintien des tissus corporels, et contribuent à libérer l'énergie absorbée. Les carences en vitamines et en minéraux comportent des dangers, mais les surplus peuvent aussi être très nuisibles.

- L'eau corporelle se trouve dans les cellules, entre les cellules et dans le sang. Elle est essentielle aux fonctions vitales de contrôle de la température, de transport des éléments nutritifs et d'élimination des déchets.

- Les aliments contiennent d'autres substances, comme les antioxydants, qui ne sont pas des nutriments essentiels mais qui peuvent protéger l'organisme contre les maladies chroniques.

- En suivant les normes et les recommandations du *Guide alimentaire canadien*, on s'assure d'une alimentation saine procurant tous les nutriments essentiels à une bonne santé physique. Les recommandations clés du Guide sont les suivantes : manger une grande variété d'aliments, choisir des aliments faibles en gras, des produits à grains entiers ou enrichis, des légumes vert foncé ou orange et des fruits orange, des produits laitiers non gras et des viandes, volailles et poissons plus maigres ainsi que des légumineuses.

- Que vous mangiez à la cafétéria, au restaurant ou sur le pouce parce que vous manquez de temps, vous pouvez toujours faire des choix alimentaires qui favorisent la bonne santé.

Nom : _____   Groupe : _____   Date : _____

LABO 7.2   LES HABITUDES ALIMENTAIRES

Les énoncés suivants correspondent-ils à vos habitudes alimentaires ? Répondez par Oui ou Non.

	Oui	Non
1. Je choisis du yogourt à faible teneur en gras.	X	
2. Je consomme une grande variété d'aliments.	X	
3. Je mange au moins une portion de légumes vert foncé ou orange par jour.	X	
4. Je mange du yogourt ou du sorbet plutôt que de la crème glacée.	X	
5. Je choisis des céréales à haute teneur en fibres.	X	
6. Je mange des fruits et des légumes frais de préférence aux produits en conserve.	X	
7. Je lis bien les étiquettes avant de choisir un produit.		X
8. Je fais régulièrement cuire les légumes à la vapeur.	X	
9. Je consomme peu d'alcool.	X	
10. J'utilise de l'huile végétale plutôt que du beurre pour la cuisson.	X	
11. J'évite le plus souvent possible d'ajouter des matières grasses pour la cuisson.	X	
12. Je choisis des biscottes, du pain et des céréales auxquels on a ajouté peu ou pas de sucre.	X	
13. J'enlève la peau et le gras des volailles et des viandes avant de les faire cuire.	X	
14. Je mange quotidiennement plus de portions de fruits et de légumes que de viandes et substituts.	X	
15. Je consomme régulièrement des agrumes.	X	
16. Au restaurant ou à la cafétéria, je choisis les menus les plus faibles en gras et en sucre.		
17. Je consomme peu de frites.	X	
18. Je restreins ma consommation de sucreries.	X	
19. Je mange lentement.	X	
20. Je suis sensible aux signaux de satiété que me donne mon corps.	X	

Si vous avez répondu non à quelques-unes de ces questions, il vous faudrait remettre en question certaines de vos habitudes alimentaires.

LE STRESS

8

OBJECTIFS

Après avoir lu le présent chapitre, vous devriez pouvoir :

- décrire comment le stress affecte la santé et le mieux-être;
- reconnaître les réactions de l'organisme face au stress;
- identifier les réactions émotives et comportementales qui influent sur la capacité de gérer le stress;
- établir les liens entre le stress et la maladie;
- reconnaître les sources habituelles de stress;
- établir une démarche efficace de gestion du stress.

e mot *stress* est un terme qu'on utilise souvent à tort pour désigner une tension nerveuse désagréable. En fait, le stress est l'ensemble des réactions physiologiques et psychologiques que l'organisme éprouve normalement face à une situation donnée, qu'elle soit négative ou positive. Il peut être ressenti comme agréable ou désagréable. D'ailleurs, le stress n'a pas que des effets négatifs, et on reconnaît de plus en plus que des événements stressants positifs peuvent favoriser la santé et la croissance psychologique. Ainsi, parce qu'ils nous permettent de faire preuve d'autonomie, des petits défis comme l'obtention de son permis de conduire ou la conquête de l'élu de son cœur sont à la fois stress et sources de satisfaction personnelle.

La gestion du stress est un important élément de tout programme axé sur le mieux-être, car apprendre à bien réagir au stress peut contribuer à améliorer la santé mentale et à prévenir diverses maladies. Le présent chapitre traite des réactions physiologiques et psychologiques au stress et décrit en quoi ces réactions positives ou négatives peuvent affecter la santé. Il propose également des moyens efficaces de gérer le stress.

QU'EST-CE QUE LE STRESS ?

Le terme *stress* a couramment deux sens distincts : il renvoie soit aux événements qui provoquent des réactions physiologiques et émotives, soit aux réactions elles-mêmes. Dans le présent ouvrage, l'expression **agent stressant** servira à désigner tout stimulus causant des réactions physiologiques et émotives, tandis que l'expression **réponse au stress** servira à identifier les réactions elles-mêmes. Ainsi, un examen à passer est un agent stressant, tandis que des mains moites et un cœur qui bat la chamade sont la réponse au stress. Le terme **stress** servira à décrire l'état physique et émotif global qui accompagne la réponse au stress : une personne qui passe un examen vit une situation de stress.

RÉACTIONS PHYSIQUES AUX AGENTS STRESSANTS

Imaginez la scène : vous traversez la rue, lorsqu'une voiture, surgie de nulle part, fonce droit sur vous. En moins de temps qu'il ne faut pour le dire, vous réagissez. Vous bondissez de côté et réussissez à l'éviter. Pendant cette fraction de seconde et les quelques minutes qui ont suivi, vous êtes passé par un ensemble de réactions physiologiques prévisibles qui vous ont sauvé la vie. Cet état d'alerte salutaire, vous

le devez à vos deux systèmes de contrôle : le système nerveux et le système endocrinien.

L'action du système nerveux Le système nerveux comprend le cerveau, la moelle épinière et les nerfs. Le **système nerveux autonome** est la partie de ce système dont le fonctionnement est indépendant de la conscience et qui contrôle le rythme cardiaque, la respiration, la tension artérielle et des centaines d'autres fonctions normalement tenues pour acquises. Il englobe lui-même deux autres systèmes : le **système nerveux parasympathique**, qui agit lorsque vous êtes calme et qui contribue à la digestion des aliments, à l'emmagasinage de l'énergie et à la stimulation de la croissance, et le **système nerveux sympathique**, qui entre en action dans les situations d'urgence caractérisées par une douleur aiguë, la colère ou la peur.

L'action du système endocrinien Une tâche importante du système nerveux sympathique consiste à activer le **système endocrinien**. Ce système contribue au bon fonctionnement de l'organisme en libérant des **hormones**. En interaction étroite avec le système nerveux, le système endocrinien aide ainsi l'organisme à réagir en présence d'un agent stressant.

De quelle façon les deux systèmes collaborent-ils en situation d'urgence ? Revenons brièvement à l'accident que vous avez évité de justesse. Lorsque la voiture s'approche de vous, vous ne ressentez que de la peur, mais, inconsciemment, des modifications se produisent pour vous préparer à faire face au danger. Des composantes chimiques provoquent la libération d'hormones clés, dont le **cortisol**, l'**épinéphrine** (adrénaline) et la **norépinéphrine**. Ces hormones suscitent un ensemble de réactions physiologiques très prononcées (*voir* figure 8.1).

- L'ouïe et la vue gagnent en acuité.
- Le rythme cardiaque s'accélère afin d'augmenter l'apport d'oxygène à tout l'organisme.
- Le foie libère davantage de sucres dans la circulation sanguine pour fournir un supplément d'énergie aux muscles et au cerveau.
- La transpiration augmente afin de rafraîchir la peau.
- Des **endorphines** sont libérées afin d'apaiser la douleur en cas de blessure.

Considérées dans leur ensemble, ces réactions physiologiques presque instantanées constituent la **réaction de combat ou de fuite**. Elles entraînent l'accélération de vos réflexes et l'accroissement de la force dont vous avez besoin pour éviter la voiture ou réagir à la présence d'autres agents stressants. Ce sont essentiellement les mêmes réactions physiologiques qui se produisent en présence de tout type d'agent stressant, positif ou négatif; elles peuvent cependant varier en intensité.

Le rétablissement de l'homéostasie (ou équilibre interne)

Lorsque la situation stressante prend fin, le système nerveux parasympathique entre en jeu et met fin à la réaction qu'elle a suscitée. Il déclenche les réajustements nécessaires au rétablissement de l'**homéostasie**, qui correspond à un retour à la normale de la pression sanguine, du rythme cardiaque, des taux d'hormones et d'autres fonctions vitales. Le système nerveux parasympathique calme votre organisme, ralentit votre rythme cardiaque, assèche vos mains moites et ramène votre respiration à la normale. Votre organisme reprend graduellement ses fonctions quotidiennes normales, comme la digestion et la régulation de la température corporelle. Il a déjà pris soin de réparer les différents dommages occasionnés par la réaction de combat ou de fuite. Ainsi, le lendemain de l'accident que vous avez évité, vous vous réveillez en pleine forme. De cette façon, votre organisme peut assurer sa croissance, se régénérer et emmagasiner des réserves d'énergie. Lorsqu'une autre situation d'urgence surviendra, vous serez prêt à réagir de nouveau.

La réaction de combat ou de fuite dans le monde d'aujourd'hui

La réaction de combat ou de fuite fait partie de notre héritage biologique, et c'est un mécanisme de survie qui a été très utile à l'humanité. Cependant, face aux agents stressants auxquels nous sommes confrontés aujourd'hui, cette réaction se révèle souvent inadaptée. En effet, pour se tirer d'un examen, régler des problèmes courants de cohabitation avec un camarade ou survivre à l'heure de pointe, le combat physique ou la fuite sont peu appropriés et ne se concrétisent que rarement. Pourtant, en présence d'un agent stressant, la réaction

TERMINOLOGIE

Agent stressant Tout stimulus qui cause un stress; aussi appelé événement stressant.

Réponse au stress Changements physiologiques résultant du stress.

Stress Réaction physique qui peut survenir par suite de stimuli internes (cognitifs) ou externes (environnants).

Système nerveux autonome Partie du système nerveux périphérique qui, essentiellement sans l'intervention de la conscience, contrôle les fonctions de base de l'organisme. Il regroupe les systèmes nerveux sympathique et parasympathique.

Système nerveux parasympathique Partie du système nerveux autonome qui tempère l'effet excitant produit par le système nerveux sympathique, ralentit le métabolisme et rétablit l'apport en énergie.

Système nerveux sympathique Partie du système nerveux autonome qui réagit en présence d'un danger ou d'un risque en provoquant une accélération presque instantanée des fonctions de l'organisme.

Système endocrinien Système de glandes, de tissus et de cellules qui diffusent des hormones dans la circulation sanguine pour modifier le métabolisme et les autres fonctions de l'organisme.

Hormone Messager chimique produit dans l'organisme et transporté par le sang vers les cellules ou les organes auxquels il est destiné pour assurer une régulation spécifique de leurs activités.

Cortisol Hormone stéroïde sécrétée par le cortex (couche externe) de la glande surrénale; aussi appelée *hydrocortisone*.

Épinéphrine Hormone sécrétée par la partie centrale de la glande surrénale; aussi appelée *adrénaline* ou « hormone de la peur ».

Norépinéphrine Hormone sécrétée par la partie centrale de la glande surrénale; aussi appelée *noradrénaline* ou « hormone de la colère ».

Endorphine Sécrétion du cerveau qui inhibe la douleur comme le fait la morphine.

Réaction de combat ou de fuite Réaction de défense qui prépare une personne à lutter ou à fuir en provoquant des modifications hormonales, cardiovasculaires, métaboliques ou autres.

Homéostasie État d'équilibre des différentes fonctions physiologiques d'une personne.

Les pupilles se dilatent pour laisser passer plus de lumière et améliorer l'acuité visuelle.

Les muqueuses du nez et de la gorge se contractent, pendant que les muscles font s'élargir les voies respiratoires afin de faciliter le passage de l'air.

La sécrétion de salive et de mucus diminue; l'action digestive devient secondaire dans une situation d'urgence.

Les bronches se dilatent pour faciliter l'entrée d'air dans les poumons.

La transpiration augmente, notamment aux aisselles, à l'aine, aux mains et aux pieds, pour éliminer les déchets et évacuer par évaporation l'excès de chaleur produit.

Le foie libère des sucres dans le sang afin de fournir de l'énergie aux muscles et au cerveau.

La digestion étant interrompue, les muscles des intestins cessent leurs contractions.

La vessie se relâche. L'excrétion de l'urine qui s'y trouve élimine un poids excédentaire et rend la fuite plus aisée.

Les vaisseaux sanguins situés dans la peau et les viscères se contractent, ceux situés dans les muscles squelettiques se dilatent. Cela a pour effet d'augmenter la pression sanguine et l'apport de sang là où sa présence est cruciale.

Des endorphines sont libérées pour supprimer toute douleur perturbatrice.

L'ouïe devient plus sensible.

Les battements du cœur s'accélèrent et la force de contraction s'accentue pour permettre l'arrivée d'un volume sanguin accru là où sa présence est cruciale.

N'étant pas nécessaire lors d'une situation d'urgence, la digestion cesse.

La rate libère davantage de globules rouges pour satisfaire des besoins accrus en oxygène et remplacer le sang perdu à la suite d'une blessure.

Les glandes surrénales stimulent la sécrétion d'épinéphrine et de noré-pinéphrine, ce qui entraîne une aug-mentation du taux de sucre dans le sang, de la pression sanguine, du rythme cardiaque et de la quantité de graisses dans le sang. Ces modifications procurent un surcroît d'énergie.

Parce que la digestion a cessé, le pancréas produit moins de sécrétions.

Les graisses emmagasinées dans le corps sont décomposées afin de fournir un supplément d'énergie.

Les muscles volontaires (squelettiques) se contractent dans tout l'organisme pour être prêts à agir.

Figure 8.1 **La réaction de combat ou de fuite.** En réaction à la présence d'un agent stressant, le système nerveux autonome et le système endocrinien déclenchent des réactions physiques qui préparent l'organisme à affronter une situation d'urgence.

de combat ou de fuite continue à préparer notre or-ganisme à une action physiologique, que le danger soit réel ou imaginaire, ce qui a un effet important sur l'organisme. En effet, l'accumulation de stress risque de causer des dommages à notre santé.

LES RÉACTIONS ÉMOTIVES ET COMPORTEMENTALES FACE AUX AGENTS STRESSANTS

En présence d'un agent stressant, la réaction phy-siologique des individus varie en intensité selon les personnes et les situations auxquelles elles sont con-frontées. Sur les plans émotif et comportemental, les réactions de chacun pourront être très différentes, cependant, aucun n'échappera à l'ensemble de réac-tions physiologiques qu'amène nécessairement la réaction de combat ou de fuite.

Les réactions appropriées et inappropriées
L'anxiété, la dépression, la rage et la peur sont des réactions émotives que l'on éprouve couramment en présence d'agents stressants. Bien que ce type de réactions dépende partiellement de caractéristiques relevant de la personnalité ou du tempérament, il est souvent possible de les tempérer ou d'apprendre à les maîtriser.

En présence d'agents stressants, nos réactions com-portementales dépendent largement de notre volonté. C'est à nous qu'il revient de recourir à la parole, au rire, à l'exercice, à la méditation, à l'apprentissage de techniques de gestion du temps, bref à toutes les réactions comportementales appropriées susceptibles de nous faire parvenir au mieux-être et à l'utilisation optimale de nos capacités. Par contre, des réactions comportementales inappropriées comme la boulimie et la consommation de tabac, d'alcool et d'autres drogues peuvent nuire au mieux-être et même devenir des agents stressants eux-mêmes.

Observons les réactions de deux élèves, Éric et Émilie, en présence du même agent stressant, soit le premier examen de la session. Éric se présente à l'examen plein d'appréhension. Après avoir lu les questions de l'examen, il devient encore plus anxieux. Plus il devient angoissé, moins il se rappelle ce qu'il a appris et plus son angoisse s'accentue. Bientôt paralysé par l'angoisse, il ne pense plus qu'aux conséquences d'un échec. Pour sa part, avant de lire les questions, Émilie prend quelques respirations profondes pour se détendre. Elle s'efforce ensuite de se concentrer sur les réponses qu'elle peut donner et relit ensuite attentivement les questions qui l'embêtent. Lorsqu'elle quitte la salle d'examen, elle est calme, détendue et confiante.

Il est clair qu'en évitant les comportements négatifs face au stress et en y opposant plutôt des comportements positifs et appropriés, on agit sur son bien-être émotif et physiologique.

Les facteurs influant sur les réactions émotives et comportementales face aux agents stressants Les réactions d'un individu se trouvant dans une situation stressante dépendent d'un ensemble complexe de facteurs — son tempérament, son état de santé, son expérience de vie, ses valeurs et ses capacités d'adaptation. La personnalité, qui reflète les désirs et les valeurs d'une personne ainsi que ses forces et faiblesses, permet à chacun de faire face, plus ou moins adéquatement, au stress. Les personnes très compétitives, directives, impatientes et agressives (soit les personnalités de type A) ont tendance à réagir plus violemment en présence d'agents stressants et ont plus de difficulté à s'adapter au stress. Par contre, les personnes qui considèrent les agents stressants comme des occasions d'apprentissage et d'épanouissement, plutôt que comme des contraintes, ont tendance à juger stressantes un moins grand nombre de situations et à réagir de façon plus pondérée en présence d'agents stressants (cette attitude correspond aux personnalités dites de type B). Pour connaître votre type de personnalité, consultez le tableau 8.1.

L'expérience passée n'est pas étrangère à la façon dont on perçoit un agent stressant potentiel. Par exemple, si vous avez déjà connu une mésaventure en donnant un exposé oral, vous serez naturellement plus stressé à l'idée d'en présenter un autre. Inversement, si vous aviez bien réussi, vous répéterez l'expérience avec plus d'assurance. Le sexe des individus et leur origine culturelle influent également sur les réactions comportementales face aux agents stressants. D'ailleurs, certaines de ces réactions, les larmes ou l'accès de colère, par exemple, sont souvent jugées plus ou moins appropriées, selon qu'elles sont le fait d'un homme ou d'une femme.

LA RÉACTION GLOBALE FACE AU STRESS

Les réactions physiologiques, émotives et comportementales en présence d'agents stressants sont interreliées. Une réaction émotive intense entraîne une réaction physiologique prononcée. Et s'il est probable que les réactions appropriées réduisent le stress, il est certain que les réactions inappropriées ne font que l'aggraver. Il y a d'ailleurs des gens qui doivent recourir à de l'aide professionnelle parce que leurs réactions au stress sont excessives et véritablement inadaptées. (Le labo 8.1 indique certains des signes du stress excessif.) En général, toutefois, chacun est capable d'apprendre à faire face adéquatement aux agents stressants.

La réaction au stress dépend de nombreux facteurs, dont la nature de l'agent stressant. Même si des événements causant un stress sont généralement considérés de façon négative, l'expérience excitante et agréable que procure ce tour de manège est également une source de stress.

Tableau 8.1   Profils des schèmes comportementaux des personnalités de type A et de type B.

Caractéristiques	Type A	Type B
Discours		
Débit	Rapide	Lent
Production de mots	Réponses d'un seul mot; accélération en fin de phrase	Mesurée; pauses ou interruptions fréquentes
Volume	Élevé	Doux
Qualité	Énergique, laconique, dur	Monotone
Intonation, inflexion	Discours explosif, haché, accent sur les mots clés	
Temps de réponse	Réponses immédiates	Fait une pause avant de répondre
Durée des réactions	Brèves et directes	Longues, décousues
Autres	Avale ses mots, omet des mots, répète des mots	
Comportements		
Soupir	Fréquent	Rare
Posture	Tendue, assis sur le bord de sa chaise	Détendue, à l'aise
Attitude générale	Alerte, intense	Calme, attentive
Expression faciale	Tendue, hostile; grimaces	Détendue, amicale
Sourire	En coin	Large
Rire	Sec	Doux gloussements
Serrement des poings	Fréquent	Rare
Réactions pendant une entrevue		
Interrompt l'intervieweur	Souvent	Rarement
Revient au sujet lorsque interrompu	Souvent	Rarement
Tente de terminer les questions de l'intervieweur	Souvent	Rarement
A recours à l'humour	Rarement	Souvent
Presse l'intervieweur (« oui, oui », « hum, hum », hochements de tête)	Souvent	Rarement
Tente de dominer l'entrevue de différentes façons	Recours aux interruptions, échanges verbaux, commentaires superflus, réponses évasives ou trop longues; tentatives d'intimidation de l'intervieweur	Rarement
Hostilité	Fréquentes manifestations d'ennui, de condescendance, d'autoritarisme et de défi	Aucune
Comportements caractéristiques		
Satisfait au travail	Non, souhaite grimper les échelons	Oui
Motivé, ambitieux	Oui, selon les autres et lui-même	Pas particulièrement
Sentiment d'urgence	Oui	Non
Impatient	Déteste faire la queue, ne souffre pas d'attendre au restaurant, irrité lorsqu'il suit un véhicule lent	Accepte les délais de toutes sortes sans être contrarié ou énervé
Compétitif	Apprécie la compétition au travail, veut gagner à tous les jeux (même avec des enfants)	N'apprécie pas la compétition et participe rarement à des activités compétitives
Admet s'adonner à des activités et entretenir des pensées polyphasiques	Réfléchit souvent à deux choses (ou plus) en même temps, fait souvent deux choses à la fois	Réfléchit rarement à deux choses en même temps, fait rarement deux choses à la fois
Hostilité	Dans la forme et le fond — se plaît à argumenter, use d'un excès de qualificatifs, généralise outrageusement, lance des défis, s'emporte verbalement, recourt à l'obscénité	Rarement présente, quel que soit le contexte

Source : M.A. Chesney, J.R. Eagleston et R.H. Rosenman, « Type A Behavior : Assessment and Intervention by Chesney, Eagleston and Rosenman », *Medical Psychology*, C.K. Porkop et L.A. Bradley (Éd.), © 1981, Academic Press. Traduction tirée de *Psychologie en direct*, Modulo Éditeur, 1995.

LE STRESS ET LA MALADIE

L'incidence du stress sur la santé et sur l'apparition de maladies est une question complexe, et il se fera encore beaucoup de recherche avant qu'on puisse expliquer précisément comment le stress affecte la santé. Cependant, de plus en plus, tout semble indiquer que le stress — conjugué aux prédispositions génétiques de chacun, à sa personnalité, à son milieu social et à ses comportements en matière de santé — peut accentuer la vulnérabilité des individus à un grand nombre de maladies et de problèmes de santé. Les chercheurs ont d'ailleurs élaboré plusieurs théories pour tenter d'expliquer la relation entre le stress et la maladie. Voyons-en quelques-unes.

LE SYNDROME GÉNÉRAL D'ADAPTATION

Hans Selye — chercheur à l'Université McGill et à l'Université de Montréal et cofondateur de l'Institut canadien du stress — a été l'un des premiers scientifiques à mettre au point une théorie générale selon laquelle l'exposition prolongée à des agents stressants met en jeu la santé et même la vie de l'individu. Ce biologiste a créé l'expression **syndrome général d'adaptation** pour désigner ce qu'il estimait être un type universel et prévisible de réaction en présence de quelque agent stressant que ce soit. Au fil de ses recherches réalisées durant les années 1930 et 1940, il a constaté que certains agents stressants pouvaient être agréables (participer à une fête, par exemple), tandis que d'autres, comme de mauvais résultats scolaires, pouvaient être désagréables. Il a nommé **eustress** le stress provoqué par un agent agréable et **détresse** le stress résultant d'un agent désagréable. La succession des réactions physiologiques associées au syndrome général d'adaptation est la même dans le cas de l'eustress et de la détresse et elle compte trois phases : l'alarme, la résistance et l'épuisement.

L'alarme La phase d'alarme provoquée par des agents stressants déclenche l'activation du système nerveux sympathique et du système endocrinien (accélération de la fréquence cardiaque, hausse de la tension artérielle, sécrétion hormonale, etc.). L'organisme dispose alors d'une grande source d'énergie, sa vigilance est accrue et il est prêt à combattre l'agent stressant. Toutefois, sa résistance à la maladie est moindre. Une personne se trouvant dans cette phase est plus susceptible de souffrir de maux de tête, de troubles de digestion et d'anxiété. Ses habitudes de sommeil et d'alimentation risquent d'être perturbées. Si le stress se prolonge, l'organisme entre en phase de résistance.

La résistance Durant cette phase, l'alarme s'estompe et l'organisme s'adapte à l'agent stressant. La résistance à la maladie est alors plus élevée qu'en temps normal. Cependant, cette adaptation et cette résistance demandent beaucoup d'énergie. L'exposition prolongée à un agent stressant mènera tôt ou tard à une phase d'épuisement.

L'épuisement Si un agent stressant perdure ou que plusieurs se succèdent, ce sera l'épuisement général. Il ne s'agit pas ici de l'épuisement qu'on éprouve après une longue et difficile journée de travail, mais plutôt d'un épuisement physiologique qui menace la survie de l'individu et qui se caractérise par des symptômes tels que la distorsion des perceptions et l'incohérence de la pensée.

Si l'on considère toujours le modèle du syndrome général d'adaptation proposé par Selye comme une importante contribution à la théorie moderne du stress, on en a cependant rejeté certains éléments clés. Ainsi, la vulnérabilité accrue à l'égard de la maladie après une exposition prolongée au stress n'est plus attribuée à une diminution des ressources disponibles (la phase d'épuisement énoncée par Selye). Ce serait plutôt la réaction au stress elle-même qui finirait par causer la maladie. De plus, les recherches effectuées dans ce domaine englobent maintenant les réactions émotives et comportementales, lesquelles varient beaucoup selon les individus.

LE STRESS ET LE SYSTÈME IMMUNITAIRE

Le stress, en raison de l'action exercée par les systèmes nerveux et endocrinien, peut porter atteinte au système immunitaire et ainsi affecter la santé. Si le système immunitaire fonctionne normalement, il protège l'organisme contre les maladies. Inversement, s'il est affaibli, l'organisme devient vulnérable. Plusieurs études démontrent qu'un stress intense, par exemple un deuil ou une opération, entraîne des transformations dans le système immunitaire. On a établi un lien entre ces transformations et les taux élevés d'hormones liées au stress

TERMINOLOGIE

Syndrome général d'adaptation Ensemble de réactions au stress comportant trois phases : alarme, résistance et épuisement.

Eustress Stress résultant de la présence d'un agent stressant agréable.

Détresse Stress résultant de la présence d'un agent stressant désagréable.

dans le sang : l'épinéphrine, la norépinéphrine et le cortisol. Or, la présence de ces hormones précède souvent l'affaiblissement du système immunitaire et l'apparition de maladies infectieuses.

LES LIENS ENTRE LE STRESS ET CERTAINS PROBLÈMES DE SANTÉ

Les personnes subissant un stress chronique ou réagissant mal en présence d'agents stressants s'exposent à un large éventail de problèmes de santé. À court terme, ces problèmes peuvent se résumer à un rhume, à des douleurs dans le cou ou à des maux d'estomac. À plus long terme, ils peuvent s'aggraver et causer une maladie cardiovasculaire, de l'hypertension ou un affaiblissement du système immunitaire.

Maladie cardiovasculaire On se rappelle que notre réaction de combat ou de fuite face à un agent stressant provoque l'activation du système nerveux sympathique, et donc la sécrétion d'épinéphrine et de cortisol dans le circuit sanguin. La présence simultanée de ces deux hormones augmente la fréquence cardiaque. L'organisme doit alors puiser dans ses provisions de graisse pour fournir rapidement de l'énergie aux muscles. Si on accomplit une action physique, les graisses sont tout simplement employées comme source énergétique. Toutefois, si on n'accomplit aucune action, comme c'est généralement le cas dans nos sociétés modernes, les graisses peuvent adhérer aux parois des vaisseaux sanguins. À la longue, ces dépôts graisseux peuvent obstruer le flux sanguin acheminé vers le cœur, provoquant ainsi un infarctus. D'où l'importance de l'activité physique pour utiliser ces graisses et contrer les effets néfastes des agents stressants.

Les risques de maladie cardiovasculaire sont également plus élevés chez les personnalités de type A, c'est-à-dire les individus qui sont très compétitifs, ambitieux et impatients. Inversement, les personnalités de type B, caractérisées par leur calme, sont peu sujettes à de telles affections.

Affaiblissement du système immunitaire Tombez-vous souvent malade au plus mauvais moment ? Pendant une période d'examens, durant les vacances ou avant une entrevue pour un emploi ? Vous serez peut-être étonné d'apprendre que des recherches tendent à démontrer qu'il ne s'agit pas d'une coïncidence. On sait en effet qu'en perturbant le système immunitaire, le stress nous rend plus vulnérable au rhume et à d'autres infections, à l'asthme et aux crises d'allergie. Il accroît également la susceptibilité à divers cancers et favorise la recrudescence de certaines maladies chroniques telles que l'herpès génital et l'infection par le VIH.

Autres problèmes de santé De nombreux autres problèmes de santé peuvent être causés ou aggravés par un stress non contrôlé. En voici quelques-uns :

- problèmes de digestion (maux d'estomac, diarrhée, constipation, côlon irritable, ulcères);
- maux de tête et migraines;
- insomnie et fatigue (reportez-vous à l'encadré intitulé « Vaincre l'insomnie »);
- blessures, y compris des accidents de travail causés par des microtraumatismes répétés;
- troubles menstruels et complications pendant la grossesse;
- impuissance;
- problèmes psychologiques, y compris la dépression, l'anxiété, les crises de panique, les troubles alimentaires et les troubles de stress post-traumatique affectant les personnes victimes ou témoins de traumatismes graves.

LES SOURCES DE STRESS

Nous sommes entourés d'agents stressants. Ils sont partout : à la maison, à l'école, au travail et en nous-mêmes. Pour gérer efficacement notre stress, il faut savoir reconnaître les sources de stress potentiel dans notre vie.

CHANGEMENTS IMPORTANTS

Tout changement important nécessitant une adaptation est porteur de stress. Le début de l'âge adulte et les années de collège comprennent généralement de nombreux changements importants. On quitte la maison familiale, on établit de nouvelles relations, on définit ses objectifs scolaires et professionnels, on développe son identité et on trouve sa raison d'être. Même les changements agréables, comme l'obtention d'un diplôme, une promotion au travail ou un mariage, sont source de stress. Une personne disposant d'un solide réseau social et sachant composer avec le stress risque moins de se rendre malade à cause de ses changements de vie même s'ils sont importants. Il n'en est hélas pas de même des individus qui sont moins bien outillés.

TRACAS QUOTIDIENS

Les changements importants de la vie sont stressants, mais généralement peu fréquents. Selon certains chercheurs, les problèmes moins importants, comme les tracas quotidiens, seraient une source de stress bien pire justement parce qu'ils sont réguliers. Les personnes qui réagissent négativement aux tracas quotidiens sont susceptibles d'éprouver une réaction de stress modérée plusieurs fois par jour. À la longue, cela peut avoir

CONSEILS PRATIQUES

Vaincre l'insomnie

Le manque de sommeil peut être à la fois la cause et la conséquence d'un stress excessif. Lorsqu'on manque de sommeil, les fonctions mentales et physiologiques se détériorent inexorablement. On a alors des maux de tête, on devient irritable et incapable de se concentrer, on a des trous de mémoire et on est plus vulnérable à diverses maladies. Par contre, lorsqu'on dort suffisamment, on est de bonne humeur, on se sent en pleine possession de ses moyens et capable de donner le meilleur de soi mentalement et émotivement.

Un jour ou l'autre, tout le monde éprouve de la difficulté à trouver le sommeil ou à dormir sans s'éveiller constamment : c'est ce qu'on appelle l'insomnie. La plupart des gens vaincront l'insomnie en identifiant les problèmes qui causent leur mauvais sommeil et en prenant des mesures pour les régler. Si l'insomnie dure depuis plus de six mois et entrave les activités quotidiennes, il faut consulter un médecin. Il n'est pas recommandé de prendre des somnifères lorsqu'on souffre d'insomnie chronique, car ces produits, dont l'action diminue à la longue, peuvent créer une dépendance.

Si vous souffrez d'insomnie, voici quelques conseils susceptibles d'améliorer votre sommeil.

- Déterminez le nombre d'heures de sommeil dont vous avez besoin pour vous sentir reposé le lendemain et ne dormez pas plus longtemps.
- Couchez-vous à la même heure tous les soirs et, ce qui est plus important encore, levez-vous à la même heure chaque matin.
- Faites de l'activité physique chaque jour, mais pas immédiatement avant d'aller au lit, car le retour à la normale du métabolisme après l'effort physique peut prendre jusqu'à six heures.
- Évitez le tabac (la nicotine est un stimulant), la caféine en fin de journée et l'alcool avant l'heure du coucher.
- Prenez un léger goûter avant d'aller au lit; vous dormirez mieux si vous n'avez pas faim.
- Chassez vos soucis avant de vous coucher. Au besoin, consignez par écrit ce qui vous tracasse ainsi que des solutions possibles. Tentez ensuite d'oublier ces problèmes jusqu'au lendemain.
- Un lit, c'est fait pour dormir. Il vaut mieux ne pas y manger, lire, étudier ou regarder la télévision.
- Pour vous détendre, prenez un bain chaud au moins deux heures avant de vous mettre au lit. (Votre métabolisme aura ainsi le temps de revenir à la normale.) Lisez un livre, écoutez de la musique ou mettez en pratique des techniques de relaxation. Attendez de sentir que le sommeil vous gagne avant de vous étendre.
- Si vous ne vous êtes pas endormi après 15 à 20 minutes ou si vous vous réveillez et ne parvenez pas à vous rendormir, quittez le lit, sortez de la chambre si c'est possible. Consacrez-vous alors à une activité tranquille jusqu'à ce que vous sentiez le sommeil vous gagner.
- Faites la part des choses. Une mauvaise nuit n'est pas la fin du monde. Si l'insomnie vous exaspère, vous aurez encore plus de difficulté à vous endormir. Détendez-vous et faites confiance à votre organisme : il sait naturellement comment trouver le sommeil.

une incidence réelle sur la santé. En effet, des études indiquent que les tracas quotidiens nuisent grandement au sentiment de bien-être général.

LES ÉVÉNEMENTS STRESSANTS PROPRES AUX ÉTUDES COLLÉGIALES

On l'a dit, le temps des études collégiales est marqué par d'importants changements dans la vie et de très nombreux tracas quotidiens. C'est normal, vous acquérez des connaissances et des compétences nouvelles et vous devez prendre des décisions déterminantes pour votre avenir. Peut-être venez-vous de quitter la maison ou peut-être entreprenez-vous des études alors que vous travaillez et avez déjà une famille. Les sources de stress courantes des cégépiens sont la réussite scolaire, des changements dans les relations personnelles et sociales, le respect des échéances et les soucis financiers.

Selon leur intensité et leur nombre, ces agents stressants positifs ou négatifs peuvent avoir un impact plus ou moins important sur votre santé. Pour déterminer les différentes sources de stress dans votre vie, faites le labo 8.2.

LES AGENTS STRESSANTS EN MILIEU DE TRAVAIL

Des enquêtes récentes menées auprès des Canadiens ont révélé que l'emploi est une des sources majeures de stress dans leur vie. Les horaires chargés et les heures supplémentaires grugent le temps qu'ils consacreraient autrement aux activités physiques, à la vie sociale et à d'autres activités susceptibles d'évacuer le stress. Les soucis liés au rendement au travail, à la rémunération et à la sécurité d'emploi ainsi que l'interaction avec les patrons, les employés, les collègues de travail et les clients sont ressentis

Passer des examens ne constitue qu'un des nombreux agents stressants propres aux études collégiales. En effet, cette période comporte souvent d'importants changements dans la vie et de nombreux tracas quotidiens.

comme des agents stressants. Par ailleurs, les personnes qui sont tenues à l'écart d'importantes décisions concernant leur emploi disent éprouver un stress intense. Inversement, lorsque les travailleurs participent à l'élaboration de leur tâche ou des méthodes de travail, leur satisfaction au travail s'accroît et leur stress diminue.

Si le stress lié au travail (ou aux études) est intense ou chronique, il peut mener à l'**épuisement professionnel**. C'est alors toute la vie physique, psychologique et émotive qui est affectée. L'épuisement professionnel frappe généralement les personnes puissamment motivées et actives qui développent l'impression que leur travail n'est pas reconnu à sa juste valeur ou qu'elles n'atteindront pas leurs objectifs. Les personnes exerçant une profession de relation d'aide, comme les enseignants, les travailleurs sociaux, le personnel des soins de santé, les policiers, etc., sont également sujettes à l'épuisement professionnel. Pour remédier à l'épuisement professionnel, certains prennent des vacances ou un long congé. D'autres réduisent leurs heures de travail, établissent une meilleure communication avec leurs patrons ou modifient leurs objectifs professionnels. Améliorer sa gestion du temps peut aussi être utile.

LES AGENTS STRESSANTS INTERPERSONNELS ET SOCIAUX

Bien que le soutien que nous apportent les autres puisse nous servir de bouclier contre le stress, il arrive que nos interactions avec autrui soient elles-mêmes sources de stress. Il est probable que vos relations familiales de même que les liens que vous entretenez avec des amis de longue date se modifient durant vos études collégiales, car vous développez de nouveaux intérêts et votre vie change. Vous faites de nouvelles rencontres et établissez de nouvelles relations. Tous ces changements sont des agents stressants potentiels.

Votre milieu de vie peut également comporter d'importantes sources de stress. Par exemple, vous vous sentirez peut-être stressé en tentant d'établir des liens avec des personnes d'autres groupes ethniques ou socioprofessionnels ou, si vous faites partie d'un groupe ethnique minoritaire, en cherchant à vous intégrer au groupe majoritaire. Si votre langue maternelle n'est pas celle de la majorité, vous pourrez trouver difficile d'avoir à vous débrouiller dans une langue que vous ne maîtrisez pas pleinement.

AUTRES AGENTS STRESSANTS

Les sources de stress sont légion. En effet, notre milieu de vie regorge d'agents stressants : bruits nocifs, odeurs désagréables, accidents, catastrophes naturelles. Et nous devenons souvent notre propre agent stressant, lorsque nous nous fixons des objectifs personnels impossibles à atteindre ou que nous évaluons trop sévèrement notre rendement et nos progrès. Les états physiques et émotifs consécutifs à la maladie ou à l'épuisement sont encore d'autres exemples d'agents stressants intérieurs.

LA GESTION DU STRESS

Le stress fait partie intégrante de la vie. Il faut donc apprendre à composer avec. Bien qu'il existe des démarches et techniques spécifiques de gestion du stress, en appliquant les principes fondamentaux de la bonne forme physique et psychologique, on réussit généralement à contrôler efficacement son stress.

TERMINOLOGIE

Épuisement professionnel État caractérisé par un épuisement physique, psychologique et émotif.

LE SOUTIEN SOCIAL

On a tous besoin des autres. Parler de ses craintes, de ses frustrations et de ses joies non seulement enrichit notre vie, mais semble aussi contribuer, indirectement mais sensiblement, au bien-être du corps et de l'esprit. En effet, le soutien que les autres nous apportent peut avoir une influence considérable sur notre façon de réagir au stress. Ainsi, de nombreuses enquêtes ont démontré que les personnes mariées vivaient plus longtemps que les célibataires et que leur taux de décès était inférieur toutes causes confondues. Et quel est le dénominateur commun expliquant ces résultats ? Ce sont les relations signifiantes avec autrui. Pour obtenir de plus amples renseignements sur l'élaboration et le maintien d'un réseau de soutien social, reportez-vous à l'encadré intitulé « La construction d'un réseau de soutien ».

BIEN-ÊTRE GLOBAL

La construction d'un réseau de soutien

Un sentiment d'isolement peut créer chez l'individu un stress chronique susceptible d'augmenter sa vulnérabilité aux maladies courantes, comme le rhume, et chroniques, comme les maladies cardiaques. Bien qu'on ne comprenne pas encore bien le mécanisme, on sait que l'isolement social peut avoir sur les taux de mortalité une incidence aussi importante que celle du tabagisme, de l'hypertension et de l'obésité.

Inversement, en maintenant des relations enrichissantes avec autrui, on contrôle mieux son stress et on peut ainsi jouir d'un état de mieux-être général. Il n'y a pas un type de réseau de soutien qui convienne à tous. Il se peut qu'un seul ami intime vous suffise, alors que votre colocataire éprouve du malaise dès qu'il n'est pas entouré de plusieurs amis. Afin de déterminer si votre réseau social vous convient, encerclez V (vrai) ou F (faux) pour répondre aux énoncés suivants.

1.	Je connais quelqu'un qui me prêterait 100 $ si j'en avais besoin de toute urgence.	V	F
2.	Je connais quelqu'un qui est fier de mes réalisations.	V	F
3.	Je passe beaucoup de temps avec ma famille ou mes amis.	V	F
4.	La plupart des personnes que je connais ont beaucoup d'estime pour moi.	V	F
5.	Personne ne se proposerait pour me conduire à l'hôpital si je devais m'y rendre très tôt le matin.	V	F
6.	Je n'ai personne avec qui partager mes soucis et mes craintes les plus intimes.	V	F
7.	La plupart de mes amis réussissent mieux que moi à modifier des aspects de leur vie.	V	F
8.	J'aurais de la difficulté à trouver quelqu'un qui viendrait passer une journée à la plage ou à la campagne avec moi.	V	F

Calcul des résultats

Questions 1 à 4   Additionnez vos V : _____

Questions 5 à 8   Additionnez vos F : _____

Additionnez ces deux résultats : _____

Votre total est de 4 ou plus ? Vous disposez d'un réseau de soutien suffisant pour préserver votre santé.

Votre total est de 3 ou moins ? Vous pourriez avoir avantage à renforcer vos liens sociaux. Voici quelques moyens.

- *Entretenez vos amitiés.* Ayez des contacts réguliers avec vos amis. Faites preuve de respect, de confiance et de tolérance, et apportez-leur l'aide et le soutien dont ils ont besoin.

- *Préservez des liens familiaux étroits.* Gardez contact avec les membres de votre famille dont vous vous sentez proche. Participez aux activités et célébrations familiales.

- *Ayez des activités de groupe.* Faites du bénévolat, inscrivez-vous à un cours, assistez à des conférences. Choisissez des activités qui vous tiennent à cœur et qui vous amènent à interagir directement avec d'autres personnes.

- *Apprenez à mieux communiquer.* Plus vous partagez vos sentiments avec d'autres personnes, plus vous resserrez les liens qui vous unissent. Lorsque d'autres personnes s'expriment, écoutez-les avec empathie.

Sources : « Social Networks : The Company You Keep Can Keep You Healthy », *Mayo Clinic Health Letter*, avril 1995. Ornish, D., « The Healing Power of Love », *Prevention*, février 1991. *Source du questionnaire* : Japenga, A., « A Family of Friends », *Health*, novembre-décembre 1995, p. 94, adaptation autorisée. © 1995 Health.

L'ACTIVITÉ PHYSIQUE

Faire une longue promenade est un bon moyen d'apaiser l'anxiété et d'abaisser la tension artérielle. Une marche rapide d'une dizaine de minutes revigore et procure un sentiment de détente qui peut se prolonger deux heures. Faire de l'activité physique régulièrement est encore plus bénéfique. En effet, des chercheurs ont découvert que les personnes faisant régulièrement de l'activité physique manifestent des réactions de stress physique moins prononcées avant, pendant et après une exposition à des agents stressants et que leur sentiment général de bien-être s'accentue également. Si une activité physique comme une marche rapide ou une brève sortie à bicyclette peut avoir un tel effet bénéfique, il est facile d'imaginer les bienfaits qu'un programme plus structuré peut avoir sur la réaction au stress.

Une mise en garde s'impose cependant : pour certaines personnes, l'exercice n'est tout simplement qu'un agent stressant de plus dans leur vie. Les gens qui pratiquent trop souvent une activité physique et qui ne dosent pas bien leurs efforts risquent le surentraînement, duquel découlent fatigue, irritabilité, dépression et diminution de la performance athlétique. En suivant un programme d'activité physique trop exigeant, ces personnes peuvent affaiblir leur système immunitaire et même se rendre sérieusement malades. Pour en savoir plus, lisez l'encadré « Activité physique, anxiété et dépression ».

L'ALIMENTATION

Comme on l'a vu au chapitre 7, une alimentation saine et équilibrée favorise la santé physique et mentale, ce qui permet de mieux faire face au stress. De plus, on contrôlera plus efficacement son stress en limitant sa consommation de caféine et en évitant les composés vitaminiques très concentrés et les suppléments en acides aminés, ou « formules antistress », qui, d'ailleurs, ne diminuent ni la tension ni l'anxiété.

LA GESTION DU TEMPS

Comme la saine alimentation et l'activité physique régulière, une bonne gestion du temps est nécessaire à l'équilibre énergétique et constitue un élément essentiel de tout programme visant au mieux-être. Apprenez à utiliser efficacement votre temps et vous serez moins stressé, car vous saurez éviter les engagements trop nombreux, de même que le malaise associé à la procrastination et aux temps morts. Voici quelques conseils pour améliorer la gestion de votre temps.

BIEN-ÊTRE GLOBAL

Activité physique, anxiété et dépression

L'anxiété et la dépression sont des problèmes de santé mentale que l'activité physique peut atténuer.

Lorsque l'anxiété est chronique, l'activité physique provoque une diminution de l'anxiété. Selon l'Institut canadien de recherche sur la condition physique et le mode de vie, même si on observe déjà des changements après 10 semaines, ce sont les programmes d'entraînement durant plus de 15 semaines qui produisent les changements les plus notables. Contrairement à ce qu'on pourrait croire, les activités physiques très vigoureuses ne semblent pas augmenter l'anxiété ou déclencher des crises d'anxiété chez les personnes souffrant d'angoisse névrotique.

Lorsque les problèmes d'anxiété sont réactionnels, c'est-à-dire consécutifs à des situations ou à des événements particuliers, on conseille des activités aérobies (continues et rythmiques) d'une durée de 20 à 40 minutes pour faire baisser l'anxiété.

Quant aux personnes souffrant de dépression, on constate que leur santé mentale s'améliore lorsqu'elles pratiquent une activité aérobie pendant deux à six mois.

Paradoxalement, il est possible que des personnes qui font de l'exercice à profusion et qui ne dosent pas bien leurs efforts ressentent une forme de dépression susceptible d'affecter leur santé mentale. Il s'agit là de *surentraînement*. Dans la plupart des cas, le repos constitue le meilleur remède pour retrouver la santé.

Bien que l'activité physique soit associée à la bonne santé mentale, on ne peut pas affirmer qu'elle en soit directement la cause. Cependant, pratiquer une activité physique régulièrement est une distraction qui peut permettre à un individu de mettre de côté l'agent stressant qui provoque l'anxiété ou la dépression. Il semble également que la sensation agréable et parfois euphorique ressentie pendant une activité physique (généralement provoquée par l'endorphine), soit favorable à la santé mentale.

- *Établissez des priorités.* Répartissez vos tâches en trois catégories : essentielles, importantes, superflues. Concentrez-vous sur les deux premières et laissez tomber la troisième.

- *Planifiez de faire vos tâches au moment opportun.* Vous avez certainement remarqué que vous êtes plus efficace à certains moments de la journée. Planifiez donc d'exécuter le plus grand possible de tâches durant ces moments.

- *Fixez-vous des objectifs réalistes et consignez-les par écrit.* Visez des objectifs réalisables; vous serez plus motivé. Si vos objectifs sont impossibles à atteindre, vous connaîtrez nécessairement l'échec et la frustration. Engagez-vous pleinement à atteindre vos objectifs en les consignant par écrit.

- *Prévoyez suffisamment de temps.* Déterminez combien de temps prendra chacun des projets que vous entreprenez. Ajoutez ensuite 10 %, 15 % ou même 25 % de temps pour tenir compte des imprévus.

- *Morcelez vos objectifs à long terme en plusieurs objectifs spécifiques à court terme.* En atteignant plus fréquemment des objectifs spécifiques, vous stimulerez votre motivation, ce qui vous aidera à atteindre votre objectif à long terme.

- *Visualisez votre réussite.* En vous représentant mentalement l'exécution d'une tâche, vous réaliserez votre objectif sans problème.

- *Notez les tâches que vous remettez à plus tard.* Trouvez pourquoi vous les remettez. Si la tâche à accomplir est difficile ou désagréable, trouvez des moyens de remédier à cela. Par exemple, si les lectures qu'exige l'un de vos cours vous semblent particulièrement difficiles, installez-vous dans un environnement agréable pour lire et récompensez-vous chaque fois que vous terminez un chapitre ou une section.

- *Si possible, faites d'abord les tâches qui vous plaisent le moins.* Une fois libéré de vos tâches les moins intéressantes, vous pourrez vous attaquer avec entrain à celles qui vous plaisent davantage.

- *Faites d'une pierre deux coups le plus souvent possible.* Par exemple, allez faire vos emplettes à pied, de façon à faire de l'activité physique par la même occasion.

- *Identifiez les courtes tâches.* Dressez une liste des tâches qui ne prennent que cinq minutes et que vous pouvez réaliser entre deux autres tâches : faire du rangement, laver la vaisselle, remplir un formulaire.

- *Déléguez des responsabilités.* N'hésitez pas à demander de l'aide lorsque vous êtes débordé. Cela n'est pas de la lâcheté; c'est de la bonne gestion du temps. Évitez seulement de déléguer les tâches que vous savez devoir faire vous-même.

- *Apprenez à dire non.* Si ce qu'on exige de vous est déraisonnable, sachez dire non avec tact et sans vous sentir coupable.

- *Accordez-vous du temps libre.* Consacrez une partie de votre temps aux divertissements libres et non structurés. Ne considérez pas cela comme une perte de temps. S'amuser est sain et permet de reprendre le travail avec plus d'entrain.

- *Cessez de réfléchir à ce que vous allez faire; mettez-vous plutôt à la tâche !* Pour régler le problème de la procrastination, cessez d'attendre le moment idéal pour agir, et foncez !

LES APPROCHES MENTALES

Certains modes de pensée, certaines idées, croyances ou perceptions, peuvent favoriser le stress et avoir une incidence négative sur la santé. Libérez-vous de ces façons de penser néfastes et acquérez de nouvelles habitudes mentales. Vous y arriverez avec un peu de patience et de persévérance. Voici quelques suggestions.

- *Ne nourrissez pas d'attentes.* En effet, cela est limitatif et source de déceptions. Prenez plutôt la vie comme elle est.

- *Soyez à l'écoute de votre discours intérieur et restreignez au minimum vos pensées hostiles, négatives.* Faites taire la méfiance et cessez de vous dénigrer (*voir* l'encadré intitulé « Le discours intérieur réaliste »).

L'activité physique est un antidote particulièrement efficace contre le stress. Faire une promenade à bicyclette permet à ces jeunes de se délier les muscles et d'établir des liens d'amitié après les cours.

CONSEILS PRATIQUES

Le discours intérieur réaliste

Votre mode de pensée vous porte-t-il à envisager les événements sous un jour négatif ? Les événements de votre vie vous semblent-ils confirmer l'évaluation négative que vous vous servez à vous-même ? Remplacez ce monologue intérieur négatif par un monologue réaliste : cela stimulera et entretiendra votre estime personnelle et vous aidera à affronter les épreuves de la vie. Voici des exemples courants de monologue intérieur négatif et des suggestions pour adopter une attitude plus adéquate et plus rationnelle.

Distorsion cognitive	Discours intérieur négatif	Discours intérieur réaliste
S'arrêter aux aspects négatifs	L'école, c'est décourageant. Un problème n'attend pas l'autre.	Aller à l'école, c'est exigeant et difficile, mais c'est aussi enrichissant. C'est vraiment une combinaison de choses agréables et de choses désagréables.
S'attendre au pire	Pourquoi mon patron voudrait-il me voir cet après-midi sinon pour me congédier ?	Je me demande pourquoi mon patron veut me voir cet après-midi. Je verrai bien en temps et lieu.
Généraliser de façon exagérée	(Après avoir obtenu une mauvaise note) C'est bien ce que je pensais : je ne vaux rien.	Je vais prendre de l'avance pour le prochain travail. Ainsi, si j'ai des problèmes, j'aurai le temps d'en discuter avec l'enseignant.
Minimiser les succès	J'ai gagné le prix du meilleur discours, mais les autres discours n'étaient pas très bons. Je n'aurais pas eu un aussi bon résultat contre de meilleurs rivaux.	Ce n'était peut-être pas le meilleur discours de ma vie, mais il m'a mérité le prix. Je m'améliore comme orateur.
Blâmer les autres	J'ai trop mangé hier soir parce que mes amis ont insisté pour aller à ce restaurant.	J'ai exagéré hier soir. La prochaine fois, je ferai attention.
S'attendre à la perfection	J'aurais dû avoir 100 % à cet examen. Cela me dépasse d'avoir fait une erreur si stupide.	C'est dommage, cette erreur d'inattention, mais mon résultat est quand même très bon. Je serai plus vigilant la prochaine fois.

Source : Adaptation de Schafer, W., *Stress Management for Wellness*, 3ᵉ édition, 1996.© Holt, Rinehart, and Winston. Reproduit avec l'autorisation de l'éditeur.

- *Vivez au présent.* Débarrassez-vous des mauvais souvenirs et de la peur de l'avenir afin de pouvoir apprécier le moment présent.
- *« Suivez le mouvement. »* Apprenez à accepter ce que vous ne pouvez pas changer, à pardonner aux autres, à être souple.
- *Riez.* Recherchez les manifestations d'humour thérapeutique (et non d'humour noir ou agressif, qui est un moyen inconscient d'affronter ses craintes). Le rire peut temporairement accélérer le rythme cardiaque, faciliter la digestion, détendre les muscles, apaiser la douleur et déclencher la libération d'endorphines.

LA COMMUNICATION FRANCHE

Pour entretenir des relations saines avec autrui, il faut établir une communication franche, honnête et ouverte. Inversement, une mauvaise communication suscitera des sentiments de colère et de frustration et augmen-tera sensiblement votre niveau de stress. Votre réseau de soutien ne pourra pas satisfaire vos besoins spécifiques si vous n'exprimez pas la nature exacte de ces besoins.

LES TECHNIQUES DE RELAXATION

Fatigue, irritabilité, maux de tête, insomnie, perte d'intérêt généralisée, maux d'estomac, mâchoire serrée, nuque tendue, voilà autant de symptômes de stress que l'on peut atténuer en appliquant certaines techniques de relaxation. On peut d'ailleurs améliorer globalement sa santé par la pratique de la relaxation. En effet, la relaxation peut ramener à la normale le rythme cardiaque, la tension artérielle et le taux de cholestérol. Elle peut diminuer la fréquence des crises d'asthme, augmenter l'amplitude respiratoire et faciliter la digestion. Bien sûr, les techniques de relaxation ne nous mettent pas à l'abri du stress. Toutefois, elles peuvent nous aider à le réduire.

Les techniques de relaxation que nous décrivons ici — relaxation progressive, training autogène, visualisation et respiration profonde — ont été développées en Europe et en Amérique du Nord. Elles sont parmi les plus populaires et les plus faciles à apprendre. Pour connaître d'autres techniques — venues d'Orient celles-là —, reportez-vous à l'encadré intitulé « Techniques de gestion du stress utilisées dans le monde ». Vous en tirerez sûrement profit.

 LES UNS ET LES AUTRES

Techniques de gestion du stress utilisées dans le monde

Les techniques de relaxation ont vu le jour sur divers continents et certaines remontent à la nuit des temps. La méditation, le hatha yoga et le taï-chi-chuan sont trois techniques orientales de relaxation dont la popularité croît sans cesse en Occident. Sans adhérer aux fondements philosophiques de ces techniques, vous pouvez y recourir pour contrôler votre stress et apprendre à vous détendre.

La méditation

Essentiellement, la méditation assure le contrôle parasympathique du corps en diminuant la consommation d'oxygène et les fréquences cardiaque et respiratoire, et en faisant baisser la tension artérielle. Certains adeptes de la méditation la considèrent comme un moyen de favoriser la concentration, d'accentuer la conscience de soi et s'épanouir. La méditation a été intégrée au sein de plusieurs religions, mais elle ne constitue pas une religion en soi, et on n'a besoin d'aucune connaissance, croyance ou condition préalable pour la pratiquer.

Dans les années 1970, les études d'Herbert Benson ont démontré que la méditation avait des effets bénéfiques sur la santé physique et psychique. Ce dernier élabora alors un programme, la « solution relaxante », qui repose sur les quatre éléments suivants.

1. Un environnement calme et serein.

2. Un support psychique, c'est-à-dire un stimulus constant tel qu'un mot, une phrase ou un objet sur lequel l'esprit doit se concentrer.

3. Une attitude passive de laquelle on ne doit pas se laisser distraire.

4. Une position confortable qui favorise la détente et évite toute tension musculaire.

Il s'agit donc de se laisser imprégner totalement. Si votre choix se pose sur un mot ou une phrase, vous pouvez les répéter mentalement ou à haute voix. Quant à l'objet, on peut le visualiser. Certaines personnes préfèrent se concentrer sur leur respiration.

Benson soutient qu'en se soumettant à cette pratique deux fois par jour pendant 10 à 20 minutes, on permet à son organisme de contrer les effets néfastes du stress.

Le hatha yoga

Le hatha yoga, le type de yoga le plus répandu, met l'accent sur l'équilibre physique et le contrôle de la respiration. Il regroupe des éléments relatifs à la flexibilité, la force, l'endurance et la relaxation musculaires et peut constituer une phase préliminaire à la méditation.

Une séance de hatha yoga comporte généralement une série d'*asanas*, ou postures, que l'on maintient de quelques secondes à plusieurs minutes, pour favoriser l'assouplissement et la relaxation de différentes parties du corps. L'accent est mis sur la respiration, la flexibilité et l'équilibre. Il existe des centaines d'*asanas* distincts, qui doivent être effectués correctement pour procurer un effet bénéfique. C'est pour cette raison que l'on recommande un apprentissage encadré, particulièrement pour les débutants.

Le taï-chi-chuan

Art martial mis au point en Chine, le taï-chi-chuan est un système d'autodéfense qui englobe des concepts philosophiques issus du taoïsme et du confucianisme. Le *chi*, désignant l'énergie qui entoure et baigne toutes choses, est un important élément de cette philosophie. En plus de servir de moyen d'autodéfense, le taï-chi-chuan vise à amener le corps dans un état d'équilibre et d'harmonie avec cette énergie universelle afin de favoriser une meilleure santé et une croissance spirituelle. Ses adeptes apprennent à demeurer calmes et attentifs, à conserver et concentrer leur énergie et à vivre en harmonie avec leurs craintes. Le taï-chi-chuan vise à manipuler l'énergie en en devenant partie intégrante, à « suivre le courant », pour ainsi dire.

Le taï-chi-chuan est considéré comme le plus doux des arts martiaux. Il ne comprend pas de mouvements rapides et vigoureux, mais plutôt des séries de mouvements lents, fluides et harmonieux qui renforcent le principe d'*accompagnement* plutôt que de *confrontation* avec les agents stressants. La pratique du taï-chi-chuan favorise la relaxation et la concentration et contribue à l'amélioration de la conscience de son corps, de l'équilibre, de la force musculaire et de la flexibilité.

Sources : Adaptation de « Can Yoga Make You Fit ? », *UC Berkeley Wellness Letter*, mai 1997, de « A Movement Toward T'ai Chi », *Harvard Health Letter*, juillet 1997, de Seaward, B. L., *Managing Stress : Principles and Strategies for Health and Wellbeing*, 2e édition, Boston, Jones and Bartlett, 1996, et de Benson, H., avec l'aide de W. Proctor, *Beyond the Relaxation Response*, New York, Times Books, 1984.

Relaxation progressive Développée par Edmund Jacobson, cette technique de relaxation consiste à contracter puis à détendre les muscles de son corps les uns après les autres. Aussi nommée relaxation musculaire profonde, cette technique permet de diminuer la tension musculaire de l'organisme. Ainsi, la relaxation consciente des muscles tendus incite les autres systèmes corporels à réagir moins intensément au stress.

Pour pratiquer la relaxation progressive, prenez d'abord une inspiration en fermant votre poing droit, puis expirez en relâchant la main. Répétez l'exercice. Contractez et détendez votre biceps droit, à deux reprises. Faites de même avec le bras gauche. Puis, en allant de la tête aux pieds, contractez et détendez ensuite les autres muscles de votre corps. Répétez chaque contraction au moins une fois en inspirant pendant que vous contractez un muscle et en expirant pendant que vous le détendez. Pour accélérer le processus, contractez et détendez plus d'un muscle à la fois : par exemple, les muscles des deux bras simultanément. À la longue, vous serez en mesure de vous détendre rapidement en ne faisant que fermer et ouvrir les poings. Notez que vous devez accorder plus d'importance à la détente du muscle qu'à sa contraction. Il n'est donc pas nécessaire de contracter très fortement vos muscles.

Training autogène Cette technique de relaxation très populaire a été mise au point par Johannes H. Schultz. Dérivée de l'hypnose, elle consiste à mettre le corps et l'esprit au repos au moyen de la suggestion. Au début, on a recours à un enregistrement ou à un partenaire, puis on en vient progressivement, par autosuggestion, à atteindre et à contrôler les différentes phases de la méthode.

On vous suggère d'abord de ressentir de la pesanteur et de la chaleur. « Mon bras gauche est lourd, impossible à soulever et tout à fait détendu (ainsi de suite jusqu'à ce que tout le corps soit lourd). Je ressens de la chaleur dans la main. Mon corps se réchauffe comme si j'étais dans un bain chaud et ça me détend. » Par la suite, vous prêtez une attention particulière à votre rythme cardiaque et à votre respiration. « Mon cœur bat, ma respiration est lente et profonde, ce rythme me calme. » Finalement, vous vous assurez de ressentir de la chaleur au plexus solaire (haut du ventre) et de la fraîcheur au front.

L'état intermédiaire entre la veille et le sommeil dans lequel vous devriez vous trouver est appelé état autogène. Les autres étapes de la méthode (formules intentionnelles, méditation autogène et neutralisation autogène) ne devraient être abordées que sous supervision d'un spécialiste.

Visualisation La visualisation, ou imagerie mentale, est tellement efficace pour améliorer les performances sportives qu'elle fait maintenant partie du programme d'entraînement de nombreux athlètes olympiques. Elle peut aussi servir à déclencher la relaxation, à modifier certaines habitudes ou à améliorer sa performance aux examens, sur scène ou dans une compétition sportive.

Pour pratiquer la visualisation, imaginez que vous flottez parmi les nuages, que vous êtes assis au sommet d'une montagne ou que vous êtes couché sur une plage. Tentez d'identifier toutes les caractéristiques perceptibles de ce milieu : images, sons, température, odeurs, etc. Votre corps réagira à votre imagerie comme si elle était réelle.

Vous pouvez aussi fermer les yeux et imaginer qu'une lumière pourpre envahit votre corps. Transformez ensuite la couleur en un jaune or apaisant. Votre état d'esprit devrait se calmer à mesure que la couleur s'adoucit. L'imagerie peut aussi contribuer à l'amélioration des performances : visualisez-vous en train d'accomplir efficacement une tâche qui vous préoccupe.

Respiration profonde La façon dont vous respirez est étroitement liée à votre niveau de stress. Une respiration profonde et lente accompagne la relaxation. Une respiration rapide, superficielle et souvent irrégulière découle de la réaction de stress. À la longue, vous apprendrez à ralentir votre respiration, pour ainsi apaiser votre esprit et détendre votre corps. Pour bénéficier d'un relâchement immédiat des tensions et d'une diminution à long terme du niveau de stress, faites l'essai d'une des techniques de respiration décrites dans l'encadré intitulé « Respirer pour se détendre ».

OBTENIR DE L'AIDE

Avant toute chose, soyez à l'écoute de votre corps. Lorsque vous saurez reconnaître en vous la réaction de stress et les émotions et pensées qui l'accompagnent généralement, vous pourrez décider comment y faire face. Les labos 8.1 à 8.3 vous aideront d'ailleurs à entreprendre cette démarche.

Si vous avez tenté d'établir dans votre vie un programme de gestion du stress et que vous continuez à vous sentir dépassé par les événements, n'hésitez pas à recourir à une aide extérieure, qu'elle provienne d'un livre, de discussions avec un groupe de soutien, d'une psychothérapie ou de rencontres avec un conseiller. Les conseillers pourront vous référer à des ressources scolaires ou communautaires appropriées ou vous offrir une écoute empathique. Quant aux groupes de soutien, ils sont généralement mis sur pied pour traiter d'une question ou d'un problème spécifique. Cela est tout indiqué, par exemple, pour les membres d'un groupe donné qui se seraient inscrits à une nouvelle école, pour des gens qui retourneraient aux études après une longue interruption ou pour des individus qui éprouvent des troubles alimentaires. Partager ses préoccupations avec d'autres personnes qui sont dans la même situation que soi peut grandement contribuer à réduire le stress.

CONSEILS PRATIQUES

Respirer pour se détendre

La respiration abdominale

1. Couchez-vous sur le dos et détendez-vous.

2. Placez-vous une main sur la poitrine et l'autre sur l'abdomen. Vos mains serviront à déterminer la profondeur et la localisation exacte de votre respiration.

3. Inspirez lentement et profondément par le nez et dirigez l'air dans votre abdomen jusqu'à la limite de l'inconfort. Votre poitrine ne devrait se gonfler que très peu et uniquement en raison du mouvement de votre abdomen.

4. Expirez doucement par la bouche.

5. Continuez à respirer de cette façon pendant 5 à 10 minutes. Concentrez-vous sur les sons et les sensations propres à votre respiration.

Inspirer la détente, expirer la tension

1. Adoptez une position confortable en vous couchant sur le dos ou en vous assoyant sur une chaise.

2. Inspirez lentement et profondément en dirigeant l'air dans votre abdomen. Imaginez que l'air chaud inspiré se répand dans toutes les parties de votre corps. Dites-vous : « J'inspire la détente. »

3. Expirez l'air de votre abdomen. Imaginez la tension en train de sortir de votre corps. Dites-vous : « J'expire la tension. »

4. Faites une pause avant de prendre une nouvelle inspiration.

5. Continuez à respirer de cette façon pendant 5 à 10 minutes ou jusqu'à ce que toute tension disparaisse.

Expansion de la cage thoracique

1. Assoyez-vous sur une chaise confortable ou restez debout.

2. Inspirez lentement et profondément en dirigeant l'air dans votre abdomen et en élevant les bras perpendiculairement au corps. Ramenez les épaules et les bras vers l'arrière et soulevez légèrement le menton de façon à élargir la cage thoracique.

3. Expirez graduellement en baissant les bras et le menton, puis reprenez la position de départ.

4. Répétez de 5 à 10 fois ou jusqu'à ce que votre respiration soit profonde et régulière et que votre corps soit détendu et énergisé.

Libération rapide de la tension

1. Inspirez lentement et profondément en dirigeant l'air dans votre abdomen et en comptant jusqu'à 4.

2. Expirez lentement en comptant de nouveau jusqu'à 4. Tout en expirant, concentrez-vous pour détendre les muscles du visage, du cou, des épaules et de la poitrine.

3. Répétez plusieurs fois. À chaque expiration, vous sentirez la tension diminuer dans votre corps.

Sources : « Stop Stress With a Deep Breath », *Health*, octobre 1996, p. 53, « Breathing for Health and Relaxation », *Mental Medicine Update*, 1995, 4(2), p. 3-6, « When You're Stressed, Catch Your Breath », *Mayo Clinic Health Letter*, décembre 1995, p. 5.

RÉSUMÉ

- Le stress est la réaction physiologique et émotive globale à la présence de tout agent stressant. Les réactions physiologiques aux agents stressants sont universelles.

- Le système nerveux autonome et le système endocrinien sont tous deux responsables des réactions physiologiques de l'organisme en présence d'agents stressants. Le système nerveux sympathique mobilise l'organisme, active des hormones clés du système endocrinien et déclenche la réaction de combat ou de fuite. Le système nerveux parasympathique restaure l'homéostasie de l'organisme.

- Grâce à la recherche et à la mise au point du modèle du syndrome général d'adaptation, on comprend mieux les liens entre le stress et la maladie. Les personnes qui doivent affronter de nombreux agents stressants ou qui réagissent mal au stress sont davantage exposées aux maladies cardiovasculaires, aux troubles du système immunitaire et à de nombreux autres problèmes.

- Les changements importants, les tracas quotidiens, les agents stressants à l'école et au travail ainsi que les agents stressants interpersonnels et sociaux sont autant de sources potentielles de stress.

- L'activité physique régulière, une saine alimentation, une bonne gestion de son temps, un réseau de soutien, la relaxation, la modification des schèmes de pensée et une communication franche sont tous des moyens de mieux gérer le stress.

Nom : _____   Groupe : _____   Date : _____

LABO 8.1   LES SYMPTÔMES DE STRESS EXCESSIF

Pour identifier les sources de stress dans votre vie, vous devez d'abord être en mesure de détecter les symptômes de stress excessif.

Instructions
Marquez d'un crochet les symptômes que vous avez ressentis depuis un mois.

SYMPTÔMES ÉMOTIFS

- ☐ Tendance à l'irritabilité ou à l'agressivité
- ☐ Tendance à l'anxiété, à la crainte ou à l'énervement
- ☐ Surexcitation, impulsivité ou instabilité émotive
- ☐ Dépression
- ☐ Sentiments d'ennui récurrents
- ☐ Incapacité de se concentrer
- ☒ Fatigue

SYMPTÔMES COMPORTEMENTAUX

- ☐ Consommation accrue de tabac, d'alcool ou d'autres drogues
- ☐ Quantité excessive de temps passé devant la télévision
- ☒ Troubles du sommeil ou sommeil excessif
- ☒ Alimentation excessive ou insuffisante
- ☐ Problèmes sexuels
- ☐ Pleurs ou cris fréquents
- ☒ Épuisement professionnel ou scolaire
- ☐ Violence envers le conjoint, les enfants, la famille ou les colocataires
- ☐ Crise de panique

SYMPTÔMES PHYSIOLOGIQUES

- ☐ Cœur agité
- ☐ Tremblements causés par des tics nerveux
- ☐ Grincements de dents
- ☐ Bouche sèche
- ☐ Transpiration excessive
- ☐ Problèmes gastro-intestinaux (diarrhée, constipation, indigestion, nausée)

☒ Douleurs cervicales ou lombaires

☒ Migraine ou maux de tête dus à la tension psychique

☐ Rhumes ou infections bénignes à répétition

☒ Mains et pieds froids

☐ Crises d'allergie ou d'asthme

☐ Problèmes de peau (urticaire, eczéma, psoriasis)

Si vous avez coché plusieurs symptômes de stress excessif, prenez le temps nécessaire pour y réfléchir. Énumérez les sources probables de ces symptômes.

Symptômes émotifs : fatigue = car manque de sommeil

_____

_____

Symptômes comportementaux : épuisement pour manque de sommeil mon alimentation varie toujours avec l'année scolaire

Symptômes physiologiques : mes mains on toujours été froide

_____

_____

Nom : _____ Groupe : _____ Date : _____

LABO 8.2   QUELLES SONT VOS SOURCES DE STRESS ?

Voici un questionnaire qui a été construit à partir d'énoncés de cégépiens. Les événements qu'on a retenus ont été cités par la majorité d'entre eux. À cet égard, ils sont représentatifs de la réalité des jeunes de votre âge. Remplissez-le. Il vous aidera à prendre conscience de l'importance que vous accordez aux événements stressants négatifs et positifs de votre vie.

Instructions

1. Évaluez l'intensité négative des événements suivants lors des six derniers mois en encerclant la réponse qui vous convient.

ÉVÉNEMENTS STRESSANTS NÉGATIFS	Très négatif	Assez négatif	Légèrement négatif	Aucun impact
1. Échec à un cours ou à un examen	-3a	(-2a)	-1a	(0)
2. Difficultés financières (besoins essentiels)	-3e	-2e	-1e	(0)
3. Manque d'argent de poche	-3e	-2e	-1e	(0)
4. Maladie d'un membre de la famille	-3b	-2b	-1b	(0)
5. Humiliation publique en présence des pairs	-3c	-2c	-1c	(0)
6. Rupture amoureuse	(-3c)	-2c	-1c	0
7. Manque de temps pour les études	-3a	(-2a)	-1a	0
8. Séparation prolongée d'une personne aimée	(-3c)	-2c	-1c	0
9. Mésentente avec un(e) enseignant(e)	-3a	-2a	-1a	(0)
10. Sentiment de manquer de liberté et d'autonomie	-3b	-2b	(-1b)	0
11. Atmosphère tendue à la maison	-3b	(-2b)	-1b	0
12. Jalousie	-3c	-2c	-1c	(0)
13. Maladie grave d'une personne aimée	-3d	-2d	-1d	(0)
14. Mauvaise humeur	-3c	(-2c)	-1c	0
15. Mésentente avec des membres de sa famille	-3b	-2b	(-1b)	0
16. Sentiment d'incompétence	-3c	-2c	-1c	(0)
17. Difficulté à dormir	-3d	-2d	-1d	(0)
18. Sentiment de rejet au collège	-3a	-2a	-1a	(0)
19. Relation tendue avec un copain ou une copine	-3c	-2c	-1c	(0)
20. Attente d'un retardataire	-3c	-2c	(-1c)	0
21. Fatigue fréquente	(-3d)	-2d	-1d	0
22. Regret d'une indélicatesse envers son ami(e)	-3c	-2c	-1c	(0)
23. Mauvaise condition physique	-3d	-2d	-1d	(0)
24. Maladie (courte durée)	-3d	-2d	-1d	(0)
25. Manque de temps pour les rencontres amicales	-3c	(-2c)	-1c	0
26. Inquiétude au sujet de la santé d'un(e) ami(e)	-3d	-2d	(-1d)	0
27. Présentation d'un exposé en classe	-3a	(-2a)	-1a	0
28. Dépense d'argent alors qu'on est à court	-3e	-2e	-1e	(0)
29. Dépendance financière par rapport aux parents	-3e	-2e	-1e	(0)
30. Sollicitation monétaire auprès des parents	-3e	-2e	-1e	(0)

2. Évaluez l'intensité positive des événements suivants lors des six derniers mois en encerclant la réponse qui vous convient.

ÉVÉNEMENTS STRESSANTS POSITIFS	Très positif	Assez positif	Légèrement positif	Aucun impact
1. Sentiment d'être apprécié(e) de ses amis	(+3c)	+2c	+1c	0
2. État amoureux ou coup de foudre	+3c	(+2c)	+1c	0
3. Sentiment d'être apprécié au travail	(+3e)	+2e	+1e	0
4. Bonheur de savoir son ami(e) heureux(se)	(+3c)	+2c	+1c	0
5. Réussite d'un cours ou d'un examen	+3a	(+2a)	+1a	0
6. Plaisir d'être avec son ami(e)	(+3c)	+2c	+1c	0
7. Obtention de prêts et bourses	+3e	+2e	(+1e)	0
8. Bonne humeur	(+3c)	+2c	+1c	0
9. Encouragement de la part de sa famille	(+3b)	+2b	+1b	0
10. Réception de son chèque de paye	(+3e)	+2e	+1e	0
11. Sentiment d'être aimé par sa famille	(+3b)	+2b	+1b	0
12. Obtention de félicitations pour sa réussite à un examen	(+3a)	+2a	+1a	0
13. Victoire dans un match ou réussite dans une activité physique	(+3e)	+2e	+1e	0
14. Admission au cégep	(+3a)	+2a	+1a	0
15. Accession à une plus grande liberté	(+3b)	+2b	+1b	0
16. Relations harmonieuses au sein de la famille	(+3b)	+2b	+1b	0
17. Relations sexuelles agréables	+3c	+2c	+1c	0
18. Obtention d'un emploi	(+3e)	+2e	+1e	0
19. Sentiment d'être en bonne forme	(+3d)	+2d	+1d	0
20. Établissement de relations personnelles au cégep	(+3a)	+2a	+1a	0
21. Pratique d'une activité sportive ou de loisir	(+3d)	+2d	+1d	0
22. Possibilité d'utilisation de l'automobile familiale	+3b	+2b	+1b	(0)
23. Argent suffisant à ses besoins	(+3e)	+2e	+1e	0
24. Garantie d'aide financière des parents	(+3e)	+2e	+1e	0
25. Satisfaction par rapport à son apparence physique	(+3d)	+2d	+1d	0
26. Rencontres et réunions familiales	+3b	+2b	(+1b)	0
27. Bonne entente avec un(e) enseignant(e)	+3a	(+2a)	+1a	0
28. Aide dispensée à d'autres élèves	+3a	(+2a)	+1a	0
29. Apprentissage de la conduite automobile	+3d	+2d	+1d	(0)
30. Bonnes relations avec la famille de son ami(e)	+3c	(+2c)	+1c	0

3. Pour compiler vos résultats, utilisez les tableaux suivants qui correspondent aux événements stressants négatifs et positifs. Il suffit de compter le nombre d'événements d'une même catégorie (a, b, c, d ou e) et d'une même intensité (-3, -2 ou -1) et de reporter ce résultat dans la colonne correspondant à l'intensité et à la catégorie. Par exemple, si vous avez encerclé **4** fois -3a, indiquez **4** dans la parenthèse de la colonne -3 vis-à-vis de la rangée « Vie à l'école ». Cela indique que vous avez vécu 4 événements stressants « très négatifs (-3) » dans la catégorie « Vie à l'école ».

4. Multipliez chaque résultat par l'intensité indiquée (-3 dans l'exemple précédent). C'est ce produit que vous additionnerez pour faire les totaux de chaque catégorie (rangée). Ce total par catégorie vous donnera un aperçu de l'importance des événements stressants positifs ou négatifs par catégorie. Le total global vous permettra de comparer l'importance des événements stressants positifs par rapport aux négatifs.

ÉVÉNEMENTS STRESSANTS NÉGATIFS

Catégorie	Nombre total de (-3)	Nombre total de (-2)	Nombre total de (-1)	Total par catégorie
Vie à l'école	(0) × -3a = 0	(3) × -2a = -6	(0) × -1a = 0	-6
Vie familiale	(0) × -3b = 0	(1) × -2b = -2	(2) × -1b = -2	-4
Vie affective	(2) × -3c = -6	(1) × -2c = -2	(1) × -1c = -1	-9
Condition physique, jeux et loisirs	(1) × -3d = -3	(0) × -2d = 0	(1) × -1d = -1	-4
Finances et travail	(0) × -3e = 0	(0) × -2e = 0	(0) × -1e = 0	0

Total global -23

ÉVÉNEMENTS STRESSANTS POSITIFS

Catégorie	Nombre total de (+3)	Nombre total de (+2)	Nombre total de (+1)	Total par catégorie
Vie à l'école	(3) × +3a = 9	(3) × +2a = 6	(—) × +1a = —	15
Vie familiale	(4) × +3b = 12	(2) × +2b = 4	(1) × +1b = 1	17
Vie affective	(5) × +3c = 15	(—) × +2c = —	(—) × +1c = —	15
Condition physique, jeux et loisirs	(2) × +3d = 6	(—) × +2d = —	(—) × +1d = —	6
Finances et travail	(6) × +3e = 18	(—) × +2e = —	(1) × +1e = 1	19

Total global 72

5. Observez vos résultats. Quelle est votre première impression ? Pour alimenter votre réflexion, répondez aux questions qui suivent. Gardez à l'esprit que le nombre d'événements total n'est pas le même pour chaque catégorie.

a) Consultez les dernières colonnes (Total par catégorie). Dans quelle catégorie (a, b, c, d ou e) votre total de stress est-il le plus élevé ?

- Pour les événements stressants négatifs : *Vie active*
- Pour les événements stressants positifs : *Finance et travail*
- Que pensez-vous de ce résultat ? Pouvez-vous vous l'expliquer ?

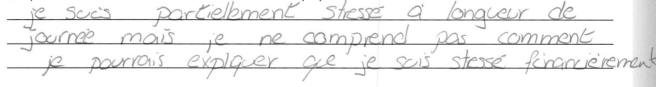

Je suis partiellement stressé à longueur de journée mais je ne comprend pas comment je pourrais expliquer que je suis stressé financièrement

b) Consultez les colonnes -3 et +3. Dans quelle catégorie (a, b, c, d ou e) avez-vous subi les stress les plus importants ?

- Pour les événements stressants négatifs : ___*C*___

- Pour les événements stressants positifs : ___*e*___

- Que pensez-vous de ce résultat ? Pouvez-vous vous l'expliquer ? Concorde-t-il avec celui de l'exercice a) ?

_____

_____

_____

c) Quel est votre total global d'événements stressants ?

- Pour les événements stressants négatifs : _____

- Pour les événements stressants positifs : _____

- Que pensez-vous de ce résultat ? Pouvez-vous vous l'expliquer ?

_____

_____

_____

Sources : CHIASSON, Luc. *Les événements stressants de la vie du cégépien, Construction d'une échelle de mesure,* Cégep de Lévis-Lauzon, 1988 et *Connaître les événements stressants qui affectent le plus vos étudiants : un atout important pour le développement de la compétence,* Actes du 10ᵉ colloque annuel de l'Association québécoise de pédagogie collégiale (AQPC), 1990, Québec.

Nom : _____ Groupe : _____ Date : _____

LABO 8.3 ÊTES-VOUS STRESSÉ ?

Les dix premiers énoncés vous permettront d'évaluer votre niveau de stress, d'identifier vos sources de stress et de reconnaître les signaux qu'envoie votre corps pour vous en avertir. Les dix énoncés suivants vous aideront à identifier les outils dont vous disposez pour gérer votre stress.

Instructions

1. Cotez chacun des énoncés suivants sur une échelle de 0 (jamais) à 5 (toujours), selon votre expérience des six derniers mois.

A. MON NIVEAU DE STRESS

Mes sources de stress	
1. J'ai vécu des événements importants, heureux ou malheureux (échec scolaire, mariage, deuil, naissance, maladie importante, congédiement, déménagement, etc.).	5
2. Je fais face à des irritants ou à des situations stressantes (embouteillages, imprévus, commérages, échéances serrées, soin à des parents âgés, manque de temps pour soi, etc.).	3
3. Je manque de projets ou je souffre d'ennui, de solitude et d'isolement.	0
4. J'ai l'impression de ne pas avoir suffisamment de contrôle sur ma vie.	1
5. J'ai tendance à voir les choses en noir.	1
6. Mon orientation ou mes résultats scolaires me préoccupent.	3
7. Ma situation financière me préoccupe.	1
Mes signaux	
8. J'éprouve des malaises qui me semblent associées au stress (troubles de sommeil, fatigue générale, maux de dos, maux de tête, troubles digestifs, etc.).	5
9. J'observe des changements dans mes habitudes de vie qui me semblent associés au stress (augmentation ou diminution de l'appétit, augmentation de la consommation de tabac, d'alcool, de drogues ou de médicaments, absentéisme, tendance à fuir ses responsabilités, difficultés sexuelles, etc.).	4
10. Je ressens des manifestations psychologiques qui me semblent associées au stress (inquiétudes sans fondement, humeur instable, relations plus difficiles avec l'entourage, propos ou gestes agressifs, difficulté à prendre des décisions, manque de concentration, etc.).	3
Additionnez vos points aux énoncés 1 à 10	**Résultat A** 26

B. MES OUTILS POUR GÉRER LE STRESS

Ma façon de réagir	
11. Je change les situations que je peux changer et j'accepte les autres.	5
12. Je sais voir le bon côté des choses et j'ai un bon sens de l'humour.	5
Ma façon de communiquer	
13. Je réussis à exprimer mes besoins et mes émotions tout en respectant ceux des autres.	5
14. Dans les situations difficiles, je cherche à inventer des solutions.	4
15. Je peux compter sur quelqu'un en cas de difficulté.	5
16. Je consulterais un professionnel de la santé si j'en ressentais le besoin.	3
Ma façon d'organiser mon temps	
17. Même en périodes d'activité intense, je réussis à me « débrancher », à me changer les idées.	4
18. Je prends plaisir à des loisirs ou à des activités simples sans avoir l'impression de perdre mon temps.	1
19. Je pratique régulièrement des activités physiques ou des techniques de détente.	3
20. Je sais répartir mon temps entre mes études, ma vie personnelle et ma vie sociale.	5
Additionnez vos points aux énoncés 11 à 20 Résultat B	39

ANALYSE DES RÉSULTATS

2. Inscrivez vos résultats et interprétez-les.

Résultat A 26   **Résultat B** 39

- Votre résultat B est **beaucoup plus grand** que votre résultat A.

  Vous avez répondu honnêtement sans jouer à l'autruche ? Alors votre situation est parfaite.

- Votre résultat B est **plus grand ou égal** à votre résultat A.

  Vous maintenez globalement un bon rapport entre votre niveau de stress et votre capacité à le gérer.

- Votre résultat A est **plus grand ou égal** à votre résultat B.

  L'équilibre risque de se rompre; il serait utile de découvrir de nouveaux outils ou d'aiguiser ceux que vous possédez déjà.

- Votre résultat A est **beaucoup plus grand** que votre résultat B.

  Un peu d'aide pourrait vous être utile, avez-vous pensé à consulter ?

Le questionnaire « Êtes-vous stressé ? » est un outil de sensibilisation pour le grand public et les résultats ne devraient pas être interprétés comme un diagnostic médical.

Source : Fondation québécoise des maladies mentales.

LE TABAC ET L'ALCOOL

9

OBJECTIFS

Après avoir lu le présent chapitre, vous devriez pouvoir :

- reconnaître les effets à court terme du tabac sur l'organisme;
- identifier les conséquences de la fumée primaire et secondaire sur l'organisme;
- reconnaître les effets de l'alcool à court et à long terme;
- identifier les conséquences de la consommation d'alcool.

aviez-vous que le tabac et l'alcool sont des drogues ? En effet, le mot drogue désigne toute substance, autre que les aliments, dont l'absorption modifie le fonctionnement du corps ou de l'esprit. À ce titre, la pénicilline est une drogue, tout comme l'héroïne.

Dans nos sociétés, les drogues dont on abuse le plus sont les psychotropes. Ces substances ont une influence sur l'esprit et sur les sens. Certaines ne peuvent être obtenues sans l'ordonnance d'un médecin, lequel les prescrira pour soulager la douleur, calmer la nervosité ou favoriser le sommeil. C'est différent pour d'autres psychotropes tels l'alcool et le tabac : toute personne de plus de 18 ans peut s'en procurer librement. À cause de cette grande disponibilité, on a tendance à oublier que ces substances sont des drogues.

Ce chapitre traite des effets de la consommation de tabac et d'alcool sur l'organisme et de ses conséquences à court et à long terme. Mais d'abord, voyons comment on peut développer une dépendance à ces drogues.

DÉPENDANCE, ABUS ET TOLÉRANCE

Comment nommer le rapport entre le consommateur et la drogue dont il fait usage ? Dépendance, abus ou tolérance ? Voyons ce qui distingue ces trois termes.

LA DÉPENDANCE

La dépendance désigne le besoin irrépressible qu'a un individu d'une substance nuisible à sa santé. La dépendance peut être physique, psychologique ou sociale. Lorsque l'organisme d'un consommateur de drogue s'est habitué à une substance au point d'être incapable de fonctionner normalement s'il en est privé, il y a **dépendance physique**. En ce cas, la privation de la substance peut provoquer toute une gamme de réactions physiques désagréables qu'on appelle symptômes de sevrage. Il y a **dépendance psychologique** lorsque l'individu est obsédé par l'envie de ressentir les effets d'une substance psychotrope. Toutes ses pensées, ses sentiments et ses activités ne tournent plus qu'autour de cela. Cesser la consommation de cette substance implique alors un très important changement d'habitudes de vie. Enfin, on parle de **dépendance sociale** lorsque l'individu prend plaisir à consommer en société.

L'ABUS

Il y a **abus** d'une drogue lorsqu'on se livre à une consommation compulsive, fréquente et abondante qui cause des troubles physiques, psychologiques ou sociaux. Outre la caféine, la drogue dont les jeunes et leurs aînés abusent le plus est l'alcool, et de loin. Si l'on exclut les drogues vendues sur ordonnance, la nicotine vient au second rang, suivie du cannabis.

LA TOLÉRANCE

La **tolérance** est la diminution de la sensibilité à un psychotrope. En effet, une personne qui consomme régulièrement une drogue, quelle qu'elle soit, développe

TERMINOLOGIE

Dépendance physique Accoutumance de l'organisme à une drogue au point que cette dernière devient nécessaire à son fonctionnement normal.

Dépendance psychologique Désir intense et fréquent de consommer une drogue et d'en ressentir les effets.

Dépendance sociale Habitude consistant à consommer une drogue dans certaines circonstances sociales (rencontres, fêtes, sorties, etc.).

Abus Consommation qui entraîne un problème physique ou autre (exclut les effets secondaires d'une drogue utilisée à des fins médicales).

Tolérance Diminution de la sensibilité à une drogue suite à sa consommation régulière.

Nicotine Substance toxique qui est présente dans le tabac; engendre une dépendance.

nécessairement le besoin d'augmenter les doses pour ressentir les mêmes effets. Bien sûr, cela accroît aussi les risques pour sa santé. En effet, la tolérance peut amener l'utilisateur à ingérer des quantités excessives, parfois bien supérieures à la dose normalement mortelle. On entend par dose excessive une dose qui peut immédiatement causer des dommages physiques ou mentaux graves.

On le voit, l'usage de psychotropes, quels qu'ils soient, n'est pas inoffensif, et les campagnes de sensibilisation et de prévention de l'usage et de l'abus de ces substances ont toute leur raison d'être.

LE TABAC

La consommation de tabac nuit à la santé des fumeurs comme à celle des non-fumeurs. Elle cause plus de problèmes de santé que tout autre comportement. C'est la plus importante cause évitable de mortalité dans les pays industrialisés. Le tabac est nocif sous toutes ses formes — cigarette, cigare, pipe, tabac à chiquer ou tabac à priser — et bien que ses dangers inhérents soient bien connus dans nos sociétés, on continue d'en faire une très grande consommation. À titre d'exemple, dans une étude menée au Cégep de Lévis-Lauzon auprès de 766 élèves, 34 % des cégépiens et 24 % des cégépiennes se sont déclarés fumeurs, et 13 % des cégépiens et 19 % des cégépiennes ont dit fumer plus de 10 cigarettes par semaine (*voir* figure 9.1). L'enquête nationale de 1994 nous révèle de plus que les fumeurs réguliers âgés de 15 à 19 ans fument en moyenne 12,7 cigarettes par jour. (*Voir* tableau 9.1.)

LA DÉPENDANCE À LA NICOTINE

Si la consommation de tabac est si nocive, pourquoi demeure-t-elle si répandue ? Probablement parce que l'habitude de fumer la cigarette crée une triple dépendance : physique, psychologique et sociale. D'ailleurs, les personnes désireuses de se guérir du tabagisme auraient avantage à prendre conscience de leur type et de leur niveau de dépendance à la cigarette. Si tel est votre cas, faites le labo 9.1.

La **nicotine**, l'une des substances toxiques contenues dans le tabac, crée une dépendance physique plus rapide que la cocaïne, la morphine ou l'alcool. On considère généralement que les personnes qui fument plus de 20 cigarettes par jour et qui ont besoin de fumer dans les 30 minutes suivant le réveil souffrent d'une dépendance physique. À défaut de maintenir une quantité stable de nicotine dans leur système sanguin, ces personnes ressentent les symptômes du sevrage : irritabilité, anxiété, difficulté à se concentrer, insomnie et somnolence ainsi que céphalées et problèmes gastro-intestinaux peu sévères. Plus rarement, elles seront sujettes à des tremblements, à la sudation, à des étourdissements et à des vertiges. Ces symptômes, qui apparaissent quelques heures après la dernière cigarette, sont pires lors des deux ou trois premiers jours d'abstinence et disparaissent graduellement au bout de trois à cinq jours. Normalement, après deux ou trois semaines, la dépendance physique est résolue.

Un individu qui prend plaisir à fumer en société (au travail, pendant ses loisirs) a une dépendance sociale à la cigarette. Le fumeur qui a une dépendance psychologique se caractérise plutôt par le

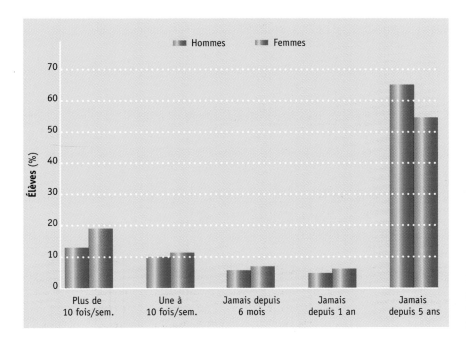

Figure 9.1 **Consommation de tabac chez les cégépiens âgés de 17 à 20 ans.** (*Source* : Département d'éducation physique du Cégep de Lévis-Lauzon, *Évaluation des habitudes de vie*, 1999.)

STATISTIQUES VITALES

Tableau 9.1 **Qui fume ? Fumeurs de cigarette, selon l'âge, le sexe, le niveau d'instruction (normalisé en fonction de l'âge) et la province, 12 ans ou plus, Canada, 1994-1995.**

		Population estimative (en milliers)	Fumeurs (%)
Total au Canada	12 ans ou +, total	23 934	29
	Hommes	11 774	31
	Femmes	12 161	28
Selon l'âge et le sexe	12 à 14 ans, total	1 331	9
	Hommes	709	5
	Femmes	622	15
	15 à 19 ans, total	2 040	29
	Hommes	1 050	28
	Femmes	990	30
	20 à 24 ans, total	1 742	36
	Hommes	843	34
	Femmes	900	38
	25 à 44 ans, total	9 624	37
	Hommes	4 814	39
	Femmes	4 810	34
	45 à 64 ans, total	5 953	29
	Hommes	2 963	32
	Femmes	2 990	26
	65 à 74 ans, total	2 057	18
	Hommes	915	21
	Femmes	1 141	16
	75 ans ou +, total	1 187	10
	Hommes	480	12
	Femmes	707	8
Selon la scolarité	Inférieur au secondaire	7 971	41
	Secondaire	11 110	29
	Collégial	1 717	31
	Universitaire	3 139	14
Selon la province	Terre-Neuve	483	31
	Île-du-Prince-Édouard	110	31
	Nouvelle-Écosse	764	33
	Nouveau-Brunswick	626	31
	Québec	6 015	34
	Ontario	9 050	27
	Manitoba	891	29
	Saskatchewan	792	29
	Alberta	2 166	28
	Colombie-Britannique	3 037	26

Source : Statistique Canada, *Enquête nationale sur la santé de la population, 1994-1995*. Analyse originale.

désir intense de fumer ou d'éprouver la sensation de détente ou la stimulation que la cigarette lui procure. Bien entendu, ces deux types de dépendances s'ajoutent à la première. Même s'il y a dépendance physique, consommer des cigarettes est avant tout une habitude de vie.

INCIDENCES DU TABAGISME SUR LA SANTÉ

Le tabac a des effets nocifs sur presque tout l'organisme humain et augmente le risque de plusieurs maladies potentiellement mortelles. La fumée de tabac contient plus de 4000 substances chimiques, dont au moins 50 **carcinogènes** connus. Certaines irritent les tissus du système respiratoire. D'autres se trouvent dans la fumée de cigarette à une concentration beaucoup plus élevée que le seuil de sécurité fixé pour les lieux de travail (400 fois plus dans le cas du monoxyde de carbone, ce gaz mortel émis par le système d'échappement des automobiles). Le tableau 9.2 présente quelques substances nocives contenues dans la fumée de tabac.

Les effets de la nicotine sur les fumeurs varient selon la dose et les habitudes. Cette substance, qui peut activer ou calmer le système nerveux, engendre généralement une stimulation, suivie d'un effet calmant puis dépresseur. La figure 9.2 donne un aperçu des effets immédiats du tabac.

À court terme, la fumée de tabac entrave le fonctionnement du système respiratoire, ce qui cause rapidement l'essoufflement, les maux de gorge, la toux et les bronchites. Les fumeurs se plaignent aussi couramment de perte d'appétit, de perte de poids, de diarrhées, de fatigue et de douleurs gastriques. De plus, ils ont la voix enrouée, ils sont sujets à l'insomnie et leur acuité visuelle est réduite, surtout la nuit.

À long terme, le tabagisme affecte l'espérance de vie. En effet, la probabilité de vivre jusqu'à 75 ans est deux fois moins élevée pour un homme qui fume depuis l'âge de 15 ans que pour celui qui n'a jamais fumé. L'espérance de vie des fumeuses est également réduite de façon marquée.

La qualité de vie des fumeurs est bien sûr moindre. En effet, le taux de maladie aiguë ou chronique est plus élevé chez eux que chez les personnes n'ayant jamais fumé. Plus une personne fume et plus ses inhalations sont profondes et fréquentes, plus le risque de maladie et d'autres complications s'accentue. La fumée de cigarette est associée à une augmentation des risques :

- de maladie cardiovasculaire (crise cardiaque, accident cérébrovasculaire, hypertension, hypercholestérolémie), de maladie du poumon (emphysème, bronchite chronique), d'ostéoporose, de diabète et

Tableau 9.2	Substances présentes dans la fumée de tabac.	
Carcinogènes		
Nitrosamines	Benzo[a]pyrène	Toluidine
Crysènes	Polonium	Uréthane
Cadmium	Nickel	
Métaux		
Aluminium	Mercure	Titane
Zinc	Or	Plomb
Magnésium	Argent	
Autres substances		
Substance chimique	*Source ou utilisation courantes*	
Acétone	Dissolvant pour vernis à ongles	
Ammoniac	Nettoyant à plancher ou à cuvette	
Arsenic	Poison	
Butane	Combustible de briquet	
Monoxyde de carbone	Gaz d'échappement des automobiles	
DDT/dieldrine	Insecticide	
Formaldéhyde	Agent de conservation des tissus humains et des étoffes	
Acide cyanhydrique	Poison utilisé dans les chambres à gaz	
Méthane	Gaz de marais	
Méthanol	Combustible pour moteur de fusée	
Naphtaline	Boules à mites	
Nicotine	Insecticide	
Toluène	Solvant à usage industriel	
Chlorure de vinyle	Fabrication de CPV	

Source : Health Partnership Projects/California Medical Association Foundation, 1995. Reproduit avec autorisation.

de nombreux types de cancer (poumon, foie, côlon, pancréas, rein, vessie, col de l'utérus);
- de carie dentaire, de maladie des gencives, de mauvaise haleine, de rhume, d'ulcères, de calvitie, d'apparition de rides faciales et de jaunissement des dents et des doigts;
- de troubles menstruels, de précocité de la ménopause, d'impuissance, d'infertilité, de fausse couche, d'accouchement prématuré et de bébés de petit poids;
- d'accidents d'automobile et de blessures causées par le feu.

TERMINOLOGIE

Carcinogène Agent capable d'induire un cancer; syn. : cancérogène, cancérigène.

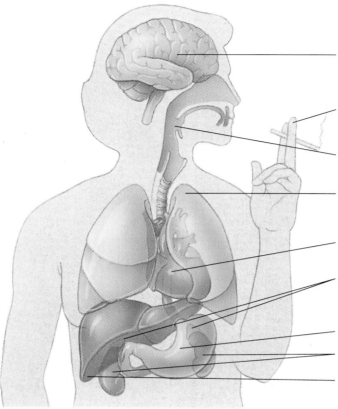

La nicotine stimule le cerveau, qui libère des substances chimiques modifiant l'humeur.

La nicotine provoque une constriction des vaisseaux sanguins, particulièrement sous la peau.

Le goudron et les toxines induisent une irritation des muqueuses et diminuent la sensibilité des papilles gustatives.

L'irritation des bronches accentue la production de mucus et endommage les cils de l'arbre bronchique, ce qui permet à des particules toxiques d'atteindre les alvéoles.

La nicotine fait s'élever la fréquence cardiaque et la tension artérielle.

La nicotine stimule la glande surrénale, laquelle libère de l'adrénaline, ce qui modifie le fonctionnement du cœur et d'autres organes.

La nicotine diminue la sensation de faim.

La nicotine inhibe la production d'urine dans les reins.

La nicotine déclenche la production de glycogène par le foie, ce qui accroît le taux de sucre dans le sang.

Figure 9.2 Les effets à court terme de la cigarette.

Par ailleurs, le tabac coûte cher. Fumer un paquet de cigarettes par jour coûte plus de 1500 $ par année, sans compter les frais supplémentaires d'assurance-vie.

Les autres types de tabac sont également nocifs. Les fumeurs de cigare et de pipe s'exposent davantage aux maladies cardiovasculaires, respiratoires et aux cancers que les non-fumeurs. Et les fumeurs qui consomment de l'alcool risquent encore davantage certains types de cancer (*voir* l'encadré intitulé « Alcool, tabac et cancer »).

Cesser de fumer améliore l'état de santé presque immédiatement. Et plus une personne est jeune quand elle cesse de fumer, mieux c'est (*voir* l'encadré intitulé « Les avantages d'une vie sans tabac »).

LA FUMÉE DE TABAC DANS L'ENVIRONNEMENT

La **fumée de tabac dans l'environnement (FTE)** comprend la **fumée primaire**, exhalée par les fumeurs, et la **fumée secondaire**, dégagée par la combustion des cigarettes, des cigares et du tabac à pipe. Ces deux types de fumée contiennent les mêmes composantes, mais dans des proportions différentes. En

BIEN-ÊTRE GLOBAL

Alcool, tabac et cancer

Tabagisme Le tabac est responsable de 80 % à 90 % de tous les cancers du poumon et d'environ 30 % des décès causés par le cancer. (La fumée de cigarette est à l'origine de nombreux types de cancer, car les produits chimiques cancérogènes qu'elle contient sont diffusés dans tout l'organisme par le système sanguin.) Le taux de mortalité par cancer est de 15 à 25 fois plus élevé chez les personnes qui fument au moins deux paquets par jour que chez les non-fumeurs.

Alcool et tabac Les grands consommateurs d'alcool et de tabac ont un risque 15 fois plus élevé de développer un cancer de la bouche, car la combinaison de ces deux substances multiplie l'effet cancérogène.

Alcool L'alcool est associé à une incidence accrue de plusieurs cancers. On comprend encore mal pourquoi, mais le lien entre la consommation d'alcool et le cancer du sein est très marqué (une consommation quotidienne moyenne de trois verres d'alcool peut entraîner un risque deux fois plus élevé).

POUR EN SAVOIR PLUS

Les avantages d'une vie sans tabac

20 minutes après la dernière cigarette :
- une source de pollution disparaît;
- la tension artérielle s'abaisse et redevient normale;
- la fréquence du pouls diminue et redevient normale;
- la température des mains et des pieds s'élève et redevient normale.

8 heures plus tard :
- le taux de monoxyde de carbone dans le sang diminue et redevient normal;
- le taux d'oxygène dans le sang augmente et redevient normal.

24 heures plus tard :
- le risque de crise cardiaque diminue.

48 heures plus tard :
- les terminaisons nerveuses s'adaptent à l'absence de nicotine;
- les capacités olfactives et gustatives s'améliorent.

72 heures plus tard :
- l'arbre bronchique se détend et la respiration devient plus facile;
- la capacité pulmonaire s'améliore.

2 ou 3 trois mois plus tard :
- la circulation sanguine s'améliore;
- la marche devient plus facile;
- la capacité pulmonaire est jusqu'à 30 % plus élevée.

1 à 9 mois plus tard :
- la toux, la congestion des sinus, la fatigue et l'essoufflement diminuent;
- la croissance des cils reprend dans les poumons, ce qui réduit les risques d'infection;
- la capacité énergétique globale de l'organisme s'accroît.

1 an plus tard :
- l'écart entre les taux de décès par maladie cardiovasculaire des fumeurs par rapport aux non-fumeurs a diminué de moitié.

5 ans plus tard :
- le risque de maladie cardiovasculaire a diminué et est presque égal à celui des non-fumeurs;
- l'écart entre les taux de décès par cancer du poumon des fumeurs par rapport aux non-fumeurs a diminué de moitié.

10 ans plus tard :
- le taux de décès par cancer du poumon est presque égal à celui des non-fumeurs;
- les cellules précancéreuses sont remplacées;
- l'incidence d'autres cancers (bouche, larynx, œsophage, vessie, rein et pancréas) a diminué.

15 ans plus tard :
- les risques de maladie cardiovasculaire et d'accident cérébrovasculaire sont à peu près identiques à ceux des non-fumeurs.

Source : Health Partnership Project & California Medical Association, 1995. Reproduit avec autorisation.

---

effet, la fumée secondaire contient presque deux fois plus de nicotine que la fumée primaire. Ne passant ni par le filtre de la cigarette ni par les poumons du fumeur, la fumée secondaire est beaucoup plus concentrée en composés toxiques et carcinogènes que la fumée primaire. Elle représente environ les deux tiers de toute la fumée du tabac.

Effets de la FTE L'odeur du tabac qui s'attache à la peau et aux vêtements est un des effets désagréables de la fumée de tabac dans l'environnement. Mais il y a plus. Des études ont en effet révélé que près de 25 % des non-fumeurs exposés à la fumée de tabac dans l'environnement souffrent de quintes de toux, que 30 % ont des maux de tête et des infections des voies respiratoires et que 70 %

sont sujets à des irritations des yeux. Les autres symptômes vont de l'essoufflement aux problèmes de sinus. Ce sont généralement les personnes souffrant d'allergie qui accusent les symptômes les plus marqués.

TERMINOLOGIE

Fumée de tabac dans l'environnement (FTE) Dangereuse combinaison de gaz, de liquides et de particules inhalés; elle se compose de la fumée primaire et de la fumée secondaire.

Fumée primaire Fumée inhalée puis exhalée par un fumeur.

Fumée secondaire Fumée de la combustion qui se dégage directement de l'extrémité allumée de la cigarette, du cigare ou de la pipe.

L'âge moyen de ceux qui commencent à fumer est de 13 ans, et la plupart des fumeurs adultes ont commencé à fumer durant leur adolescence. Des études révèlent qu'environ 75 % des fumeurs adolescents souhaiteraient n'avoir jamais commencé à fumer.

Bien sûr les problèmes ne s'arrêtent pas là. On estime que les personnes qui sont souvent en présence de fumeurs voient leur risque de cancer du poumon augmenter de 24 % à 50 % et que la FTE est la troisième cause connue de décès par suite de cancer du poumon. Il demeure cependant que le tabagisme passif cause plus de maladies cardiovasculaires et cérébrovasculaires que de cancers du poumon.

Enfants exposés à la FTE Les bébés et les enfants sont particulièrement vulnérables aux effets nocifs de la fumée de tabac dans l'environnement car, leur respiration étant plus rapide que celle des adultes, ils inhalent davantage d'air et donc davantage de polluants. De plus, comme leur poids est inférieur à celui des adultes, ils inhalent proportionnellement plus de polluants par unité de poids corporel que les adultes.

Aux États-Unis, on estime que, chaque année, de 150 000 à 300 000 cas de bronchite, de pneumonie et d'autres infections respiratoires chez les bébés et les jeunes enfants sont attribuables à l'exposition à la FTE. Bien entendu, les enfants plus âgés sont également affectés. La FTE est un facteur de risque d'asthme chez des enfants n'ayant encore jamais manifesté de symptômes et elle est responsable de l'aggravation des symptômes des enfants asthmatiques.

LE TABAC ET LA GROSSESSE

Le risque de faire une fausse couche est presque deux fois plus élevé chez les fumeuses. Leur risque d'avoir une **grossesse ectopique** est également plus grand.

Les preuves ne sont plus à faire : fumer durant la grossesse est nuisible au bébé. Le tabagisme augmente les risques de mort à la naissance, d'avortement spontané et de travail hâtif; les risques que le bébé soit victime du syndrome de la mort subite du nourrisson sont également plus élevés. Les effets nocifs du tabac sur le fœtus sont bien connus. Les enfants nés de fumeuses pèsent en moyenne 250 g de moins que la normale; ils sont plus petits que les autres, à la naissance et ultérieurement. Ils sont également plus susceptibles de développer plus tard des problèmes respiratoires.

LUTTER CONTRE LE TABAGISME

Depuis quelques années, des individus et des groupes ont entrepris de lutter contre la menace que fait peser le tabagisme sur la santé. Des milliers de règlements interdisant ou restreignant la consommation de tabac dans les restaurants, les magasins et d'autres endroits publics ont été adoptés. Certaines collectivités interdisent maintenant toutes les formes de publicité sur le tabac. Des poursuites judiciaires sont intentées contre l'industrie du tabac en vue d'obtenir un dédommagement pour les frais de soins de santé liés aux maladies causées par le tabac. De plus en plus de règles et de règlements incitent les gens à « écraser ». Il est par exemple interdit de fumer dans de nombreuses entreprises, écoles et garderies. Seulement un quart des hôpitaux permettent de fumer dans certaines pièces et de plus en plus de municipalités réglementent l'usage du tabac dans les endroits publics.

CESSER DE FUMER

Cesser de fumer est une démarche à long terme qui exige qu'on brise sa dépendance physique, psychologique et sociale à la nicotine. Si la plupart des fumeurs peuvent arrêter seuls, d'autres font appel à des groupes d'entraide ou ont recours à différentes méthodes. Dans tous les cas, la clé du succès demeure la motivation et la volonté de devenir non-fumeur.

Si vous voulez cesser de fumer, le labo 9.1, en vous faisant comprendre vos habitudes de consommation, peut vous aider à planifier une méthode personnalisée pour atteindre votre objectif. Quelle que soit votre méthode, rédigez d'abord un contrat personnel dans lequel vous indiquerez le jour et l'heure où vous cesserez définitivement de fumer ainsi que les récompenses que vous vous accorderez alors. Vous ne savez peut-être pas si vous devez cesser complètement du jour au lendemain ou, au contraire, graduellement. Les spécialistes préconisent l'arrêt complet, à condition de prendre le temps nécessaire pour apprendre et mettre en pratique des mesures efficaces.

Vos premières journées sans tabac seront sans doute les plus pénibles. La nicotine engendre une dépendance aiguë et l'habitude de consommation s'ancre rapidement. Tâchez d'éviter les situations qui, pour vous, sont étroitement associées au tabac : boire du café, conduire votre voiture ou rencontrer certains amis, par exemple. Buvez de l'eau au lieu du café; allez à bicyclette plutôt qu'en voiture; ayez des activités de remplacement agréables (cinéma, magasinage, etc.).

Un soutien social peut vous être très utile. Demandez à l'un de vos proches de vous encourager dans les moments difficiles et n'hésitez pas à l'appeler lorsque vous ressentez une envie irrésistible de fumer. Dites à votre entourage que vous venez de cesser de fumer.

Ne jamais recommencer à fumer est l'objectif premier de tout ex-fumeur. Pour éviter une rechute, identifiez et contrôlez toutes les sources de tentation. Consignez-les dans un journal personnel de santé. Cela vous aidera à y faire face.

L'ALCOOL

Lors de la dernière enquête de Santé Canada, les trois quarts des Canadiens âgés de 15 ans et plus ont déclaré avoir déjà consommé de l'alcool. La perception que la plupart en avaient correspondait aux messages publicitaires dont on nous abreuve : une substance essentielle au plaisir, aux célébrations et aux événements spéciaux. Pourtant, l'alcool n'est pas inoffensif : il est en fait la principale cause des acci-

L'alcool éthylique est le psychotrope présent dans toutes les boissons alcooliques. Une consommation, c'est-à-dire une bière, un cocktail ou un verre de vin, en contient environ 18 ml.

dents d'automobile et des blessures causant la mort chez les jeunes de 15 à 24 ans. L'alcool peut avoir des effets perturbateurs à court terme et causer de graves dommages à long terme.

LA CHIMIE ET LE MÉTABOLISME

L'**alcool éthylique** est la substance psychotrope présente dans toutes les boissons alcooliques. La concentration d'alcool varie d'une boisson à l'autre et est indiquée en pourcentage. Une consommation alcoolique correspond à une bouteille de bière de 350 ml, à un verre de vin de 150 ml ou à 45 ml de boisson à 40 % d'alcool. Chacune de ces consommations contient à peu près la même quantité d'alcool, soit 18 ml.

TERMINOLOGIE

Grossesse ectopique   Grossesse durant laquelle l'œuf fécondé se développe dans une trompe de Fallope plutôt que dans l'utérus; l'embryon doit être extrait au moyen d'une intervention chirurgicale.

Alcool éthylique   Substance enivrante, âcre et incolore, présente dans les boissons fermentées.

Une fois consommé, l'alcool passe, de l'estomac et de l'intestin grêle, dans le sang. Une fois dans la circulation sanguine, il est distribué à l'ensemble des tissus corporels et affecte la quasi-totalité des systèmes de l'organisme (*voir* figure 9.3). Le métabolisme de l'alcool s'effectue surtout dans le foie, qui le transforme en énergie et en divers sous-produits.

LES EFFETS IMMÉDIATS DE L'ALCOOL

Le **taux d'alcool dans le sang**, ou taux d'alcoolémie, est un facteur primordial pour établir les effets de l'alcool. Il est déterminé par la quantité d'alcool consommée et par des facteurs individuels tels l'hérédité, le poids et le volume de graisses corporelles. Pour une même consommation d'alcool, les femmes auront généralement un taux d'alcoolémie plus élevé en raison de leur plus petite taille, de leur pourcentage de tissu adipeux plus élevé et d'une activité moindre des enzymes gastriques assurant le métabolisme de l'alcool (reportez-vous à l'encadré intitulé « Les femmes et l'alcool »).

L'organisme parvient habituellement à métaboliser la moitié d'une consommation par heure. En buvant un peu moins d'une demi-consommation à l'heure, on s'assure donc de conserver un taux d'alcoolémie

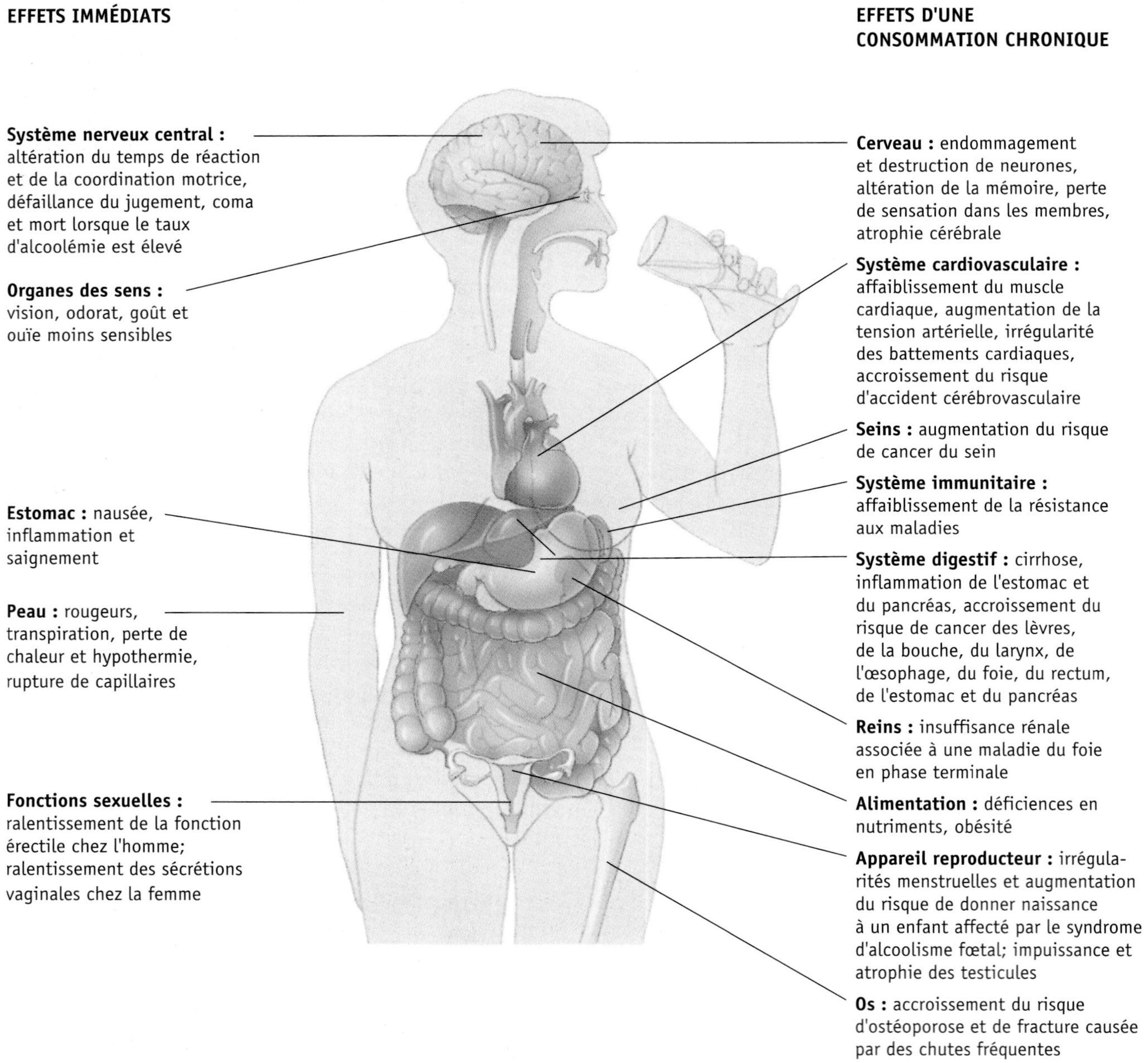

EFFETS IMMÉDIATS

EFFETS D'UNE CONSOMMATION CHRONIQUE

Système nerveux central : altération du temps de réaction et de la coordination motrice, défaillance du jugement, coma et mort lorsque le taux d'alcoolémie est élevé

Organes des sens : vision, odorat, goût et ouïe moins sensibles

Estomac : nausée, inflammation et saignement

Peau : rougeurs, transpiration, perte de chaleur et hypothermie, rupture de capillaires

Fonctions sexuelles : ralentissement de la fonction érectile chez l'homme; ralentissement des sécrétions vaginales chez la femme

Cerveau : endommagement et destruction de neurones, altération de la mémoire, perte de sensation dans les membres, atrophie cérébrale

Système cardiovasculaire : affaiblissement du muscle cardiaque, augmentation de la tension artérielle, irrégularité des battements cardiaques, accroissement du risque d'accident cérébrovasculaire

Seins : augmentation du risque de cancer du sein

Système immunitaire : affaiblissement de la résistance aux maladies

Système digestif : cirrhose, inflammation de l'estomac et du pancréas, accroissement du risque de cancer des lèvres, de la bouche, du larynx, de l'œsophage, du foie, du rectum, de l'estomac et du pancréas

Reins : insuffisance rénale associée à une maladie du foie en phase terminale

Alimentation : déficiences en nutriments, obésité

Appareil reproducteur : irrégularités menstruelles et augmentation du risque de donner naissance à un enfant affecté par le syndrome d'alcoolisme fœtal; impuissance et atrophie des testicules

Os : accroissement du risque d'ostéoporose et de fracture causée par des chutes fréquentes

Figure 9.3 **Les effets à court et à long terme de la consommation d'alcool.**

LES UNS ET LES AUTRES

Les femmes et l'alcool

L'effet de l'alcool est généralement plus prononcé chez les femmes que chez les hommes peu importe la quantité et la fréquence de la consommation. Parce qu'elles sont plus petites, qu'elles ont une plus forte proportion de graisses corporelles et que les enzymes gastriques assurant le métabolisme de l'alcool sont chez elles moins actives, les femmes ont besoin de moins d'alcool pour parvenir à l'état d'ivresse. De plus, les femmes sont plus susceptibles d'atteindre un taux d'alcoolémie élevé immédiatement avant le début des menstruations, car le métabolisme de l'alcool est affecté par des fluctuations hormonales qui se produisent alors.

Les femmes ressentent les effets physiques nocifs de la consommation chronique d'alcool plus rapidement et moyennant des doses moindres que les hommes. Le taux de décès des femmes alcooliques est de 50 % à 100 % plus élevé que celui des hommes alcooliques. Les maladies du foie causées par l'alcool apparaissent chez elles après une période de forte consommation moins élevée et plus brève que chez les hommes. Le taux de décès causés par la **cirrhose** est aussi plus élevé chez les femmes que chez les hommes.

Il est aussi plus courant que les femmes qui ont consommé de l'alcool — mais les hommes n'échappent pas à ce piège — se prêtent à des relations sexuelles qui les exposent aux maladies sexuellement transmissibles et aux grossesses non désirées.

Par ailleurs, certains problèmes de santé liés à l'alcool ne touchent que les femmes : un risque accru de cancer du sein, des irrégularités menstruelles, l'infertilité et, chez les femmes enceintes, le risque d'accoucher d'un enfant affecté du **syndrome d'alcoolisme fœtal**.

faible. À un tel rythme, on peut boire de l'alcool sur une longue période sans ressentir d'effet particulièrement enivrant. (Cela n'élimine pas pour autant le risque lié aux importants problèmes de santé à long terme.) Inversement, lorsque l'alcool est consommé plus rapidement qu'il n'est métabolisé, le taux d'alcoolémie augmente sans cesse, tout comme le degré d'ivresse. L'intoxication alcoolique comporte des risques graves : en effet, la consommation d'une grande quantité d'alcool en peu de temps peut porter le taux d'alcoolémie à un niveau mortel (*voir* tableau 9.3).

À faible dose, l'alcool procure une sensation de détente et atténue les inhibitions. À forte dose, ses effets sont moins agréables : rougeurs, transpiration, perturbations du sommeil et « gueule de bois », c'est-à-dire maux de tête, nausées et inconfort généralisé. Les symptômes de l'intoxication par l'alcool sont l'altération du jugement, l'affaiblissement des perceptions sensorielles, la levée des inhibitions, la défaillance de la coordination motrice et, souvent, l'accroissement des manifestations d'agressivité et d'hostilité. Ce sont là des effets dont les conséquences peuvent être mortelles : qu'on songe seulement

TERMINOLOGIE

Taux d'alcool dans le sang   Quantité d'alcool présente dans le sang et exprimée en termes de poids par unité de volume.

Cirrhose   Maladie caractérisée par de graves dommages causés au foie par l'alcool, des toxines ou une infection.

Syndrome d'alcoolisme fœtal   Ensemble caractéristique de malformations congénitales causées par une consommation excessive d'alcool de la part de la mère.

Tableau 9.3 Les effets de l'alcool.		
Taux d'alcool dans le sang (%)	Effets courants sur le comportement	Heures nécessaires au métabolisme de l'alcool
0,00 à 0,05	Détente, euphorie, sensations légèrement modifiées, vivacité amoindrie.	2 ou 3
0,05 à 0,10	Instabilité émotive, exacerbation des sentiments et des comportements, inhibitions sociales atténuées, ralentissement du temps de réaction, altération de la coordination motrice fine, incapacité croissante de conduire. L'état d'ivresse est fixé à 0,08 % au Québec.	4 à 6
0,10 à 0,15	Incapacité de demeurer debout et démarche mal assurée, perte de la vision périphérique, conduite automobile extrêmement dangereuse.	6 à 10
0,15 à 0,30	Démarche chancelante, troubles d'élocution, altération de la perception de la douleur et d'autres sensations.	10 à 24
Plus de 0,30	Stupeur ou inconscience, anesthésie. Peut résulter d'une consommation rapide ou exagérée d'alcool sans les effets graduels antérieurs. Risque de mort à partir de 0,35 %.	Plus de 24

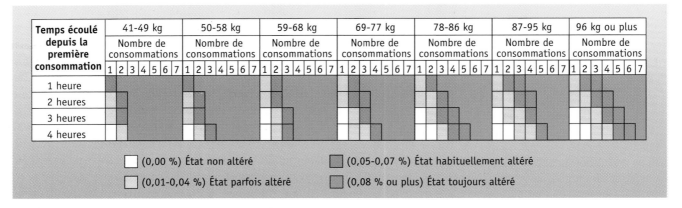

Temps écoulé depuis la première consommation	41-49 kg							50-58 kg							59-68 kg							69-77 kg							78-86 kg							87-95 kg							96 kg ou plus						
	Nombre de consommations							Nombre de consommations							Nombre de consommations							Nombre de consommations							Nombre de consommations							Nombre de consommations							Nombre de consommations						
	1	2	3	4	5	6	7	1	2	3	4	5	6	7	1	2	3	4	5	6	7	1	2	3	4	5	6	7	1	2	3	4	5	6	7	1	2	3	4	5	6	7	1	2	3	4	5	6	7
1 heure																																																	
2 heures																																																	
3 heures																																																	
4 heures																																																	

☐ (0,00 %) État non altéré   ☐ (0,05-0,07 %) État habituellement altéré

☐ (0,01-0,04 %) État parfois altéré   ☐ (0,08 % ou plus) État toujours altéré

Figure 9.4   Taux d'alcoolémie approximatif et poids corporel. Ce tableau illustre le taux d'alcoolémie d'une personne selon son poids et le nombre de consommations sur un temps donné. Au Québec, la loi a fixé à 0,08 % le taux maximal d'alcoolémie au volant.

aux homicides, aux suicides et aux accidents d'automobile dans lesquels l'alcool joue un rôle. Rappelons ici que l'alcool exerce des effets perturbateurs bien en deçà de la limite réglementaire d'alcoolémie au volant, laquelle est de 0,08 % au Québec (*voir* figure 9.4). Il est important que les conducteurs se le rappellent, car les risques de blessures et de décès sont élevés, et la conduite en état d'ivresse a aussi de graves conséquences d'ordre judiciaire.

Selon le Rapport sur la santé des Canadiens et des Canadiennes de 1996, la consommation d'alcool est l'une des principales causes de mortalité, en particulier chez les jeunes.

LES EFFETS D'UNE CONSOMMATION CHRONIQUE D'ALCOOL

L'espérance moyenne de vie des personnes qui surconsomment de l'alcool est de 10 à 12 ans inférieure à

celle des autres. La cirrhose, soit la destruction des cellules du foie, est l'une des conséquences de la consommation régulière d'alcool. C'est une importante cause de décès au Canada. L'alcool peut également causer une inflammation du pancréas, des nausées, des vomissements, des troubles de la digestion et des douleurs abdominales aiguës. S'il est vrai qu'une quantité modérée d'alcool (une ou deux consommations par jour) peut légèrement réduire le risque de crise cardiaque chez certaines personnes, il demeure qu'une forte consommation d'alcool cause des problèmes cardiovasculaires, comme l'hypertension et l'affaiblissement du muscle cardiaque. Par ailleurs, la consommation abusive chronique d'alcool est aussi liée à l'apparition de cancers, de l'asthme, de la goutte, du diabète, d'infections récurrentes, de déficiences nutritionnelles et de maladies du système nerveux. Certains problèmes psychiatriques comme la paranoïa peuvent être déclenchés par une consommation excessive d'alcool.

Enfin, la consommation d'alcool pendant la grossesse est contre-indiquée, car elle peut être la cause de fausse couche, de naissance morbide ou du syndrome d'alcoolisme fœtal. Les effets de l'alcool sur le fœtus dépendent de la quantité consommée, mais mieux vaut s'abstenir pendant la grossesse.

L'ABUS D'ALCOOL

L'**abus d'alcool** renvoie à des habitudes de consommation qui entraînent des problèmes scolaires, professionnels, interpersonnels ou judiciaires, ou à une consommation récurrente ayant des conséquences négatives (boire avant de conduire une voiture, par exemple). La **dépendance à l'alcool**, ou **alcoolisme**, amène cependant des problèmes plus graves, car les personnes alcooliques développent une tolérance physique à l'alcool et éprouvent des symptômes de sevrage lorsqu'elles en sont privées.

TERMINOLOGIE

Abus d'alcool   Consommation d'alcool en quantité suffisante pour amener une personne à causer des dommages matériels, à avoir des défaillances et à adopter des comportements nuisibles pour elle-même et pour autrui.

Dépendance à l'alcool   Consommation pathologique d'alcool ou altération du comportement causée par l'alcool, se caractérisant par un phénomène de tolérance et des symptômes de sevrage en période d'abstinence.

Alcoolisme   Trouble chronique caractérisé par une consommation excessive et compulsive d'alcool.

Excès épisodique de consommation d'alcool   Consommation périodique d'alcool aboutissant à l'état d'ivresse.

Delirium tremens   État de confusion provoqué par une diminution de la consommation d'alcool chez un alcoolique; se caractérise par une transpiration abondante, des tremblements, un sentiment d'anxiété, des hallucinations et des crises.

Rappelons que l'abus d'alcool n'est pas réservé qu'aux alcooliques. Par exemple, l'individu qui ne boit qu'une fois par mois, après un examen, mais qui conduit alors sa voiture en état d'ivresse s'en rend coupable. En remplissant la grille d'évaluation que présente la première partie du labo 9.2, vous pourrez déterminer si vous avez des problèmes d'alcool. Quant à la deuxième partie de ce labo, elle vous aidera à déterminer si la consommation d'alcool d'une personne de votre entourage vous préoccupe.

Voici quelques signes révélateurs d'une consommation abusive d'alcool.

- Boire seul ou en cachette.
- Se tourner vers l'alcool pour se donner du cœur au ventre ou pour traverser les moments difficiles.
- Se sentir mal à l'aise lors d'occasions où il n'est pas possible de boire.
- Augmenter sa consommation.
- Consommer beaucoup d'alcool malgré le risque, avant de conduire, par exemple.
- S'enivrer régulièrement ou plus fréquemment qu'auparavant.
- Boire le matin ou à d'autres moments inhabituels.

L'EXCÈS ÉPISODIQUE DE CONSOMMATION D'ALCOOL

L'**excès épisodique de consommation d'alcool** est un type d'abus fréquent chez les jeunes. C'est un problème difficile à régler, car les habitudes de consommation d'un grand nombre d'entre eux sont déjà fermement ancrées lorsqu'ils amorcent leurs études collégiales.

Dans le cadre de l'étude menée en 1999 auprès d'élèves du cégep de Lévis-Lauzon, 66 % des cégépiens et 46 % des cégépiennes ont reconnu avoir à l'occasion, assez souvent ou presque quotidiennement pris plus de 4 consommations d'alcool dans une soirée. De plus, 26 % des cégépiens et 12 % des cégépiennes ont affirmé l'avoir fait « assez souvent ». (*Voir* figure 9.5.)

Les jeunes qui ont de fréquents épisodes de consommation excessive d'alcool sont de 7 à 10 fois plus susceptibles que les autres d'avoir des relations sexuelles à risque, de conduire en état d'ébriété, d'avoir des démêlés avec les autorités policières, de causer des dommages matériels ou de se blesser. Ils sont également plus susceptibles de manquer des cours, d'accumuler du retard dans leurs travaux scolaires et de se disputer avec leurs amis.

L'ALCOOLISME

Toute personne qui boit développe, après un certain temps, une tolérance à l'égard de l'alcool. Cependant, les alcooliques qui cessent de boire ou qui diminuent significativement leur consommation, ressentiront des symptômes de sevrage pouvant être déplaisants, aigus ou même tragiques (tremblement des mains, pouls accéléré, respiration haletante, insomnie, cauchemars, anxiété et troubles gastro-intestinaux). Ils peuvent aussi faire des crises de délire (***delirium tremens***), se caractérisant par un état de confusion où surgissent des hallucinations très vives et généralement troublantes.

L'alcoolisme coûte très cher à la société et nuit profondément au bien-être personnel des individus.

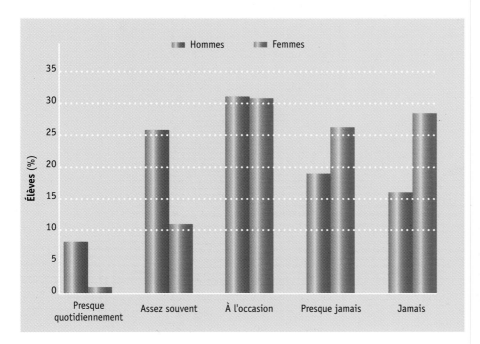

Figure 9.5 Consommation d'alcool chez les cégépiens âgés de 17 à 20 ans. Ces données correspondent au pourcentage d'élèves qui boivent plus de 4 consommations en une seule occasion. (*Source* : Département d'éducation physique du Cégep de Lévis-Lauzon, *Évaluation des habitudes de vie*, hiver 1999.)

D'ailleurs, contrairement à ce que donne à penser la couverture médiatique, l'alcool cause beaucoup plus de problèmes que les drogues illégales, comme la cocaïne, l'héroïne et la marijuana.

Si certains alcooliques réussissent à régler leur problème de consommation sans aide professionnelle, la majorité n'y parvient pas. Le traitement de l'alcoolisme est difficile, et il existe de nombreux types de programmes. Certains font appel à un groupe de soutien, d'autres reposent sur le contrôle des habitudes de vie, d'autres enfin proposent une thérapie fondée sur la médication et les substances chimiques de remplacement.

CONSOMMER DE FAÇON RESPONSABLE

Pour consommer de l'alcool de façon responsable, il faut veiller à maintenir son taux d'alcoolémie à un bas niveau et à éviter les comportements excessifs. Si vous décidez de prendre de l'alcool, essayez de comprendre pourquoi. En faites-vous une consommation sociale ? Cédez-vous aux pressions de votre entourage ? Tentez-vous de satisfaire des besoins sous-jacents qui pourraient être comblés autrement ? Prenez conscience de vos habitudes de consommation et des raisons qui les expliquent, cela vous aidera à vous prémunir contre les problèmes reliés à l'alcool.

RÉSUMÉ

- La dépendance désigne le besoin irrépressible qu'a un individu d'une substance nuisible à sa santé; elle peut être physique, psychologique ou sociale.

- L'abus d'une drogue est une consommation compulsive, fréquente et abondante qui a des conséquences sociales, psychologiques et physiques fâcheuses. La tolérance et les symptômes de sevrage en cas de privation y sont souvent associés.

- La nicotine est la substance psychoactive qui crée la dépendance physique au tabac.

- À court terme, le tabac entrave le fonctionnement du système respiratoire; à long terme, il augmente les risques de maladie chronique et réduit l'espérance de vie.

- La fumée de tabac dans l'environnement contient des produits toxiques et carcinogènes qui causent des problèmes de santé (cancer et maladies cardiovasculaires) aux non-fumeurs qui y sont régulièrement exposés. Les enfants y sont particulièrement vulnérables.

- À faible dose, l'alcool procure une sensation de détente et relâche les inhibitions; à forte dose, il affecte le fonctionnement moteur et mental des individus. L'alcool est associé à divers accidents et blessures; à dose extrême, ce psychotrope peut entraîner l'intoxication, le coma ou la mort.

- La consommation chronique d'alcool affecte les systèmes digestif et cardiovasculaire et augmente le risque de cancer et de plusieurs autres maladies chroniques. Les femmes qui boivent durant la grossesse peuvent donner naissance à un enfant atteint du syndrome d'alcoolisme fœtal.

- L'excès épisodique de consommation d'alcool est un type d'abus d'alcool fréquent chez les jeunes des institutions scolaires.

- Il existe de nombreuses ressources vers lesquelles peuvent se tourner les personnes qui désirent cesser de fumer ou de boire.

Nom : _____ **Groupe :** _____ **Date :** _____

LABO 9.1 POUR FUMEURS SEULEMENT

PREMIÈRE PARTIE

POURQUOI FUMEZ-VOUS ?

C'est entendu : la consommation de tabac crée une dépendance physiologique. Mais vous ne fumez certainement pas uniquement pour combler un besoin physique de nicotine. Si, comme la majorité des jeunes fumeurs, vous regrettez d'avoir commencé à fumer et désireriez cesser, répondez au test ci-dessous. En effet, prendre conscience de vos motivations et des satisfactions que vous retirez de la consommation de tabac vous aidera à cesser de fumer.

Instructions

Lisez chaque énoncé et encerclez le chiffre qui convient à votre situation.

	Toujours	Souvent	Parfois	Rarement	Jamais
A. Je fume afin de soutenir mon rythme d'activité.	5	4	3	2	(1)
B. J'aime manipuler une cigarette; cela fait partie du plaisir de fumer.	5	4	3	2	(1)
C. Fumer une cigarette est une source de plaisir et de détente.	5	4	3	2	(1)
D. Lorsque j'éprouve du mécontentement, j'allume une cigarette.	5	4	3	2	(1)
E. Lorsque je n'ai plus de cigarettes, il m'est insupportable d'attendre pour en racheter.	5	4	3	2	(1)
F. Je fume par automatisme, sans même m'en rendre compte.	5	4	3	2	(1)
G. Je fume pour me stimuler, pour me donner de l'entrain.	5	4	3	2	(1)
H. Une partie du plaisir de fumer tient aux gestes à faire pour allumer une cigarette.	5	4	3	2	(1)
I. Fumer une cigarette, c'est agréable.	5	4	3	2	(1)
J. Lorsque quelque chose me dérange ou me déplaît, j'allume une cigarette.	5	4	3	2	(1)
K. Lorsque je ne suis pas en train de fumer, l'idée d'une cigarette m'obsède.	5	4	3	2	(1)
L. Il m'arrive d'allumer une cigarette alors qu'il en brûle déjà une dans le cendrier.	5	4	3	2	(1)
M. Je fume pour me remonter le moral.	5	4	3	2	(1)
N. Je prends plaisir à observer la fumée que j'exhale.	5	4	3	2	(1)
O. C'est lorsque que je me sens bien et détendu que j'ai le plus envie de fumer.	5	4	3	2	(1)
P. Lorsque je me sens déprimé ou que je veux oublier mes soucis, je fume.	5	4	3	2	(1)
Q. Dès que je n'ai pas fumé pendant un certain temps, je ressens un besoin irrépressible d'allumer une cigarette.	5	4	3	2	(1)
R. Il m'arrive de me rendre compte que j'ai une cigarette aux lèvres sans pouvoir me rappeler l'y avoir mise.	5	4	3	2	(1)

RÉSULTATS

Inscrivez vos résultats ci-dessous. Faites le total pour chaque ligne. Chaque total va de 3 à 15. Tout résultat égal ou supérieur à 11 est élevé et tout résultat égal ou inférieur à 7 est peu élevé.

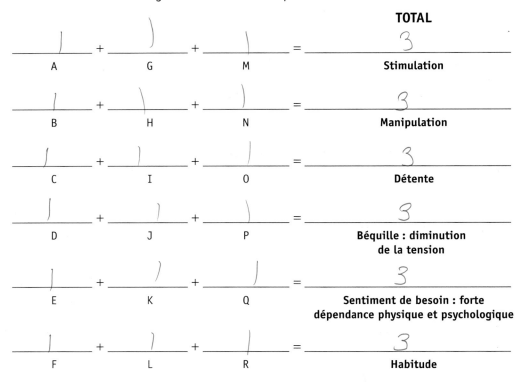

			TOTAL	
A	+ G	+ M	= 3	**Stimulation**
B	+ H	+ N	= 3	**Manipulation**
C	+ I	+ O	= 3	**Détente**
D	+ J	+ P	= 3	**Béquille : diminution de la tension**
E	+ K	+ Q	= 3	**Sentiment de besoin : forte dépendance physique et psychologique**
F	+ L	+ R	= 3	**Habitude**

INTERPRÉTATION DES RÉSULTATS

Les six facteurs que le présent test mesure décrivent les raisons pour lesquelles les gens fument généralement. Plus votre résultat est élevé, plus le facteur correspondant joue un rôle important dans votre consommation de tabac. Ces résultats alimenteront votre réflexion et contribueront à vos efforts pour cesser de fumer.

Stimulation : La cigarette agit sur vous comme un stimulant. Vous avez le sentiment qu'elle vous aide à vous sentir d'attaque, qu'elle vous donne de l'énergie et de l'entrain. Si vous tentez de cesser de fumer, vous pourriez opter pour un substitut plus sain dès que vous ressentirez le besoin de fumer, comme une activité physique modérée.

Manipulation : Vous aimez manipuler des objets; tâchez de trouver plaisir à manipuler autre chose qu'une cigarette. Pour occuper autrement vos mains, griffonnez, jouez avec un objet, trouvez-vous un hobby qui fasse aller vos mains.

Détente : Si vous tirez un réel plaisir à fumer, faites un examen honnête des effets nocifs de cette habitude. Cela pourrait vous convaincre de cesser de fumer. Entreprenez plutôt des activités sociales ou physiques; vous vous rendrez alors compte que la cigarette ne vous manque pas véritablement.

Béquille : Nombreux sont les fumeurs pour qui la cigarette est un substitut, une « béquille » utile dans les moments stressants ou désagréables. Mais, vous le savez, la cigarette ne peut pas régler vos problèmes. Vous pourriez trouver aisé de cesser de fumer dans une période où tout va bien, mais vous aurez probablement envie de recommencer dès les premiers moments difficiles. Une activité physique ou sociale pourrait alors servir de substitut efficace à la cigarette.

Sentiment de besoin : Lorsque la cigarette est ressentie comme un besoin, il est très difficile de cesser de fumer. Dans un tel cas, les spécialistes donnent ce conseil : fumez plus que d'habitude pendant une journée ou deux, de façon à vous dégoûter, puis tenez-vous à l'écart des cigarettes jusqu'à ce que le sentiment de besoin disparaisse.

Habitude : Si vos résultats correspondent à cette catégorie, vous allumez souvent une cigarette sans vous en apercevoir et vous n'en tirez plus de véritable satisfaction. Si vous brisez la routine à laquelle vous avez associé la cigarette, il pourrait vous être assez facile de cesser de fumer pour de bon. La clé du succès, c'est la conscience au moment de l'allumer; demandez-vous alors : « Ai-je vraiment envie de cette cigarette ? »

Source : Why Do You Smoke ? U.S. Department of Health and Human Services, Public Health Services, National Institutes of Health, NIH Pub. N° 90-1822.

DEUXIÈME PARTIE

QUEL EST VOTRE DEGRÉ DE DÉPENDANCE À LA NICOTINE ?

Pour le savoir, vous devez répondre Oui ou Non aux quatre questions suivantes.

	Oui	Non
1. Fumez-vous en moyenne plus de 10 cigarettes par jour ?		✗
2. Fumez-vous habituellement moins de 30 minutes après votre réveil le matin ?		✗
3. Trouvez-vous difficile de passer plus de quatre heures sans fumer ?		✗
4. Lorsque vous essayez de cesser de fumer ou de réduire votre consommation de tabac, ressentez-vous des effets tels que : irritabilité, difficulté à vous concentrer et à dormir, étourdissements, frustration, modification de l'appétit ?		✗

RÉSULTATS

Non à toutes les questions
Vous avez un faible degré de dépendance à la nicotine. Pour réussir à arrêter, vous devriez surtout vous concentrer sur ce qui vous pousse à fumer.

Oui à une ou deux questions
Vous présentez probablement une dépendance modérée à l'endroit de la nicotine; vous pourriez avoir besoin d'un traitement médical pour cesser de fumer.

Oui à trois questions ou plus
Vous êtes probablement très dépendant de la nicotine. La meilleure façon de cesser de fumer pour de bon serait de suivre un traitement médical spécialement conçu pour les fumeurs très dépendants.

Source : Société canadienne du cancer, *Futurs ex-fumeurs ! Ceci s'adresse à vous*, Toronto, mai 1998.

BESOIN D'AIDE ?

- Service gratuit de consultation avec des professionnels de la santé de l'Association pulmonaire du Québec : 1-888-POUMON-9.

- Dépliants conçus à l'intention de diverses catégories de fumeurs : 1-800-295-8111.

- Brochures du Service d'information de la Société canadienne du cancer : 1-888-939-3333.

Nom : _____   Groupe : _____   Date : _____

LABO 9.2   L'ALCOOL EST-IL PROBLÉMATIQUE DANS VOTRE VIE ?

PREMIÈRE PARTIE

L'ALCOOL VOUS CAUSE-T-IL DES PROBLÈMES ?

Pour chaque question, choisissez la réponse qui décrit le mieux votre comportement, encerclez-la et inscrivez vos points dans la case de droite. Faites ensuite le total de vos points.

	Points					
	0	1	2	3	4	
1. À quelle fréquence consommez-vous de l'alcool ?	Jamais	1 fois par mois ou moins	2 à 4 fois par mois	2 ou 3 fois par semaine	Plus de 3 fois par semaine	2
2. Combien de consommations d'alcool prenez-vous en moyenne ?	1 ou 2	3 ou 4	5 ou 6	7 à 9	10 ou plus	1
3. Vous arrive-t-il souvent de prendre 6 consommations ou plus en une même occasion ?	Jamais	Moins de 1 fois par mois	1 fois par mois	1 fois par semaine	Tous les jours ou presque	1
4. Au cours des 12 derniers mois, vous est-il arrivé de vous mettre à boire sans pouvoir vous arrêter ?	Jamais	Moins de 1 fois par mois	1 fois par mois	1 fois par semaine	Tous les jours ou presque	0
5. Au cours des 12 derniers mois, avez-vous manqué à vos engagements parce que vous aviez bu ?	Jamais	Moins de 1 fois par mois	1 fois par mois	1 fois par semaine	Tous les jours ou presque	0
6. Au cours des 12 derniers mois, vous est-il arrivé de prendre un verre le matin pour vous aider à commencer la journée, après avoir beaucoup bu la veille ?	Jamais	Moins de 1 fois par mois	1 fois par mois	1 fois par semaine	Tous les jours ou presque	0
7. Au cours des 12 derniers mois, avez-vous eu un sentiment de culpabilité ou de remords après avoir bu ?	Jamais	Moins de 1 fois par mois	1 fois par mois	1 fois par semaine	Tous les jours ou presque	0
8. Au cours des 12 derniers mois, vous est-il arrivé d'être incapable de vous rappeler ce que vous aviez fait la veille parce que vous aviez bu ?	Jamais	Moins de 1 fois par mois	1 fois par mois	1 fois par semaine	Tous les jours ou presque	0
9. Est-ce qu'une autre personne ou vous-même avez déjà été blessé parce que vous aviez bu ?	Non		Oui, mais pas dans les 12 derniers mois		Oui, au cours des 12 derniers mois	2
10. Est-ce qu'un parent, ami, médecin ou travailleur de la santé s'est montré préoccupé par votre consommation d'alcool ou vous a suggéré de la diminuer ?	Non		Oui, mais pas au cours des 12 derniers mois		Oui, au cours des 12 derniers mois	0
					Total :	6

Un total de 8 points ou plus indique une forte probabilité de consommation d'alcool dangereuse ou nocive. Même si votre total est inférieur à 8, vous devriez demander de l'aide si votre rendement scolaire, la qualité de votre travail, vos relations avec autrui ou votre santé sont affectés par votre consommation d'alcool ou si l'alcool vous a causé des démêlés avec la justice. Quelques ressources sont indiquées à la suite de la deuxième partie de ce labo.

DEUXIÈME PARTIE

ÊTES-VOUS PRÉOCCUPÉ PAR LA CONSOMMATION D'ALCOOL DE VOS PROCHES ?

Des millions de personnes sont touchées par la consommation excessive d'alcool d'un membre de la famille, d'un ami ou d'un collègue. Est-ce votre cas ? Pour le savoir, répondez à chaque question par Oui ou Non.

	Oui	Non
1. Êtes-vous préoccupé par la consommation d'alcool d'une autre personne ?		X
2. La consommation d'alcool de cette personne vous cause-t-elle des problèmes financiers ?		X
3. Mentez-vous pour taire la consommation d'alcool d'une autre personne ?		X
4. Croyez-vous que, si la personne qui boit vous aimait, elle cesserait de boire ?		X
5. Expliquez-vous le comportement de la personne qui boit par les mauvaises fréquentations ?		X
6. Arrive-t-il souvent que des projets soient modifiés ou annulés ou que des repas soient retardés par la faute de la personne qui boit ?		X
7. Proférez-vous des menaces du type « Si tu n'arrêtes pas de boire, je te quitte » ?		X
8. Tentez-vous discrètement de sentir l'haleine de la personne qui boit ?		X
9. Évitez-vous certains sujets de peur de déclencher une consommation excessive d'alcool ?		X
10. Avez-vous déjà été indisposé ou peiné par le comportement de la personne qui boit ?		X
11. Vos vacances et les fêtes en général sont-elles gâchées par la consommation d'alcool ?		X
12. Avez-vous déjà pensé à appeler la police parce que vous craigniez de subir la violence de la personne qui boit ?		X
13. Vous arrive-t-il de fouiller pour trouver de l'alcool caché ?		X
14. Vous arrive-t-il de monter avec appréhension dans la voiture de la personne qui boit ?		X
15. Avez-vous déjà refusé d'accompagner la personne qui boit dans une sortie parce que vous saviez qu'elle aurait alors l'occasion de prendre de l'alcool ?		X
16. Avez-vous parfois un sentiment d'échec lorsque vous songez à tout ce que vous avez tenté pour contrôler les excès de la personne qui boit ?		X
17. Croyez-vous que la plupart de vos problèmes seraient réglés si la personne qui boit cessait de le faire ?		X
18. Vous arrive-t-il de tenter d'intimider la personne qui boit en la menaçant de vous blesser ?		X
19. Êtes-vous généralement en colère, confus ou déprimé ? (Si vous ne connaissez pas de personne qui boit, répondez non même si cet énoncé s'applique à vous.)		X
20. Avez-vous l'impression que personne ne comprend vos problèmes ? (Si vous ne connaissez pas de personne qui boit, répondez non même si cet énoncé s'applique à vous.)		X

Si vous avez répondu de façon affirmative à trois questions ou plus, il serait préférable de demander de l'aide. Voici quelques ressources :

- Programme Alcochoix : 524-356-2574, poste 3030.
- Pour obtenir les documents d'Éduc'alcool : 1-888-ALCOOL1.
- Site web d'Éduc'alcool : www.educalcool.qc.ca.

Sources : Première partie : Saunders, J. B. *et al.*, « Development of the Alcohol Use Disorders Identification Test (AUDIT) : WHO Collaborative Project on Early Detection of Persons with Harmful Alcohol Consumption-II », *Addiction*, 88, juin 1993, p. 791-804. Reproduit avec l'autorisation de Carfax Publishing Limited, P.O. Box 25, Arbingdon, Oxfordshire OX14 3VE, U.K.

adipeux tout en ayant du plaisir à rencontrer des amis, vous devriez penser à des activités de type cardiovasculaire que vous pourrez pratiquer en groupe. La danse aérobique, l'aquaforme ou le cyclotourisme constitueraient alors des choix pertinents. Par contre, si vous souhaitez améliorer votre vigueur musculaire et vous changer les idées, le conditionnement physique sur appareils et les arts martiaux seraient plus appropriés. Pour identifier vos priorités, faites le labo 10.1.

LES CAPACITÉS

Être capable, c'est être en état de comprendre ou de faire quelque chose. Après avoir fait la liste de vos besoins, il est important d'évaluer vos capacités de pratiquer les différentes activités physiques possibles. Revoyez donc vos résultats aux labos des chapitres 3, 4 et 5, et réfléchissez à vos expériences passées. Peut-être avez-vous déjà cessé de faire de la gymnastique à cause d'un manque de flexibilité ou de coordination ? Êtes-vous limité sur certains plans (maux de dos, blessures, allergies, limite de temps ou d'argent) ? Évaluez tout cela afin de bien orienter vos choix. Pour faire le point sur vos capacités, faites le labo 10.2.

LES FACTEURS DE MOTIVATION

Un comportement est motivé lorsqu'il démontre de la confiance en soi et de l'autodétermination. Cela suppose que des besoins particuliers soient à l'origine des conduites et que des perceptions de compétence et de libre choix incitent à viser des objectifs, à fournir l'effort nécessaire pour les atteindre et à persister malgré les échecs. Par exemple une personne peut reconnaître avoir besoin de diminuer ses réserves de graisse sans pour autant être motivée à le faire. Cependant, plus le lien entre vos besoins et vos sources de motivation est fort, plus la probabilité que vous passiez à l'action est grande. Il est donc important d'identifier vos centres d'intérêt. Après avoir fait le bilan de vos besoins, capacités et sources de motivation, vous pourrez vous fixer des objectifs d'entraînement stimulants et conformes à votre réalité. De plus, les résultats concrets que vous obtiendrez en terme de santé globale et de condition physique deviendront une source de motivation pour poursuivre votre activité durant toute votre vie. Pour connaître vos principales sources de motivation, faites le labo 10.3.

ÉLABORER UN PROGRAMME PERSONNEL D'ENTRAÎNEMENT

Si vous êtes prêt à définir un programme d'entraînement complet reposant sur vos activités préférées, consultez les différentes étapes d'élaboration puis remplissez la fiche de projet de programme d'entraînement et le contrat du labo 10.4. En définissant soigneusement votre programme et en signant un contrat, vous augmentez vos chances de succès. Notre méthode progressive[1] vous aidera à franchir les étapes indiquées dans la fiche de projet et à élaborer un programme d'entraînement qui vous convienne. Reportez-vous à la figure 10.1 pour voir un exemple de projet et de contrat personnels.

Si vous avez besoin d'aide pour définir votre projet, vous pouvez choisir un des programmes proposés à la fin du présent chapitre. Ces programmes sont axés respectivement sur la marche, le jogging et la course à pied, sur le cyclisme, sur la natation et sur le patin à roues alignées.

PREMIÈRE ÉTAPE : **SE FIXER DES OBJECTIFS**

Se fixer des objectifs à atteindre grâce à l'activité physique est une première étape déterminante pour élaborer un programme d'entraînement. Posez-vous la question suivante : « À quoi mon programme d'entraînement me servira-t-il ? » Définissez-vous des objectifs généraux et spécifiques, à court et à long terme. Vous pourriez par exemple avoir comme objectifs généraux ou à long terme de réduire votre risque de maladies chroniques, d'améliorer votre posture et d'augmenter votre capacité énergétique. Les objectifs spécifiques ou à court terme fondés sur des facteurs mesurables sont également utiles. Il pourrait s'agir de hausser de 10 % votre VO_2 max, de diminuer de 22 à 19 minutes le temps nécessaire pour courir 3 km, d'augmenter de 15 à 25 le nombre d'extensions de bras et de porter votre indice de masse corporelle (IMC) de 26 à 24. Grâce à ces objectifs spécifiques, vous aurez la satisfaction de constater les changements mesurables résultant de votre programme d'entraînement. Pour vous aider à formuler des objectifs spécifiques, reportez-vous à vos résultats aux tests d'évaluation des labos des chapitres 3 à 6. Ces tests reflètent vos capacités physiques et votre composition corporelle actuelles.

Il vous sera plus facile de respecter votre programme si vous vous fixez des objectifs à la fois stimulants et réalistes; tenez donc compte de votre hérédité, de votre condition physique et d'autres

---

1. Adaptée de *Your Guide to Getting Fit*, de Ivan Kusinitz et Morton Fine.

A Je, <u>Louise Duguay</u> , m'engage à suivre un programme d'entraînement en vue d'atteindre les objectifs suivants.
(nom)

Objectifs spécifiques ou à court terme

1. Améliorer ma capacité cardiovasculaire en augmentant mon VO_2 max à 37 ml d'O_2/kg/min.
2. Améliorer la force et l'endurance musculaires de la partie supérieure de mon corps.
3. Améliorer ma composition corporelle (diminution du pourcentage de tissu adipeux de 30 % à 25 %).
4. Améliorer mon jeu au tennis (retourner 20 balles consécutives envoyées par le lance-balles automatique).

Objectifs généraux ou à long terme

1. Développer une attitude plus positive envers moi-même.
2. Réduire mon risque de diabète et de maladie cardiaque.
3. Accroître et maintenir ma densité osseuse afin de diminuer le risque d'ostéoporose.
4. Accroître mon espérance de vie en bonne santé.

B Mon programme est le suivant.

Éléments (faire un crochet ✓)								Fréquence (faire un crochet ✓)						
Activités	EC	FM	EM	F	CC	Intensité*	Durée	L	Ma	Me	J	V	S	D
Natation	✓	✓	✓	✓	✓	140-150 bpm	35 min	✓		✓		✓		
Tennis	✓	✓	✓	✓	✓	PE** = 14	90 min						✓	
Poids et haltères		✓	✓	✓	✓	voir le labo du chap. 4	30 min		✓		✓		✓	
Flexibilité				✓			25 min	✓		✓		✓	✓	

* Indiquez votre fréquence cardiaque cible.   ** Indiquez votre valeur en fonction de l'échelle de perception de l'effort.

C Mon programme commencera le <u>21 septembre</u> . Il comprend les échéances intermédiaires ainsi que les récompenses suivantes.

Achever les 2 premières semaines du programme (première échéance)	5 octobre (date)	cinéma avec des amis (récompense)
VO_2 max = 34 ml d'O_2/kg/min (deuxième échéance)	2 novembre (date)	achat d'un disque compact (récompense)
Achever les 10 premières semaines du programme (troisième échéance)	30 novembre (date)	achat d'un chandail (récompense)
Pourcentage de tissu adipeux = 28 % (quatrième échéance)	22 décembre (date)	fin de semaine de vacances (récompense)
VO_2 max = 36 ml d'O_2/kg/min (cinquième échéance)	18 janvier (date)	achat d'un disque compact (récompense)

D Mon programme comprend des activités physiques quotidiennes (monter les escaliers ou marcher pour aller à mes cours).

1. Marcher pour aller à l'école et rentrer à la maison.
2. Prendre les escaliers plutôt que l'ascenseur.
3. Prendre la bicyclette plutôt que la voiture pour aller à la bibliothèque.
4. _____
5. _____

E J'utiliserai les moyens suivants pour respecter mon programme et observer mes progrès.

J'inscrirai sur un graphique le nombre de longueurs de piscine et le temps passé dans l'eau. Je ferai aussi des graphiques relatifs à la force et à la flexibilité.

En signant le présent contrat, je m'engage personnellement à atteindre les objectifs que je me suis fixés.

J'ai demandé à <u>Guy Dubé</u> de signer ce contrat en tant que témoin et partenaire pour nager avec moi trois jours par semaine
(indiquez comment le témoin participera au programme)

Louise Duguay	21 sept. 2000	Guy Dubé	21 sept. 2000
(votre signature)	(date)	(signature du témoin)	(date)

Figure 10.1 **Exemple de programme d'entraînement et de contrat personnels.**

L'entraînement avec des poids contribue très peu au développement de l'endurance cardiovasculaire, mais est excellent pour développer la force et l'endurance musculaires. Un programme d'entraînement doit comprendre divers exercices et des activités physiques favorisant une bonne condition physique générale.

facteurs individuels. Notez que la condition physique s'améliore plus rapidement au cours des six premiers mois d'un programme d'entraînement. Par la suite, les modifications se produisent plus lentement et dépendent généralement de la mise en œuvre d'un programme plus intensif. Il est donc important de se fixer des objectifs réalistes et, une fois qu'on a atteint la condition physique désirée, de continuer à faire les activités physiques nécessaires à son maintien.

Tenez bien compte de vos besoins, de vos capacités et de vos facteurs de motivation. Les labos 10.1 à 10.3 vous y aideront.

DEUXIÈME ÉTAPE : CHOISIR LES ACTIVITÉS

Si vous avez déjà choisi des activités et élaboré des projets spécifiques concernant les différents déterminants de la condition physique traités dans les chapitres 3 à 6, vous pouvez rassembler ces éléments au sein d'un programme complet. Il est préférable d'y inclure des activités physiques et des exercices correspondant à chacun des déterminants de la condition physique.

- L'endurance cardiovasculaire se développe en pratiquant des activités telles que la marche, le cyclisme et la danse aérobique, qui nécessitent des mouvements rythmiques continus des grands groupes musculaires, comme ceux des jambes (*voir* chapitre 3). Des activités de loisir populaires comme la marche en plein air et la danse peuvent aussi favoriser le développement de l'endurance cardiovasculaire. De plus, certaines activités, tels le tennis et le badminton, peuvent augmenter votre endurance si vous les pratiquez régulièrement.
- La force et l'endurance musculaires se développent au moyen d'un entraînement musculaire spécifique qui consiste à lever des poids ou à effectuer des exercices tels des extensions de bras ou des redressements assis (*voir* chapitre 4). Certaines activités physiques

et sportives, en sollicitant des groupes musculaires de façon localisée et répétitive, peuvent être associées au développement musculaire (pensez par exemple aux muscles des jambes d'un cycliste).

- La flexibilité se développe au moyen d'exercices spécifiques pour les principaux groupes de muscles (*voir* chapitre 5). Certaines activités sportives peuvent aussi contribuer au maintien et au développement de la flexibilité : la danse, la gymnastique, certains arts martiaux et le yoga en sont de bons exemples.
- On peut acquérir une saine composition corporelle en adoptant une saine alimentation et un programme d'activités physiques régulier comprenant des activités d'endurance cardiovasculaire — pour dépenser des calories — et un entraînement en musculation — pour faire augmenter la masse musculaire. (*Voir* chapitre 6.)

Le tableau 10.1 présente une évaluation de la pertinence de nombreuses activités populaires pour le développement de chacun des déterminants de la condition physique. Vérifiez l'évaluation des activités que vous voulez entreprendre, pour vous assurer que le programme que vous élaborez favorisera ce développement et vous permettra d'atteindre vos objectifs. Vous pourriez décider de choisir une activité spécifique pour chacun des déterminants de la condition physique, comme le cyclisme, les poids et haltères et les exercices de flexibilité. Vous pourriez aussi adopter l'**entraînement alternatif** en choisissant plusieurs activités favorisant le développement d'un même déterminant de la condition physique, comme la danse aérobique, la natation et le volley-ball pour améliorer l'endurance cardiovasculaire. (On abordera l'entraînement alternatif dans la prochaine section.)

Si vous choisissez des activités qui correspondent vraiment à votre engagement, vous aurez un programme motivant que vous n'aurez pas envie de laisser tomber. Choisissez donc vos activités en fonction des facteurs suivants.

- *Le plaisir* Pensez d'abord aux activités que vous faites ordinairement et qui vous procurent du plaisir, car il est souvent facile de les modifier pour les intégrer à votre programme. Lorsque vous envisagez de nouvelles activités, demandez-vous d'abord : « Est-ce une activité agréable ? Est-ce

TERMINOLOGIE

Entraînement alternatif Alternance de plusieurs activités destinées à l'amélioration d'un seul déterminant de la condition physique.

Tableau 10.1 Données relatives aux exigences de diverses activités physiques et sportives.

SPORTS ET ACTIVITÉS	Composantes					Habileté technique	Condition physique préalable	Dépense en calories (cal/kg/min)**	
	EC	FM*	EM*	F*	CC			IM	IV
Aviron	É	É	É	É	É	F	F	0,070	0,213
Badminton avancé (simple)	É	M	M	M	É	M	M	—	0,156
Balle au mur avancée (simple)	É	M	É	M	É	M	M	—	0,172
Ballet (enchaînement au sol)	M	M	É	É	M	M	F	—	0,128
Baseball (lanceur, receveur)	M	M	É	M	M	É	M	0,086	—
Basket-ball (demi-terrain)	É	M	É	M	É	M	M	0,099	0,156
Course à pied	É	M	É	F	É	F	F	0,132	0,229
Course d'orientation	É	M	É	F	É	F	M	0,108	0,172
Crosse	É	M	É	M	É	F	M	0,114	0,172
Cyclisme	É	M	É	M	É	M	F	0,108	0,156
Danse aérobique	É	M	É	É	É	F	F	0,101	0,136
Danse folklorique	M	F	M	F	M	F	F	0,086	0,108
Danse sociale	M	F	M	F	M	M	F	0,075	0,238
Danse moderne (chorégraphies)	M	M	É	É	M	F	F	—	0,128
Entraînement par intervalle	É	É	É	M	É	F	F	—	0,136
Équitation	M	M	M	F	M	M	M	0,114	0,143
Escalade	M	É	É	É	M	É	M	0,733	0,733
Escrime	M	M	É	É	M	M	F	0,070	0,172
Exercices à main libre	É	M	É	M	É	F	F	—	0,132
Exercices de flexibilité	F	F	F	É	F	F	F	—	—
Golf (avec voiturette)	F	F	F	M	F	F	F	—	—
Hébertisme	É	M	É	M	É	F	F	—	0,132
Hockey sur gazon	É	M	É	M	É	M	M	0,114	0,172
Hockey (glace ou roulettes)	É	M	É	M	É	M	M	0,114	0,172
Judo	M	É	É	M	M	M	F	0,108	0,198
Karaté	É	M	É	É	É	F	M	0,108	0,198
Kayak (eaux calmes)	M	M	É	M	M	M	M	0,099	—
Lutte	É	É	É	É	É	É	É	0,143	0,207
Marche	É	F	M	F	É	F	F	0,064	0,106

que j'y prendrai plaisir longtemps ? » Il est d'ailleurs préférable de s'accorder une période d'essai avant choisir définitivement une activité nouvelle.

- *Votre habileté technique et votre condition physique*   Si de nombreuses activités conviennent aux débutants, certains sports et activités physiques exigent une habileté technique moyenne pour être bénéfique à la condition physique. Ainsi, un débutant au tennis ne sera probablement pas capable de soutenir des échanges assez longs pour déve-lopper son endurance cardiovasculaire. Reportez-vous à la colonne relative à l'habileté technique du tableau 10.1 afin de savoir quel degré d'habileté est nécessaire à la pratique intensive de chaque activité. Si votre habileté ne correspond pas à l'exigence, commencez votre programme avec une autre activité. Ainsi, un débutant qui apprend à jouer au tennis aura intérêt à adopter un programme de marche rapide. Pour acquérir l'habileté nécessaire à la pratique d'une activité spécifique, suivez un cours ou consultez des personnes compétentes.

Tableau 10.1	Données relatives aux exigences de diverses activités physiques et sportives (suite).								
SPORTS ET ACTIVITÉS	**Composantes**					**Habileté technique**	**Condition physique préalable**	**Dépense en calories** (cal/kg/min)**	
	EC	*FM**	*EM**	*F**	*CC*			*IM*	*IV*
Marche en forêt	É	M	É	M	É	F	M	0,070	0,172
Nage synchronisée	M	M	É	É	M	É	M	0,070	0,114
Natation	É	M	É	M	É	M	F	0,114	0,194
Patin (glace ou roues alignées)	M	M	É	M	M	É	M	0,108	0,209
Poids et haltères	F	É	É	É	M	F	F	—	—
Quilles	F	F	F	F	F	F	F	—	—
Randonnée pédestre	É	M	É	F	É	F	M	0,112	0,161
Rugby	É	M	É	M	É	M	M	0,114	0,213
Saut à la corde	É	M	É	F	É	M	M	0,156	0,209
Ski alpin	M	É	É	M	M	É	M	0,086	0,172
Ski de fond	É	M	É	M	É	M	M	0,108	0,229
Ski nautique	M	M	É	M	M	É	M	0,086	0,121
Soccer	É	M	É	M	É	M	M	0,114	0,213
Squash avancé (simple)	É	M	M	M	É	M	M	0,108	0,172
Tennis avancé (simple)	É	M	M	M	É	M	M	—	0,156
Tennis de table	M	F	M	M	M	M	F	—	0,099
Voile	F	F	M	F	F	M	F	—	—
Volley-ball	M	F	M	M	M	M	M	—	0,143
Water-polo	É	M	É	M	É	É	M	—	0,172
Yoga	F	F	M	É	F	É	F	—	—

* Les évaluations données s'appliquent aux groupes de muscles concernés.

** Pour déterminer le nombre de calories dépensées, multipliez la valeur appropriée par votre poids corporel, puis par la durée de l'activité en minutes. Vous devriez dépenser 300 calories ou plus par séance.

Renvoient à l'intensité de l'activité, à l'habileté technique et à la condition physique préalable :	Développe :	Dépense en calories selon :
É : élevée	*EC* : endurance cardiovasculaire	*IM* : Intensité moyenne
M : moyenne	*FM* : force musculaire	*IV* : Intensité vigoureuse
F : faible	*EM* : endurance musculaire	
	F : flexibilité	
	CC : composition corporelle	

Source : Kusinitz, I. et M. Fine, *Your Guide to Getting Fit*, 3ᵉ édition, Mountain View (Californie), Mayfield, 1995.

Votre condition physique peut également limiter votre choix d'activités. Par exemple, si vous êtes présentement inactif, un programme de marche serait plus adéquat qu'un programme de jogging. De même, les activités qui permettent de contrôler l'intensité de son effort, comme la marche, le cyclisme et la natation, conviennent mieux aux programmes de conditionnement physique pour débutant que les activités sportives et physiques dont le rythme dépend aussi des autres, comme le soccer, le basket-ball et le tennis. Reportez-vous à la colonne du tableau 10.1 pour connaître la condition physique préalable aux activités auxquelles vous songez.

TERMINOLOGIE

Dépense en calories Quantité d'énergie utilisée pour effectuer une activité donnée, généralement exprimée en calories par minute et par kilogramme de poids.

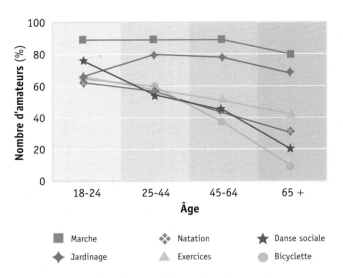

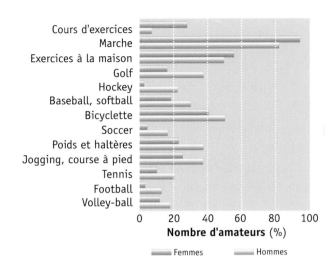

Figure 10.2 **Activités populaires selon l'âge et le sexe.** (*Source* : Sondage indicateur de l'activité physique en 1997 réalisé par l'Institut canadien de recherche sur la condition physique et le mode de vie.)

• *Les questions de temps et de la proximité des installations* Pour que votre programme soit durable, composez-le d'activités qui s'insèrent facilement dans votre horaire quotidien. Pouvez-vous pratiquer cette activité près de chez vous, de votre école ou de votre lieu de travail ? Les installations nécessaires sont-elles disponibles à des moments qui vous conviennent ? Avez-vous besoin d'un partenaire ou de coéquipiers pour la pratiquer ? Pouvez-vous vous y adonner à l'année ou devrez-vous trouver une activité saisonnière de rechange ?

• *Les coûts* Certains sports et activités nécessitent l'achat d'équipement ou d'une carte de membre. Si votre budget est serré, contentez-vous d'activités peu coûteuses ou gratuites. Informez-vous au sujet des programmes, souvent disponibles à peu de frais, qu'offre votre établissement scolaire. Il y a de nombreuses activités qui ne nécessitent rien d'autre qu'une bonne paire d'espadrilles.

• *Les besoins spécifiques en matière de santé* Si vous avez des besoins spécifiques découlant d'un problème de santé, consultez votre médecin pour connaître la meilleure façon d'établir un programme d'entraînement adapté à vos besoins et à vos objectifs personnels. Vous trouverez, plus loin dans ce chapitre, des conseils pratiques pour les personnes affectées par un problème chronique courant.

TERMINOLOGIE

Échelle de perception de l'effort Système de mesure de l'intensité d'un exercice qui repose sur l'attribution d'un nombre à la perception subjective de l'intensité visée.

La figure 10.2 indique certaines activités actuellement populaires au Canada.

TROISIÈME ÉTAPE : DÉFINIR L'INTENSITÉ, LA DURÉE ET LA FRÉQUENCE VISÉES POUR CHAQUE ACTIVITÉ

Il faut maintenant définir l'intensité, la durée et la fréquence selon lesquelles vous pratiquerez chaque activité que vous avez choisie (reportez-vous à la figure 10.1).

Activité en endurance cardiovasculaire Prenez note de la fréquence cardiaque visée ou de la valeur de l'**échelle de perception de l'effort** (*voir* figure 10.3) si vous êtes plutôt habitué aux activités physiques d'intensités diverses et que vous connaissez suffisamment vos capacités et vos limites. Quant à la durée totale visée, elle devrait être de 20 à 60 minutes, selon l'intensité de l'activité (une durée plus courte convient aux activités plus intenses, une durée prolongée aux activités moins intenses). Effectuez votre activité en une seule séance ou en plusieurs séances de 10 minutes ou plus. Vérifiez si la durée totale est adéquate en vous servant des données figurant dans la colonne « Dépense en calories » du tableau 10.1. Commencez votre programme par une dépense de 100 à 150 calories par séance d'activité et venez-en graduellement à 300. Calculez la dépense en calories en multipliant le facteur approprié indiqué dans le tableau 10.1 par votre poids et par la durée de votre activité. Par exemple, marcher à un rythme modéré entraîne une dépense d'environ 0,064 calorie par minute et par kilogramme de poids. Une personne pesant 68 kilos pourrait commencer son programme par une marche de 30 minutes, correspondant à une dépense de 130 calories. Lorsque sa condition physique se sera améliorée, elle pourrait faire de la bicyclette pour développer son endurance cardiovasculaire. À une vitesse moyenne, cela entraîne une dépense en calories plus élevée (0,108 cal/min/kg) que la marche; en faisant de la bicyclette pendant 40 minutes, cette personne dépenserait les 300 calories visées.

La fréquence appropriée d'une activité d'endurance cardiovasculaire dépend de l'intensité. La fréquence est moins grande lorsque l'intensité est élevée (trois fois par semaine). Si l'intensité est faible, on recommande une fréquence de quatre à sept fois par semaine.

Entraînement en force et en endurance musculaires   Comme on l'a vu au chapitre 4, un programme général d'entraînement pour développer la force musculaire doit comprendre au moins une série de 8 à 10 exercices répétés de 9 à 12 fois qui activent tous les groupes de muscles. Optez pour une charge suffisamment lourde pour fatiguer vos muscles, mais pas au point de vous empêcher d'effectuer tous les exercices et le nombre de répétitions prévus. On recommande une fréquence de deux ou trois fois par semaine.

Entraînement favorisant la flexibilité   Faites des exercices de flexibilité pour tous les groupes musculaires. Pour chaque exercice, étirez les muscles jusqu'à ressentir une faible tension et maintenez

la position de 10 à 30 secondes; répétez chaque exercice au moins quatre fois. Les exercices de flexibilité doivent être effectués au moins deux ou trois fois par semaine, préférablement lorsque les muscles ont déjà été activés.

QUATRIÈME ÉTAPE : ÉTABLIR UN SYSTÈME D'OBJECTIFS À COURT TERME ET PRÉVOIR DES RÉCOMPENSES

Pour vous encourager, établissez-vous un système d'objectifs à court terme et prévoyez quelques récompenses. Subdivisez votre objectif à long terme en plusieurs objectifs à court terme et fixez une date d'échéance pour chaque étape. Par exemple, si un des objectifs du programme d'un élève de 18 ans est d'améliorer sa force et son endurance musculaires dans la partie supérieure de son corps, il pourrait recourir au test d'extensions de bras (labo 4.3) pour se fixer des objectifs intermédiaires. S'il peut à l'heure actuelle accomplir 15 extensions (correspondant à l'évaluation « À améliorer »), il pourrait se fixer comme objectifs intermédiaires de parvenir à faire 20, 25 puis 30 extensions (correspondant aux catégories « Bien » et « Très bien »). En espaçant ses objectifs intermédiaires de quatre à six semaines et en précisant les récompenses qu'il s'accorde, ce jeune homme pourra observer ses progrès et se récompenser à mesure qu'il s'approchera de son objectif final.

CINQUIÈME ÉTAPE : INCLURE DES ACTIVITÉS PHYSIQUES QUOTIDIENNES DANS LE PROGRAMME

Comme le précise le chapitre 2, l'activité physique quotidienne est partie intégrante d'un mode de vie sain. Dans le cadre de votre programme d'entraînement, définissez-vous des moyens d'être plus actif quotidiennement. Consignez vos activités dans un journal de bord. En relisant ce que vous y avez inscrit, vous identifierez des occasions où vous pourriez être plus actif et vous pourrez les ajouter au programme que vous aurez établi dans le labo 10.4.

SIXIÈME ÉTAPE : METTRE AU POINT DES INSTRUMENTS POUR CONSIGNER VOS PROGRÈS

Consignez vos progrès sur une base quotidienne : vous tirerez ainsi satisfaction de votre engagement et vous aurez envie de le poursuivre. Le labo 10.5 indique comment tenir ce genre de journal et comment y consigner le type, la fréquence et la durée

Figure 10.3   Évaluation de la perception de l'effort.

Échelle de perception de l'effort	
6	
7	Extrêmement facile
8	
9	Très facile
10	
11	Facile
12	
13	Quelque peu difficile
14	
15	Difficile
16	
17	Très difficile
18	
19	Extrêmement difficile
20	Effort maximal

Nom : Louise Duguay															
Activité/date	L	Ma	Me	J	V	S	D	Total hebdo-madaire	L	Ma	Me	J	V	S	D	Total hebdo-madaire
1 Natation	700 m		600 m		700 m			2000 m	700 m		700 m		750 m			2150 m
2 Tennis				90 min				90 min						95 min		95 min
3 Poids et haltères		✓		✓	✓					✓		✓		✓	✓	
4 Exercices de flexibilité	✓		✓		✓	✓			✓			✓	✓	✓	✓	
5																
6																

Figure 10.4 Exemple de journal d'activités physiques. Vous y inscrirez vos activités, leur durée, les distances parcourues ou toute autre mesure de vos progrès.

de vos activités (la figure 10.4 en donne un exemple). Gardez votre journal à portée de la main; cela vous rappellera votre programme et vous encouragera à faire des progrès. Si vous avez établi des objectifs spécifiques et mesurables, reportez vos progrès hebdomadaires ou mensuels sur un graphique (*voir* figure 10.5).

SEPTIÈME ÉTAPE : S'ENGAGER

La dernière étape d'élaboration de votre programme, c'est la signature d'un contrat qui vous engage. Choisissez un témoin, de préférence une personne qui prendra une part active à la réalisation de votre programme. Gardez votre contrat à vue de sorte que votre engagement demeure présent à votre esprit.

LA MISE EN ŒUVRE DU PROGRAMME

Vous avez élaboré un programme détaillé et signé votre contrat ? Il s'agit maintenant d'entreprendre votre programme d'entraînement. Reportez-vous aux chapitres 2 à 5 et relisez les suggestions relatives à l'entraînement qui s'y trouvent. Cela vous donnera une idée de la façon de commencer et de suivre votre programme. Voici quelques principes généraux à ce sujet.

- *Commencez lentement et accentuez graduellement l'intensité et la durée des activités.* Un départ trop brusque peut rapidement engendrer découragement, désagréments et blessures. Soyez patient et réaliste. La première étape importante consiste à briser l'habitude d'être inactif. Lorsque votre organisme se sera adapté au rythme initial d'activité physique, augmentez progressivement la quantité d'efforts que vous exigez de lui. Pour réussir, procédez par étapes : petit à petit, vous améliorerez considérablement votre condition physique. Il est généralement préférable d'augmenter d'abord la durée et la fréquence de l'activité, ensuite son intensité.

- *Trouvez-vous un partenaire d'entraînement.* Le côté social de l'activité physique est important pour de nombreuses personnes suivant un programme

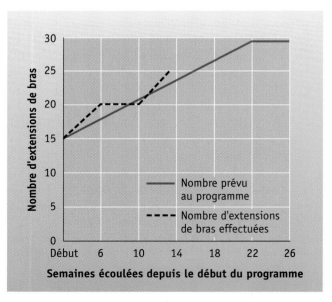

Figure 10.5 Exemple de graphique permettant de consigner ses progrès.

d'entraînement. S'entraîner avec un ami est agréable et motivant. Trouvez-vous donc un partenaire d'entraînement dont les objectifs et la condition physique sont comparables aux vôtres.

- *Variez votre programme.* Votre programme sera plus agréable à long terme s'il comporte une variété d'activités qui vous plaisent. Vous pouvez aussi ajouter à la variété en diversifiant les trajets que vous empruntez lorsque vous marchez, courez, faites de la bicyclette ou du patin à roues alignées; en vous trouvant un nouveau partenaire de tennis; en variant la musique pour la danse aérobique ou en changeant de lieu d'entraînement, par exemple.

En alternant les activités, vous vous assurerez d'une bonne condition physique globale. Par exemple, en alternant la course à pied et la natation, vous favorisez le développement musculaire tant de la partie supérieure que de la partie inférieure du corps. Un entraînement alternatif peut ainsi vous permettre de pratiquer diverses activités physiques. Il réduit également les risques de blessure et de surentraînement qui découlent du stress continuel que la pratique d'une même activité impose au même groupe de muscles, d'os et d'articulations. L'entraînement alternatif peut comporter des activités différentes d'une journée à l'autre ou une combinaison d'activités au cours d'une même séaànce.

- *Préparez-vous à avoir des hauts et des bas.* À certains moments, vous observerez des progrès remarquables, tandis qu'à l'occasion vous aurez beaucoup de peine à mener à terme vos activités. Les mauvaises journées ne devraient ni vous décourager ni vous culpabiliser. Profitez plutôt de ces occasions pour renouveler votre engagement. Pensez à vos succès et au sentiment de bien-être que vous éprouvez après une séance d'activité. Imaginez votre plaisir lorsque vous aurez atteint vos objectifs et servez-vous de ce plaisir anticipé pour vous motiver à mener votre programme à terme.

Si vous vous relâchez, consultez votre journal d'activités et tentez de cerner les pensées et les comportements négatifs qui pourraient expliquer cela. Trouvez des moyens de diminuer leur fréquence. Modifiez votre programme et votre système de récompenses afin de stimuler votre enthousiasme et de renouveler votre engagement. Attendez-vous à procéder à de nombreux ajustements tout au long de la réalisation de votre programme : c'est normal.

Lisez les conseils pratiques de l'encadré intitulé « Faire de l'activité physique : les pièges à éviter ».

PRINCIPES GÉNÉRAUX D'ACTIVITÉ PHYSIQUE POUR LES PERSONNES AYANT DES BESOINS DE SANTÉ PARTICULIERS

La pratique d'une activité physique régulière et appropriée est généralement bénéfique aux personnes affectées d'un problème de santé chronique ou ayant des besoins particuliers en matière de santé. Ainsi, grâce à l'activité physique régulière, les cardiaques ou les personnes souffrant d'hypertension peuvent réduire leur tension artérielle et améliorer leur taux de cholestérol. Les diabétiques, quant à eux, accroissent ainsi leur sensibilité à l'insuline et améliorent leur composition corporelle, tandis que les asthmatiques réduisent le risque de crise aiguë lors d'un effort. En fait, pour bon nombre de personnes ayant des besoins particuliers en matière de santé, les risques associés à l'inactivité physique sont beaucoup plus élevés que ceux d'un programme léger d'activité physique régulière.

Les recommandations générales que contient cet ouvrage peuvent s'appliquer à tout programme d'activité physique. Toutefois, les personnes ayant des besoins particuliers en matière de santé devraient prendre la précaution de consulter leur médecin avant d'entreprendre quelque programme que ce soit. Voici quelques principes généraux reliés à certains besoins particuliers en matière de santé.

L'ARTHRITE

- Si la maladie a été diagnostiquée, n'hésitez pas à entreprendre rapidement un programme d'activité physique et d'exercice.
- Échauffez-vous suffisamment avant chaque séance afin d'assouplir vos muscles et de réduire les risques de blessure.
- Si vous faites de l'activité physique pour accroître votre endurance cardiovasculaire, évitez les activités intenses pouvant toucher les articulations frappées d'arthrite. Envisagez un programme de natation ou toute autre activité à effectuer dans une piscine en eau tiède.
- Effectuez des exercices d'entraînement musculaire pour tout le corps et accordez une attention particulière aux muscles qui soutiennent et protègent les articulations affectées (exemple : renforcez vos quadriceps et les autres muscles de vos cuisses pour aider vos genoux). Commencez par des exercices de faible intensité et augmentez graduellement.

- Faites des exercices d'étirement afin de maintenir la mobilité de vos articulations.

L'ASTHME

- Faites de l'activité physique régulièrement; vous serez moins susceptible de faire des crises aiguës.
- Gardez votre médication à proximité et évitez de demeurer seul pendant l'activité.
- Échauffez-vous et cessez l'activité progressivement pour diminuer le risque de crise aiguë.
- Au début d'un programme d'entraînement, choisissez des activités d'endurance selon un rythme personnel, notamment s'il s'agit d'activités s'inscrivant dans un **entraînement par intervalle** (courtes séances d'activité suivies d'une période de repos). Augmentez progressivement l'intensité des activités en endurance cardiovasculaire.
- Buvez de l'eau avant, pendant et après une séance d'activité physique afin d'humidifier les voies respiratoires, car l'air froid et sec peut déclencher ou aggraver une crise. Par temps froid, couvrez-vous la bouche avec un masque ou un foulard pour réchauffer et humidifier l'air inhalé. La natation dans une piscine chauffée constitue une excellente activité pour les asthmatiques.

CONSEILS PRATIQUES

Faire de l'activité physique : les pièges à éviter

Une technique déficiente Les techniques relatives à certaines activités physiques ou sportives ont une grande importance, même pour les activités faciles comme la marche. Si vous augmentez votre vitesse de marche, par exemple, vous aurez naturellement envie d'allonger vos foulées. Or, il se peut que cela soit trop exigeant pour vos tibias. La technique appropriée consiste plutôt à effectuer des foulées plus rapides. Au besoin, suivez un cours ou demandez à un spécialiste de vous enseigner la technique adéquate pour réaliser les activités que vous avez choisies.

La respiration rapide Les débutants ont tendance à respirer rapidement et superficiellement. Or, ce type de respiration ne permet pas à l'oxygène d'atteindre la base des poumons, où sa présence est nécessaire, et il s'ensuit une impression d'essoufflement. Prenez plutôt des respirations plus longues et plus profondes.

Le zèle des débutants Si vous étiez inactif avant de commencer votre programme d'entraînement, votre organisme ne sera pas disposé à faire des activités exigeantes. Malgré tout, vous ferez probablement des progrès rapides au début, ce qui pourrait vous inciter à faire du zèle. Résistez à cette tentation. Vous éviterez des blessures.

L'excès de confiance du vétéran Même si vous faites de l'activité physique depuis longtemps, n'exigez pas de votre organisme des performances excédant ses capacités et évitez l'excès de confiance. Les personnes qui ont déjà été en bonne condition physique et qui veulent reprendre la forme sont particulièrement susceptibles de vouloir progresser trop rapidement et, par exemple, d'allonger leur parcours de course à pied de 3 à 9 kilomètres en quelques semaines à peine. Que vous soyez débutant ou que vous partiez d'un niveau un peu plus élevé, il est toujours préférable de progresser lentement.

Le risque d'épuisement Méfiez-vous de vos capacités et de votre ambition. Soyez prudent, n'augmentez pas continuellement l'effort. Même une faible augmentation peut se révéler exagérée. Si vous vous apercevez que vous redoutez les séances d'entraînement ou que les journées vous paraissent interminables à la suite d'une dure séance, il se peut que vous soyez victime de surentraînement. Le cas échéant, cessez toute activité physique pendant quelques jours, puis reprenez vos séances à un rythme plus lent.

L'échauffement Prenez le temps nécessaire pour échauffer vos muscles en prévision de vos activités. Même pour un exercice léger, votre organisme a besoin d'une période d'adaptation. Commencez par une marche lente et agréable avant d'accélérer le rythme. À la fin d'une séance, ne cessez pas brusquement l'activité, mais ralentissez plutôt le rythme graduellement. Prenez l'habitude de terminer votre séance par des exercices d'étirement.

Le sportif de fin de semaine Afin de retrouver une bonne condition physique, nombreux sont ceux qui, la fin de semaine, pratiquent un sport très exigeant, comme le hockey. Une telle mentalité de « guerrier de fin de semaine » est risquée et peu profitable. Avant de pouvoir pratiquer certains sports en toute sécurité, il faut acquérir une bonne condition physique, surtout lorsqu'on est un sportif de fin de semaine.

La régularité Quels que soient vos objectifs et le type d'activité que vous avez choisi, la régularité de la pratique est importante. Si vous n'avez pas le temps de faire autant d'activité que vous le voudriez, faites une activité quelconque, aussi brève soit-elle. Vous obtiendrez de meilleurs résultats en faisant un peu d'activité physique tous les jours plutôt que de longues séances irrégulières.

Source : Adaptation de Stamford, B., « Exercise Adviser : Dodging Common Exercise Pitfalls », *The Physician and Sportsmedicine*, 1997, 25(7).

Une personne ayant des besoins particuliers en matière de santé peut s'élaborer un programme d'entraînement sécuritaire et efficace. La natation est excellente pour une personne asthmatique, car en respirant de l'air chaud et humide elle court moins le risque de subir une crise d'asthme pendant l'activité.

- Évitez les activités en plein air en période de pollinisation ou lorsque l'indice de pollution est élevé. Ne faites pas d'activité physique dans un local sec ou poussiéreux.

LE DIABÈTE

- Ne commencez un programme d'activité physique que si la maladie est sous contrôle et qu'un médecin vous a donné le feu vert. Les diabétiques étant exposés à un risque accru de maladie cardiaque, il serait souhaitable de subir une épreuve d'effort.
- Ne faites pas d'activité physique sans être accompagné. Portez votre bracelet d'urgence.
- Il se peut qu'il faille modifier la fréquence et le volume des doses d'insuline ou de tout autre médicament. Suivez l'ordonnance du médecin et vérifiez régulièrement votre taux de glycémie afin d'équilibrer l'apport et la dépense d'énergie et d'adapter le dosage du médicament en conséquence.
- Pour prévenir l'absorption anormalement rapide de l'insuline, injectez-la dans un muscle qui ne sera pas soumis à un effort physique et attendez au moins une heure avant de commencer l'activité prévue.
- Vérifiez votre taux de glycémie avant et après l'activité physique et modifiez, s'il y a lieu, votre alimentation et votre dose d'insuline. Lors d'une séance d'activité physique, ayez toujours sous la main des aliments riches en glucides.
- En cas de mauvaise circulation sanguine ou d'engourdissement à l'extrémité des membres, observez régulièrement votre peau afin de détecter la présence d'ampoules ou d'éraflures, notamment aux pieds. Évitez les activités intenses et portez des chaussures confortables.
- Pour maximiser les bienfaits de l'activité physique et en réduire les risques au minimum, choisissez des activités d'intensité légère ou modérée.

MALADIES CARDIAQUES ET HYPERTENSION

- N'augmentez pas l'intensité des activités physiques sans l'autorisation du médecin.
- Pratiquez une activité physique d'intensité modérée plutôt qu'élevée. Maintenez votre fréquence cardiaque à un rythme inférieur à celui où apparaissent des anomalies lors d'une épreuve à l'effort.
- Prévoyez des périodes d'échauffement et d'arrêt progressif d'au moins 10 minutes avant et après l'activité.
- Vérifiez votre fréquence cardiaque durant l'activité et cessez toute activité en cas d'étourdissement ou de douleur abdominale.
- Gardez sur vous votre médication d'ordonnance. Si vous prenez des bêtabloquants contre l'hypertension, vérifiez l'intensité de votre activité en prenant la valeur de l'échelle de perception de l'effort plutôt que la fréquence cardiaque (les bêtabloquants ralentissent la fréquence cardiaque). Faites de l'activité physique à un niveau de perception de l'effort correspondant à « plutôt intensif ». Votre respiration devrait être facile et ne pas vous empêcher de parler.
- Ne retenez pas votre souffle pendant l'exercice, car cela pourrait faire s'élever soudainement votre tension artérielle. Pendant tout entraînement avec des charges, prenez des précautions particulières et ne soulevez jamais de poids très lourds.
- Augmentez très progressivement l'intensité, la durée et la fréquence de l'activité que vous avez choisie.

TERMINOLOGIE

Entraînement par intervalle Technique d'entraînement selon laquelle une période d'activité physique est suivie d'une période de repos ou une période d'exercice intensif est suivie d'une période d'exercice léger.

L'OBÉSITÉ

- Pour maximiser les bienfaits de l'activité physique et en réduire les risques au minimum, optez pour des activités d'intensité légère ou modérée.
- Choisissez des activités comportant une mise en charge faible ou nulle, comme le cyclisme, la natation ou la marche. Des activités d'intensité légère sont moins susceptibles de causer des douleurs ou des blessures aux articulations.
- Pendant une activité, demeurez attentif à l'apparition de symptômes provenant d'un problème d'intolérance à la chaleur. Les personnes obèses y sont particulièrement exposées.
- Commencez lentement tout programme d'entraînement et augmentez progressivement l'effort. Augmentez d'abord la durée et la fréquence de l'activité physique, et seulement ensuite son intensité.
- Incluez un entraînement en musculation à votre programme d'entraînement afin d'augmenter ou de maintenir votre masse corporelle maigre.

L'OSTÉOPOROSE

- Si vous faites des activités d'endurance cardiovasculaire, adoptez une intensité optimale mais sans inconfort. Protégez votre densité osseuse en choisissant des activités comportant une mise en charge faible.
- Pour prévenir les fractures, évitez toute activité ou tout mouvement imposant un effort pour le dos ou risquant de provoquer une chute.
- Ajoutez à votre programme un entraînement avec des poids afin d'augmenter votre endurance musculaire et votre équilibre et de réduire le risque de chute et de fracture. Évitez de soulever des charges lourdes.

RÉSUMÉ

- Lorsqu'on élabore son programme d'entraînement, il faut avant tout considérer ses besoins, ses capacités physiques et ses facteurs de motivation.
- Les 7 étapes d'élaboration d'un programme complet d'entraînement sont les suivantes : 1) se fixer des objectifs réalistes, 2) choisir des activités propres à chaque déterminant de la condition physique, 3) établir l'intensité, la durée et la fréquence visées pour chaque activité, 4) planifier un système d'objectifs et de récompenses à court terme, 5) inclure des activités physiques quotidiennes dans le programme, 6) mettre au point des instruments de mesure des progrès accomplis et 7) s'engager.
- Lorsque vient le moment de choisir une activité physique ou sportive, il faut tenir compte du plaisir qu'on en retirera, de ses capacités physiques, de ses habiletés techniques, de sa condition physique, du temps qu'on peut y consacrer, du coût et de ses besoins particuliers en matière de santé.
- Pour appliquer efficacement son programme, il faut commencer lentement, augmenter progressivement l'intensité et la durée de l'activité physique, se trouver un partenaire, varier le programme et s'attendre à des rechutes.
- La pratique d'une activité physique régulière est très bénéfique pour les personnes ayant des besoins particuliers en matière de santé. Il se peut qu'il faille modifier le programme initial pour en maximiser la sécurité.

PROGRAMMES PROPOSÉS POUR DES ACTIVITÉS POPULAIRES

Vous trouverez ici quatre programmes d'entraînement : marche, jogging et course à pied; cyclisme; natation; patin à roues alignées. Chacun comprend un entraînement spécifique en endurance cardiovasculaire, un entraînement en musculation et des exercices de flexibilité. Avant de faire votre choix, consultez le tableau 10.1 et comparez vos objectifs avec les bienfaits que vous pourrez tirer de ces programmes. Repérez ensuite les variantes de ces programmes correspondant à vos besoins et lisez-en la description. Choisissez ensuite celui qui vous conviendra le mieux, compte tenu de vos habitudes et du plaisir que vous pourrez en retirer. Si vous choisissez l'un de ces programmes, faites quand même le labo 10.4, comme si vous aviez créé votre propre programme.

Il faudra plusieurs semaines d'entraînement avant que vous puissiez constater des améliorations majeures à votre condition physique. Soyez patient et profitez des trois ou quatre premières semaines pour bien évaluer la pertinence de votre programme. S'il ne vous semble pas adéquat tel quel, adaptez-le à vos besoins en conservant les éléments qui favorisent une meilleure condition physique.

PRINCIPES GÉNÉRAUX

Les principes suivants vous aideront à donner aux programmes d'activités proposés une efficacité accrue.

Intensité Que vous ayez décidé de vous entraîner pour améliorer votre endurance cardiovasculaire ou votre composition corporelle, faites en sorte que votre fréquence cardiaque atteigne le rythme visé. Prenez votre pouls ou utilisez l'échelle de perception de l'effort pour vérifier l'intensité de l'activité.

Si vous étiez plutôt sédentaire, commencez votre programme lentement. Laissez vos muscles s'adapter à la dépense d'énergie accrue que vous exigez d'eux. Maintenez votre fréquence cardiaque à un rythme inférieur à celui que vous visez tant que votre organisme ne se sera pas pleinement adapté aux nouvelles exigences que vous lui imposez. Initialement, vous n'aurez peut-être pas à fournir de grands efforts pour que votre fréquence cardiaque atteigne la zone cible, mais vous devrez probablement augmenter l'intensité à mesure que votre endurance cardiovasculaire augmentera.

Durée et fréquence Pour obtenir des effets bénéfiques à votre condition physique, vous devriez faire de l'activité physique pendant 20 à 60 minutes au moins trois fois par semaine.

Entraînement par intervalle Certains programmes proposent une activité continue. D'autres reposent sur un entraînement par intervalle, dans lequel une période de repos suit une période d'activité (marcher après avoir fait du jogging, pédaler doucement après avoir monté une côte, par exemple). L'entraînement par intervalle est un bon moyen d'augmenter l'effort progressivement. Si votre fréquence cardiaque devient trop élevée, faites-la diminuer jusqu'à ce qu'elle atteigne la limite inférieure de la zone cible. L'entraînement par intervalle permet également d'allonger le temps total consacré à l'activité physique et de retarder l'apparition de la sensation de fatigue.

Échauffement et arrêt progressif Commencez chaque séance d'activité physique par une période d'échauffement d'une dizaine de minutes. Commencez ensuite lentement votre activité, puis augmentez-en l'intensité jusqu'à ce que votre fréquence cardiaque atteigne votre zone cible. Diminuez toujours progressivement l'intensité vers la fin de la séance, afin que votre organisme revienne à l'état de repos. Il est indiqué de faire des exercices d'étirement après une activité cardiovasculaire ou un entraînement musculaire, car vos muscles sont alors échauffés et plus faciles à étirer.

Journal de bord Après chaque séance d'activité physique, notez la distance parcourue ou le temps que vous y avez consacré.

PROGRAMME POUR LA MARCHE, LE JOGGING ET LA COURSE À PIED

La marche, le jogging et la course à pied, les trois types d'entraînement les plus populaires auprès de ceux qui veulent augmenter leur endurance cardiovasculaire, permettent aussi d'améliorer la composition corporelle et l'endurance musculaire des jambes. Il n'est pas toujours facile d'établir une distinction entre ces trois activités d'endurance. Par souci de clarté, la marche sera ici définie comme toute activité pédestre effectuée à une vitesse inférieure à 8 km/h, le jogging correspondra à une vitesse de 8 à 12 km/h et la course à pied, à toute vitesse supérieure. Le tableau 1 répartit la marche, le jogging et la course à pied en neuf catégories et donne la vitesse (exprimée en kilomètres à l'heure et en minutes par kilomètre) ainsi que la dépense en calories par catégorie. Plus vous vous déplacez rapidement et longtemps, plus vous dépensez de calories et bénéficiez des effets de l'activité physique.

ÉQUIPEMENT ET TECHNIQUE

Ces trois activités ne nécessitent aucune habileté technique particulière, ni équipement coûteux, ni environnement particulier. Vous n'avez besoin que de vêtements confortables, d'espadrilles de course bien ajustées et d'un chronomètre ou d'une montre avec trotteuse.

DÉVELOPPER L'ENDURANCE CARDIOVASCULAIRE

Voici quatre variantes du programme de base de marche, de jogging et de course à pied qui vous aideront à régulariser l'intensité, la durée et la fréquence de votre programme. Choisissez celle qui vous convient.

• *Variante 1 : la marche (pour débutant)* Choisissez ce programme si vous êtes sous surveillance médicale, si vous vous rétablissez d'une maladie ou d'une opération, si une brève marche vous fatigue rapidement, si vous êtes obèse ou si vous menez une vie sédentaire et que vous voulez vous préparer à adopter le programme de marche avancée afin d'améliorer votre endurance cardiovasculaire, votre composition corporelle et votre endurance musculaire.

- *Variante 2 : la marche avancée*   Choisissez ce programme si vous pouvez marcher facilement pendant 30 minutes et que vous souhaitez améliorer et maintenir votre capacité cardiovasculaire, réduire votre quantité de tissu adipeux et augmenter votre endurance musculaire.

- *Variante 3 : la préparation pour un programme de jogging*   Choisissez ce programme si vous pouvez marcher facilement pendant 30 minutes et que vous voulez vous préparer pour le programme de jogging et de course à pied afin d'améliorer votre endurance cardiovasculaire, votre composition corporelle et votre endurance musculaire.

- *Variante 4 : le jogging et la course à pied*   Choisissez ce programme si vous pouvez jogger facilement sans inconfort pendant 15 minutes sans interruption ou 30 minutes avec de brefs moments de marche et tout en respectant la fréquence cardiaque de la zone cible et que vous souhaitez améliorer ou maintenir votre capacité cardiovasculaire, réduire votre quantité de graisses corporelles et augmenter votre endurance musculaire.

VARIANTE 1 : LA MARCHE (pour débutants)

Intensité, durée et fréquence   Marchez d'abord pendant 15 minutes à une vitesse qui maintienne votre fréquence cardiaque à un rythme inférieur à celui de la zone cible. Augmentez progressivement la durée de la marche jusqu'à 30 minutes. Vous parcourrez probablement 2 ou 3 kilomètres. Au début, marchez une journée sur deux, puis faites-le chaque jour si vous souhaitez dépenser davantage de calories (cela modifiera votre composition corporelle).

Dépense en calories   Augmentez la dépense en calories pour atteindre de 90 à 135 calories par séance d'activité. Pour atteindre votre objectif en terme de dépense énergétique, marchez plus longtemps ou sur une plus longue distance plutôt que de marcher plus rapidement.

Le tableau 1 indique la dépense en calories associée à la marche, au jogging et à la course à pied effectués à une vitesse faible, moyenne ou élevée. Les dépenses en calories y figurant sont approximatives et valent en terrain plat. En terrain accidenté, les dépenses en calories seront plus élevées. Pour évaluer votre dépense calorique, multipliez votre poids par le nombre de calories par minute selon votre vitesse et votre activité (colonne de droite), et multipliez ce résultat par la durée de l'activité en minutes.

Au début   Commencez par marcher au rythme qui vous convient. Maintenez une vitesse normale et arrêtez-vous pour vous reposer au besoin. Cessez de marcher dès que vous ressentez de l'inconfort. Si un ami vous accompagne (ce qui est une bonne source de motivation), laissez la conversation rythmer la marche.

À la longue   Lorsque vos muscles se sont adaptés à ce programme, augmentez la durée de chaque séance de marche, sans toutefois dépasser 10 % d'augmentation par semaine. Augmentez aussi l'intensité, mais en maintenant votre fréquence cardiaque à un rythme tout juste inférieur à celui de la zone cible. Lorsque vous serez capable de parcourir 2,5 kilomètres en 30 minutes, ce qui représente une dépense de 90 à 135 calories, vous pourrez passer à la variante 2 ou 3. Ne vous laissez pas démoraliser par une absence de progrès immédiat et ne tentez pas d'accélérer le processus. Rappelez-vous que la vitesse de marche et la fréquence cardiaque varient selon le terrain, la température et divers autres facteurs.

Tableau 1   **Dépense en calories associée à la marche, au jogging et à la course à pied.**

ACTIVITÉ	VITESSE		Cal/min/kg
	Km/h	Min:s/km	
Marche			
Vitesse faible	3,2	18:45	0,044
	4,0	15:00	0,050
Vitesse moyenne	4,8	12:30	0,057
	5,6	10:40	0,064
Vitesse élevée	6,4	9:20	0,081
	7,2	8:20	0,106
Jogging			
Vitesse faible	8,0	7:30	0,132
	8,8	6:40	0,162
Vitesse moyenne	9,6	6:15	0,178
	10,4	5:45	0,194
Vitesse élevée	11,2	5:20	0,202
	12,0	5:00	0,218
Course à pied			
Vitesse faible	13,6	4:25	0,244
Vitesse moyenne	14,4	4:10	0,255
Vitesse élevée	16,0	3:45	0,284
	17,6	3:30	0,310

Source : Kusinitz, I. et M. Fine, *Your Guide to Getting Fit*, 3ᵉ édition, Mountain View (Californie), Mayfield, 1995.

VARIANTE 2 : LA MARCHE AVANCÉE

Intensité, durée et fréquence Commencez à marcher à une vitesse correspondant à la limite inférieure de la zone cible, puis augmentez la vitesse de marche peu après. Cela pourrait faire passer votre fréquence cardiaque près de la limite supérieure de la zone cible, ce qui est recommandé pendant de courtes périodes. Ne prolongez pas indûment les périodes de marche rapide; alternez plutôt les périodes de marche lente, modérée et rapide. Commencez par des marches de 30 minutes, puis augmentez la durée pour atteindre graduellement 60 minutes, tout en maintenant le rythme cardiaque visé. La distance parcourue devrait être de 3 à 6 km. Marchez au moins une journée sur deux.

Dépense en calories Augmentez la dépense en calories pour qu'elle atteigne de 200 à 350 calories par séance d'activité (*voir* tableau 1).

Au début Commencez à marcher à une vitesse quelque peu supérieure à celle de la variante 1. Prenez votre pouls pour vous assurer que votre fréquence cardiaque correspond au rythme visé. Ralentissez pour faire baisser votre fréquence cardiaque lorsque vous montez une pente ou que vous prolongez la durée de votre marche.

À la longue À mesure que votre fréquence cardiaque s'adapte à l'effort accru, augmentez progressivement votre vitesse de marche et la distance totale parcourue. Allongez progressivement les périodes de marche rapide et diminuez les périodes de marche lente tout en maintenant le rythme cardiaque dans la zone cible. Vous finirez par atteindre la condition physique à laquelle vous souhaitez parvenir et pourrez de cette façon fixer définitivement votre dépense en calories nécessaire.

Variez votre programme en modifiant la vitesse de marche et la distance parcourue ou en changeant d'itinéraire. Évaluez vos progrès vers la dépense en calories visée à l'aide du tableau 1.

VARIANTE 3 : LA PRÉPARATION POUR UN PROGRAMME DE JOGGING

Intensité, durée et fréquence Commencez à marcher à une vitesse moyenne (de 4,8 à 6,4 km/h ou de 12:30 à 9:20 min/km). Tout en maintenant le rythme cardiaque dans la zone cible, faites de brèves périodes de jogging léger (de 8,0 à 9,6 km/h ou de 7:30 à 6:15 min/km). Les périodes de marche devraient durer 60 secondes ou 100 mètres et les périodes de jogging devraient graduellement atteindre 4 minutes pour une minute de marche. La distance parcourue sera probablement de 2,5 à 4 km. Chaque séance de

marche devrait durer de 15 à 30 minutes tous les deux jours. Adin de modifier votre composition corporelle et d'augmenter la fréquence de votre activité, marchez les jours où vous ne faites pas de jogging.

Dépense en calories Augmentez la dépense en calories pour qu'elle atteigne de 200 à 350 calories par séance d'activité (*voir* tableau 1).

Au début Commencez lentement. Tant que vos muscles ne se seront pas adaptés au jogging, vous devriez maintenir votre fréquence cardiaque sous le rythme de la zone cible. Au départ, effectuez deux à quatre fois plus de marche que de jogging, et même davantage de marche si vous avez peu d'expérience. Le rythme de votre progression sera déterminé par la sensation de confort et par votre fréquence cardiaque. Appliquez les principes généraux énoncés dans le chapitre 3 pour faire de l'activité physique par temps chaud ou froid. Buvez suffisamment pour demeurer bien hydraté, encore plus par temps chaud. Adoptez la technique de course ci-dessous.

- Courez en ayant la tête et le dos droits. Regardez devant vous et non par terre. Placez le bassin en rétroversion et contractez les fessiers.
- Ayez les bras légèrement éloignés du corps. Vos coudes doivent être pliés de façon que vos avant-bras soient parallèles au sol. Vous pouvez fermer les mains, mais sans serrer les poings. Laissez vos bras se balancer au rythme de vos foulées.
- Ce sont vos talons qui devraient d'abord entrer en contact avec le sol à chaque foulée. Appuyez-vous ensuite sur la plante des pieds avant de pousser vers l'arrière pour la foulée suivante; si cela vous est difficile, posez tout le pied à plat sur le sol.
- Préférez les foulées courtes. (Vos pieds se posent sur le sol vis-à-vis des genoux que vous gardez toujours pliés.)
- Respirez profondément par la bouche et faites travailler vos muscles abdominaux plutôt que les seuls muscles thoraciques.
- Restez détendu.

À la longue Modifiez le rapport entre le temps de marche et le temps de jogging de façon que votre fréquence cardiaque corresponde le plus possible au rythme de la zone cible. Lorsque la plus grande partie de votre séance de 30 minutes sera consacrée au jogging, vous pourrez envisager de passer à la variante 4. Pour déterminer la progression qui vous convient, reportez-vous aux tableaux 2 et 3 (fondés respectivement sur le temps et la distance). Votre choix dépendra en partie de l'endroit où vous faites votre activité : si vous avez accès à une piste d'athlétisme ou à un endroit où les distances sont clairement marquées, consultez le tableau des distances; si vous courez dans un parc, dans la rue ou dans un boisé, ce sont les périodes de temps (chronométrées) du tableau qui vous serviront de repères. Les progressions suggérées dans les tableaux 2 et 3 visent simplement à vous aider à établir une vitesse de progression qui vous convienne. Votre propre vitesse de progression sera déterminée par votre fréquence cardiaque et vous ne devriez augmenter l'intensité et la durée des séances d'activité que pour faire correspondre la fréquence au rythme suggéré par la zone cible.

VARIANTE 4 : JOGGING ET COURSE À PIED

Intensité, durée et fréquence   L'important, c'est de maintenir le rythme cardiaque de la zone cible pendant l'activité. La plupart des personnes qui suivent un programme continu de jogging et de course à pied s'aperçoivent qu'elles peuvent maintenir le rythme cardiaque dans la zone cible en courant à une vitesse se situant entre 8,8 et 12,0 km/h (de 7 à 5 min/km). Commencez par faire du jogging pendant 15 minutes, puis augmentez graduellement la durée des séances pour atteindre de 30 à 60 minutes (pour une distance totale de 4,0 à 11,2 km). Faites cette activité au moins tous les deux jours. Pour diminuer le stress imposé aux jambes, faites d'autres activités les autres journées.

Dépense en calories   Vous devriez dépenser de 300 à 750 calories par séance d'activité (*voir* tableau 1).

Au début   Puisque vous dépenserez un plus grand nombre de calories par minute, vous modifierez votre composition corporelle en y consacrant moins de temps que dans les trois autres variantes.

Tableau 2   Progression de la marche au jogging selon le temps.

Étape	Période de marche (s)	Période de jogging (min:s)	Nombre de séries	Distance totale (km)	Durée totale (min:s)
1	60	0:30	10-15	1,6-2,7	15:00-22:30
2	60	0:60	8-13	1,9-3,2	16:00-26:00
3	60	2:00	5-19	2,1-3,7	15:00-27:00
4	60	3:00	5-7	2,6-3,8	16:00-28:00
5	60	4:00	3-6	2,4-4,3	15:00-30:00

Note : Ce tableau a été construit suivant la durée, exprimée en secondes, d'une séance de marche à 6 km/h, et la durée, exprimée en minutes et en secondes, d'une période de jogging à 8,8 km/h. Ensemble, les deux périodes constituent une série. Dans la colonne intitulée « Nombre de séries », le nombre le plus élevé représente la quantité maximale de séries à effectuer.

Source : Kusinitz, I. et M. Fine, *Your Guide to Getting Fit*, 3ᵉ édition, Mountain View (Californie), Mayfield, 1995.

Tableau 3   Progression de la marche au jogging selon la distance.

Étape	Distance de marche (m)	Distance de jogging (m)	Nombre de séries	Distance totale (km)	Durée totale (min:s)
1	100	50	11-21	1,7-3,2	15:00-28:12
2	100	100	16	3,2	26:56
3	100	200	11	3,3	26:02
4	100	300	8	3,2	24:24
5	100	400	7	3,5	26:05
6	100	400	8	4,0	29:49

Note : Ce tableau a été construit suivant la distance, en mètres, d'une séance de marche à 6 km/h, et la distance, également exprimée en mètres, d'une période de jogging à 8,8 km/h. Ensemble, les deux périodes constituent une série. Un tour de piste d'athlétisme équivaut à 400 mètres.

Source : Kusinitz, I. et M. Fine, *Your Guide to Getting Fit*, 3ᵉ édition, Mountain View (Californie), Mayfield, 1995.

À la longue Si vous choisissez cette variante, c'est probablement parce que votre capacité cardiovasculaire est déjà moyenne ou élevée. Pour maintenir le rythme cardiaque visé, augmentez soit la distance parcourue, soit la vitesse et la distance. Pour ajouter de la variété à vos séances, modifiez-en l'intensité et la durée, changez votre itinéraire, et alternez trajets courts et trajets plus longs. Par exemple, si vous courez 60 minutes lors d'une séance, ne courez que 30 minutes lors de la suivante. Alternez périodes exigeantes et périodes moins exigeantes, et marchez un peu si vous le souhaitez. Vous pouvez également courir à un rythme de compétition de temps en temps, mais ne dépassez pas vos limites.

DÉVELOPPER LA FORCE ET L'ENDURANCE MUSCULAIRES

La marche, le jogging et la course à pied permettent de développer l'endurance musculaire des membres inférieurs, et, dans une proportion moindre, leur force musculaire. Si vous souhaitez développer la force et l'endurance musculaires de la partie supérieure de votre corps et augmenter plus rapidement la force musculaire de sa partie inférieure, ajoutez un entraînement musculaire à votre programme d'activité physique. Adoptez le programme d'entraînement avec des poids décrit au chapitre 4 ou établissez un programme qui vous permettra d'atteindre vos objectifs personnels. Si vous souhaitez courir plus rapidement et plus longtemps, axez votre programme sur des exercices musculaires pour les jambes, sans pour autant négliger la force musculaire de la partie supérieure du corps, qui contribue elle aussi au bien-être général. Mais quels que soient vos choix, vous devriez suivre les principes généraux suivants.

- Entraînez-vous 2 ou 3 fois par semaine.
- Effectuez une ou plusieurs séries de 9 à 12 répétitions de 8 à 10 exercices.
- Choisissez des exercices qui sollicitent les principaux groupes musculaires.

Selon le temps que vous consacrerez à la musculation, il pourrait être préférable d'alterner les séances axées sur l'endurance cardiovasculaire et les séances axées sur la force et l'endurance musculaires. Par exemple, faites de la marche ou du jogging un jour et entraînez-vous en musculation le lendemain.

DÉVELOPPER LA FLEXIBILITÉ

Tout programme d'entraînement comprend des exercices d'étirement qui développent la flexibilité. Effectuez ces exercices lorsque vos muscles ont été échauffés, c'est-à-dire immédiatement après une activité d'endurance cardiovasculaire ou une séance d'entraînement musculaire. Faites les exercices d'étirement décrits dans le chapitre 5 ou choisissez-en d'autres qui correspondent davantage à vos objectifs et à vos goûts personnels. Accordez une attention particulière aux ischio-jambiers et aux quadriceps, dont l'amplitude de mouvement n'est pas entièrement mise à contribution pendant la marche ou le jogging. Lorsque vous élaborerez votre propre programme, souvenez-vous des principes généraux qui suivent.

- Faites des exercices d'étirement 2 ou 3 fois par semaine après avoir échauffé vos muscles.
- Les exercices d'étirement doivent solliciter les principaux groupes musculaires.
- Les étirements doivent provoquer une sensation de tension et être maintenus de 10 à 30 secondes.
- Il faut répéter chaque étirement au moins 4 fois.

 ## PROGRAMME DE CYCLISME

Nombreux sont ceux pour qui la bicyclette offre une solution de rechange agréable et économique à la voiture ainsi qu'un moyen pratique d'améliorer leur condition physique.

ÉQUIPEMENT ET TECHNIQUE

Pour pratiquer le cyclisme, il faut un casque protecteur, des réflecteurs, des fanions de sécurité et des chaussures spéciales. Le prix des bicyclettes varie considérablement. Avant d'y consacrer une somme importante, pensez surtout à l'utilisation que vous en ferez; en attendant, louez ou empruntez-en

une. Si, comme la plupart des cyclistes, vous souhaitez surtout améliorer votre condition physique, n'achetez pas de vélo de montagne ou de course; une bicyclette à dix vitesses fera l'affaire. Par temps pluvieux et durant l'hiver, les bicyclettes stationnaires peuvent être utiles.

Les vêtements de cyclisme doivent être ajustés, confortables et ne pas offrir, au vent, une résistance qui pourrait vous ralentir. Portez toujours un casque protecteur, un accident ou une chute sont si vite arrivés. Portez des lunettes ou des verres protecteurs pour protéger vos yeux de la poussière, des insectes et de l'irritation causée par le vent.

Pour éviter les irritations et les blessures, optez pour une selle rembourrée ou non rigide et fixez-la à une hauteur qui permettra l'extension presque complète des jambes lorsque vous pédalez. Si vos mains s'engourdissent facilement ou que des ampoules et des callosités se forment, portez des gants. Pour prévenir les douleurs au dos et au cou, échauffez-vous suffisamment et changez régulièrement la position de vos mains sur le guidon et de votre corps sur la selle. Gardez vos bras détendus et légèrement fléchis. Pour prévenir les douleurs aux genoux, pédalez en orientant les pieds vers l'avant ou très légèrement vers l'intérieur et ne maintenez pas une vitesse maximale trop longtemps.

Pour faire de la bicyclette, il faut maîtriser certaines techniques spécifiques que la pratique transforme en automatismes. Si vous n'avez jamais fait de bicyclette auparavant, n'hésitez pas à suivre un cours. Et si vous n'êtes pas débutant, mais que vous aimeriez apprendre à maîtriser les techniques de freinage et de changement de vitesses, à bien réagir dans les situations imprévues et à entretenir et réparer votre bicyclette, sachez qu'il y a des cours spécialement pour cela.

Selon des statistiques américaines, on estime que le cyclisme est le plus dangereux des sports. En effet, les cyclistes se blessent souvent par négligence. Voici quelques règles de sécurité à respecter.

- Portez toujours un casque protecteur.
- Roulez dans le sens de la circulation automobile, car l'inverse est généralement contraire au règlement et toujours dangereux.
- Respectez toute signalisation routière.
- Sur la voie publique, roulez en file indienne, sauf dans les zones de faible circulation si le règlement le permet. Roulez en ligne droite sans louvoyer.
- Soyez vigilant et tentez d'anticiper les mouvements des autres véhicules et des piétons. Soyez à l'écoute du bruit des véhicules qui s'approchent de vous lorsqu'ils ne sont pas dans votre champ de vision.
- Ralentissez à l'approche des intersections et vérifiez la circulation dans les deux sens avant de traverser.
- Utilisez les signaux manuels avant de faire un virage ou de vous arrêter. Faites-vous entendre de ceux qui bloqueraient votre passage.
- Restez concentré. Évitez tout ce qui pourrait nuire à votre vision. N'entravez pas votre conduite en transportant des objets ou un passager sur votre guidon.
- Maintenez toujours votre bicyclette en bon état, et vérifiez régulièrement les freins, le dérailleur, la selle et les roues.

- Regardez autour de vous et soyez visible : ayez des réflecteurs latéraux sur les pédales ainsi qu'à l'avant et à l'arrière de la bicyclette. Le soir, portez des vêtements de couleurs pâles ou apposez des bandes réfléchissantes; le jour, portez des vêtements de couleurs vives ou avec des bandes de tissu fluorescent.
- Installez un rétroviseur sur votre bicyclette.
- Faites preuve de courtoisie à l'égard des autres utilisateurs de la route. Anticipez le pire et pratiquez le cyclisme préventif.

DÉVELOPPER L'ENDURANCE CARDIOVASCULAIRE

Le cyclisme est un excellent moyen de développer et de maintenir l'endurance cardiovasculaire et une saine composition corporelle.

Intensité, durée et fréquence Si vous avez été inactif depuis assez longtemps, commencez votre programme de cyclisme en maintenant votre fréquence cardiaque de 10 % à 20 % inférieure au rythme de la zone cible. Lorsque vous vous sentirez à l'aise sur votre bicyclette, parcourez 1,5 km à une vitesse moyenne, arrêtez-vous et prenez votre fréquence cardiaque. Augmentez graduellement la vitesse jusqu'à ce que vous rouliez entre 20 et 25 km/h (de 3 à 2 min/km), ce qui constitue une vitesse suffisante pour que la fréquence cardiaque de la plupart des cyclistes atteigne le rythme de la zone cible. Les personnes en meilleure condition physique devront pédaler plus rapidement pour atteindre leur zone cible. Faire de la bicyclette 3 fois par semaine pendant au moins 20 minutes améliorera assurément votre condition physique.

Dépense en calories Servez-vous du tableau 4; il indique la dépense approximative en calories par kilogramme de poids pour des trajets à bicyclette d'une durée de 5 à 60 minutes, sur des distances allant de 0,8 à 24 km en terrain plat. Pour utiliser le tableau, repérez d'abord, sur la ligne horizontale, la durée qui se rapproche le plus du temps pendant lequel vous avez roulé. Ensuite, repérez dans la colonne de gauche la distance approximative que vous avez parcourue. Le nombre situé à l'intersection de cette ligne et de cette colonne représente le nombre approximatif de calories dépensées par minute et par kilogramme de poids. Multipliez ce nombre par votre poids, puis ce résultat par le nombre de minutes qu'a duré votre sortie à bicyclette : vous obtiendrez le nombre total de calories dépensées. Par exemple, si vous pesez 70 kilos et que vous avez couvert 9,6 kilomètres en 40 minutes, vous avez alors dépensé

Tableau 4 Dépense en calories associée au cyclisme.

Distance (km)	Durée (min)											
	5	10	15	20	25	30	35	40	45	50	55	60
0,8	0,070											
1,6	0,136	0,070										
2,4		0,094	0,070									
3,2		0,136	0,086	0,070								
4,8			0,136	0,094	0,079	0,070						
6,4				0,136	0,097	0,086	0,077	0,070				
8,0				0,213	0,136	0,099	0,090	0,081	0,077	0,070		
9,6					0,194	0,136	0,103	0,094	0,086	0,079	0,075	0,070
11,2						0,178	0,136	0,108	0,095	0,088	0,084	0,079
12,8							0,172	0,136	0,110	0,097	0,090	0,086
14,4								0,167	0,136	0,112	0,099	0,094
16,0								0,213	0,163	0,136	0,112	0,099
17,6									0,205	0,161	0,136	0,114
19,2										0,194	0,158	0,136
20,8											0,185	0,156
22,4												0,178
24,0												0,213

Source : Kusinitz, I. et M. Fine, *Your Guide to Getting Fit*, 3ᵉ édition, Mountain View (Californie), Mayfield, 1995.

260 calories, c'est-à-dire 70 × 0,094 (cal/kg, selon le tableau) = 6,5 et 6,5 × 40 (min) = 260 calories. Vous pouvez augmenter le nombre de calories dépensées en pédalant plus rapidement ou plus longtemps, mais il est généralement préférable d'allonger la distance parcourue plutôt que d'augmenter la vitesse.

Au début Peut-être devrez-vous effectuer plusieurs sorties à bicyclette avant que vos muscles et articulations des jambes et des hanches ne s'adaptent à cette nouvelle activité. Avant chaque sortie, échauffez les muscles de vos cuisses, de votre dos et de votre cou pendant 10 minutes. Tant que vous ne serez pas un cycliste aguerri, optez pour des trajets comportant peu d'obstacles et peu de circulation automobile.

À la longue Le cyclisme est un entraînement par intervalle très efficace. Vous n'avez qu'à augmenter la vitesse pendant des périodes de 4 à 8 minutes ou sur des distances de 2 ou 3 kilomètres, puis à revenir à une vitesse normale pendant 2 ou 3 minutes. Alternez les périodes de vitesse plus élevée et de vitesse normale pendant 20 à 60 minutes, selon votre condition physique. Les parcours plus accidentés sont également favorables à un entraînement par intervalle.

DÉVELOPPER LA FORCE ET L'ENDURANCE MUSCULAIRES

Le cyclisme permet un important développement de l'endurance et un développement moins marqué de la force des muscles des jambes. Ceux qui veulent développer la force et l'endurance musculaires de la partie supérieure du corps et augmenter plus rapidement la force musculaire de la partie inférieure du corps devront ajouter à leur programme un entraînement en musculation. Inspirez-vous du programme d'entraînement avec poids décrit dans le chapitre 4 ou mettez sur pied un programme correspondant à vos objectifs personnels. Si vous désirez augmenter votre vitesse et votre endurance à bicyclette, intégrez à votre programme des exercices pour développer les quadriceps, les muscles ischio-jambiers et les fessiers. Veillez à appliquer les principes généraux qui suivent.

- Entraînez-vous 2 ou 3 fois par semaine.
- Effectuez une ou plusieurs séries comprenant 9 à 12 répétitions de 8 à 10 exercices.
- Choisissez des exercices qui sollicitent les principaux groupes musculaires.

Selon votre programme, il pourrait être préférable d'alterner les séances axées sur l'endurance cardiovasculaire et celles axées sur la force et l'endurance musculaires. Par exemple, faites de la bicyclette un jour et de la musculation le lendemain.

DÉVELOPPER LA FLEXIBILITÉ

Un programme complet d'entraînement doit inclure des exercices d'étirement qui développent la flexibilité. Effectuez ce type d'exercice lorsque vos muscles ont été échauffés, après une activité d'endurance cardiovasculaire ou une séance d'entraînement musculaire. Faites les exercices d'étirement décrits dans le chapitre 5 ou définissez-en qui correspondent davantage à vos objectifs et à vos goûts. Prêtez une attention particulière aux muscles ischio-jambiers et aux quadriceps, dont l'amplitude de mouvement n'est pas entièrement mise à contribution lorsque vous faites de la bicyclette, ainsi qu'aux muscles de la région lombaire, des épaules et du cou. Lorsque vous élaborerez votre propre programme, respectez les principes généraux qui suivent.

- Faites des exercices d'étirement 2 ou 3 fois par semaine après avoir échauffé vos muscles.
- Les exercices d'étirement doivent solliciter les principaux groupes musculaires.
- Les étirements doivent provoquer une légère tension et être maintenus de 10 à 30 secondes.
- Répétez chaque étirement au moins 4 fois.

 PROGRAMME DE NATATION

La natation est l'une des meilleures activités pour améliorer globalement la condition physique. Par ailleurs, comme l'eau allège le poids du nageur, ce sport cause généralement moins de blessures, car les articulations, les ligaments et les tendons sont soumis à moins de stress que lors d'activités de mise en charge.

ÉQUIPEMENT ET PRINCIPES DE SÉCURITÉ

Pour suivre un programme de natation, vous devez avoir accès à une piscine et posséder des lunettes pour vous protéger les yeux de l'eau chlorée. Pour effectuer vos séances en toute sécurité, suivez les principes généraux indiqués ci-dessous.

- Ne nagez que dans une piscine surveillée par des sauveteurs qualifiés.
- Soyez toujours prudent lorsque vous marchez sur une surface mouillée. Ne courez pas.
- Asséchez bien vos oreilles à la fin de votre séance de natation. Si vous ressentez les symptômes de l'otite des piscines (démangeaisons, écoulements ou même perte auditive partielle), consultez votre médecin.
- Pour éviter les douleurs lombaires, veillez à ne pas trop arquer le dos lorsque vous nagez.
- Soyez courtois avec les autres baigneurs.

Si vous nagez ailleurs que dans une piscine surveillée par des sauveteurs, observez les règles de sécurité suivantes.

- N'excédez pas les limites de vos capacités et de votre endurance.
- Prenez garde à l'hypothermie : évitez l'eau dont la température est inférieure à 21 °C.
- Ne buvez jamais d'alcool avant d'aller nager.
- Ne nagez jamais seul.

DÉVELOPPER L'ENDURANCE CARDIOVASCULAIRE

Tous les styles de nage, que ce soit le crawl, la brasse, le dos crawlé, le papillon, la nage sur le côté ou la nage élémentaire, peuvent contribuer au développement et au maintien de la capacité cardiovasculaire. La natation n'est toutefois pas aussi efficace que la marche, le jogging ou le cyclisme pour faire diminuer la quantité de tissu adipeux.

Intensité, durée et fréquence Comme la natation n'est pas une activité de mise en charge et ne se pratique pas en position debout, elle n'élève pas la fréquence cardiaque autant que d'autres activités. Pour calculer votre fréquence cardiaque cible en natation, utilisez la formule suivante :

$$\text{Fréquence cardiaque maximale en natation (FCMN)} = 205 - \text{votre âge}$$

$$\text{Fréquence cardiaque cible} = \text{de 65 \% à 90 \% de la FCMN}$$

Ainsi, une personne de 19 ans calculerait sa fréquence cardiaque cible en natation de la façon suivante :

$$\text{FCMN} = 205 - 19 = 186 \text{ batt./min}$$

À 65 % de l'intensité maximale :

$$0,65 \times 186 = 121 \text{ batt./min}$$

Tableau 5   Dépense en calories associée à la natation.

Cal/min/kg	Distance (m)					
	25	100	150	250	500	750
0,073	1:21	5:00	8:01	13:30	27:00	40:30
0,090	1:05	4:20	6:30	10:50	21:40	32:30
0,108	0:54	3:36	5:24	9:00	18:00	27:00
0,125	0:47	3:02	4:42	7:44	15:28	23:12
0,143	0:41	2:44	4:06	6:50	13:40	
0,161	0:36	2:24	3:36	6:00	12:00	
0,178	0:33	2:12	3:06	5:28		
0,198	0:29	1:54	2:54	4:48		
0,213	0:27	1:48	2:42	4:30		

Source : Adaptation de Kusinitz, I. et M. Fine, *Your Guide to Getting Fit*, 3ᵉ édition, Mountain View (Californie), Mayfield, 1995.

À 90 % de l'intensité maximale :

$$0,90 \times 186 = 167 \text{ batt./min}$$

Déterminez la durée de votre séance de natation selon la dépense en calories et l'intensité visées. Nagez au moins trois fois par semaine.

Dépense en calories   Le nombre de calories dépensées dépend de la distance parcourue et de la vitesse à laquelle vous nagez. Augmentez la dépense en calories pour qu'elle atteigne au moins 300 calories par séance de natation.

Utilisez le tableau 5. Repérez d'abord la distance en mètres la plus proche de la distance que vous avez parcourue à la nage. Ensuite, repérez dans cette colonne la durée de votre séance de natation. Puis, repérez dans la première colonne le nombre approximatif de calories dépensées par minute et par kilogramme de poids selon ce temps et cette distance. Pour déterminer le nombre total de calories dépensées, multipliez votre poids par le nombre de calories par minute et par kilogramme de poids, puis multipliez ce résultat par le temps qu'a duré votre séance de natation (min:s). Par exemple, si vous pesez 60 kg et que vous avez nagé 500 m en 18 min, vous avez dépensé 117 calories, c'est-à-dire :

$$60 \times 0,108 \text{ (cal/min/kg)} = 6,48$$
$$6,48 \times 18 \text{ (min)} = 117 \text{ calories.}$$

Au début   Si vous êtes peu habitué de nager, mettez le temps et l'argent nécessaires pour apprendre. Votre condition physique s'améliorera beaucoup plus rapidement si vous maîtrisez la technique. Si vous menez une vie sédentaire et n'avez pas nagé depuis longtemps, commencez par des périodes de nage lente suivies de périodes de repos pendant les deux ou trois premières semaines, trois fois par semaine, à une vitesse qui maintienne votre fréquence cardiaque de 10 % à 20 % sous le rythme de la zone cible. Si vous ne parvenez pas à faire des longueurs, limitez-vous à faire des largeurs. Pour maintenir votre fréquence cardiaque sous la zone cible, reposez-vous selon vos besoins. Faites une largeur de piscine, puis reposez-vous pendant 15 à 90 secondes. Commencez par des périodes de nage-repos d'une durée de 10 minutes, que vous ferez graduellement passer à 20 minutes. Le temps nécessaire pour y arriver dépend de votre habileté à nager et de votre vigueur musculaire.

À la longue   Augmentez graduellement la durée et l'intensité de vos séances de natation de sorte que votre fréquence cardiaque augmente à un rythme qui vous convienne tout en correspondant à la fréquence cardiaque cible. Allongez les périodes de nage à mesure que vous écourtez les périodes de repos. Lorsque vous réussirez à faire des longueurs de piscine à une vitesse qui permette à votre fréquence cardiaque de demeurer dans la zone cible, poursuivez les périodes de nage-repos pendant 20 minutes. Puis, faites deux longueurs sans interruption et poursuivez les périodes de nage-repos pendant 30 minutes. Vos périodes de repos (respiration profonde) devraient durer de 30 à 45 secondes, jusqu'à ce que votre fréquence cardiaque diminue. Augmentez graduellement le nombre de longueurs de piscine consécutives et la durée totale de chaque séance jusqu'à dépenser le nombre de calories visé et à atteindre la condition physique désirée. Prenez soin, toutefois, de ne pas nager trop rapidement, car si votre fréquence cardiaque s'élève trop vite, vous serez incapable de terminer vos séances de natation. Si possible, alternez les styles de nage, de façon à reposer vos muscles, à prolonger la durée de vos séances et à activer un plus grand nombre de groupes musculaires.

DÉVELOPPER LA FORCE ET L'ENDURANCE MUSCULAIRES

Les muscles sollicités par les styles de nage que vous pratiquerez gagneront moyennement en force musculaire mais beaucoup en endurance musculaire. Pour développer la force et l'endurance de tous les muscles de votre corps, ajoutez à votre programme un entraînement en musculation. Inspirez-vous du programme d'entraînement avec poids décrit dans le chapitre 4 ou mettez sur pied un programme correspondant à vos objectifs personnels. Pour améliorer votre performance en natation, ajoutez des exercices qui sollicitent les muscles clés. Ainsi, si vous nagez surtout le crawl, ajoutez des exercices qui développeront la force musculaire des épaules, des bras et du haut du dos; de tels exercices vous aideront aussi à prévenir les blessures. Les principes généraux d'entraînement sont les suivants.

- Entraînez-vous 2 ou 3 fois par semaine.
- Effectuez une ou plusieurs séries comprenant 9 à 12 répétitions de 8 à 10 exercices.
- Choisissez des exercices qui sollicitent les principaux groupes musculaires.

Selon le temps que vous consacrez à l'exercice, il pourrait être préférable d'alterner les séances axées sur l'endurance cardiovasculaire et les séances axées sur la force et l'endurance musculaires. Par exemple, faites de la natation un jour et de la musculation le lendemain.

DÉVELOPPER LA FLEXIBILITÉ

Un programme complet d'entraînement doit inclure des exercices qui développent la flexibilité. Effectuez ces derniers lorsque vos muscles ont été échauffés, c'est-à-dire immédiatement après une activité d'endurance cardiovasculaire ou une séance d'entraînement musculaire. Faites les exercices d'étirement décrits dans le chapitre 5 ou choisissez-en d'autres qui correspondent davantage à vos objectifs et à vos goûts. Accordez une attention particulière aux muscles sollicités par la natation, notamment ceux des épaules et du dos. Lorsque vous élaborerez votre propre programme, respectez les principes généraux qui suivent.

- Faites des exercices d'étirement 2 ou 3 fois par semaine après avoir échauffé vos muscles.
- Les exercices d'étirement doivent solliciter les principaux groupes musculaires.
- Les étirements doivent provoquer une légère tension et être maintenus de 10 à 30 secondes.
- Répétez chaque étirement au moins 4 fois.

 PROGRAMME DE PATIN À ROUES ALIGNÉES

Le patin à roues alignées est l'un des sports les plus populaires actuellement. Accessible et peu coûteux (une fois l'équipement acheté), ce sport se pratique sur la plupart des pistes cyclables. C'est une activité d'endurance cardiovasculaire comparable au jogging et au cyclisme. Elle entraîne une dépense en calories aussi élevée que le jogging.

Le patin à roues alignées est moins exigeant que le jogging pour les genoux et les chevilles, et il sollicite davantage les muscles ischio-jambiers que le cyclisme. Ce sport favorise la force et l'endurance des muscles qui s'attachent au bassin de même que tous ceux des jambes; il renforce par ailleurs les muscles et les tissus conjonctifs entourant les chevilles, les genoux et les hanches.

ÉQUIPEMENT ET PRINCIPES DE SÉCURITÉ

Pour pratiquer le patin à roues alignées en toute sécurité, procurez-vous des patins confortables,

résistants et de bonne qualité ainsi que des accessoires de sécurité adéquats. Pour vous faire une idée, louez d'abord des patins et des accessoires dans un magasin spécialisé. Attendez-vous à débourser de 150 $ à 300 $, selon la qualité, le confort et les services après-vente.

Les accessoires de sécurité essentiels sont les suivants : casque protecteur, coudières, genouillères et protège-poignets (les blessures au poignet sont les plus fréquentes dans ce sport). Apportez toujours des pansements, en cas d'ampoules.

TECHNIQUE

Le patin à roues alignées fait appel à un grand nombre de techniques propres au patin sur glace, au patin à roulettes et au ski. Si vous avez déjà pratiqué l'un de ces sports, vous maîtriserez rapidement le patin à roues alignées. Toutefois, une courte formation n'est pas à dédaigner : elle vous fera progresser plus rapidement, vous apprendrez de nombreuses manœuvres et techniques qui vous rendront la pratique de ce sport plus sécuritaire et agréable. Néanmoins, voici ce qu'il faut savoir.

Répartissez votre poids également sur les deux patins, pliez légèrement les genoux afin que votre nez, vos genoux et vos orteils soient alignés verticalement et regardez droit devant vous. Maintenez votre poids vers l'avant en prenant appui sur la plante des pieds et ne vous penchez pas vers l'arrière.

Pour patiner, donnez-vous une poussée avec une jambe puis laissez-vous glisser sur l'autre, et continuez d'alterner ainsi plutôt que d'avancer en vous donnant une série de poussées rapides et saccadées. Transférez votre poids sur le patin qui glisse.

Pour arrêter, servez-vous du frein généralement situé à l'arrière du patin droit. Les genoux pliés et les bras étendus devant vous, amenez le pied droit vers l'avant, appuyez votre poids sur la jambe gauche et soulevez votre patin droit jusqu'à ce que le frein touche le sol et vous fasse arrêter. Vous pouvez aussi freiner en plaçant vos patins en T en laissant traîner un patin derrière l'autre selon un angle de 90° par rapport à la direction de votre déplacement.

Si vous perdez l'équilibre, abaissez votre centre de gravité en vous accroupissant et en plaçant les mains sur vos genoux. Si vous ne parvenez pas à reprendre votre équilibre, laissez-vous tomber vers l'avant en dirigeant l'impact sur vos protège-poignets et vos genouillères. Essayez de ne pas tomber sur le dos.

DÉVELOPPER L'ENDURANCE CARDIOVASCULAIRE

La pratique du patin à roues alignées entraîne une hausse de la fréquence cardiaque et de la consommation d'oxygène semblable à celle qui découle du jogging, du cyclisme et de la marche. Les adeptes atteignent de 60 % à 75 % du VO_2 max en patinant de façon continue (en se laissant glisser plusieurs secondes) à une vitesse de 16,8 à 20 km/h pendant 20 à 30 minutes. Les spécialistes recommandent de patiner en pente ascendante le plus souvent possible afin d'atteindre le degré d'intensité qui permet de développer l'endurance cardiovasculaire. Si vous pouvez le faire en toute sécurité, n'hésitez pas à patiner à une vitesse plus élevée.

Intensité, durée et fréquence Faites vos premières séances de patin à roues alignées à une vitesse qui maintienne votre fréquence cardiaque à un rythme de 10 % à 20 % inférieur à celui que vous visez. Patinez ainsi de 5 à 10 minutes, puis arrêtez pour prendre votre fréquence cardiaque. Augmentez graduellement votre vitesse jusqu'à ce qu'elle atteigne environ 16 km/h (3:45/km). Prenez votre pouls pour déterminer votre vitesse, afin d'atteindre votre fréquence cardiaque cible. Pour en tirer des bienfaits cardiovasculaires, vous devrez patiner à une vitesse constante relativement élevée pendant au moins 20 minutes 3 fois par semaine. Meilleure est votre condition physique, plus vous devrez patiner rapidement pour atteindre votre fréquence cardiaque cible.

Dépense en calories Servez-vous du tableau 6 pour déterminer le nombre approximatif de calories que vous dépensez par séance de patinage. Déterminez d'abord votre vitesse approximative (servez-vous de la colonne indiquant le nombre de minutes par kilomètre, le cas échéant). Multipliez le nombre de calories par minute correspondant à votre poids, puis multipliez ce résultat par la durée, en minutes, de votre séance de patinage.

Par exemple, si vous pesez 66 kg et que vous patinez à 16 km/h pendant 30 minutes, vous dépensez environ 273 calories, soit

$$66 \times 0,139 \text{ (cal/min/kg, selon le tableau)} = 9,1$$
$$\text{et}$$
$$9,1 \times 30 \text{ (min)} = 273 \text{ calories.}$$

Vous pouvez dépenser plus de calories en patinant plus vite, plus longtemps ou en pente ascendante.

Au début Si vous êtes débutant, prenez de l'assurance en allant patiner dans une cour d'école ou un terrain de stationnement inoccupés. Lorsque vous aurez acquis les techniques de base, vous pourrez patiner sur une piste cyclable. Maintenez une vitesse modérée en alternant les poussées et le glissement.

Tableau 6 **Dépense en calories associée au patin à roues alignées.**

Vitesse		Cal/min/kg
Km/h	Min:s/km	
12,9	4:40	0,090
14,5	4:10	0,117
16,0	3:45	0,139
17,7	3:25	0,158
19,3	3:10	0,185
20,9	2:50	0,209
22,5	2:40	0,231
24,1	2:30	0,253

Commencez chaque séance de patin par une période de 5 à 10 minutes de marche, de jogging ou de patinage lent afin d'échauffer vos muscles. Ensuite, faites quelques exercices de flexibilité pour détendre les principaux muscles qui seront sollicités lors du patinage : les quadriceps, les ischio-jambiers, les fessiers, les muscles des chevilles, des mollets et de la région lombaire. Vous pouvez de plus effectuer ces exercices de flexibilité après le patinage.

Si vous choisissez ce programme d'entraînement, commencez par des séances plus longues à vitesse réduite. Patinez d'abord 15 minutes à la fois, puis faites passer les séances à 20 ou 30 minutes de patinage continu, soit une distance de 5,6 à 8 km. Tentez de parcourir 32 km par semaine, ou encore 8 km par jour (environ 30 minutes), 4 fois par semaine.

À la longue Après deux semaines de patinage, ajoutez environ 1,6 km par jour, jusqu'à atteindre 64 km par semaine (60 minutes par jour). Pour augmenter l'intensité, patinez sur une pente ascendante, faites des sprints (patinage rapide) et pratiquez un entraînement par intervalle (alternance de périodes atteignant la fréquence cardiaque cible et de périodes de repos pour diminuer la fréquence cardiaque sous la zone cible). Efforcez-vous de patiner de 30 à 60 minutes par jour au moins 4 fois par semaine.

Plus l'intensité et la vitesse auxquelles vous patinez sont élevées, plus votre séance de patinage sera exigeante et plus votre endurance cardiovasculaire, votre endurance et votre force musculaires augmenteront. Plus les séances de patinage seront longues et fréquentes, plus votre endurance augmentera.

DÉVELOPPER LA FORCE ET L'ENDURANCE MUSCULAIRES

Le patin à roues alignées favorise le développement des muscles quadriceps, ischio-jambiers, fessiers, adducteurs, des muscles de la région lombaire, ainsi que des muscles de la ceinture scapulaire (bras et épaules) lorsque vous faites un mouvement vigoureux de balancier avec vos bras. Ceux qui veulent renforcer davantage la partie inférieure du corps et développer la partie supérieure devront ajouter à leur programme un entraînement musculaire. Inspirez-vous du programme d'entraînement avec des poids décrit dans le chapitre 4 ou mettez sur pied un programme correspondant à vos objectifs personnels. Appliquez les principes généraux ci-dessous.

- Entraînez-vous 2 ou 3 fois par semaine.
- Effectuez une ou plusieurs séries comprenant 9 à 12 répétitions de 8 à 10 exercices.
- Choisissez des exercices qui sollicitent les principaux groupes musculaires.

Selon le programme que vous avez établi, il pourrait être plus pratique de patiner un jour et de vous entraîner avec des poids le lendemain.

DÉVELOPPER LA FLEXIBILITÉ

Faites vos exercices d'étirement lorsque vos muscles sont échauffés, c'est-à-dire immédiatement après un bref échauffement au début d'une séance de patinage ou après, ou encore, suivant une séance d'entraînement avec des poids. Faites les exercices d'étirement décrits dans le chapitre 5 ou choisissez-en d'autres qui correspondent davantage à vos objectifs et à vos goûts. Accordez une attention particulière aux quadriceps, aux ischio-jambiers, aux fessiers, aux adducteurs. Étirez bien les chevilles, les mollets et la région lombaire. Appliquez les principes généraux suivants.

- Faites des exercices d'étirement 2 ou 3 fois par semaine après avoir échauffé vos muscles.
- Les exercices d'étirement doivent solliciter les principaux groupes musculaires.
- Les étirements doivent provoquer une légère tension et être maintenus de 10 à 30 secondes.
- Répétez chaque étirement au moins 4 fois.

Nom : _____   Groupe : _____   Date : _____

| LABO 10.1 | BESOINS LIÉS À L'ACTIVITÉ PHYSIQUE

Ce laboratoire vous permettra d'établir la liste de vos besoins prioritaires en matière d'activité physique et de déterminer les activités qui pourront les combler.

Instructions

Lisez les énoncés qui suivent et cochez la colonne qui correspond à l'importance que vous accordez à chacun. Inscrivez dans la dernière colonne les activités qui peuvent combler le besoin énoncé.

Besoins physiques	Très important	Important	Moyennement important	Activités
1. Améliorer mon endurance cardiovasculaire.				
2. Améliorer mon endurance musculaire.				
3. Augmenter ma force musculaire.				
4. Améliorer ma flexibilité.				
5. Diminuer mes réserves de graisse.				
6. Développer ma motricité.				
7. Améliorer ma condition physique générale.				
8. Contrer un problème de santé (maux de dos, asthme, etc.).				
9. Prévenir un problème de santé (diabète, obésité, ostéoporose, etc.).				
10. Maintenir un poids santé.				
11. Autres : _____				

Besoins sociaux	Très important	Important	Moyennement important	Activités
1. Rencontrer des camarades.				
2. Faire de nouvelles connaissances.				
3. M'affirmer.				
4. Développer un sentiment d'appartenance à un groupe (réseau social).				
5. Communiquer.				
6. Autres : _____				

Besoins psychologiques	Très important	Important	Moyennement important	Activités
1. Améliorer ma capacité de détente.				
2. Me défouler.				
3. Me changer les idées.				
4. Contrer ma lassitude, mon anxiété.				
5. Améliorer ma concentration.				
6. Avoir du plaisir.				
7. Améliorer ma confiance en moi-même.				
8. Améliorer mon estime personnelle.				
9. Améliorer mon image corporelle.				
10. Combler un besoin de solitude.				
11. Relever un défi personnel.				
12. Développer ma capacité d'expression, de créativité.				
13. Réussir, me dépasser.				
14. M'opposer à un partenaire.				
15. Autres : _____				

Consignez vos besoins prioritaires par ordre d'importance, le domaine auquel ils sont rattachés (santé physique, mentale ou sociale) et déterminez une activité pouvant les combler.

Besoin	**Domaine**	**Activité pertinente**
1. _____	_____	_____
2. _____	_____	_____
3. _____	_____	_____

Nom : _____ Groupe : _____ Date : _____

LABO 10.2   CAPACITÉS LIÉES À L'ACTIVITÉ PHYSIQUE

Ce laboratoire vous permettra de faire le bilan de vos capacités en matière d'activité physique : vous identifierez ainsi vos aptitudes et vos limites.

Instructions

Répondez aux questions suivantes en cochant la colonne qui convient.

Capacités	Oui	+ ou −	Non
1. Êtes-vous capable de faire une activité exigeante sur le plan cardiovasculaire ?			
2. Pouvez-vous faire une activité exigeante sur le plan musculaire ?			
3. Êtes-vous capable de faire une activité exigeante sur le plan de la flexibilité ?			
4. Avez-vous des aptitudes à acquérir de nouvelles habiletés motrices ?			
5. Avez-vous des aptitudes à travailler en équipe ?			
6. Avez-vous des aptitudes à travailler seul ?			
7. Avez-vous des incapacités physiques ? Si oui, nommez-les.			
8. Avez-vous du temps à consacrer à la pratique d'activités physiques ?			
9. Manquez-vous d'argent pour acquérir de l'équipement ou payer des abonnements ?			
10. Êtes-vous à proximité d'installations sportives ?			
11. Avez-vous d'autres aptitudes, facilités ou contraintes particulières ? Si oui, nommez-les.			

Faites le bilan de vos forces et faiblesses en terme de capacité.

Mes forces _____

_____

Mes faiblesses _____

_____

Mes principales aptitudes _____

_____

Mes limites _____

_____

Nom : _____ Groupe : _____ Date : _____

LABO 10.3 FACTEURS DE MOTIVATION LIÉS À LA PRATIQUE DE L'ACTIVITÉ PHYSIQUE

Ce laboratoire a pour but de cerner ce qui pourrait vous motiver à être actif.

Instructions

Lisez les énoncés suivants et cochez la colonne qui correspond à l'importance que vous accordez à chacun.

Facteurs de motivation	Très important	Important	Moyennement important
1. Avoir du plaisir.			
2. Me sentir mieux.			
3. Contrôler mon poids.			
4. Bien paraître.			
5. Avoir plus d'énergie.			
6. Améliorer mon sommeil.			
7. Me divertir, me changer les idées.			
8. Être en meilleure santé.			
9. Me détendre, réduire mon stress.			
10. Avoir davantage confiance en moi.			
11. Me sentir plus fort.			
12. Autres : _____			

Transcrivez vos quatre facteurs de motivation les plus importants.

1. _____

2. _____

3. _____

4. _____

Nom : _____   **Groupe :** _____   **Date :** _____

LABO 10.4   PROJET DE PROGRAMME D'ENTRAÎNEMENT ET CONTRAT PERSONNELS

Remplissez la fiche suivante par laquelle vous vous engagez à suivre un programme d'entraînement personnalisé.

A Je, _____ , m'engage à suivre un programme d'entraînement en vue d'atteindre les objectifs suivants.
(nom)

Objectifs spécifiques ou à court terme

1. _____
2. _____
3. _____
4. _____

Objectifs généraux ou à long terme

1. _____
2. _____
3. _____
4. _____

B Mon programme est le suivant.

Éléments (faire un crochet ✓)							Fréquence (faire un crochet ✓)							
Activités	EC	FM	EM	F	CC	Intensité*	Durée	L	Ma	Me	J	V	S	D

* Indiquez votre fréquence cardiaque cible ou une valeur de la perception de l'effort, selon le cas.

C Mon programme commencera le _____. Il comprend les échéances intermédiaires ainsi que les
(date)
récompenses suivantes.

_____	_____	_____
(première échéance)	(date)	(récompense)
_____	_____	_____
(deuxième échéance)	(date)	(récompense)
_____	_____	_____
(troisième échéance)	(date)	(récompense)
_____	_____	_____
(quatrième échéance)	(date)	(récompense)
_____	_____	_____
(cinquième échéance)	(date)	(récompense)

D Mon programme comprend des activités physiques quotidiennes (monter les escaliers ou marcher pour aller à mes cours).

1. _____

2. _____

3. _____

4. _____

5. _____

E J'utiliserai les moyens suivants pour respecter mon programme et observer mes progrès.

_____

_____

(Énumérez tous les moyens, tableaux, graphiques, journal personnel, que vous prévoyez utiliser.)

En signant le présent contrat, je m'engage personnellement à atteindre les objectifs que je me suis fixés.

_____   _____

(votre signature)   (date)

J'ai demandé à un-e ami-e de signer le présent contrat à titre de témoin et partenaire _____

_____

(Indiquez comment le témoin participera au programme.)

_____   _____

(signature du témoin)   (date)

Nom : _____ **Groupe :** _____ **Date :** _____

LABO 10.5 FICHE DES PROGRÈS RÉALISÉS

Dans un journal personnel, indiquez dans quelle mesure vous avez respecté votre programme et notez vos progrès. Adoptez le modèle ci-dessous ou mettez au point un journal spécialement adapté à votre programme.

Si vous utilisez le journal ci-dessous, inscrivez les activités qui font partie de votre programme. Chaque jour, notez la distance ou le temps correspondant à chaque activité. Dans le cas de séances consacrées à la flexibilité ou à l'entraînement musculaire, vous pouvez simplement faire un crochet à la fin d'une séance. À la fin de chaque semaine, faites le total des distances et du temps que vous aurez indiqués.

Activité/date	L	Ma	Me	J	V	S	D	Total hebdo-madaire	L	Ma	Me	J	V	S	D	Total hebdo-madaire
1																
2																
3																
4																
5																
6																

Activité/date	L	Ma	Me	J	V	S	D	Total hebdo-madaire	L	Ma	Me	J	V	S	D	Total hebdo-madaire
1																
2																
3																
4																
5																
6																

Activité/date	L	Ma	Me	J	V	S	D	Total hebdo-madaire	L	Ma	Me	J	V	S	D	Total hebdo-madaire
1																
2																
3																
4																
5																
6																

Activité/date	L	Ma	Me	J	V	S	D	Total hebdo-madaire	L	Ma	Me	J	V	S	D	Total hebdo-madaire
1																
2																
3																
4																
5																
6																

Activité/date	L	Ma	Me	J	V	S	D	Total hebdo-madaire	L	Ma	Me	J	V	S	D	Total hebdo-madaire
1																
2																
3																
4																
5																
6																

CHAPITRE 2 — PRINCIPES FONDAMENTAUX D'UNE BONNE CONDITION PHYSIQUE

1. L'ACTIVITÉ PHYSIQUE EST-ELLE SANS RISQUE POUR MOI ?

À tout âge, les personnes ne souffrant pas de graves problèmes de santé peuvent faire sans risque une activité physique modérée sans examen médical préalable. De même, si vous êtes un homme de moins de 40 ans ou une femme de moins de 50 ans et en bonne santé, l'activité physique est probablement sans danger pour vous. La Société canadienne de physiologie de l'exercice a élaboré un questionnaire (le Q-AAP) pour aider chacun à faire de l'activité physique en toute sécurité; il est reproduit au labo 2.2. En le remplissant, vous saurez si l'activité physique peut vous exposer à certains problèmes de santé.

2. DEVRAIS-JE POURSUIVRE MON PROGRAMME D'ACTIVITÉ PHYSIQUE LORSQUE JE SUIS MALADE ?

Si vous êtes légèrement enrhumé ou ressentez les premiers symptômes d'une grippe, vous pouvez pratiquer une activité physique modérée. Commencez votre activité doucement et observez les réactions de votre corps. Toutefois, si vous décelez les symptômes d'une maladie plus importante — fièvre, inflammation, nausée, épuisement, douleurs musculaires —, cessez votre programme d'entraînement, car faire de l'activité physique dans ces conditions peut retarder votre guérison et même être dangereux.

3. COMMENT PUIS-JE INTÉGRER MON PROGRAMME D'ACTIVITÉ PHYSIQUE À MON QUOTIDIEN ?

Une bonne gestion du temps est un facteur important dans la mise au point et l'application d'un programme d'activité physique. Il est préférable de faire de l'activité physique chaque jour au même moment de la journée. Ne vous contentez pas de vous dire que vous ferez de l'activité physique lorsque vous aurez du temps libre, car ce moment pourrait bien ne jamais se présenter. Établissez un horaire d'activité physique et respectez-le. En cas de mauvais temps ou pour la période de vos vacances, prévoyez des solutions de rechange.

Il n'est pas nécessaire de mettre l'accent sur chacun des déterminants de la condition physique lors de chaque séance d'activité physique. Vous pouvez faire de la course à pied et des exercices de flexibilité lors d'une séance, et lever des poids lors de la séance suivante. Ce qui importe vraiment, c'est d'avoir un horaire régulier.

CHAPITRE 3 — ENDURANCE CARDIOVASCULAIRE ET BIENFAITS POUR LA SANTÉ

1. DOIS-JE BOIRE EN QUANTITÉ AVANT ET DURANT L'ACTIVITÉ PHYSIQUE ?

Oui. L'eau est nécessaire à la réalisation des nombreuses réactions chimiques qui servent au fonctionnement de votre organisme de même qu'à la régulation de sa température. Par ailleurs, comme la sudation qui se produit durant l'activité physique réduit vos réserves en eau, il faut les reconstituer sous peine de déshydratation. Une déshydratation grave peut mener à une réduction du volume sanguin, à une accélération de la fréquence cardiaque, à une élévation de la température corporelle, à des crampes musculaires, au choc thermique, et même à la mort. Il est essentiel de boire avant et pendant toute activité physique, d'autant plus que cela améliorera votre performance.

Rappelez-vous que la soif n'est pas un bon indicateur des quantités à boire, car la sensation de soif s'estompe avec très peu de liquide. Buvez donc un verre d'eau par 30 minutes d'activité intense (davantage lorsqu'il fait très chaud). Ayez une bouteille d'eau à portée de la main lorsque vous faites une activité physique de façon à vous réhydrater continuellement. L'eau, de préférence froide sans être glacée, et les boissons contenant des glucides sont ce qu'il y a de meilleur pour refaire le plein.

2. PEUT-ON FAIRE DES EXERCICES CARDIOVASCULAIRES LORSQU'ON EST MENSTRUÉE ?

Oui. Rien n'indique que cela soit contraire à la santé ou à la performance. Bien entendu, si vous avez des maux de tête, des maux de dos et des douleurs abdominales durant cette période, vous n'aurez probablement pas envie de vous entraîner. Par ailleurs, certaines femmes s'entraînent durant leurs menstruations justement parce que cela les soulage de ces symptômes. Apprenez donc à connaître votre organisme et entraînez-vous au rythme qui vous convient.

CHAPITRE 4 — FORCE ET ENDURANCE MUSCULAIRES

1. PENDANT COMBIEN DE TEMPS DEVRAI-JE M'ENTRAÎNER AVANT DE CONSTATER DES CHANGEMENTS PHYSIQUES ?

Pendant les premiers temps de votre entraînement, vous augmenterez votre force très rapidement, car votre système nerveux s'habituera à mobiliser des fibres musculaires. Toutefois, les résultats seront moins spectaculaires par la suite. Quant à l'augmentation du volume de vos muscles, vous ne pourrez la percevoir qu'au bout de 6 à 8 semaines d'entraînement.

2. JE SUIS PRÉOCCUPÉ PAR MA COMPOSITION CORPORELLE. EST-CE QUE JE PRENDRAI DU POIDS SI J'EXÉCUTE DES EXERCICES MUSCULAIRES ?

Un programme de musculation à caractère récréatif (1 série de 9 à 12 répétitions de 8 à 10 exercices quelques fois par semaine) n'entraîne pas de variation notable du poids. Votre masse musculaire augmentera et votre taux d'adiposité diminuera, de sorte que votre poids demeurera stable. (L'augmentation du volume des muscles est plus marquée chez les hommes que chez les femmes à cause de l'effet anabolisant des hormones mâles.) De plus, l'accroissement de votre masse musculaire vous permettra de conserver un faible pourcentage d'adiposité, car votre activité métabolique augmentera et, par conséquent, vous dépenserez plus de calories. Si vous combinez les exercices musculaires à des activités cardiovasculaires, votre composition corporelle n'en sera que plus équilibrée. Visez donc une perte d'adiposité et non une perte de poids.

3. DOIS-JE AUGMENTER MON APPORT ALIMENTAIRE EN PROTÉINES ?

Non. Certaines études indiquent que les athlètes de haut niveau qui suivent un entraînement intensif ont des besoins en protéines supérieurs à la normale, mais rien ne justifie une augmentation de l'apport protéique chez la plupart des gens. La majorité des Nord-Américains consomment déjà plus de protéines qu'il ne leur en faut. C'est dire qu'une alimentation normale vous fournira probablement toutes les protéines nécessaires, même en période d'entraînement intense.

4. EXISTE-T-IL DES SUPPLÉMENTS ALIMENTAIRES OU DES MÉDICAMENTS QUI POURRAIENT M'AIDER À DÉVELOPPER MA FORCE ET MON ENDURANCE ?

Aucune substance ne peut faire d'une personne faible et en mauvaise condition physique un athlète fort et bien entraîné. Pour gagner en force et en endurance, vous devez faire travailler régulièrement vos muscles, votre cœur et vos poumons, stimuler votre métabolisme et susciter des adaptations dans votre organisme. Les suppléments et les drogues ne sont pas des potions magiques, quoi qu'en disent les fournisseurs. Certains sont inefficaces, d'autres sont coûteux et nocifs et d'autres encore ont les trois défauts. Les stéroïdes anabolisants (les substances les plus fréquemment consommées pour augmenter la force et la puissance) ont des effets secondaires dangereux. Ayez une alimentation équilibrée, entraînez-vous régulièrement et abstenez-vous de toute substance miracle.

5. QU'EST-CE QUI CAUSE LES DOULEURS MUSCULAIRES LE LENDEMAIN D'UNE SÉANCE DE MUSCULATION ?

La douleur musculaire ressentie pendant une journée ou deux après une séance de musculation est due à des lésions des fibres musculaires et du tissu conjonctif et non à l'accumulation d'acide lactique, comme le voudrait la croyance populaire. Les scientifiques pensent que les lésions des fibres musculaires entraînent la libération d'un excès de calcium dans les muscles. Le calcium provoque à son tour la libération de substances appelées protéases, qui dégradent une partie du tissu musculaire. Ce sont elles qui causent de la douleur. Au bout d'un certain temps d'entraînement, les muscles se mettent à produire des protéines qui préviennent les douleurs. Si vous ne vous entraînez pas régulièrement, vous perdez ces protéines protectrices et vous vous exposez à des douleurs après chaque séance.

6. LA PRATIQUE DE LA MUSCULATION AMÉLIORERA-T-ELLE MES PERFORMANCES SPORTIVES ?

L'augmentation de la force découlant de la pratique de la musculation ne se traduit pas nécessairement par une augmentation de la puissance dans des sports comme le ski, le tennis et le cyclisme. Le coup droit au tennis et le virage à ski sont des mouvements très spécifiques qui nécessitent une excellente coordination entre le système nerveux et les muscles. Chez les sportifs aguerris, les mouvements prennent un caractère réflexe et ne nécessitent pas de concentration. Or, l'augmentation de la force peut perturber la coordination neuromusculaire. Le seul moyen d'améliorer votre performance dans un sport consiste à le pratiquer tout en améliorant votre condition physique. Exercez-vous afin d'apprendre à concilier votre vigueur nouvelle et vos techniques sportives. La performance suivra. Vous frapperez la balle plus fort au tennis et vous exécuterez des virages plus efficaces sur les pentes de ski.

7. EST-CE QUE MES PROGRÈS SERONT PLUS RAPIDES SI JE M'ENTRAÎNE TOUS LES JOURS ?

Non. Vos muscles ont besoin de récupérer entre les séances d'entraînement. Si vous vous surentraînez, vous courez le risque de vous blesser et de retarder votre progrès. Si vous avez l'impression de plafonner, tentez l'une des stratégies suivantes.

- Entraînez-vous moins souvent. Si vous faites travailler les mêmes groupes musculaires trois fois ou plus par semaine, vous ne leur laissez pas le temps de récupérer complètement.
- Variez les exercices. Exécutez divers exercices pour stimuler un même groupe musculaire.
- Variez les charges et le nombre de répétitions. Essayez d'augmenter ou de diminuer les charges et modifiez le nombre de répétitions en conséquence.
- Variez le nombre de séries. Faites plus d'une série de chaque exercice.
- Si vous vous entraînez seul, trouvez-vous un partenaire déterminé. Cette personne pourra vous encourager, vous aider et vous pousser à travailler plus fort.

8. EST-CE QUE MES MUSCLES VONT SE TRANSFORMER EN GRAISSE SI J'ARRÊTE DE M'ENTRAÎNER ?

Non. La graisse et le muscle sont deux tissus différents et l'un ne peut se substituer à l'autre. Les muscles qui ne servent pas s'atrophient, mais l'adiposité n'augmentera que si l'apport énergétique est supérieur à la dépense (ce qui est le cas chez les personnes qui ne réduisent pas leur apport en calories après avoir cessé leur entraînement ou la pratique d'une activité physique régulière). L'atrophie des muscles et l'accumulation de tissu adipeux sont deux phénomènes distincts, même s'ils peuvent tous deux découler de l'inactivité.

CHAPITRE 5 — LA FLEXIBILITÉ ET LA SANTÉ DU DOS

1. Y A-T-IL UNE DIFFÉRENCE ENTRE LES EXERCICES D'ÉTIREMENT ET L'ÉCHAUFFEMENT ?

Il n'est pas rare que l'on confonde les exercices d'étirement et les séances d'échauffement qui précèdent l'activité physique. Ce sont là des activités complémentaires, mais différentes. L'échauffement comprend de légers exercices qui font s'élever la température du corps de sorte que l'organisme fonctionne mieux quand vous vous entraînez intensément. Les exercices d'étirement sont destinés à améliorer l'élasticité de vos muscles et la mobilité de vos articulations de façon que vous puissiez bouger plus aisément en risquant moins de vous blesser.

Avant de faire des étirements, faites d'abord des exercices légers, comme de la marche, du jogging. Une fois vos muscles échauffés, commencez vos étirements. Les muscles échauffés s'étirent mieux et sont moins sujets aux blessures.

2. L'ENTRAÎNEMENT AVEC POIDS PEUT-IL LIMITER LA FLEXIBILITÉ ?

Au contraire, l'entraînement avec poids peut accroître la flexibilité si les exercices sont faits correctement dans toute l'amplitude du mouvement et s'ils sont axés sur l'amélioration de la condition physique générale.

3. LE JOGGING NUIT-IL À LA FLEXIBILITÉ ?

Vu l'amplitude limitée de la foulée de jogging, cette activité est susceptible de nuire à la flexibilité. Il est donc essentiel aux coureurs de faire régulièrement des exercices de flexibilité pour les ischio-jambiers et les quadriceps.

CHAPITRE 6 — COMPOSITION CORPORELLE ET CONTRÔLE DU POIDS

1. L'AMAIGRISSEMENT CIBLÉ EST-IL EFFICACE ?

Non. En fait, l'amaigrissement ciblé désigne les tentatives d'élimination de la graisse située dans des parties spécifiques du corps au moyen d'exercices localisés. Ainsi, certains peuvent rechercher un amaigrissement des cuisses en effectuant des élévations latérales des jambes. Les exercices d'amaigrissement ciblé ne contribuent à l'élimination de la graisse que dans la mesure où ils entraînent une dépense de calories; ils améliorent aussi le tonus des muscles. La seule façon d'éliminer la graisse dans toute partie spécifique du corps consiste à établir un bilan énergétique global négatif, c'est-à-dire à absorber moins de calories qu'à en dépenser par l'exercice et le fonctionnement du métabolisme.

2. EN QUOI L'ACTIVITÉ PHYSIQUE AGIT-ELLE SUR LA COMPOSITION CORPORELLE ?

Les activités d'endurance cardiovasculaire provoquent une dépense d'énergie et contribuent ainsi à établir un bilan énergétique négatif, ce que ne permet pas un entraînement avec des poids, qui élimine peu de calories. Par contre, l'entraînement avec des poids favorise une augmentation de la masse musculaire, maintient un métabolisme énergétique (la capacité énergétique du corps) élevé et amène une amélioration de la composition corporelle. Pour éliminer de la graisse corporelle, augmenter votre masse musculaire et ainsi améliorer votre composition corporelle, vous devrez recourir tant à des activités d'endurance cardiovasculaire qu'à un entraînement avec des poids.

3. COMMENT FAIRE POUR QUE MON CORPS AIT DU TONUS ET QU'IL SOIT EN BONNE SANTÉ ?

Votre corps aura du tonus si vous faites de l'activité physique régulièrement, et vous serez de plus en bonne santé si votre alimentation et votre mode de vie sont sains. Par ailleurs, à cause de facteurs génétiques, certaines personnes accumulent ou éliminent la graisse corporelle plus facilement que d'autres. Que vous fassiez partie de l'une ou l'autre de ces catégories, respectez les principes d'un mode de vie axé sur le mieux-être, fixez-vous des objectifs réalistes et soyez fier des améliorations que vous apportez à votre composition corporelle.

4. LES PERSONNES AYANT UNE COMPOSITION CORPORELLE IDÉALE SONT-ELLES EN BONNE CONDITION PHYSIQUE ?

Le fait d'avoir une composition corporelle saine n'est pas nécessairement garant d'une bonne condition physique globale. Ainsi, de nombreux culturistes ont très peu de graisse corporelle, sans pour autant avoir une capacité cardiovasculaire et une flexibilité adéquates. Pour être en bonne condition physique, il faut accorder la même importance à tous les déterminants de la condition physique.

5. QU'EST-CE QUE LA LIPOSUCCION ? EST-CE UN BON MOYEN D'ÉLIMINER LA GRAISSE CORPORELLE ?

La liplectomie d'aspiration, mieux connue sous le nom de liposuccion, est devenue une intervention chirurgicale très populaire. Cela consiste à enlever de petites quantités de graisse situées dans des parties spécifiques du corps. En général, pas plus de 2,5 kilos de tissus adipeux sont retirés à la fois. Le succès de l'intervention est habituellement assuré lorsque la quantité de graisse excessive est peu élevée et que l'élasticité de la peau est bonne. L'intervention atteint son efficacité optimale lorsqu'elle est associée à un programme d'activité physique et à un régime alimentaire sain. Elle a aussi certains effets secondaires : infections, formation de fossettes, apparence de peau ridée. Bien que les complications graves soient rares, il peut arriver que la liposuccion, comme toute intervention chirurgicale, cause la formation de caillots sanguins, un état de choc, des saignements, une interruption de la circulation sanguine dans des organes vitaux et même la mort. La liposuccion n'est pas une bonne façon d'éliminer de grandes quantités de graisse et ne doit pas se substituer à un bon programme de gestion du poids corporel.

6. QU'EST-CE QUE LA CELLULITE ? COMMENT PUIS-JE M'EN DÉBARRASSER ?

La cellulite consiste en des accumulations de graisse qui se forment sous la couche extérieure immédiate de la peau des cuisses et des fesses et qui lui donnent une apparence de pelure d'orange. En fait, ces accumulations de graisse sont identiques à celles qui se retrouvent dans n'importe quelle autre partie du corps, seule leur apparence est différente. La seule façon de diminuer ces accumulations consiste à instaurer un bilan énergétique négatif, c'est-à-dire à éliminer plus de calories qu'à en absorber. Par ailleurs, même les femmes les plus minces développent de la cellulite; diminuer l'apport en calories n'est donc pas la solution pour elles. Aucune crème ni aucune lotion ne parviendra à supprimer les accumulations superficielles (sous-cutanées) de graisse, pas plus que l'amaigrissement ciblé. La seule solution est d'adopter un régime alimentaire sain et un bon programme d'activité physique.

CHAPITRE 7 — L'ALIMENTATION

1. BEURRE OU MARGARINE ? LEQUEL EST PRÉFÉRABLE POUR LA SANTÉ ?

Le beurre et la margarine constituent des sources concentrées de matières grasses : ils contiennent environ 11 grammes de matières grasses et 100 calories par cuillerée à table. Cependant, le beurre est riche en graisse saturée, type de graisse étroitement associé à des taux élevés de lipoprotéines de basse densité (le « mauvais » cholestérol) propices à l'athérosclérose. Une cuillerée à table de beurre renferme environ 8 grammes de graisse saturée alors que la même quantité de margarine n'en contient que 2. De plus, le beurre contient du cholestérol, contrairement à la margarine.

De ce point de vue, la margarine est certainement un meilleur choix. Cependant, des études récentes ont révélé l'existence d'un problème potentiel lié à la consommation de margarine. Comme on l'a vu au chapitre 7, l'hydrogénation produit des acides gras trans, qui entraînent aussi une hausse des taux de cholestérol dans le sang. Or, une cuillerée à table de margarine dure contient environ 2 grammes d'acides gras trans.

Alors, que faut-il choisir ? Puisque la quantité totale de graisses saturée et trans qui se retrouvent dans le beurre est deux fois plus élevée que dans la margarine, la majorité des nutritionnistes recommandent la margarine. Mais il y a encore mieux. En effet, les margarines plus molles contiennent moins de graisses saturées et trans que les margarines dures, et la plupart des huiles végétales comprennent peu de graisse saturée et aucune graisse trans. Quand on sait que la consommation de graisses non hydrogénées et insaturées est associée à une diminution du risque de maladie cardiaque, la décision devient facile.

2. EST-CE QUE JE DOIS CESSER DE MANGER DE LA VIANDE AFIN DE RAMENER AU NIVEAU RECOMMANDÉ LA QUANTITÉ DE GRAISSES PRÉSENTES DANS MON RÉGIME ALIMENTAIRE ?

Non. La viande peut faire partie d'un régime alimentaire sain si vous choisissez les parties les moins grasses et si vous respectez la taille des portions recommandée par le *Guide alimentaire canadien*. La quantité de graisses présente dans la viande varie beaucoup. La portion recommandée — de 50 à 100 grammes — correspond à la taille d'un jeu de cartes, soit une portion beaucoup plus petite que ce que mangent de nombreuses personnes, surtout au restaurant. Considérez donc la viande comme un plat d'accompagnement plutôt que comme un plat principal. Et surtout, limitez votre apport en viandes riches en graisses, comme les saucisses, le salami et les charcuteries.

CHAPITRE 8 — LE STRESS

1. EXISTE-T-IL DES TECHNIQUES DE RELAXATION QUE JE PEUX UTILISER IMMÉDIATEMENT EN PRÉSENCE D'UN AGENT STRESSANT ?

Il existe plusieurs moyens de faire face immédiatement aux agents stressants. En plus des techniques de respiration profonde décrites dans le chapitre 8, vous pouvez faire l'essai des techniques ci-dessous pour trouver celle qui vous convient le mieux.

- Étirez votre corps en position assise ou debout. Étirez les bras sur les côtés, puis le plus loin possible vers l'arrière, de même avec les jambes. Effectuez ensuite une rotation du tronc et du cou.
- Procédez à une séance partielle de détente musculaire progressive. Contractez puis détendez quelques-uns des muscles de votre corps. Concentrez-vous sur les muscles qui sont tendus.
- Marchez rapidement pendant 3 à 5 minutes. Respirez profondément.
- Procédez à un discours intérieur réaliste au sujet de l'agent stressant. Visualisez-le. Pratiquez-vous intérieurement à l'affronter avec succès. Vous pouvez aussi concentrer votre esprit sur une autre activité.

2. LE STRESS PEUT-IL RENDRE UNE PERSONNE DÉPRESSIVE ?

Sans généralement être le seul facteur responsable de l'apparition d'un état dépressif, une mauvaise gestion du stress peut contribuer à susciter la dépression. De même, la dépression peut être un symptôme de stress excessif. Toutefois, ce trouble grave ne peut être provoqué par les événements désagréables d'une seule journée, mais plutôt par leur accumulation à long terme conjuguée à divers facteurs personnels et circonstanciels.

La dépression est caractérisée par une perception de soi négative qui porte à se sentir mal aimé et inefficace. Une mauvaise gestion du stress peut renforcer une perception de soi négative et miner les relations interpersonnelles et le rendement scolaire ou professionnel. De plus, une dépression grave peut avoir les conséquences suivantes :

- un sentiment persistant de tristesse et de désespoir;
- une perte du plaisir que procurent les activités habituelles;
- une perte d'appétit et de poids;
- l'insomnie, notamment un éveil trop matinal;
- de l'agitation ou de la léthargie;
- un sentiment d'inutilité et de culpabilité;
- une incapacité de se concentrer;
- des pensées suicidaires.

Toutes les personnes dépressives ne présentent pas chacun de ces symptômes, mais la plupart d'entre elles ressentent une perte d'intérêt ou de plaisir généralisée. Dans certains cas, la dépression, de la même façon qu'un stress prononcé, constitue une réaction directe à des événements spécifiques tels que la perte d'un être cher ou un échec scolaire ou professionnel. Dans d'autres cas, aucun événement déclencheur ne peut être clairement identifié.

Le risque de suicide est présent dans les cas de dépression grave. L'expression d'un désir de mort, la mention des moyens envisagés pour se suicider, un isolement social et une amélioration soudaine et inexplicable de l'humeur (qui peut indiquer que la personne a pris la décision ferme de se suicider) représentent autant de signes avant-coureurs.

CHAPITRE 10 — CHOIX D'UNE ACTIVITÉ PHYSIQUE ET PLANIFICATION D'UN PROGRAMME D'ENTRAÎNEMENT

1. QU'EST-CE QUE L'ENTRAÎNEMENT ALTERNATIF ?

L'entraînement alternatif consiste à alterner deux ou plusieurs activités d'endurance cardiovasculaire, ce qui rend le programme plus agréable, en ralentissant cependant le développement d'habiletés spécifiques que vous pourriez viser. Ainsi, en alternant jogging et tennis, vous ne développerez probablement pas aussi vite la coordination, la vitesse et la force de la partie supérieure de votre corps que si vous vous consacriez uniquement au tennis. Toutefois, vous aurez moins tendance à abandonner votre programme, car l'entraînement alternatif vous le rendra plus intéressant, surtout si vous avez tendance à vous lasser rapidement d'une seule activité. De plus, l'entraînement alternatif peut réduire le risque de blessure.

SITES INTERNET EN FRANÇAIS

Académie canadienne de médecine du sport
http://www.casm-acms.org/acms/geninfo.htm

Association canadienne pour la santé, l'éducation physique, le loisir et la danse
http://www.activeliving.ca/acsepld/

Centre canadien de lutte contre l'alcoolisme et les toxicomanies
http://www.ccsa.ca/cclat.htm

Centre national de documentation sur le tabac
http://www.cctc.ca/ncth/docs/ets-health-f.htm

Fondation des maladies du cœur
http://www.hsf.ca_f.htm

Franc-O-forme : Le centre franco-ontarien sur le sport, l'activité physique et le loisir
http://www.francoforme.org/service.html

Guide alimentaire canadien
http://www.hc-sc.gc.ca/hppb/la-nutrition/pubf/guidalim/guide.html

Institut canadien de la recherche sur la condition physique et le mode de vie
http://www.cflri.ca/icrcp/icrcp.html

Institut de la statistique du Québec : Statistiques sur la santé
http://www.stat.gouv.qc.ca/donstat/sante/index.htm

Kino-Québec
Site principal : http://www.kino-quebec.qc.ca/
Site sur l'activité physique : http://www.santepub-mtl.qc.ca/Kino/kino.html

Médisite, l'Internet au service de la santé
http://www.medisite.fr/dossiers/

Ministère de la Santé et des Services sociaux
http://www.msss.gouv.qc.ca/fr/index.htm

Réseau francophone International pour la promotion de la santé (RÉFIPS)
http: //www.refips.org/

Ressource en éducation physique et sport de la bibliothèque de l'Université Laval
http://www.bibl.ulaval.ca/ress/sportint.html

Santé Canada : Guide d'activité physique canadien
http://www.paguide.com/f-index.html

Santé Canada : La santé cardio-vasculaire
http://www.hc-sc.gc.ca/flash/cardio/

Santé Canada : La vérité sur le tabac !
http://www.hc-sc.gc.ca/hppb/ecran_de_fumee/

Santé Canada : Le carrefour de la promotion de la santé
http://www.hc-sc.gc.ca/hppb/psd/

Société Canadienne de physiologie de l'exercice
http://www.csep.ca/SCPE.html

Société canadienne du cancer
http://www.cancer.ca/indexf.htm

Société québécoise Loisirs et sports
http://www.gouv.qc.ca/societe/loisirsf.htm

Statistique Canada : La population et la santé
http://www.statcan.ca/francais/Pgdb/People/health_f.htm

Végétarisme.org
http://www.vegetarisme.org/

Vie active Canada
http://www.activeliving.ca/activeliving/vac.html

B

SITES INTERNET EN ANGLAIS

American Council of Exercise
http://www.acefitness.org/

American Dietetic Association
http://www.eatright.org/

American Society of Exercise Physiologists
http://www.css.edu/users/tboone2/asep/toc.htm

Canadian Institute of Stress
http://www.stresscanada.org/

Dr. Pribut's Sports Page
http://www.clark.net/pub/pribut/spsport.html

FitnessLink
http://www.fitnesslink.com/

Healthy People 2000
http:www.odphp.osophs.dhhs.gov/pubs/hp2000/

Journal of Sports Science
http://www.tandf.co.uk/journals/.htm

Nicholas Institute of Sports Medicine and Athletic Trauma
http://www.nismat.org/

Office of the U.S. Surgeon General : Public Health and Science
http://www.surgeongeneral.gov/

Physical Activity and Health Network
http://www.pitt.edu/~pahnet/

Runner's World Online
http://www.runnersworld.com/

Shape Up America !
http://www.shapeup.org/

Sport ! Science @ The Exploraturium
http://www.exploratorium.edu/sports/

Stress management Tips from Duquesne University
http://www.duq.edu/coned/scresourcectr/survival/stressman.htm

Vegetarian Resource Group
http://www.vrg.org/

Yahoo ! Health
http://dir.yahoo.com/health/index.html

American Alliance for Health, Physical Education, Recreation, and Dance. *Journal of Physical Education Recreation and Dance*, Septembre 1990.

ANDERSON, Bob. *Le stretching*, Paris, Solar, 1983.

BENSON, H., et W. PROCTOR. *Beyond the Relaxation Response*, New York, Times Books, 1984.

BLAIR, S.N., *et al.* « Changes in Physical Fitness and All-Cause Mortality : A Prospective Study of Healthy and Unhealthy Men », *Journal of the American Medical Association*, 273(14), 1995, p. 1093-1098.

BROOKS, G.A., T.D. FAHEY et T.P. WHITE. *Exercise Physiology : Human Biogenetics and its Applications*, 2e édition, Mountain View (Californie), Mayfield, 1996.

CHESNEY, M.A., J.R. EAGLETON et R.H. ROSENMAN. « Type A Behavior : Assesment and Intervention by Chesney, Eagleton and Rosenman », *Medical Psychology*, C.K. Porkop et L.A. Bradley (Éd.), 1981, Academic Press.

CHIASSON, Luc. *Connaître les événements stressants qui affectent le plus vos étudiants : un atout important pour le développement de la compétence*, Actes du 10e colloque annuel de l'Association québécoise de pédagogie collégiale (AQPC), Québec, 1990.

CHIASSON, Luc. *Les événements stressants de la vie du cégépien, Construction d'une échelle de mesure*, Cégep de Lévis-Lauzon, 1998.

Comité consultatif fédéral-provincial-territorial sur la santé de la population. *Rapport sur la santé des canadiens et canadiennes*, Conférence des ministres de la Santé, Toronto, Ontario, 1996.

COOPER, Kenneth H. *The Aerobics Program for Total Well-Being*, Bantam Books, Random House inc., 1982.

CRAIG, C.L., S.J. RUSSEL, C. CAMERON et A. BEAULIEU. *Fondement de mesures conjointes en vue de réduire l'inactivité physique*, Ottawa, Institut canadien de la recherche sur la condition physique et le mode de vie, 1999.

D'AMOURS, Yvan. *Activité physique, santé et maladie*, Montréal, Québec/Amérique, 1988.

DELAVIER, Frédéric. *Guide des mouvements de musculation*, Paris, Éditions Vigot, 1998.

FAHEY, T.D. *Weight Training for Men and Women*, 3e édition, Mountain View (Californie), Mayfield, 1997.

Food and Nutrition Board. *Dietary Reference Intakes for Thiamin, Riboflavin, Niacin, Vitamin B_6, Folate, Vitamin B_{12}, Pantothenic Acid, and Choline*, Washington (D.C.), 1998, National Academy Press.

GUAY, Donald. *Culture sportive*, Paris, Presses Universitaires de France, 1993.

HUFFMAN, Karen, Mark VERNOY et Judith VERNOY. *Psychologie en direct*, Mont-Royal, Modulo Éditeur, 1995.

JAPENGA, A. « A Family of Friends », *Health*, novembre-décembre 1995.

KINO-QUÉBEC. *Quantité d'activité physique requise pour en retirer des bénéfices pour la santé*, Synthèse de l'avis du Comité scientifique de Kino-Québec et applications, Gouvernement du Québec, ministère de l'Éducation, 1999.

KUSHI, L.H., *et al.* « Physical Activity and Mortality in Postmenopausal Women », *Journal of the American Medical association*, 277(16), 1997, p. 1287-1292.

KUSINITZ, I., et M. FINE. *Your Guide to Getting Fit*, 3e édition, Mountain View (Californie), Mayfield, 1995.

LAFERRIÈRE, Serge. *Plaisirs d'une vie active, Santé et éducation physique*, Anjou, Les Éditions CEC inc., 1997.

LÉGER, L., D. MERCIER, J. LAMBERT et C. GADOURY. « VO_2 max », *Journal of Sports Science*, vol. 6, 1985, p. 93-101.

Ministère de la Santé et des Services sociaux. *Et la santé, ça va en 1992-1993 ? Rapport de l'Enquête sociale de la santé*, vol. 1, Montréal, Gouvernement du Québec, 1995.

C

National Heart, Lung and Blood Institute. *Clinical Guidelines on the Identification, Evaluation and Treatment of Overweight and Obesity in Adults : the Evidence Report,* Bethesda (Maryland), National Institutes of Health, 1998.

National Research Council. *Recommended Dietary Allowances*, 10ᵉ édition, Washington (D.C.), National Academy Press, 1989.

NEWSHOLME, Eric, Tony LEECH et Glenda DUSTER. *La course à pied*, Bruxelles, éd. de Boeck, 1994.

NIEMAN, D. *Exercice Testing and Prescription : A Health Related Approach,* 4ᵉ édition, Mountain View (Californie), Mayfield, 1999.

ORNISH, D. « The Healing Power of Love », *Prevention,* février 1991.

Santé Canada. *Guide canadien pour l'évaluation de la condition physique*, Ottawa, 1997.

Santé et Bien-Être social Canada. *Guide alimentaire canadien pour manger sainement*, Ottawa, Approvisionnements et Services Canada, 1992.

SAUNDERS, J.B., *et al.* « Development of the Alcohol Use Disorders Identification Test (AUDIT) : WHO Collaborative Project on Early Detection of Persons with Harmful Alcohol Consumption II », *Addiction,* 88, juin 1993.

SCHAFER, W. *Stress Management for Wellness,* 3ᵉ édition, Holt, Winehart and Winston, 1996.

SEAWARD, B.L. *Managing Stress : Principles and Strategies for Health and Wellbeing,* 2ᵉ édition, Boston, Jones and Bartlett, 1996.

SHILS, M.E., et V.R. YOUNG (dir.). *Modern Nutrition in Health and Disease*, 8ᵉ édition, Baltimore, Williams and Wilkins, 1993.

Société canadienne de la physiologie de l'exercice. *The Canadian Physical Activity, Fitness and Lifestyle Appraisal : CSEP's Plan for Healthy Active Living*, 1996.

Société canadienne de la physiologie de l'exercice. *Guide d'activité physique canadien pour une vie active saine*, Santé Canada, Ottawa, Ontario, 1998.

Société canadienne du cancer. *Futurs ex-fumeurs ! Ceci s'adresse à vous*, Toronto, mai 1998.

STAMFORD, B. « Exercise Adviser : Dodging Common Exercise Pitfalls », *The Physician and Sports Medicine*, 1997.

THIBAULT, Guy, Pierrette BERGERON et Pierre ANCTIL. *Guide de mise en forme,* Montréal, Éditions de l'Homme, 1998.

U.S. Department of Agriculture, Agricultural Research Service, Dietary Guidelines Committee. *Report of the Dietary Guidelines Advisory Committee on the Dietary Guidelines for Americans,* Springfield (Virginie), National Technical Information Service, 1995.

U.S. Department of Agriculture, Center for Nutrition Policy and Promotion. *The Food Guide Pyramid,* Home and Garden Bulletin, nᵒ 252, 1996.

U.S. Department of Health and Human Services. *Physical Activity and Health : A Report of the Surgeon General,* 1996. U.S. Department of Health and Human Services, Centers for Disease Control and Prevention, National Center for Chronic Disease Prevention and Health Promotion.

WILLIAMS, Melvin H., et WILKINS. *Guideline for Exercise Testing and Prescription,* 5ᵉ édition, Baltimore, American College of Sports Medicine, 1995.

WILLIAMS, Melvin H. *Lifetime, Fitness and Wellness : A Personal Choice,* Dubuque, Iowa, William C. Brown, 1993.

INDEX

Les nombres en gras renvoient aux définitions.